从心开始

Leadership Psychology

领导心理学

（第二版）

刘建荣 编著

东北财经大学出版社
Dongbei University of Finance & Economics Press
大 连

图书在版编目（CIP）数据

领导心理学 / 刘建荣编著. —2版. —大连：东北财经大学出版社，2016.2（2017.7重印）

ISBN 978-7-5654-2150-1

Ⅰ. 领… Ⅱ. 刘… Ⅲ. 领导心理学 Ⅳ. C933

中国版本图书馆CIP数据核字（2015）第268704号

东北财经大学出版社出版

（大连市黑石礁尖山街217号 邮政编码 116025）

教学支持：（0411）84710309

营 销 部：（0411）84710711

总 编 室：（0411）84710523

网 址：http://www.dufep.cn

读者信箱：dufep@dufe.edu.cn

大连永盛印业有限公司印刷 东北财经大学出版社发行

幅面尺寸：170mm×240mm 字数：408千字 印张：25 插页：1

2016年2月第2版 2017年7月第3次印刷

责任编辑：郭 洁 责任校对：王 娟

封面设计：张智波 版式设计：钟福建

定价：46.00元

第二版前言[1]

本书共分15章，涵盖了领导心理学的主要内容。其结构上依然延续第一版，保持了传承的一面，但在内容的广度和深度上都有了很大的改变，且在每章的最后提供了一个经典案例分析和内容的小结。全书结构上仍然分为三大部分：领导心理学概述、领导者有效性理论、领导力开发和测评。

第一部分为第1章，是对领导与领导心理学的概述。

第二部分为第2至8章，介绍了领导者有效性的三大理论——品质理论、行为理论和互动理论。

第2至4章为品质理论，在第一版品质理论的基础上增补了品质理论的素质理论的内容（第2章）、人格理论（第3章）和技能理论（第4章）。其中，人格理论侧重介绍了当下流行的MBTI、DISC等测评工具，创新性地提出了领导者的多维管理理论，即领导者应根据下属的行为特征和情境要求，从传统的一维管理迈向多维管理。

第5章为行为（风格）理论。

第6至8章为互动理论，从领导者和被领导者、情境等的互动作用角度去分析领导者的有效性。其中第6章阐述权变理论，第7章阐述交换理论。

鉴于当下新的领导类型层出不穷，第8章对其中的主要类型做了简明阐述，在原有第一版的魅力型领导、变革型领导、交易型领导的基础上增加了愿景型领导和服务型领导的内容，以及基于非常规领导下的领导者与追随者互动作用的三种新的领导类型：自我领导、共享型领导及团队领导。本章最后的表

---

① 本书第一版在俞老师的倡议指导下完成。第二版由刘建荣博士自主完成。第二版仍请俞老师撰写前言，以此对俞老师在本书写作、出版方面所提供的不遗余力的帮助与扶持以及他的师者风范表示深切谢意！

格会令读者对上述领导者有效性的三大理论的流行年代、代表人物、主要观点、优缺点等有一目了然的概览。

第三部分为第9至15章，讲述领导力开发与测评。

第9至14章侧重讲解了卓越领导者必须具备的四个商数及精选的四个能力：德商MQ与品德力、情商EQ与沟通力、体商BQ与抗压力、智商IQ与分析力。

第9至11章阐述了领导者的道德管理能力，即领导者如何修炼德商以提升自己的品德力。其中：第9章讲述了领导者如何成为道德型领导；第10章讲述了领导者如何树立正确的权力观；第11章重点阐述了领导者的反腐倡廉心理以及领导者应如何进行自我调节与控制。

第12至14章为新增内容。其中：第12章研究领导者的情商修炼，侧重阐述领导者如何运用情商技巧提升自己的沟通力；第13章研究领导者的体商修炼，包括领导者如何保证生理和心理健康，并侧重阐述领导者如何有效管理压力；第14章研究领导者的智商修炼，侧重阐述领导者如何提高自己的分析判断能力。

第15章论述领导力开发的主要途径和领导力测评的常用方法，侧重介绍领导力开发最有效的方法——行动学习。最后提供了两份量表供领导者对自己的情商和压力进行自我测评。

领导力开发与测评不仅仅关乎领导艺术或技巧，同时涉及领导者的心理调节技术，包括反腐倡廉心理的调节与控制、压力的管理、情绪的管理等。因此，本书不仅涉及领导的心理与行为，还涉及领导的艺术，既系统全面又简明扼要，是领导者提升自己领导力和领导效能的首选参考资料。

对本书与领导心理学的理论与实践（如领导素质建模与测评、DISC测评与应用、领导力开发与测评等）有兴趣或存有任何疑问的读者，都可与刘建荣博士联系（liumatthew@hotmail.com）。

本书的写作参考和引用了国内外相关学者的相关资料，在此表示感谢!

俞文钊

2015年12月于上海

第一版前言

在当今深入改革开放的新形势下，如何才能使自己成为一个成功、优秀的领导者，这是每个在领导岗位上和有志成为领导者的人都极为关注的问题。

领导素质，特别是领导者心理素质，并不是天生就具备的，而是需要后天的教育与培训来培养和提高，同时，领导者还需要不断地学习与掌握先进的领导理念。本书力图以全面、系统、简洁、通俗的内容选择与结构安排，成为领导者素质教育与培训的指导教材，帮助现在和未来的领导者装备自己。

尽管我在最近20多年间先后出版过《领导心理学》（上海人民出版社，1987）、《领导心理学导论》（人民教育出版社，1993）、《现代领导心理学》（上海教育出版社，2004）等著述，但这些书的专业性太强，且篇幅都很长，难以满足切实的需要，因为工作忙碌、事务繁多的领导者根本无法静下心来阅读大部头的书。鉴于此，我与刘建荣博士共同撰写了这本内容深浅适度、简明实用的《领导心理学》。尽管本书是简编读本，但它的内容同样反映了国内外领导心理学方面的最新成果。

全书共分15章，覆盖了领导心理学的主要内容。

第1章，领导与领导心理学概述，从不同角度阐明了领导概念的内涵与外延，并对“领导”与“管理”在性质上与职能上的差异做了详细分析，同时介绍了西方有关不同历史时期的领导学说。

第2章，领导者的权力观，阐明了一个重要的观点：权力是一把双刃的剑，适度地追求权力，用权力来为人民服务是值得鼓励的；过度地追求权力，以权谋私，会走向腐败。本章所阐述的核心内容是领导者应树立正确的权力观。

第3至5章介绍了领导者有效性的三大理论——品质理论、行为理论和权变理论，阐述了三大理论中的最新研究成果。

第6至8章提出了新的领导类型：魅力型领导、变革型领导及道德型领导，其中关于道德型领导的内容是本书的一个新亮点。此部分全面揭示了领导者为提升“德商”应如何树立道德权威，并对中西文化中有关功利与道德的关系做了正确分析，提倡领导者应坚守道德行为标准，识别与抵制不道德行为。此外，还提出了坚守道德品质、提升道德水平与道德修养的标准与途径。

第9至13章涉及领导者的领导艺术与领导技能，如人际关系技能、决策技能、授权技能、聆听与谈话技能以及会议有效管理技能等。在“领导者的人际关系”一章中具体阐述了领导者应如何区分与对待不同类型的下属以及领导者-部属交换（LMX）理论的内涵及在我国的实际应用。在决策、授权等章节中都有清晰的图解式的阐述，便于读者理解与应用。

鉴于市场经济中出现了新型领导者——职业经理人，故此，在第14章具体介绍了七种类型的职业经理人——首席执行官（CEO）、生产运作经理人、市场营销经理人、财务经理人、人力资源经理人、企划公关经理人和项目经理人，并阐述了这些新的领导角色的特征、角色定位、心理素质及核心能力的结构维度等。

鉴于反腐倡廉已经成为我们所面临的一项重要任务，为此，第15章中我们重点阐述了领导者的反腐倡廉心理以及应如何进行自我调节与控制，其中包括领导者应有正确的动机从而抑制腐败动机的产生、领导者应有正当的需要从而抑制不正当的需要等内容。这一章中还具体分析了腐败领导者的心理特征与失衡心态，探讨了如何从心理层面培育优良的个体性格和健康的社会性格，进而培养清正廉洁的行为态度与抵制诱惑的意志力。

对本书与领导心理学的理论与实践有兴趣或存有任何疑问的读者，都可与刘建荣博士联系（eliu@sh163.net）或登录http://www.cnsulting.com查询相关信息。

书中参考了国内外学者的相关资料，在此表示感谢!

俞文钊

2012年8月于上海

目　录

第1章 领导与领导心理学概述

领导者做正确的事，
管理者正确地做事。

——[美]沃伦·本尼斯

重点内容

- 正确理解领导概念的内涵与领导的职责
- 学会界定领导者与管理者在性质与职能等方面的区别与联系
- 了解西方不同历史时期的领导论及其启示
- 探讨当今领导心理学的任务与方向

1.1 领导心理学的社会意义

我们常说“领导是关键”，这是因为我国改革开放成功的关键，一方面要依靠广大人民群众积极性的发挥，另一方面则取决于各级领导者的正确而有效的领导。

由于领导者的重要与关键作用十分明确，因而领导、领导活动与领导者就成为领导科学与领导心理学的研究对象。对领导者在领导过程中的心理活动的规律揭示得越清楚，领导者的领导活动就会越有成效，从而提高上至国家、下至每一个工作团队的工作效率。

领导心理学，就是研究领导过程中心理与行为现象及其规律的一门学科，它是在管理心理学的母体中孕育出来的一门学科。管理心理学研究的主要对象是管理系统中的个体、群体、组织和领导。由于领导在管理系统中的重要与特殊的地位，因而有必要将这一领域独立出来，进行系统而深入的研究。

领导心理学能够成为一门独立的学科，首先在于这门学科具有自己独特的研究对象，并有相应的研究方法。其次，领导心理学中所揭示的规律，已在实践中被证明是有普遍适用性的。

在深入改革开放的形势下，大批新人走上了领导岗位，这就要求迅速提高领导干部的领导素质。领导心理学所阐述的各种知识，如领导者的品质、行为、互动理论与实践，领导力开发理论与实践等都是对领导干部进行教育培训的重要内容。

在新的形势下，领导干部的贪污与腐化现象也日益严重，如何从源头上抑制这些现象，领导心理学将指导领导者进行心理的自我调节与控制以及培养领导者的廉洁勤政心理。

1.2 领导概述

1.2.1 领导现象

在自然界与社会中都存在着“领导现象”。

自然界的动物群体中存在着明显的领导现象，如猿猴中存在“猴王”，蚂蚁中存在“蚁王”，羊群中存在“领头羊”。

在人类社会中，存在着政治领导、教育领导、企业领导等，可以这样说，有什么样的社会体制、组织、群体，就会有什么样的领导。

由于领导现象存在于社会生活的方方面面，因而多种学科都可以从自己的角度去研究领导现象，如政治学、行政学、社会人类学、教育学等。当然，领导心理学将从自己特有的视角出发去研究领导现象。

随着市场经济的发展，新型领导者群体——职业经理人也随之产生，有关职业经理人的特征、类型、角色定位、心理素质、核心能力等都已成为新型领导培训与教育的内容之一。

我们认为，领导心理学是一门研究领导者在领导过程中的心理活动与社会心理现象的规律性的学科。

1.2.2 领导的概念

在过去的半个多世纪中，对领导的概念的界定其数量之多与研究的数量相等，可以说有多少种研究，就有多少个定义。其实不同研究者是从不同角度定义领导，其内涵与外延都不同，甚至可以有多达65种不同的分类体系。这些角度包括目标、权力影响、个性与组织角度，或者品质、行为、影响、互动模式、角色关系、行政职位等。

目标角度是指领导者是实现目标的手段。上至一个国家，下至一个基层组织，都要由领导者带领才能达到既定目标。权力影响角度是指领导者是权力影响者，借此可对别人产生影响。组织角度是指领导是组织变化和活动的中心，领导体现着组织的愿望。个性角度是指领导应拥有带领组织与群体、个人完成任务的特质。

尽管存在着许多不同的观点与提法，但是以下一些观点是共同的：领导只产生于一定的组织，又服务于一定的组织；领导是一种统御和指引他人的行为过程；领导是从管理中分化出来的高层次的管理组织活动；领导是影响群体活动，使之实现目标的过程；领导是两个人或更多人之间的一种关系，在这种关系中影响力和权力不是均等分配的。

此外，还存在以下的共同观点，即领导概念的核心要素包括四个方面：领导是一个过程；领导具有影响力与控制力；领导是发生在群体中的；领导的愿景是关注和实现目标。

1.2.3　领导是一个行动过程

领导是指一个过程，是指引导与影响个体、群体、组织，使之在一定条件下实现固定目标的行动过程。领导过程的范围包括选择所追求的目标和战略；鼓励组织成员去实现目标；进行组织工作；促进成员之间的相互信任和合作；发展成员的技能和自信；在成员中学习和分享新知识；在外围人员中谋求支持与合作。

领导这个概念实质上包含着动态的过程，在一个组织中要实现某种目标，完成整个的领导过程，不仅需要有领导者，还要有被领导者以及包括目标在内的整个环境对象。

领导者是指致力于实现领导过程的引导者与影响者，致力于实现这个过程的领导班子，就称之为领导者群体。

任何一项事业都是需要领导的，有的甚至需要长期的、连续不断的领导过程才能实现，在这一领导过程中要有无数的领导者与领导者群体具体地参与其中。领导者是实现领导过程的特定人物。

领导者是一个被委派到某一职位上，具有职权、责任和义务来完成组织目标与目的的人。

在英语中领导（leadership）与领导者（leader）是两个词，而在汉语里“领导”这个词既是名词又可作动词。通常人们习惯地把领导者与领导过程都称为领导。

区别领导与领导者概念的意义在于，任何领导者都只是在无限领导过程的有限时段发挥一定的作用，要完成特定的目标任务就需要领导者前赴后继地工作，才能最终实现目标。

将领导看作一个过程，那么在这个过程中，从事领导的人就被称作领导者，领导活动直接指向的个体被称为追随者（followers）。“追随者”是描述这样的人：承认工作的主要指导来源核心是上级领导者，而不论这个领导者实际上有多少正式权威。领导者力图使追随者相信，他们的最佳利益是在实现共同的任务目标中进行合作实现的。领导过程实际上就是帮助一群个体（追随者）实现目标的影响过程。

在领导过程中，领导者和追随者同时受到具体情境条件的约束。领导者、追随者和情境这三个相互影响的关系共同构成领导的三要素。

1.2.4 领导的职责

职责是指由领导职位所确定的责任。责任都是双重的，一方面是要贯彻上级的政策、法令、指示、决定；另一方面是要维护下属、群众的合法权益。

所谓“尽责”，就是要把“贯上”和“维下”结合起来，把对上级领导负责和对下属、群众负责统一起来。

邓小平说：“什么是领导，领导就是服务。”（1985年5月20日的《人民日报》）换言之，领导的职责主要就是“服务”。服务是“权”“责”统一的基础。权力是为人民服务的手段、工具，“责任”是为人民服务的体现。权力越大，为人民服务的责任就越大，所以“权”“责”都是建立在“服务”的基础之上的。职务就是由职位所确定的服务的范围和内容。

领导者的权、责、服务是统一的，而统一的基础是服务。为此，领导者应当摒弃单纯权力型领导的倾向，而转向真正的服务型领导。领导者的职责乃是为群众服务，任何偏离这一方向的领导者都会犯方向性的错误。

1.3 领导者与管理者的联系与区别

1.3.1 领导者与管理者在内涵上的区别

领导者与管理者，这是两个相互联系又有区别的概念。从领导者与管理者两个概念的内涵来分析，领导者和管理者应该有不同的价值观和工作方法及操作程序。

作为管理者，如经理的价值观是要使组织，如企业稳定、有序和有效率；但作为领导者，如厂长的价值观的核心是创新、灵活性和适应社会与市场。显然，经理们关心的是如何把事情搞定，如何使员工做得更好。但是，作为厂长关心的是，什么事情对员工是最重要的、有意义的。领导者要使下属相信，他们所做的正是最重要的和有意义的事。

由此可见，“领导者做正确的事，管理者正确地做事（Managers are people who do things right, while leaders are people who do the right things）”（Warren G. Bennis，1985）。领导力大师沃伦·本尼斯曾经长期担任辛辛那提大学的校长。他就是在校长的任上体会到了领导和管理的不同。有一天，他埋头处理堆积如山的文件，一直处理到凌晨四点。他突然觉悟了：“我决定了，我想当领导型而非管理型的大学校长。这是个重要的区别。许多组织管理得很好，却领导得很差。他们擅长处理所有的日常工作，却从来没有先问问这些日常工作是否该做。”

那么，究竟哪些事是领导该做的呢？

欧洲最有影响力的管理大师弗雷德蒙德·马利克（Fredmund Malik，2005）在其《管理成就生活》（Managing Performing Living）一书中提出了领导者应做的六件“正确的事”（即有效管理的六大原则）：关注结果（focusing on results）、为整体做贡献（contribution to the whole）、聚焦关键（concentration on a few things）、利用优势（utilizing strengths）、（创建）信任（trust）和正面思考（positive thinking）。

美国宾夕法尼亚大学沃顿商学院教授、领导力专家迈克尔·尤西姆（Michael Useem）2013年在其著作《领导者的备忘录》（The Leader's Checklist）中指出了领导者应该做的十五件正确的事，即十五项任务关键型原则（15 mission-critical principles）：

（1）阐明愿景（articulate a vision）。规划一种明确的、具有说服力的愿景，并告知所有员工。

（2）战略思考（think and act strategically）。提出一种用以同步实现短期和长期愿景的战略规划，并确保其得到广泛理解。

（3）尊重同事（honor the room）。对同事（包括下属）要经常表示信任和支持。

（4）担当责任（take charge）。采取一种偏爱行动的态度，即使未经正式委托，也要负起责任。

（5）果断行动（act decisively）。做出合理的、正确的决策，并确保其付诸实施。

（6）有效沟通（communicate persuasively）。以人们永远不会忘记的、令人信服的方式交流，简洁而清晰，并且事无巨细都要做到言行一致。

（7）激励员工（motivate the troops）。觉察他们所带来的独特意愿，然后以不同的动机为基础做出最佳选择。

（8）深入基层（embrace the front lines）。要进行授权（战略决策除外），和那些最直接参与企业工作的人拉近距离。

（9）推广领导（build leadership in others）。在整个组织中发展领导力，确保公司文化能够促进领导力的有效行使。

（10）处理关系（manage relations）。与那些向你寻求帮助的人建立持久的个人关系，并且尽量利用工作场所中的感觉和激情。

（11）确定影响（identify personal implications）。帮助每个人正确估计愿景和策略可能对他们自己的工作以及公司的未来所产生的影响。

（12）传达本质（convey your character）。通过手势、评价和描述，确保其他人意识到你是一个正直的人。

（13）适度乐观（dampen over-optimism）。抑制过度的乐观和成功的傲慢，关注潜在威胁和尚未解决的问题，并预防管理者从事无保障的风险活动的倾向。

（14）打造团队（build a diverse top team）。领导需要打造一支多样化的顶级团队。因为领导力同样是一项团队运动，需要一批能够共同应对所有关键挑战的队员参加才能发挥最大作用。

（15）大局为先（place common interest first）。在制定策略、传播愿景和达

成决策时，以共同利益为先，个人私利排在最末。

尤西姆通过大量采访发现，在这十五项备忘录中，(3)、(6)、(15) 项在行动中容易缺失；(1)、(4)、(5) 项则最为重要。

1.3.2 领导者与管理者在工作方法与操作程序上的区别

领导者与管理者的工作方法与操作程序有以下差异：

管理者采用相应的方法产生预见性和秩序，其中包括正确确定所选择的目标，制订带有时间表的行动计划以及合理地分配资源；合理地组织和配置人员，建立合理的组织结构，分配人们的工作；有效地监控结果和解决实际问题。

领导者采用相应的方法产生组织性变化，其中包括：

(1) 确定未来愿景和促使战略的必要变化。

(2) 注意与部属沟通并解释愿景。

(3) 鼓励与激励人们去实现这个愿景。

管理者与领导者的共同点都涉及要决定去做什么，并进一步去创造所需要的关系网络，并能预测将要发生的事情。

当然，过分强有力的管理者可能会妨碍创新与冒险。同样，过分强有力的领导者可能会破坏秩序与效率。

仅有强有力的管理可能建立一个没有目的的官僚体系；同样，仅有强有力的领导则可能导致变革不能付诸实践。

总之，管理与领导两个过程对一个组织的成功都是必需的。两个过程的相对重要性以及整合这两者的最佳方式取决于现实情况。

1.3.3 领导者与管理者在性质与职能上的区别

领导研究早在古希腊亚里士多德时期就已开始，而管理研究只是从19世纪末、20世纪初工业化社会到来时才开始的。

管理是指在权力的范围内对事务的管束和处理过程。“管”，在我国古代是指钥匙，引申为管辖、管制之意。“理”，本意是治玉，引申为整理或处理。管理是为了实现一个确定目标，对人力、物力和其他资源进行整理和处理的过程。管理偏重于执行政策、组织力量、完成组织目标。

管理的目标和功能是产生秩序和一致性。保证秩序和稳定性是极其重要的目标。

领导是一种战略性的管理。战略是指全局性的，在一段较长时间内相对稳定不变的方针和原则。领导着力追求整个组织乃至全社会的效益。领导是指领导者为实现一定的目标，统御和指引被领导者的社会管理活动。

领导的目标和功能是产生变化和运动，寻求对环境变化的适应性，并能及早做出建设性的变革。

可见，在具体的职能上，如计划与预算、组织、人事、控制与解决问题等方面，领导者与管理者也有区别，表现如下：

（1）在计划与预算方面。管理的主要活动表现为制定详细的议事日程，安排几个月、几年的时间表，分配必要的资源以实现组织目标。领导的活动则是确定方向、阐明形势、构建愿景、制定战略以引起组织变化。

（2）在组织与人事方面。从管理的角度主要是为个体工作设计组织系统，构建组织中工作人员的相互关系，安排员工的合适工作，制定正常的规章制度、操作程序。从领导方面主要是要与员工交流愿景，引发员工的组织承诺，建立高效的团队。

（3）在控制与解决问题方面。管理的任务是发展激励系统、激发员工，监督目标实施的进展情况，在活动偏离目标时要及时纠正。领导的任务是激励、鼓舞员工，对员工实行授权，满足员工的需求。

此外，管理者在管理过程中主要起协调作用，管理者与被管理者的关系是一个单向的权力关系。而领导者涉及的面很广，他（她）可以是一个领导者角色、联络官角色，也可以是一个监督者、发言人的角色，资源分配者的角色，障碍处理者的角色；对外，也可以是一个谈判者角色。为此，领导者是一个有着多向影响的关系者。

从心理层面分析，领导者的活动是要带着感情色彩的，而且要有很高的智商，要为长期存在的问题提供更多可供选择的解决方法。而管理者基本上是反应型的，其主要作用是采取措施、减少选择、解决问题，因而其活动很少带感情因素。

1.4 西方不同历史时期的领导论

人类从文化史发端时就已经开始关注领导现象，在不同的历史时期出现了多种领导论。古希腊时期，诗人荷马（约前9世纪—前8世纪）写的《伊利亚特》（Ilias或Iliad ）里就已经描写了几种类型的领袖人物，哲学家柏拉图（前

427—前347）等则已开始提出有关领导的论述。

有关西方不同历史时期的领导理论，我们概述如下：

1.4.1 古希腊柏拉图的领导论

古希腊哲学家柏拉图（Plato）有关领导的论述集中反映在其著作《共和国》（也译为《理想国》）中。这部著作的核心思想就是：理想的领导者必须是贤王哲人，这样才能称王治国。

在柏拉图《共和国》中出现的领导形象具有保守的性格，并具有维持性性格，这种性格是为了使现实生活更安定而采用相应领导方法所必需的。

柏拉图认为，“理想国”中的领导者应该具有深谋远虑、正义、公平、勇气等品质。换言之，柏拉图除强调领导者要有“才”外，更重要的是需要有“德”，这样的领导者必须由受过严格教育训练的人来担任。最为本质的一点是，在柏拉图看来，“领导”是一种教育的产物。

1.4.2 古罗马时代的领导论

马其顿帝国的亚历山大和罗马帝国的恺撒，都是具有世界影响的领导者，他们所表现出来的领导模式很具特色。古罗马的西塞罗是一个代表了罗马原有的城市国家侧面的领导者，而恺撒则是代表罗马新兴世界国家侧面的领导者。罗马是以其土建工程技术实现了统治世界的目的的，由此才有了那句著名的谚语——“条条大路通罗马”。但是，从领导论的观点来看，需要强调的是，不论是法律，还是土建工程，虽然有形式上或本质上的不同，但这些全都是统治世界的手段，是法律手段、土建手段的统治。而从组织理论上看，古罗马并没有拿出自己的扩展到世界范围的领导论。

1.4.3 中世纪的领导论

中世纪的领导论强调的是神权与王权的合一。

中世纪的欧洲社会，在世俗生活中起领导作用的是封建诸侯的国家组织，其中皇帝是合法的领导者；而在精神领域起领导作用的是教会组织，其中教皇是合法的领导者。究其实质，中世纪的领导论强调的是神权与王权领导的双重性。

神权作为宗教的领导，其要义是要得到人的灵魂，即用牢牢地吸引人的灵魂这种特殊的方法来进行领导。其实不仅是西方的基督教，远东地区的佛教与中东地区的伊斯兰教以及其他所有的宗教都具有这一共同特征。

这一时期，佛罗伦萨的名门子弟但丁在其《帝制论》一书中提出，人是精神存在，同时又是肉体存在，不如说人是站在“两个世界的边界线”上。这一领导论意味着，采用任何的领导方式，都必然具有精神与世俗两重性。

1.4.4 文艺复兴时期的领导论

文艺复兴时期的马基亚维利（Machiavelli，1513）在其《君主论》中提出的观点堪称一种经典的领导论。

在《君主论》中，马基亚维利认为，领导者必须具备猛狮狡狐式的双重性格。前者强调领导者要重视自己的“力”的运用，必要时可以使用武力以谋取成功。另一方面，领导者要使用个人的权谋和技术（权术）来左右政治。君主就是那种在令人难以预料的急剧变化的社会里，能凭借个人力量和适度手段来应付变化的领导者。

作为君主，有时还必须懂得“作恶”的权术。由于政治必须伴随以价值判断和价值评价，能够适应和应付形势的变化，为此，领导者必须懂得根据需要“时而行善、时而作恶”的权术。马基亚维利有一句很能体现其理论实质的名言：谁要是一个真正仁慈的君主，谁就会马上覆灭；但又必须使庶民认为君主是仁慈的。实际上，对君主来说，仁慈一些还不如冷酷一些更好。对于他的这种理论一直是褒贬参半的，而从公平、公义的立场而言，君主存心“作恶”无论如何都是不相宜的。

马基亚维利过于重视领导者个人的“力”量，而对领导者所领导的组织的“力”量，却没有足够重视。

1.4.5 领导者的统治类型观

马克斯·韦伯（Max Weber，1947）认为，存在着相互对立的两种统治类型，一是根据利害关系的统治，二是根据权威的统治。前者的典型案例是在市场上的垄断统治，后者的典型案例则是家长、长官和君主的权威统治。按照韦伯的说法，统治是一个或几个“统治者”对另外的一个或几个“被统治者”发号施令，对被统治者的行动施加影响的过程，这种影响过程不仅仅表现为表面上听从命令的结果，而且也表现为被统治者如何对待统治者的命令才能使统治成立的事实。

稳固的统治通常是建基于统治者与被统治者的权利基础，即统治者的“正当性”是稳固统治的精神支柱。

韦伯的理论又将以这种正当性为依据所成立的统治结构类型分为三种——传统统治、合法统治、神权统治。

1. 传统统治

传统统治是以自古以来就有的约定俗成的秩序和以对统治权力的神圣性为信念来支撑的统治，人们都认为这种统治是天经地义的。统治者是“主人”，被统治者是“臣民”，“下级”必须绝对服从“上级”，统治的依据就是传统的神圣性，当这种传统的神圣性受到破坏时，统治的正当性就会濒临危机。

2. 合法统治

合法统治是指被统治者服从统治者的命令，是根据已制定的法律、法规，命令者本身在发出命令时，也是根据一定的法律、法规，即“法律、法规”或“打破法律、法规”等是要有正当途径的抽象和具体规范的。任何类型的上司，作为统治者，其统治权都要在所制定的法律、法规的范围内才可行使，因为只有在某一个适当的“权限”范围内权力才是正当的。在这种权限范围内，下级只有服从的义务，并根据官职等级通过一定的组织程序履行适当的手续。韦伯将这套制度称为官僚制统治。在官僚制统治下的官僚制行政是由受过训练的专职官员来执行的，而不是以个人的意愿或“因人而异”地进行统治的。这是一种严格意义上的形式主义统治，其依据是合理的法律、法规，而不是以主观地、有目的地进行统治为原则。

3. 神权统治

神权统治是指统治者具有超人的能力和非凡的天赋资质，从而使被统治者绝对服从，而且在情绪上完全归顺于所产生的统治与被统治的关系。显然，这种统治关系绝非仅凭统治者在法律上的地位或传统的权威就能实现。一旦民众对统治者本身的力量或对他的信仰丧失，神权统治就会崩溃。总之，神权统治是以纯属个人的社会关系为其本质特征的。

1.4.6 “天才论（伟人论）”的领导论

随着市民社会进入成熟时期，19世纪中叶的欧洲相继出现了许多流派的“天才论”的领导论。

“天才论”包含着“英雄创造历史”这一命题，认为领导行为有效性的因素是伟人。在这一时期，被作为哲学理论的天才论有卡莱尔（Carlyle，1841，著有《论英雄与英雄崇拜》）的“英雄崇拜”，尼采（Nietzsche，1885）的“超人论”，埃马逊（Emerson，1850，著有《伟人论》）的“伟人论”等等，这些理论都强调领导者具有特有的个人特质，其领导才干与生俱来。在同时代的高尔顿（Galton，1870）、克莱奇玛（Kretschmer，1929）的“精神医学天才论”等著述中，对遗传因素在人的领导素质方面所起的决定性作用都有阐述。

沿袭19世纪的这种领导理论，学者们在20世纪着重研究了领导者的个人人格、能力、性格等要素。

而从近年来领导特质论研究的结果看，领导有效性并不是由领导者的个人特质决定的，由此明确了这些个人特质变量只是决定领导行为有效性的所有变量中的部分变量而已。

1.4.7 “环境决定论”的领导论

与个人特质论相对应的是“环境决定论”的领导论。

领导是时代的象征。尽管我们不能否定领导者在历史上的作用，但历史的发展是依靠生产力与生产关系发生矛盾时的社会变革，而不是单单依靠领导者。

普列汉诺夫（Plekhanov，1898）研究了历史客观规律与个人作用的相互关系，认为：并不是由领导者改变历史的进程，历史发展变化的根据是“生产力与生产关系的矛盾”。这实际上是承认了领导者个人对社会发展的影响，但又认为历史的发展是根据客观规律进行的，而并非个人单独作用的结果。

领导者并不是孤立的人物，他们在历史上的功绩和过失都同他们所处的历史条件、社会环境相关，也和他们本人的品质、性格、气质有关。

领导者不可能超越历史条件和现实环境的限制去“创造”历史。任何领导者的意志都不能改变历史发展的总趋势。

然而，当人们愈是在一个短的历史时期内考察历史，就愈是可以看到，首脑和某些领导者个人对历史发展的重大影响，甚至领导者的品质、性格、气质也能影响具体的历史进程。这说明，领导者只要顺应历史的潮流，就会对历史的进程起推动作用。

综上所述可见，与“伟人论”强调领导者的个人特质是领导的决定条件相比，“环境决定论”强调的是环境条件变量是领导过程中决定性的因素。其实，有效领导既取决于领导者的个人特质，也受环境条件、时代背景的制约。

1.5 领导心理学的任务

随着改革开放事业的深入，一批又一批的后备人才走上领导岗位，各级领导者（政党、政府、企业、团体等）的领导理念、领导能力、领导方式都面临着空前的、全方位的挑战。面对新的形势，传统的领导理论、领导经验已显得不那么适应需求，为此，迫切需要领导理论的不断创新以及要用创新发展着的领导理论指导新的领导实践。

现实社会对领导心理学理论的需求和期望在日益增加，而从国际组织领导学与领导心理学的发展看，领导心理学正成为一种显学，一门应用理论科学。

当前我国领导心理学的主要任务是：

第一，要构建中国领导心理学的理论体系。在加强对领导心理学学科的基本范畴、基本原理进行深入研究的同时，要特别注意构建中国特色的领导心理学学科体系，要使这一学科具有明显的民族特色和时代特征。中国的领导心理学要能够回答当前深化改革开放的实践中所遇到的重大现实问题，以此发挥领导心理学理论对于改革开放领导实践的指导作用。

第二，要加强中西方领导心理学研究的交流与合作。要跨越文化和价值取向的鸿沟，加强中西方研究交流与合作，走全球化时代领导心理学理论融会贯通的发展之路。同时，要注意挖掘东西方文明中蕴藏的宝贵而深厚的领导思想资源，同时也要总结从中国改革开放历史经验中提炼出来的理论资源，走中西结合之路，正确处理国际经验本土化和中国经验国际化的关系。

第三，要多学科、全方位、多视角地进行综合研究。由于时代在前进，新的科技手段不断出现，为此，我们要采用新的传媒与网络作为新的研究工具，深入探索领导心理学中的诸多领导现象与新的领导实践，比如领导者应如何应付和处理危机事件以及面对复杂问题的应对与处理等。

第四，要重视领导者的教育与培训。由于一些领导者的道德素质缺失，因而领导者贪污腐化的现象日益严重，为此，对领导者进行教育与培训，特别是进行伦理道德教育日显重要。在此，我们要将伦理学引入领导心理学，分析传统伦理观念和伦理价值判断的真谛，使其对领导者的素质和领导活动产生影响。

总之，对领导者的教育与培训，除知识与技能外，还要加强道德教育。在本书第9~11章中，作者特别提出了要树立道德型领导者的方向，并系统地从理论与实践两方面，就道德权威、道德观、道德标准、如何抵制不道德行为、如何树立正确的权力观、如何进行反腐倡廉心理的自我调控等方面做了全面、系统的阐述。

【案例分析】

急死人的研发机器

多年来，家庭之星一直是厨房电器行业最具创意的公司。但是最近一些后起之秀却屡屡先声夺人，而公司的研发主管却满不在乎。这可急坏了公司的CEO哈尔。

哈尔在家庭之星工作25年了，但是他仍对厨房电器行业以及推动该行业的创新乐此不疲。做了12年的CEO，他始终坚持公司对研发事业部的承诺，发誓要保住家庭之星在行业内的“最先、最佳、最独特”的称号。这也是为什么市场发生的一些变化让他感到心烦意乱了。

早上，助理还没有到，他可以放松片刻，从桌上拿起报纸将那篇新闻又读了一遍。“复古风气”，这是标题，接下来是内容：“前卫公司已经成为国内发展最快的厨房电器生产商，它日前推出的复古系列的冰箱、炉具、洗碗机再掀市场热潮，消费者对这些产品推崇备至。前卫公司的一位经理说‘我们现在推出的产品对各个层面的消费者都有冲击力，他们渐渐地爱上了这个系列。在此我们也想告诉家庭之星那样的老前辈，这一行并不仅限于满足人们的基本需求，还可以去吸引那些追逐时尚和奢华的消费者’。”

哈尔将报纸合上，摇了摇头。看到自己的公司被人称为“老前辈”，这的确让他有些难过，而同样让他难过的还有他不得不承认这是个事实——家庭之星近年来已然是步履艰难。“我们早就该料到会有这么一天。”他内心感慨，“近三年，汽车行业一直在从逝去的岁月中寻找灵感。克莱斯勒的PT巡洋舰、宝马的Mini Cooper和大众的甲壳虫等所有畅销车型无不是在走怀旧的路线。我们怎么就没有看到呢？我们是在吃老本啊！”

其实，这不是家庭之星第一次被人抢走市场。早在6个月前，前卫公司就曾有过一次漂亮的出击——该公司的“洁而食”牌冰箱在厨房电器产品交易会上大出风头。这种新款冰箱中有一个独立的隔间，可以三度清洗并沥干蔬果，它在大肆宣扬：农产品要新鲜、饮食要健康、留农药有危害。很快，它们在展会上就被疯抢一空。

风水轮流转

一阵急促的敲门声打断了哈尔的思路。“进来!”他懒洋洋地答道。公司市场部的头儿凯莉跺着重步走进办公室。“你看到前卫公司的新闻了吗?”她问道,“他们故伎重演,还捎带着奚落我们一顿。我真纳闷他们怎么这么快就将这些产品弄出来了?”

“唔,这其实也算不上是真正的技术性突破,”哈尔苦笑着说,“不过前卫公司似乎摸到了消费者的脉搏,这些本来都是我们该做的。看来是我们自己把机会弄丢了。”

“那是因为我们的力气没用对地方。要想创新,就不能整天待在实验室里,查理应该去消费者家中走访,进人家的厨房看看。他整天就知道琢磨那些‘智能电器’,还有什么‘网络化电器’。现在怎么样?除了他这样的科技狂之外,消费者对此并没有多大的兴趣。我们问了好些人,人家根本不在乎什么科技不科技的。”

哈尔的身子往后缩了缩。查理·哈迈德是他的爱将,一名才华横溢、充满奇思妙想的工程师。主持家庭之星的研发部工作27年来,查理在公司内外都广受尊敬和爱戴,这一行中的每一项重大科技进步几乎都是他率先取得的。家庭之星昔日的辉煌凝聚着查理不少心血。

“好了,凯莉,”哈尔说,“市场调研是你负责的。如果研发部推出的产品跟你们团队分析出的市场需求不沾边,那么我们就能解决这个问题。不过你别忘了,公司能有今天,查理功不可没。”

凯莉摇摇头说:“你是说公司能有过去,他功不可没吧?我说哈尔,市场在不断变化,产品创新的速度越来越快;全球竞争也越来越激烈,我们的对手恨不得把我们给吞了;而且消费者的口味也在改变,他们希望多一些选择。有些人希望每两年就换一部新车,他们怎么不可能把厨房里的东西也换一换呢?所以我们得出新产品,而且速度要快。”

凯莉说的没错,这些年来市场的确是瞬息万变。长期以来,厨房电器行业的创新一直着眼于“渐进式的改良”——让产品的性能更稳定一些、噪音更小一些,或者功效更高一些。到头来,各家的产品实际上都变得大同小异,顾客买谁的都一样。于是,业界的大厂家们开始在价格上较劲,结果是整个行业的利润越来越薄。但是,在过去的一年半时间里,一股创新风潮席卷了整个厨房电器行业。各厂家纷纷开始重组现有技术来打造全新产品,挖空心思想设计出吸引消费者的新产品。一时间,厨房电器业俨然成了消费电子业,其宣传口号变成了“让消费者购买新产品,让消费者创造新产品”。

在这种形势下，能否推陈出新对于家庭之星来说变得尤为关键，其决定着公司未来的成败。但不幸的是，查理没有随潮流而动。尽管时髦“花哨”的新产品能带来更高的利润，还能带动消费者更频繁地给厨房电器升级换代，而且也颇受那些四处“淘”新产品来装扮样板房的建筑商的欢迎，但是查理仍然对它们不屑一顾。这就使得家庭之星处于一个被动的地位——总是跟在别人的后头。

“从现在起到下次厨房电器展还有6个月的时间，”凯莉说道，“如果再不搞出点让人眼睛发亮的新东西来，我们可就得跟‘创新先锋’这个称号告别了。我们已经没有多少老本可以吃了，要是再不加油，像冰箱这样的事还会重演。”

正说着，公司公关部经理奈特进来说道：“嗨，哈尔，《家居世界》杂志的‘新产品推荐’栏目打来电话催了，这个月我们有什么可提供的?”哈尔说：“哎哟！真是哪壶不开提哪壶。你就告诉他们我们有新东西，但因为考虑到竞争方面的因素，暂时不能公开。”

远水不能解近渴

研发部门自从5年前搬进新的研发大楼之后，查理和凯莉之间的明争是减少了，但暗斗还是如故。查理很不屑于同凯莉争斗，所以经常借故避开她，哈尔就成了他们之间的传话筒。只有在公司的季度会议上哈尔才能把他们两个聚在一起。“他们之间的交流实在是太少了”，在去查理的办公室的路上哈尔想道。

查理的办公室一片狼藉。一面墙的白板上满是潦草的字迹、复杂的流程图，还贴了好多黄色的记事贴，一摞摞的杂志和文件填满了几乎每一寸空间。

“绝不要相信一个把桌子收拾得整整齐齐的人，”他总喜欢这样说，“整齐的桌子标志着零乱的思维。”查理是个痴迷于科技的机械工程学博士，负责家庭之星公司的全球研究、设计和产品开发等团队。办公室另一面墙上挂得满满的设计和工程奖项是他辉煌成就的证明。查理举止怪僻但聪明绝顶，他还是个极具吸引力的人，为公司网罗来了一批才智卓越、兢兢业业的科学家、设计师、技术员和工程师，并赢得了他们的耿耿忠心。哈尔走进门，搬开椅子上的一摞杂志坐了下来。“有关前卫公司新推出的复古系列的报道你看了吗?”他问道。

查理轻蔑地哼了一声：“华而不实，没什么新意，不过是在漆上搞点儿花样，再抬高点儿价钱而已。”

“消费者可是打心眼里喜欢呢。”

“等他们看到我们的网络化电器后再瞧吧。哈尔，你认真听我说，”查理顿了一下，想加强语气，“网络化是大势所趋。基于互联网技术的产品将彻底颠覆我们的生活方式，它们可以替你做饭、打扫卫生、购物，甚至可以帮你料理家务。想想看吧，冰箱空了它们能够自动帮你填充食物，或者自动为你的烤箱下载食谱！”

“那是后话了，查理，我们现在就得拿出东西。”哈尔揉揉眼睛，叹了口气说，“眼下的问题是，我们行业老大的位置就快要保不住了，你想想看我们有多少个月没有推出新品了？”

查理提醒哈尔别忘了公司受欧洲市场的启发新上的一条节能型洗衣机、烘干机和洗碗机的生产线。

5年前，查理为了密切追踪市场动向，在海外建立了研发部。无论在那时还是在将来，这都是一笔不菲的风险投资，但查理认为这笔钱花得值。他当时推测，海外市场的分散性和高度竞争性会推动创新，虽然这些创新一时半会儿还波及不到美国市场，但它们势必将塑造厨房电器行业的未来。他最先注意到的一个动向就是，节能型厨房电器在欧洲市场日益受到青睐，于是不顾公司内部的反对意见，着手开发家庭之星自己的节能系列生产线。

“节能系列的产品确实很棒，查理。从技术角度上说，市面上没有哪个产品能跟它们相比；我也知道它们的利润很可观——要价可以是成本的三倍多。但问题是，当初首批这样的产品在美国市场亮相时，我们自己的产品还没开发出来呢。我们丢了最初的市场不说，还砸了自己‘最先’的牌子。我们就不能加快点儿吗？”

“如果你回忆一下，你一定能想起当初的情形是怎样的。”查理说，“市场部的那帮家伙认定美国的消费者对节能型电器不感兴趣，认为他们不会花这个冤枉钱。凯莉总是拿有‘油老虎’之称的SUV（sports utility vehicle，即运动型多功能车）作例子，说美国人不怎么在乎节俭。还有，我从你和其他人那里也得到明确的信息，那就是节能系列并不是我们首先要考虑的。还记得我们当时热衷的是什么吗？是特大型电器！”

哈尔一时哑口无言，点了点头。他记得当时市场部有人注意到正在兴起的“豪宅热”，这些大型住宅通常都是推倒很多中小型住宅后建造的。那时，所有的修缮项目似乎都牢记着一个设计要素——将厨房和起居室连在一起的开阔空间。由此，公司内部有一群人固执地深信消费者在购买电器时一定会认为越大就越好，并喋喋不休地鼓动公司生产大型家电。但结果这些“巨无霸”却备受冷落，这是家庭之星公司有史以来首次遭受惨败。

查理的嘴角得意地向上撇了撇，说："那是什么样的灾难就不用我再复述了吧？可在这同一时间，我们的节能产品却一炮走红，而你现在却问我为什么开发了那么久。哈尔，你就相信我的直觉吧。"

"你的直觉是有口皆碑的，查理。这不是我们要讨论的问题。再过6个月，今年最大的厨房电器交易会就要开了，而我们却两手空空。人家前卫公司每季度都要发布新产品信息。现在整个行业的创新周期在缩短，我们如果跟不上那就玩完了。"

"产品延伸，还有在外形上玩噱头算什么创新？事实上，凡是以技术为导向的一流创新都有一个孕育的过程，催是催不来的。况且我还得顾及自己的名声。我可不是'废物研发机器'，从前不是，将来也不会是。"

"没人让你研发废物。但是我们必须确保正在开发的产品是消费者想要的。坦白地说，我担心你在网络化电器上投入得太多。要是消费者不买账怎么办？我可不想把鸡蛋都放在一个篮子里。我希望看到你和你的手下能跟市场部合作得更紧密一些。尽管近来我们频频失手，但我想你们还是能从彼此身上学到不少东西的。你是不是应该跟他们多碰碰面，查理？"哈尔看了一下表，"先说到这儿吧，我要去参加个午餐会。下周等你从欧洲回来我们再详谈。"

没有不变的承诺

哈尔无精打采地靠在出租车的后座上，庆幸有片刻的时间可以思考。形势已经愈发明朗，过去成就家庭之星行业霸主地位的一切都不再顶用了。似乎在一夜间，市场就变了样。所有的同行好像都在按新规则行事，而家庭之星却对这些规则全然陌生。更糟糕的是，查理看上去并不想理会这些规则。

也许真的到了该换血的时候了。但查理是业界大名鼎鼎的传奇人物，任何针对他的举动都有背信弃义之嫌。

哈尔平常总是抽不出时间参加"经理人圆桌午宴"，但这次他说什么都要来。因为这次聚会的主题演讲者是他商学院的一位老友——卡罗琳·布罗德瑞克，而且她的演讲——《忠诚是否会成为一种负债？——变革时代的管理》正合他此时的心思。

一路上交通出奇地顺畅。聚会还没开始，出租车就开到了都市俱乐部的门口。哈尔一看时间还早，便决定利用这点难得的空余时间即兴做一个市场调查。他走到都市俱乐部总管跟前，做了一下自我介绍，请求参观他们的厨房。没有什么比跟形形色色的消费者打交道更让哈尔感兴趣的了，他喜欢看到他们如何烹饪、如何清洁，又是如何使用厨房电器的。参观中，他注意到两位助理厨师正在使用的超大炉具。哈尔突发奇想，他拿出一个小本子，草草写下："将巨型厨房电器重新包装、重新定位，供机构使用？"随后他就去参加午餐会了。

卡罗琳结束演讲后，哈尔找到了她。"真高兴见到你！"他亲热地招呼道，"你的演讲太好了。不幸的是，我被你命中了要害。"他将家庭之星面临的困境简要叙述了一遍。

卡罗琳深表同情地点点头，说："市场已经变了，而你的员工却不跟着变，这很让人头疼。看样子查理还需要有点儿商业头脑，光顾着赶超最新技术已经不够了。就像烤牛排一样，你们应该在'牛肉'上少花点功夫，而多投入一些精力在'肉的香味'上。"

"到哪儿去找那么全面的人啊！"哈尔感叹道，"好了，不谈公事了。你的小家伙们怎么样？"

卡罗琳笑了起来。"我的'小家伙'一个19岁，一个都21岁喽。所以我打算回去工作，全天上班。当孩子还小时，咨询和写作是挺不错的工作，能给我更多的机动时间，但现在我想有新的发展。"

她踌躇了一下，接下去说道："哈尔，你当真要对家庭之星进行变革吗？如果当真，我出个主意，你还记得咱们的老同学彼得·佛尔图纳吗？"

"当然记得！我们当初都以为这家伙会当一辈子学生呢！"哈尔笑道。彼得先后获得了计算机学士学位、工商管理硕士学位和工程学博士学位，之后，他参与创办了一家非常成功的公司，为很多行业提供了研发承包服务。

"彼得的公司刚刚被收购，"卡罗琳接着说道，"我知道他正在寻找新机会，你不妨考虑考虑。"

回公司的路上，交通缓慢而又拥挤，就像哈尔脑中的思绪一样纷乱芜杂。在哈尔看来，眼下有两件关键的事要做。第一件事刻不容缓，即在创新渠道空空如也的情况下，如何拿出至少一样热门产品去参加6个月后的展会。第二件事，是他在职业生涯中遇到的最为棘手的难题——如何整改研发部。

"这仅仅是一个资金投入和组织上的问题吗？要是那样，通过脑力激荡可能就解决了。"哈尔心里没有底，"抑或是人的问题？也许该给查理挪个位置了。"彼得·佛尔图纳目前的处境倒是给了他一线希望。哈尔可以任命查理做首席技术官，这样交易会的事就不用查理来插手了。“要不就大幅度裁减研发人员，将大部分任务外包出去?”哈尔忖度着，“也许真的是我太沉不住气了？查理说不定是对的，真正的创新是急不出来的。如果他对网络化电器的预测是正确的，那我们就可能成为这个领域的先锋，市场自然就非我们莫属了。”

总之，该是把心一横，做出抉择的时候了。

（资料来源 马莎，等.急死人的研发机器［J］.商业评论：中文版，2003（9））

案例思考题：哈尔该做哪些“正确的事”来重振公司雄风?

本章小结

领导是当下的热门话题。领导心理学是研究领导过程中心理与行为现象及其规律的一门学科。

在过去的50多年中，出现了许多领导的定义。但有一点是共同的，领导是指引导与影响个体、群体、组织使之在一定条件下实现固定目标的行动过程。

领导和管理既不相同又相互重叠。不同的是，传统意义上，管理指的是计划、组织、人事和控制活动，但领导强调的是施加影响的过程。这两个过程中都包含着要引导组织与个体为实现目标而努力的共同点。

从领导者与管理者两者概念的内涵来分析，领导者和管理者应该有不同的价值观、工作方法及操作程序。总之，领导者做正确的事，管理者正确地做事。

古希腊哲学家柏拉图认为，理想的领导者必须是贤王哲人。中世纪的领导论强调的是神权与王权的领导。文艺复兴时期的马基亚维利认为，领导者必须具备猛狮狡狐式的双重性格。马克斯·韦伯以正当性为依据将统治结构类型分为三种：合法统治、传统统治和神权统治。19世纪中叶的欧洲相继出现了“天才论”的领导论和与之相对应的环境决定论的领导论。对西方这些不同历史时期的领导论要辩证地看待。

当前我国领导心理学的主要任务是：构建中国领导心理学的理论体系；加强中西方领导心理学研究的交流与合作；多学科、全方位、多视角地进行综合研究；重视领导者的教育与培训，特别是道德教育与培训。

思考题

1. 试述领导与领导者概念的区别与联系。

2. 结合实际谈谈领导者应做哪些正确的事。

3. 概述领导者与管理者在性质与职能上的区别与联系。

4. 综述西方不同历史时期的领导论及其启示并加以评价。

5. 探讨当代领导心理学的任务与方向。

第2章 领导者有效性的品质和素质理论

我们之所以爱一个人，是由于我们认为那个人具有我们所尊重的品质。

——[法]卢梭

重点内容

- 了解早期与现代品质因素研究的成果
- 了解近期领导者有效性品质理论的发展趋势
- 学会识别不称职领导者的品质因素及其表现
- 了解素质的来源、内涵和组成要素
- 了解不同的领导素质模型，并掌握其在管理中的主要应用

2.1 领导者的品质理论

领导者的品质理论（traits theory of leadership）又名特质理论。在此，品质与特质概念的内涵是相同的。领导者有效性的品质理论主要是指领导者要有一定数量的品质与特质，藉此，才能将有效领导者与无效领导者区别开来。它主要通过研究许多成功与不成功领导者的个性和特征来预测领导的有效性。

品质是由多种多样的个人特性，如人性、需求、动机、价值观、个性特点（气质、性格、能力）等综合地表现出来的。

在我国领导者的选拔与考核中，着重对人的心理素质与政治道德品质进行

审核。

2.1.1 我国古代有关领导者品质因素的观点

早在1 700多年前，我国著名学者刘劭就写了一本《人物志》，在这本书中他明确地提出要根据德与才两种因素来考察人才，根据人的能力可以把领导者分为12个等级。他认为，“人才不同，能各有异”，“量能授官，不可不审也”。他还提出可用“八观”法来鉴别人才的个性，提倡“观其感变，以审常度”，“观其所短，以知所长”，“观其聪明，以知所达”等。这本书曾在1937年被美国心理学家夏斯克（J. K. Shryock）译为英文，题为《人类能力之研究》（The Study of Human Ability），由美国东方学社出版。

在我国，最早论述领导者品质与能力的还有军事家、兵法家孙子。在其著名的论著《孙子兵法》中他提出：“将者，智信仁勇严也。”这是每一个领导者必须具备的领导品质、能力与道德修养。显然，在两千多年后的今天，孙子等人的有关领导者应有品质的观点仍然是正确的，而且仍是适用的。

现代品质理论的发展已经历了近百年的历史，品质的因素构成也有很大的变化，下面我们加以分述。

2.1.2 早期的品质因素研究

早期的领导者品质研究将领导品质分为身体、能力、业绩、责任、参与、性格六大要素。其中，身体要素包括年龄、身高、体重、体格、外貌；能力要素包括一般智力、判断力、创造力、发言能力、机敏性；业绩要素包括学历、知识、运动技能；责任要素包括可靠性、主动性、持久性、果敢性、自信心、顽强精神；参与要素包括能动性、社交性、协调性、适应性、幽默性；性格要素包括自信、适应、支配性、向性、保守性。

之后，不同的研究者提出了各自的领导者的品质要素：

心理学家斯托格迪尔（R. M. Stogdill）于1948年在其所写论文《与领导有关的个人因素：文献调查》中全面地总结了这方面的文献之后，将同领导有关的品质因素归纳为八要素：智力水平、应变能力、洞察力、责任感、创新精神、坚韧性、自信心和社会交往能力。1974年斯托格迪尔在其所著《领导手册》一书中进一步提出了领导者品质特征的十要素：才智、强烈的责任心和完成任务的内驱力（成就）、坚持追求目标的性格（毅力）、大胆主动的独创精神（主动性）、自信心、合作性、乐意承担决策和行动的结果（责任心）、能忍受挫折（容忍）、社交和影响别人的能力及处理事务的能力。

与此同时，心理学家曼恩（R. D. Mann）于1959年提出了六要素的领导者品质特征：智力水平、男子气、适应能力、支配能力、外向特质和自控能力。另一名美国心理学家吉伯（C. A. Gibb）在1969年的研究报告中提出天才的领导者应具备七项天生的品质特征：善言辞、外表英俊潇洒、智力过人、具有自信心、心理健康、有支配他人的倾向、外向而敏感。

传统品质理论，从调查研究与心理测验两方面概括地描述了领导者的许多品质特征，让我们看到有效领导者与某些品质特征相联系，这无疑是一个进步，但是在理论观点上存在着一定的片面性。早期品质理论过分强调领导者的天生品质特征，忽视了教育、环境因素在形成、培养、发展和造就领导者品质中的重要作用，这就有可能滑入遗传决定论的泥潭中。

2.1.3 后期的品质因素研究

1971年，美国心理学家爱德温·吉色利（Edwin E. Chiselli）密切联系管理实践，改进研究方法，从动态的角度对领导者的品质特征进行了深入研究，并出版了《管理才能探索》一书，在书中他提出领导品质可以分为三大类13个因素的研究成果。

领导品质的三大类13个因素为：能力类，其中包括管理能力、智力和创造力；个性品质类，其中包括自我督导、决策、成熟性、工作班子的亲和力、男性的刚强和女性的温柔；激励类，其中包括职业成就需要、自我实现需要、行使权力需要、高度金钱奖励需要和工作安全需要。

进一步，吉色利提出，这13个品质因素其重要性不是等价的（图2-1中显示了这13个品质因素的相对重要程度）。保证领导者有效性的最强有力的六个品质因素的等级顺序为：管理能力、职业成就需要、智力、自我实现需要、自我督导与决策。其他7个品质因素不是很重要，其等级顺序为：安全需要、工作班子亲和力、创造性、高金钱奖励、权力需要、成熟性和男女性别差异。

2.1.4 现代品质因素研究

随着时代的发展，对领导者的品质需求增加了许多新的因素，如与“社会智力”相关的领导品质及道德层面的内涵。另一方面，一般的领导者个人品质与领导效能不一定直接有关，为此，需要探索与领导效能直接相关的领导者品质因素。

图2-1 13个品质因素的相对重要性

自1991年起，柯克帕特切克（Kirkpatrick）和洛克（Locke）提出，将领导者的品质因素由繁化简为现代五项：智力水平、自信心、决心、正直及社会交往能力。

（1）智力水平。历来都认为领导者的智力水平应高于被领导者，但是也有另一种看法，认为领导者与追随者之间的智力水平相差太大也会有负面作用，因为领导者的思想太超前，会使其与追随者的交往发生困难，为此两者要多加沟通与交流。

（2）自信心。包括自尊感、自信感，领导者应该有超越一般人的信念。

（3）决心。是领导者完成某项工作的愿望，并使工作具有创新性。决心还表现为对工作有内驱力、支配欲，能坚持到底等特点。

（4）正直。是领导者道德层面的特质，包括诚实、值得下属信赖、有原则性和责任感等。正直的领导者会使下属相信领导具有忠实、可靠、不欺骗人的道德品质。

（5）社会交往能力。是指领导者很友好、礼貌、得体和老练。

加里·尤克尔（Garry Yukl）于1998年认为可预测领导绩效的品质有以下八项：①高的能量等级和忍耐力；②自信；③内在聚焦的控制导向；④感情稳定和成熟；⑤正直；⑥扩大社会权力导向；⑦适度的高成就导向；⑧适度的亲和需求。

俞文钊教授在20世纪八九十年代曾提出我国领导者应有的多项品质指标，根据时代与形势的变化，其中有些指标仍应该传承下去，有的指标应作修改，有的指标应调整与增补。这里现重新提出十项指标：（1）事业心与进取心；（2）责任感；（3）创新能力；（4）分析综合能力；（5）正确决策的能力；（6）敢冒风险的能力；（7）对挫折的容忍力；（8）口头表达能力；（9）人际相容性；（10）自我约束能力。参见表2-1。

表2-1 **领导品质研究**

斯托格迪尔（1948）	吉伯（1969）	吉色利（1971）	斯托格迪尔（1974）	柯克帕特切克和洛克（1991）	尤克尔（1998）	俞文钊（2012）
智力水平	善言辞	管理能力	才智	智力水平	忍耐力	进取心
应变能力	外表英俊	职业成就	责任心	自信心	自信	责任感
洞察力	智力	智力	成就	决心	内在聚集	创新能力
责任感	自信心	自我实现	毅力	正直	稳重成熟	分析能力
创新精神	心理健康	自我督导	主动性	社交能力	正直	决策能力
坚韧性	支配性	决策	自信心		社会权力导向	敢冒风险
自信心	外向敏感	安全需要	合作性		高成就导向	容忍力
社交能力		亲和力	容忍		适度亲和力	表达能力
		创造性	社交能力			人际相容性
		高金钱奖励	影响			自我约束力
		权力需要				
		成熟性				
		性别差异				

表2-1总结了品质研究者们确定的领导者品质，清晰地阐明了与领导者有效性相关的品质的广度，同时也说明了要确认领导者到底应该具有什么样的品质是多么困难的一件事。

2.1.5 品质理论发展趋势

领导有效性的早期品质理论的立足点是某些人生来就具有能使他们成为伟大领袖的品质。整个20世纪，研究者们一直在努力找出领导者身上明确具有的品质。

20世纪中叶，一些主要研究开始对品质决定领导这一基本前提质疑。结果，研究者的注意力转向了情境因素的影响和追随者的影响。研究者们开始研究领导者和他们所处情境的相互关系，而不是只关注领导者的品质。最近，有迹象表明品质研究法又回到了原来的立场，研究者们新的兴趣在于直接关注领导者的关键品质。而这其中，魅力型领导（charismatic leadership）、变革型领导（transformational leadership）、交易型领导（transactional leadership）、真实型领导（authentic leadership）、伦理型领导（ethical leadership）和道德型领导（moral leadership）等领导有效性品质理论成为当下最新的领导学说。这几种类型的领导我们将在后面的章节中详细阐述。

随着魅力非凡的奥巴马在2008年当选为美国第一位非裔总统，魅力型领导迅速成为公众关注的焦点。荣格（Jung）等人在确定什么能把魅力型领导与其他人区分开来的研究中发现，魅力型领导者均具有如下品质：自我监控、表现欲强、攫取社会权力以及追求自我实现。简言之，品质理论是合理的、有生命力的。一开始，该方法重点在于鉴别出伟人身上具有的品质，然后转而研究情境对领导的影响，现在品质理论又重新强调品质在有效领导中的重要作用。

近年来，IBM、通用汽车、联邦快递、礼来、柯达等公司的CEO们都失去了他们的工作，因为他们在面对新环境时，不能领导他们的企业实现所必需的成功的变革。另一方面，百事、通用电气、美瑞泰克等公司的CEO们则领导他们的公司进行了成功的变革。变革型领导顺势成为21世纪组织进步的重要发展基础。

而如今，国内外频发的道德丑闻和渎职现象令伦理型领导和道德型领导迅速成为研究的热点。

2.2 要善于识别不称职领导者的品质因素

2.2.1 不称职领导者的表现

领导者不仅要善于将具有优秀品质的下属提拔到领导岗位，而且要识别哪些是不具备领导者品质的领导者，并将其及时调离领导岗位。

不称职领导者往往具有以下一些品质特征及表现：

1.职位与能力发生错位，不相匹配

在现实生活中，存在着职位与实际才能的错位，即存在职位高才能低的领导者，这些领导者名不符实，经常做出错误的决策，不能按时完成任务，也不能与其他部门保持协调一致。有些领导者终日忙于事务性工作，发挥不了作为领导者应有的职能，这些人只能做一个事务员而担当不了领导者的重任。

2.身居要职，不谋其政，安于现状，事业心不强

有些人将职位看成一种既得利益，为了谋取职位而努力工作，但一旦取得了某个较高的职位，便安于现状、不求上进，绞尽脑汁地维护既得利益。领导者的这种精神状态是阻碍事业顺利发展的绊脚石。

3.对本职工作兴趣不大，在工作中不能知难而进

有些领导者对本职工作兴趣不大，而乐于从事迎来送往等礼节性的社交活动，目的是使自己能出头露面，在社会上有些名气。他们对本职工作的兴趣、热情不大，没有通过工作实践来发展自己才能的欲望，也缺乏迎着困难上的热情。

4.缺乏组织管理和协调人际关系的能力

有的领导者主观上工作热情很高，但缺乏应有的组织管理与人际关系协调能力。有的领导者工作抓不住重点，样样都想抓都想管，却都抓不住管不好。有的领导者在领导方式上偏重专制型，自以为是，专制武断，有事不和群众商量。有的领导者处理人际关系简单化，因而效果也不好。

不称职领导者一是不能适应新形势的要求，表现为能力退化；二是领导者本身并非无能之辈，只是没有将精力用在正事上而是用在了消极方面；三是缺乏领导与管理的知识与经验。

故此，应该将能力退化者坚决从其现有岗位上撤下来，或者调到适宜的岗位上去；对将精力消耗在消极方面者，应加强教育，教育后仍不改者，也应该将其调离岗位；对缺少管理办法的领导者，要让他们有学习与提高的机会，以改进领导方式、方法，提高领导的有效性。

2.2.2 领导者品质的培养

领导者品质因素能否真正发挥作用，同个人的主观努力与自我修养的程度是分不开的，但环境因素也是一个重要条件。例如，上级领导是否关心、是否放手、是否信任，这都是直接影响下属积极性与能力能否发挥的重要因素。

以品质中的能力因素而言，人的能力是可以通过实际工作锻炼而得到发展的。领导者对有十分能力的下属，要给予十二分的权限，只有通过扩大职权范围，给予超过本人一定能力的职务、权限和课题，才能使下属迅速地成长起来，因为一个人如果身上有了担子，就会充分运用自己的能力，并抱有强烈的

责任感。

此外，我们要通过实践来培养领导者的品质因素，如求得各种品质因素之间的相互补偿。必要的岗位经历对于新领导者取得直接的领导经验是有益的。有些领导者专业知识甚佳，但在行政领导能力、人际关系协调能力等诸多方面较差，为此，我们建议，这些领导者可以先在政工部门做一段时间的工作，以便培养和提升新的领导品质因素。凡是在政工部门做过工作的技术干部走上党政领导岗位后，一般都会较快地适应，工作也较为顺利。

现代领导者应具有多方面的知识。知识面越广，眼界越开阔，就越有利于实现从“专才到通才，微观到宏观，局部到全局”的转变，对于各级领导者都要进行系统化、条理化的能力训练，以培养他们的各种品质因素，以便他们在领导岗位上能够更好地处理各种问题。

总之，培养、发展领导者的品质因素，必须采取综合性的措施，这样才能真正实际有效。

2.3 素质概述

competency或competence这个词在中国有很多翻译方法，比较常见的有能力、胜任力、胜任条件、素质、资质等，但没有一个词能够准确地全面诠释其含义。比如，说它是能力，它又不仅仅是能力，还包括态度、动机等其他因素；说它是素质，跟我们通常说的“素质”又完全是两回事。这里，我们姑且用“素质”来命名这个词。

2.3.1 素质的来源及内涵

20世纪50年代初，美国国务院在选拔外交官的过程中发觉效果非常不理想，很多通过选拔的人员在实际工作中的表现都不尽如人意。因此，美国国务院邀请哈佛大学教授、心理学家戴维·麦克雷兰（David McClelland）为其设计了一种能够有效地预测实际工作绩效的人员选拔方法。麦克雷兰否定了以往以智力因素为基准的评价方法，而是通过对工作表现优秀与一般的外交官的具体行为特征进行比较分析，识别出能够真正区分工作绩效的个人条件。研究结果发现，使人取得优秀绩效的除了智力以外，某些态度如认知、个人特质等也是导致工作表现突出的因素。麦克雷兰在这次研究中第一次使用了“行为事件访谈（behavioral event interview，简称BEI）”技术，取得了较好的效果。

1973年，麦克雷兰在《美国心理学家》（American Psychologist）杂志上发表了文章——《测验素质而不是测验智力》（Testing Competence rather than Intelligence），标志着素质理论和应用研究的开始。文章指出，那些更潜在的因素能够较好地预测个人在特定职位上的工作绩效，并将那些能区分在特定的工作岗位和组织环境下的绩效水平的个人特质（personal traits that can differentiate performances for a particular job or role，or in a particular organization）定义为素质（competence），倡导使用素质模型设计取代智力测验作为预测未来工作绩效的方法。麦克雷兰也因此被业界称为“素质鼻祖”。

目前国外学术界对素质内涵主要有两种不同观点：特征观和行为观。以美国学者博亚兹（Boyatzis）为代表的特征观把素质写作competence，并将其看成是特征输入，而以英国学者伍德拉夫（Woodruffe）为代表的行为观则把素质写作competency，并将其看成是行为输出。也有的学者认为以上两种观点是相互补充的，任何一种都是不完全的，对素质内涵的界定应该是两种观点的结合（Cheng，Dainty & Moore，2002），而两个术语——“competence”和“competency”在使用上也有合并的趋势（Hyland，1994）。

简而言之，素质指的是对个人及公司绩效至关重要的，可指导、可观察、可衡量，被描述成行为的技能。

从麦克雷兰的素质定义可以看出，素质亦属于特质或品质（皆称为traits），但又有别于前面所讲的特质或品质。品质，特别是早期品质，强调的是领导者身上与生俱来、很难改变的个人特性。而素质是可以后天培养的个人特性，其本质是一种广义上的“技能”，但关键是要从行为角度去进行描述，因为行为是可以观察、可以指导、可以衡量的。这也是麦克雷兰当初使用“行为事件访谈”技术界定素质的重要依据。

现代品质研究越来越趋向于素质研究。

2.3.2 素质模型理论

1.素质模型的冰山模型和洋葱模型

任何素质模型的构建都是以素质基础模型为出发点，结合岗位职能的特殊要求，寻求恰当、正确的素质特征组合而成的。冰山模型和洋葱模型是目前学术界和企业界公认的两大素质基础模型。

（1）冰山模型

斯宾塞等（Spencer et al.，1993）历时近20年的研究，提出了冰山模型

(iceberg model)。他们将素质模型形象地比喻成漂浮于水中的一座冰山。漂浮于水面之上的是看得见的基准性素质（threshold competence），包括知识和技能，这些特征是对员工基本素质的要求，并不能够把绩效优秀者和普通者区分开来；隐藏于水面之下的是看不见的鉴别性素质（differentiating competence），包括社会角色、自我概念、人格特质和动机等，这些深层特征越往下越难发现和培训，不容易被人们所感知，但它们是决定人们行为的关键因素，可以预测个人工作上的长期表现。素质的冰山模型如图2-2所示。

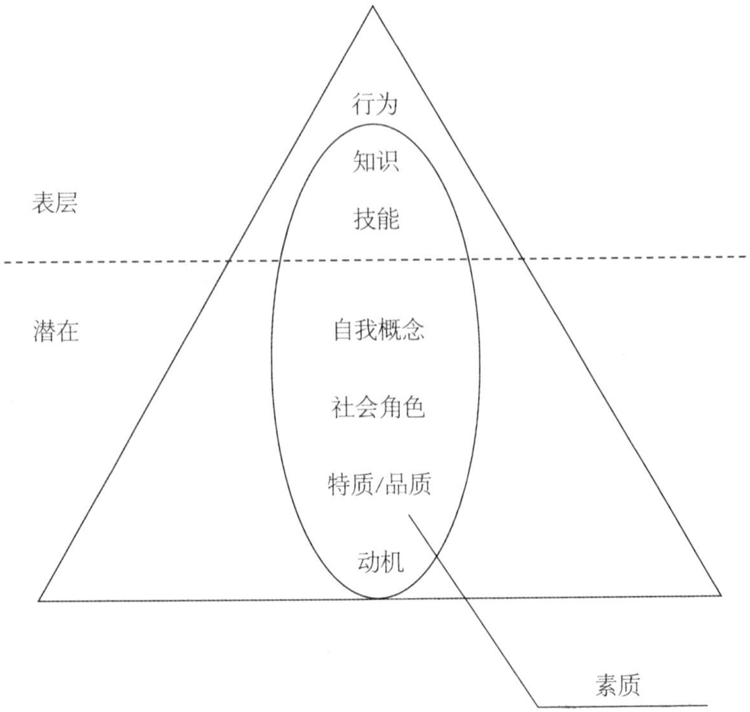

图2-2　素质冰山模型

在冰山模型中，无论是水面上的还是水面下的素质特征项，都有着丰富的内涵和意义。

知识（knowledge）：通常分为陈述性知识和程序性知识两类。其中，陈述性知识是由人们所知道的事实组成，描述客观事物的特点和关系，通常可以用语言进行交流。陈述性知识就是关于“是什么”的知识，如历史知识。程序性知识则是指办事的操作步骤和过程的知识，很难用语言表达。程序性知识是关于“如何做”的知识，如野外生存知识。

技能（skill）：是指一个人结构化地运用知识完成具体工作的能力，如演讲。

自我概念（self-concept characteristics）：是指个人对于自身能力和自我价值的认识。它是借着感知领域的不断同化和异化持续塑造而成的，如自信。

社会角色（social role）：是指个体在社会中的地位、身份以及和这种地位身份相一致的一贯的行为规范，如客户导向。它是一种稳定的状态，即使在个人所在的社会群体发生变化的情况下也不会有根本的改变。

特质或品质（traits）：是指个人典型的、稳定的心理特征的总和，表现为一个人对外部环境和各种信息的反应方式、倾向和特征，如灵活性。特质是个性倾向性（需要、动机、兴趣、信念、理想和世界观等）和个性心理特征（气质、性格和能力等）的统一体。

动机（motives）：是指引起、维持和指引人们从事某种活动的内在动力，推动并指导个人行为方式的选择朝着有利于目标实现的方向前进，如成就动机。动机的强烈与否往往决定行为过程的效率和结果。

（2）洋葱模型

博亚兹（Boyatzis，1982）在其所撰写的《胜任的管理者：有效的绩效模型》这本书中提出了素质的洋葱模型（onion model），将素质的各个要素用一个由内而外的层次结构来表示。由内到外，由不可见到可见，说明了素质的构成要素有可逐渐被观察、培养和衡量的特点。见图2–3。

博亚兹将素质模型划分为八个要素，按照是否易于培养和评价的程度由外到内分别为知识、技能，自我形象、社会角色，态度、价值观，个性和动机。其中，自我形象是个体对自身的看法与评价。态度是人们在自身道德和价值观基础上对事物的评价和行为倾向，一般由三部分组成，分别是情感成分、认知成分和行为成分。

洋葱模型与冰山模型在本质上是一样的，但是洋葱模型对素质的表述更突出其层次性。在洋葱模型中，知识和技能位于最表层，最易被改变；由表层至里层，越来越深入，最核心的动机和特质位于最深层，最不容易被改变。

2. 素质模型的组成

素质一般分为三种：核心素质（core competencies）、转换素质（transferrable competencies）和技术素质（technical competencies）。核心素质是所有员工都必须具备的，通常反映公司的文化和价值观，如“责任感”“诚

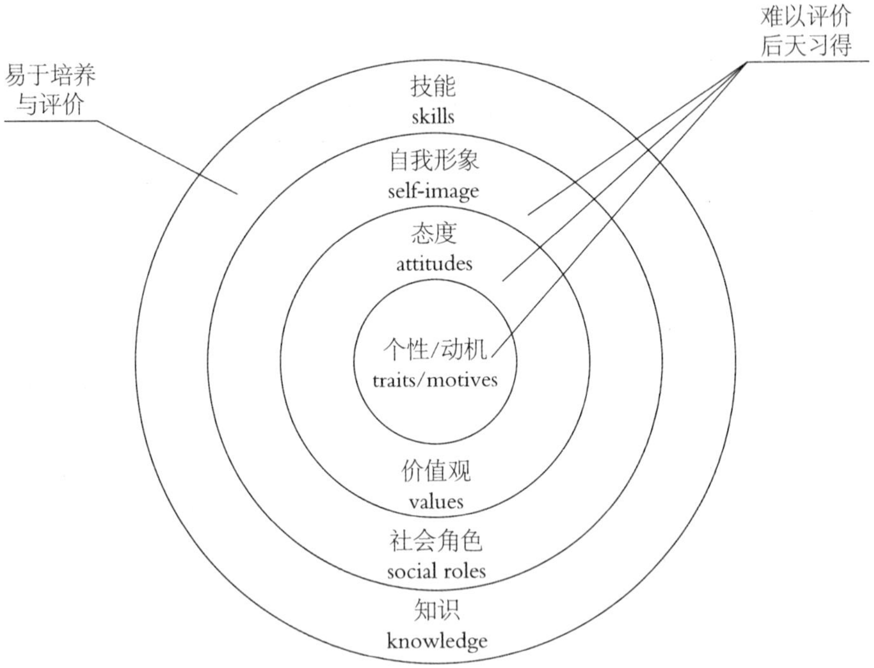

图2-3　素质洋葱模型

信”等。转换素质是某些职能范围或层次所需具备的，其中非常重要的一类素质就是领导素质，指管理层所需具备的关键素质。技术素质是某些岗位所必须具备的，如程序员所必须具备的“编程”素质。而素质模型就是在不同岗位或不同环境下成功绩效所需的一组相关素质，即核心素质+转换素质+技术素质。素质模型是公司选人、育人、用人、留人或裁人的标准，是建立人力资源系统的基础和核心。

表2-2是宝洁公司的素质模型：4个核心素质+3个转换素质+1个技术素质。宝洁公司根据这八大素质来挑选和招聘新员工、设计各种培训项目发展员工在这些方面的能力和技巧。这些素质成为宝洁人和宝洁公司成功的基石。

表2-2　**宝洁公司的素质模型**

核心素质	转换素质	技术素质
勇于承担风险 积极创新 团结合作 诚实正直	领导能力 能力发展 解决问题	专业技能

表2-3是某化工公司的素质模型：3个核心素质+20个转换素质（分为四大类，每类5个）+102个技术素质。

表2-3 **某化工公司的素质模型**

核心素质	转换素质				技术素质
	思考能力	人际能力	目标达成	领导能力	
• 客户导向 • 质量导向 • 结果导向	• 商业环境意识 • 持续改善 • 对学习的渴望 • 问题分析和判断 • 洞察力	• 灵活性 • 沟通和倾听 • 组织意识 • 说服和谈判 • 敏感性	• 纪律 • 主动性和企业家精神 • 变革管理 • 耐力和韧性 • 计划和组织	• 辅导和反馈 • 指导绩效 • 关系网 • 自主 • 团队合作	略 （共102个）

素质的组成主要有以下四个方面：素质的名称、定义、关键行为和分级行为表现。我们认为，还应加上以下三个部分才更全面：关键词、行为事例和发展建议。关键词是为了方便且更好地理解该素质的定义及行为分类方法（目前比较流行的是五分制）。行为事例是为了在公司内更好地进行宣传推广，有点类似以前的"好人好事"。发展建议是给员工提供该素质的发展建议或提供相关资源。

素质测评应用的技术其实是行为量化技术。德鲁克认为，"你无法衡量的东西，你也无法管理它（If you can't measure it，you can't manage it）"。因此，素质中的行为分级描述非常重要。如果有了清晰的行为分级描述，要界定"解决问题"这一素质的行为等级，就很容易对号入座了。比如，1分的行为表现之一：发现问题，瞒而不报；2分：汇报问题；3分：不只是履行汇报职责，还提出合理化建议；4分：不仅提合理化建议，还尝试着整合各种资源，将问题加以有效解决；5分：不仅解决了问题，还从系统上分析问题发生的根本原因，制定相应的措施防止类似问题再度发生。当然了，这里每个分数我们只是列举了一种行为表现，实际上每个分数可能对应着好几个代表性行为表现。比如"解决问题"5分的行为描述还可以包括：主动与其他同事或部门分享并推广解决问题的经验等。

以下为某公司素质模型中的客户导向素质的内容。

名称：客户导向。

定义：关注内外部客户需求的探索与满足，积极预期客户需求，始终把提供优质服务和客户满意度放在首位。

关键词：了解满足（指了解并满足客户需求。重点在满足，因为只了解不满足没有任何意义，评分时也主要看满足而不是了解。但了解是满足的前提，不了解是无法满足客户需求的）。

关键行为及分级行为表现：见表2-4。

表2-4 **客户导向关键行为及分级行为表现**

级别	关键行为	需改善	达要求	超期望
Ⅰ级	1.1 了解客户短期的愿望和需求	对客户短期愿望和需求的变化不能及时把握；对内部各部门问题的解决缺乏积极、主动的态度，服务意识不够强	与外部客户、内部相关部门保持日常工作需要的沟通，了解内外部客户短期的愿望和需求	与外部客户、内部相关部门在工作上保持密切联系，熟悉内外部客户的工作内容和需求特点，了解他们当前和未来的愿望和需求
	1.2 满足客户需求与期望	对客户的问题不能及时提供合理的解决方案，或响应速度较慢	与内外部客户保持清晰沟通，对内外部客户的问题提供合适的解决方案，及时、有效地解决内外部客户的问题	结合客户当前和未来需求的实际情况，积极给予客户建议；对于客户的非常规需求或问题，积极协调资源，寻求合适的处理方法并及时反馈给客户
Ⅱ级	2.1 了解客户当前和未来的愿望和需求	了解内外部客户短期的愿望和需求，但对内外部客户未来的需求缺乏深入的了解和准备	同1.1超期望	主动通过多种渠道（如拜访、参加内部客户例会等）深入了解内外部客户的工作内容以及需求特点，预测并把握客户的真实潜在需求；在必要时能对客户需求进行积极引导
	2.2 满足客户需求与期望	只停留在刚好达到客户要求的标准；对客户的反馈缺乏重视，对提升客户满意度缺乏有针对性的行动	同1.2超期望	主动与客户分享公司和行业相关信息，通过多种渠道获取内外部客户的反馈信息，不断改进工作流程、方法，采取有针对性的行动提升客户满意度；在公司内部能预见自己的工作对其他部门或人员的影响并主动沟通，积极预防可能产生的问题
Ⅲ级	略			
Ⅳ级	略			

注：Ⅰ～Ⅳ表示员工的层级。不同层级的员工对应不同的行为要求。

行为事例：客户通过客户关系部投诉说有颗粒，技术部原误认为是产品本身有颗粒，所以就直接对产品进行检验，但检验后没有发现颗粒。客户关系部持续反映有很多此类的投诉，客户问题依然存在。王平后来找技术服务部的同事去了解具体的情况，发现原来对客户问题的理解有误，不是产品本身有颗粒，而是在应用过程中（粉刷在墙上）产生颗粒。王平从中获得了解决问题的一些方向性启发，然后再去想办法，并在实验室中通过模拟真实环境等手段发现了问题产生的原因，并很快地改进了配方，不仅解决了客户的问题，而且这个采用新配方的产品在推向市场后，深受客户欢迎。

发展建议：

建议行动：（1）主动告知其他部门你的现状并主动了解其他部门的现状，促进相互理解；（2）倾听其他部门（内部客户）和外部客户的声音（voice of customer），了解他们的需求、要求和期望，并共同商讨改善方案；（3）了解同行或其他标杆企业在这方面的最佳实践，并学以致用；（4）……

建议培训：客户服务……

建议书籍：《关键时刻MOT》（詹·卡尔森）……

素质模型里所有素质有了名称、定义、关键词、关键行为、分级行为表现、行为事例、发展建议等，就可以形成公司的素质字典或宝典。

2.3.3 素质的影响因素

博亚兹（1982）在其研究中指出，不同的企业需要不同的素质，企业所需的素质模型必须与企业所面对的环境一一对应。素质的影响因素有很多，企业性质、文化、战略等都会影响企业的素质。从战略角度来讲，研究者认为，如果一家公司采取的是产品领先（product leadership）战略，对员工的素质要求会包括：不断学习、共享信息、好奇、创造性、团队解决问题、突破性思维、艺术性、预见性等。但如采取的是成本领先（cost leadership）战略，对员工的素质要求会包括：程序控制、持续改进、团队协作、分析、对财务/运作的理解、注重细节、注重实效等。

2.4 领导素质模型

2.4.1 企业领导素质模型示例

鉴于领导者的重要性，很多公司认为有必要建立针对不同层级管理者的领导素质模型。以下选取了国内外三家有代表性的公司领导素质模型的例子加以介绍。

1.通用电气（GE）的领导素质模型

杰克·韦尔奇认为，领导人应该具备的关键素质可以用“4E+P”来概括，这也就是“GE领导素质模型”的主要内容（见图2-4）。

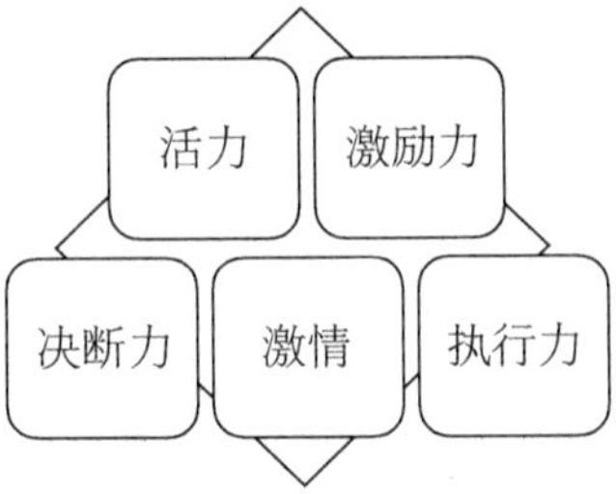

图2-4 GE领导素质模型

在GE领导素质模型中，活力（energy）是指巨大的个人能量，对于行动有强烈的偏爱，干劲十足。具有活力的领导者意味着他是不屈服于逆境、不惧怕变化、不断学习、积极挑战新事物的人才。

激励力（energize）是指激励和激发他人的能力，能够活跃周围的人，善于表达和与人沟通自己的构想与主意。韦尔奇认为，这也是一种积极向上的活力，它可以让其他人加速行动起来。懂得激励别人的人能鼓舞自己的团队，承担看似不可能完成的任务——并且享受战胜困难的喜悦。他特别强调，激励别人并不是只会做慷慨激昂的演讲，而是需要对业务有精深的了解，并且掌握出色的说服技巧，创造能够唤醒他人的氛围。

决断力（edge）即竞争精神、自发的驱动力、坚定的信念和勇敢的主张，也即对问题做出决定的勇气。

执行力（execute）即提交结果，能够将构想与结果联系起来，将构想变成切实可行的行动计划并能够直接参与和领导计划的实施。执行力是一种专门的、独特的技能，它意味着一个人知道怎样把决定付诸行动，并继续向前推进，最终完成目标，其中还要经历阻力、混乱或者意外的干扰。

所谓激情（passion），是指对工作有一种衷心的、强烈的、真实的兴奋感。充满激情的人特别在乎别人（如同事、员工和朋友们）——发自内心地在乎——是否取得了成功。

2. 宝洁的领导素质模型

宝洁公司认为领导力的要件可以概括为五个E，它们是envision（高瞻远瞩）、engage（全情投入）、energize（鼓舞士气）、enable（授人以渔）、execute（卓越执行）。见图2-5。

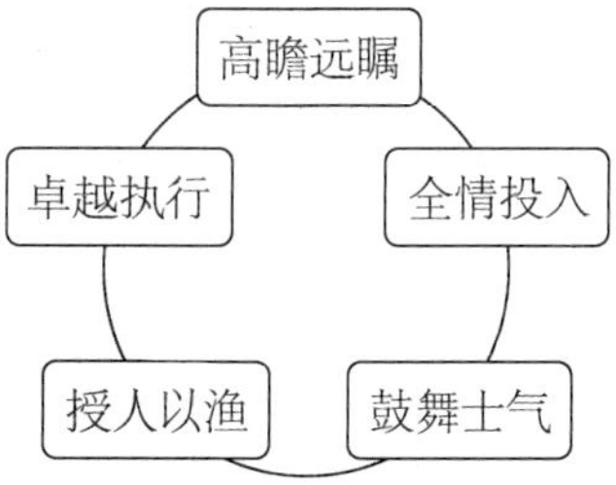

图2-5 宝洁的领导素质模型

envision（高瞻远瞩），更多是指一个领导者构筑愿景的能力，给整个组织指明方向，从而激发团队内心的激情，这也是愿景型领导者最重要的一个素质。engage（全情投入），则是从人和资源两个角度，能够很好地将利益攸关者——员工、同事、客户甚至老板，纳入自己的愿景，形成支持梯队。energize（鼓舞士气），则是鼓舞团队的热情和士气，使团队始终保持在高昂的工作状态之中。enable（授人以渔），是构建团队整体的能力，培训与教授，重在授人以渔，培养能力。execute（卓越执行），则是要率先垂范，亲身投入到执行过程当中，推动结果导向。

在宝洁看来，这五个领导素质是相互交融但又先后有别的。这是一个完善而科学的模型，同时具有很强的可操作性，因为宝洁与大多数领导力大师一样，坚信领导能力不是与生俱来的，而完全是可以通过后天培养的。

3. 华润集团的领导素质模型

华润集团（CRC）的领导素质模型亦可用CRC来总结（见图2-6）。

图2-6 华润集团的领导素质模型

C代表赢得市场领先（compete for market leadership）的第一个字母。它包括三个素质：为客户创造价值（creating value for customer）、战略性思维（thinking strategically）和主动应变（acting proactively）。

R代表创造组织优势（re-generate organizational advantage）的第一个字母。它包括三个素质：塑造组织能力（building organizational capability）、领导团队（leading your team）和跨团队协作（collaborating across team）。

C代表引领价值导向（champion corporate credo）的第一个字母。它包括两个素质：正直坦诚（acting with integrity）和追求卓越（driving for excellence）。

由图2-6可见，创造组织优势和引领价值导向置于图形底部，分别代表企业内部的硬性能力和软性能力，是企业生存和发展的根基。赢得市场领先置于顶部，代表企业的努力方向，是企业的战略目标。

2.4.2 研究者和咨询公司的领导素质模型

由以上例子我们可以看出，不同的企业会结合自己的实际情况开发适合自己的领导素质模型。那么，构建这些领导素质模型的基础模型是什么呢？国外研究者给出了上百个答案。

这其中影响力较大的是下面几位学者给出的：

卡丽斯和斯宾塞（Carless & Spencer，1983）通过对216名企业家进行的跨文化研究，提出了能够区分优秀企业家与一般企业家的素质有四类七项：第一类是成就——主动性、把握机遇、坚韧性、注重高质量的工作；第二类是个人成熟度——自信心；第三类是领导与控制——监督；第四类是如何对待他人——建立相互关系。

明茨伯格（Mintzberg，1999）提出了领导者的三种类型、十种角色，分别为：人际类型——包括代表人、领导者、联系者，信息类型——包括侦查者、传播者、发言人，决策类型——包括企业家、危机处理者、资源分配者、协商者。

海德思哲（Heidrick & Struggles）国际咨询公司开发了名为“LEEED”的领导素质模型。模型中提到的素质均是根据成功经验总结的重要领导素质。“LEEED”为五个英文单词的首字母，这五个词分别代表领导素质的五个维度：学习（learning）、愿景（envisioning）、参与（engaging）、执行（executing）和推断（deducing）。其中，学习指领导者从课程及经验中学到的对整个行业、最佳实践、顾客偏好及竞争对手战略等的真实、完整的认知和扩展认知的能力；愿景指领导者创建员工对未来愿景的兴奋感，获得实现公司未来愿景必需的人力支持的能力；参与指领导者有效领导团队的能力，包括交际能力及培养下属并授权给下属的能力；执行指领导者坚持果断创造成果的能力；推断指领导者在制定优秀商业决策时分析大量定性和定量数据的能力。

2.4.3 领导素质的4Q模型

作者根据国内外研究文献，并结合自己20多年的咨询经验和中国国情，提出了领导素质的4Q模型（见图2-7）。4Q分别是：德商（moral intelligence quotient，MQ）、情商（emotional intelligence quotient，EQ）、体商（body quotient，BQ）和智商（intelligence quotient，IQ）。德商是对一个人道德管理能力的度量。情商是对一个人情绪管理能力的度量。体商是对一个人身体健康程度的度量。智商是对一个人智力发展水平的度量。

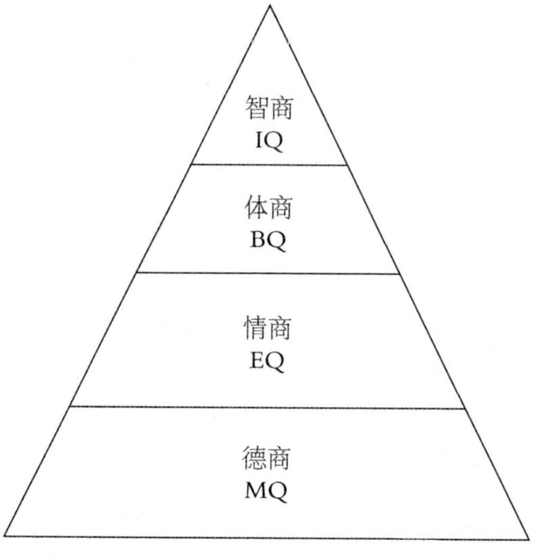

图2-7 领导素质的4Q模型

从图2-7中可以看出，4Q模型从下到上依次是德商、情商、体商和智商。这也反映了这四个商数的重要程度。德商是最重要的，其次是情商，然后是体商，最后才是智商。并不是说智商等对领导者的效能不重要，而是相对于其他商数而言是次要的。品德端正了，情绪才能安定，身体才能健康，智慧才能通达。简言之，德正、情定、体康、智睿。

领导力的开发，就是领导者四商的修炼。领导素质都是跟这四商相关的。我们前面举到的化工公司素质模型的例子里，纪律、主动性等就属于德商；沟通和倾听、说服和谈判等都是跟情商有关的重要技能。耐力和韧性反映了一个人的体商。问题分析和判断、洞察力等都是一个人智商的体现。

本书的后半部分将着重介绍领导者的四商修炼，侧重介绍德商中的品德力、情商中的沟通力、体商中的抗压力和智商中的分析力。

2.5 领导素质模型在实际工作中的应用

素质模型在企业中得到越来越广泛的应用。据统计，世界五百强企业中有大约65%的公司在应用素质模型。

素质模型是现代人力资源管理的基础，不仅可以用来整合公司的人力资源管理系统，还有以下十大应用：招聘选拔、绩效管理、培训发展、薪酬设计、文化建设、人才储备、职业规划、接班人计划、工作分析和战略规划。见图2-8。

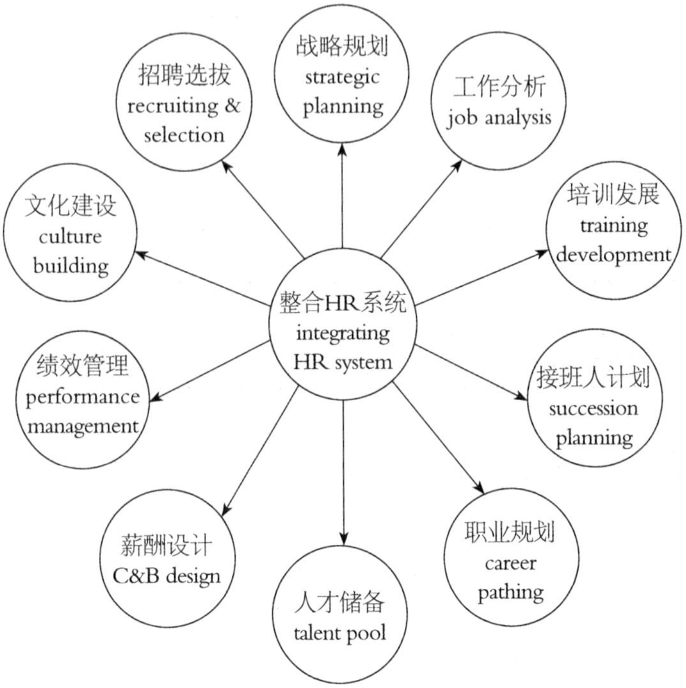

图2-8 素质模型的十大应用

2.5.1 素质模型在招聘选拔中的应用

素质模型在实践中的第一个应用就是招聘选拔。

领导素质模型为选拔领导者提供了能够预测未来绩效的方法。现代招聘理论认为，过去在同种工作或相似工作中的绩效（或行为）是预测将来在一份工作中绩效（或行为）的唯一和最可靠的依据。因此，基于领导素质模型的各种评价中心技术（如结构化面试、BEI、角色扮演等）就可以收集应聘者的行为证据，客观科学地界定应聘者的素质级别，对照招聘岗位的素质级别要求，进而判断该应聘者是否合适（fit），从而尽可能地减少因招到不合适的人员而浪费的投资。这里的关键是选择最合适的，而不是最好的（因为最好的未必是最合适的），也不是过分好的（over-qualified）。

表2-5描述了各种甄选手段的有效性、操作性和可接受性。

表2-5 **各种甄选手段的有效性、操作性和可接受性**

工具	有效性	操作性	可接受性
笔迹分析	很低	很低	很低
非结构化面试	低-中	中	高
结构化面试（包括BEI）	**高**	**高**	**高**
人格测试	中	低	较低
成就测试	中	中	中
智力测试	中	中	中
工作取样	高	中	高
履历问卷	中	中	中
评价中心技术（包括BEI）	**高**	**低**	**中-高**

从表2-5我们可以看出，应用行为事件访谈技术的结构化面试是表中所列手段里有效性、操作性和可接受性都高的唯一手段。而评价中心技术（综合运用行为事件访谈、角色扮演、公文筐、案例分析、即兴演讲、各种笔试等手段）有效性高，可接受性偏高，但由于成本高、周期长等原因可操作性较差。但对于领导者的选拔却不失为一个有效的手段。

当初麦克雷兰教授就是首创“行为事件访谈”技术并用之界定素质模型的，BEI同时也是结构化面试时收集行为证据的有效手段。所谓的行为事件访谈，采用开放式的行为回顾式调查技术，要求被访谈者分别列出过去的经历中实际发生的关键事例，包括成功的和不成功的，一般各三例，同时被访谈者还需要详细地描述事件的“STAR”（情形situation、任务task、行动action和结果result），侧重点是其中的“行动”，即当初被访谈者本人所说、所想和所做（“我——I”而非“我们——We”）。接下来，就可以对访谈内容进行分析，由此得出被访谈者所表现出来的行为特征。最后，通过对比卓越绩效者和一般绩效者的特征差异，根据显著性差异特征建立该任务角色的素质模型。但如是用在招聘面试中，会事先针对每个要测评的素质设定好STAR问题（如要测评“灵活性”，会请学员介绍1～3个变革管理的实例；如要测评“客户导向”，会请学员介绍处理外部客户投诉的实例；如无外部客户，则先问应聘者经常打交道的人或部门，再问其打交道中遇到的困难或障碍，并以实例说明应聘者本人实际采取的行动和结果），最后对比已有的素质模型行为分级标准，判断被访谈者被测试素质的行为等级。

2.5.2 素质模型在绩效管理中的应用

领导素质模型为绩效评估提供了清晰的、完善的、强有力的证据。成熟的公司不仅考察为领导者事先设定的关键绩效指标（KPI）的完成情况，还会考察领导素质的提升情况。两者的权重要根据企业的发展阶段和成熟度等因素来界定。

2.5.3 素质模型在培训发展中的应用

根据绩效考评结果或其他的领导素质测评结果，确定领导者现有的素质水平与岗位或公司期望的素质水平之间的差距，并结合公司战略发展要求和员工的个人发展要求有针对性地制订培训发展计划（整体培训计划和个体培训计划），这不仅有助于激发领导者的工作积极性和对工作的投入程度，从而最有效地利用培训资源，还可以将培训重点放在对企业战略实施有最大影响的领导及其他素质上，进而提高企业的核心竞争力。

2.5.4 素质模型在薪酬管理中的应用

在企业薪酬管理体系中应用素质模型，可以打破岗位薪酬与岗位层级的对应关系，建立基于岗位能力的薪酬激励体系，体现领导者在能力上和对组织贡献上的差异，激发领导者在不断提升自身能力的同时进一步增强组织竞争力。

2.5.5 素质模型在文化建设中的应用

素质模型中最重要的一块就是核心素质，而核心素质反映的就是公司的文化观和价值观。因此，要塑造企业文化，就要大力宣传和推广公司的核心素质、价值观、企业精神等，并将之与员工的日常工作行为结合起来，在落细、落小、落实上下功夫，形成良好的文化氛围。

2.5.6 素质模型在人才储备中的应用

人才储备即为了企业的长远发展战略做人才方面的预备，在准确把握企业的战略目标和人力资源规划的基础上，通过对人才进行层次、数量、结构上的设计优化，并实行长期性、持久性、针对性的人才库存与培养，从而保证企业人才能够满足企业长远发展的目标需求的人力资源策略。人才储备的前提是要定义人才的要求（特别是满足公司未来战略发展所需的素质等要求），了解公司人才现状，明确人才储备途径（首选内部培养）。接下来，就是挑选有发展潜力的员工（特别是重要的高潜力人才），有针对性地进行人才发展规划，培养公司期望的人才（复合型人才、管理人才、技术人才等），确保公司需要时人才能尽快到岗。

2.5.7 素质模型在职业规划中的应用

根据绩效考评、素质测评、员工职业发展兴趣调查、公司未来空缺岗位调查等结果，分析员工自身优劣势，设计合理的职业发展通道，明确员工现有的素质水平与职业发展目标所要求的素质水平之间的差距，并共同制订发展计划，帮助员工一步步实现职业发展的目标。

2.5.8 素质模型在接班人计划中的应用

根据绩效考评、素质测评等结果，选定一个或几个接班人。接下来，确定这些接班人目前的领导等素质水平与所接班岗位的领导等素质要求之间的差距，制订个性化的改善方案（如轮岗、导师制度等），帮助接班人尽快达到岗位要求。

2.5.9 素质模型在工作分析中的应用

工作分析是确定完成各项工作所需技能、责任和知识的系统过程。工作分析包括两部分活动：一是对组织内各职位所要从事的工作内容和承担的工作职责进行清晰的界定；二是确定各职位所要求的任职资格，如学历、专业、年龄、工作经验等，其中还有非常重要的一块就是素质要求。工作分析的结果一般体现为职位说明书。工作分析是人力资源管理工作的基础，其分析质量对其他人力资源管理模块具有举足轻重的影响。

2.5.10 素质模型在战略规划中的应用

战略规划就是企业根据内外环境和自身特点制定长期目标并付诸实施的过程。战略规划成功的一个重要条件就是员工的参与，确保每位员工都明确企业发展的目标和方向，以及对自己的要求（包括素质要求），进而增强每位员工的责任感。比如，员工了解到企业计划在未来五年内开设一家新厂，那么空缺出来的许多职位对他们来说既是机会又是挑战。有进取心的员工会在企业的帮助下努力提升自己的素质，将个人的发展目标与企业的发展目标有机结合起来，实现企业与员工的双赢。

【案例分析】

三国第一“CEO”
——诸葛亮的领导素质

“三顾频烦天下计，两朝开济老臣心”，“功盖三分国，名成八阵图”。千百年来，诸葛亮作为智慧与道德的双重象征活在人们心中，成为彪炳史册的千古名臣。鲁迅评价《三国演义》“状诸葛亮之智而近于妖”，诸葛亮被塑造成了“上知天文、下通地理，明阴阳、晓八卦、懂奇门、知遁甲，运筹帷幄之中、决胜千里之外”这样一个介于人神之间近乎完美的英雄形象，成为智慧的化身。

诸葛亮高起点起步，刚参加工作就步入金领阶层，职业发展平步青云，业绩表现十分突出。在他出山前，刘备一直都是打败仗，居无定所，寄人篱下。诸葛亮上任后，协助刘备和孙吴，北拒曹魏，赚荆州、取成都、夺汉中，六出祁山，七擒孟获，才有了蜀汉基业和三分天下之势，诸葛亮自然是功高至伟的。

作为三国时期最成功的职业经理人的代表，诸葛亮是位十分难得的复合型人才。那么，他在领导素质方面有哪些是值得我们今天学习和借鉴的呢？

一、忠诚奉献

诸葛亮的忠诚主要体现在以下几个方面：

第一，东吴请他过去和他哥哥诸葛瑾同朝为官，他没有去。第二，白帝城刘备托孤时说，如果刘禅不行，让他自己当皇帝，诸葛亮没有答应，而是尽心办事辅佐刘禅。第三，他始终站在老板的角度来思考问题，力主实现刘备的遗愿，曾六出祁山，第五次差一点就打到许昌时，由于后主刘禅听信身边宦官的谗言，说诸葛亮拥兵自重，意图谋反，急召诸葛亮返回成都，诸葛亮也连夜退兵，用实际行动表明对老板的忠诚。第四，第六次出兵祁山时，诸葛亮已经病重，为报答刘备三顾茅庐之恩，还是亲自上阵，以致陨落五丈原，病死在北伐途中，鞠躬尽瘁、死而后已，将毕生的经历奉献给了蜀国。第五，诸葛亮死后并没有荫蔽子孙后代，死前推举的都是对蜀国有用的人，蒋琬、杨仪、费祎、姜维等，确实是一心为国的忠臣。

二、信念坚定

终其一生，诸葛亮始终坚持“匡扶汉室”的信念不动摇，六出祁山就是很好的证明。诸葛亮出师伐魏之前，上表给蜀后主刘禅，表明自己为统一事业奋斗到底的决心。他是这么说的，也是这么做的，并且以这种信念影响了他的接班人姜维。其实，凭着诸葛亮的前瞻性思维，他不会不知道北伐的成功率并不高，很多大臣当时也都竭力反对，可他还是六出祁山、北伐中原，即使是死，也要死在北伐的路上，因为北伐曾经寄托着先帝无限的希望，而只有完成北伐，“兴复汉室，还于旧都”才是“此臣所以报先帝而忠陛下之职分也”。这里体现了诸葛亮一种儒家知识分子的明知不可为而为之的坚定信念，展现了他独特的人格魅力。

三、深谋远虑

诸葛亮审时度势、高瞻远瞩、胸怀全局，未出茅庐，先知三分天下，具有极高的战略眼光。在详细分析了当时的竞争形势的基础上，诸葛亮为刘备制定了“西和诸戎，南抚夷越，外结孙权，内修政理”，先据有荆、益二州，最后夺取中原的战略规划。他的这个隆中对策为整个蜀汉集团的发展提供了方向。诸葛亮的过人之处还在于他不但出谋划策，还能够矢志不渝地一步一步去实现这个战略规划，否则白手起家的刘备是不可能在“市场上”站稳脚跟的。即使是“据有江东，已历三世，国险而民附”的孙权，如果不是诸葛亮亲诣东吴、详析形势、尽陈利害，说动他与刘备联合抗曹，让曹操的几十万大军尽渡长江，恐怕江东孙氏也早已改姓曹了。

四、整合资源

诸葛亮非常善于借势，通过整合各方面的资源来达成自己的目标。刘备原本是一穷二白的，赤壁之战，孙刘联合，蜀汉借东吴的力量来击败曹操的进攻，保存和发展了自己的实力，这是人力资源的整合。诸葛亮通过“空手套白狼”的方式取得荆州，帮助刘备开拓了自己的地盘，有了立足之地；而后又借帮助刘璋退张鲁之兵的时机，使刘备得以借机入主西川，从而使蜀汉的地盘进一步扩大，这两个是对市场资源的整合。

五、影响说服

诸葛亮的影响说服能力主要体现在两个方面：一是凝聚能力。关张二人不仅与刘备义结金兰，在年龄和资格上也比诸葛亮要老得多，而且均有“万夫不当之勇”，这两人刚开始并不把诸葛亮这个“空降兵”放在眼里，但没过多久便对他心悦诚服。二是说服能力。在江东群臣都主张投降曹操时，诸葛亮舌战群儒，促成了吴蜀联军。在关羽想入川和马超比武时（刘备取西川后，封马超为平西将军、都亭侯），诸葛亮三言两语便令他笑逐颜开。

六、知人善任

诸葛亮对每位下属的个性、能力特点都了解得非常清楚，因此安排工作时也就能用其所长，发挥其最大价值。最典型的例子是刘备去世后，称帝不久的曹丕乘机联络五路大军伐蜀，50万兵马分五路来犯。蜀国闻此消息，上下惶惶不安，诸葛亮则闭门思策，他根据对方五路兵马的特点，以及马超、魏延、李严、赵云、邓芝等优势特征，轻松地将五路人马击退。可见，诸葛亮是非常善于用人的，能将合适的人放到合适的位置上。有人以诸葛亮用马谡而失街亭来否定诸葛亮的用人之道，实乃攻其一点，不及其余。尽管有此一端，依然瑕不掩瑜。而对待马谡的问题上，诸葛亮也并非一无是处。马谡请求守街亭，诸葛亮刚开始是犹豫的，是马谡一再要求并立军令状他才只好答应了，说明他对马谡并不是特别放心，而且他不仅派了魏延等接应，还派了王平为副将，告诉他如不听建议，可分一半兵马给王平。虽然最后马谡只给了王平五千人马，至少没有全军覆没，且能顺利退兵。由此可以看出，诸葛亮对马谡其实是非常了解的。

七、举贤任能

首先诸葛亮并非不重视人才培养，庞统、马超、姜维、蒋琬、杨洪等人都是他选拔或培养出来的。同时，诸葛亮在接班人问题上提前下手，注意长期考察与培养相结合，最终选择了降将姜维，这需要超凡的眼光和胆识。另外，诸葛亮在平衡各派系的矛盾上也比刘备有一定进步。刘备时期，益州出身的人才得不到重用，而诸葛亮主政时推行“蜀人治蜀”的方针，以举贤任能为抓手，提拔了一些益州土著人才担任高层领导，如杨洪、何祇等，在一定程度上缓和了派系之间的矛盾。

八、统筹规划

诸葛亮行事讲究周密计划、逐步推进。他风险意识强，未料胜先料败，每次出兵前总是会做好失败的准备，不但考虑到天气、地形、时间和敌人的情况，还会根据下属的特点使用他们，并准备主攻部队、佯攻部队、掩护部队、埋伏截断援兵之部队等，以期能在进攻的时候确保胜利，撤退的时候尽量避免损失。如第一次北伐时由于诸葛亮事先做了周密部署，安排副将王平协助马谡守街亭，并派援军接应，使得蜀军虽败但得以保全精锐，安然撤退。许多人批评诸葛亮一生处事过于谨慎，但笔者却认为这恰恰是诸葛亮的优点。因为诸葛亮“受任于败军之际，奉命于危难之间”，刘备留给他的是一个烂摊子，蜀汉无论是军事实力还是经济实力都要比曹魏弱得多，没有资本承受大的风险。稍有不慎，任何一点微小的差错，都可能导致满盘皆输。所以他处处诚惶诚恐、如履薄冰，没有采纳魏延的“子午谷奇谋”也就可以理解了。

九、赏罚严明

诸葛亮向以赏罚严明著称，他的赏罚不是随心所欲、凭个人的好恶行事，而是遵守法度，以功过而论，而且做到有罪必罚、不避亲疏、开诚布公，使蜀国在很长一段时期内保持了安定团结。马谡失街亭后，诸葛亮依法将其斩首示众（马谡是否死于被斩史学界尚有争议），同时以自己用人不当，负有领导责任为由，上疏“自贬三等”。副将王平事先劝诫马谡，街亭失守后能收拾败军徐徐而退，诸葛亮上表破格提拔他为参军，统五部兼营事，进位讨寇将军，封亭侯。此外，诸葛亮虽责人以严但仍待人以诚，对犯人家属绝不施行牵连，不带有任何歧视。如李严被罢黜后，他的儿子李丰仍留在丞相府做官，继续受到信任和重用。诸葛亮的过人之处还在于：为国尽忠效力的即使是自己的仇人也加以赏赐，玩忽职守犯法的就算是他的亲信也给予处罚，只要诚心认罪伏法就是再重的罪也给予宽大处理，巧言令色逃避责任，就是再轻的过错也要从严治理，再小的善良和功劳都给予褒奖……

十、推动创新

在经济方面，诸葛亮休士劝农，实行军屯耕战，使地广人稀的汉中重新得到发展，逐步实现人多、粮多的良性循环，使百姓“安其居，乐其业”。在水利方面，经诸葛亮“踵迹增筑”的“山河堰”等水利工程至今还是汉中地区灌溉面积最大的水利工程。在军事方面，诸葛亮还有很多的军事著述，如《南征》《北伐》《北出》等。唐太宗与李靖在《唐太宗李卫公问对》中多次提到诸葛亮的治军之法与八阵图，给予了极高的评价。唐朝时亦将诸葛亮评选为武庙十哲之一，与张良、韩信、白起等九位历代兵家享同等地位。此外，诸葛亮还拥有诸葛连弩、木牛流马、八阵图、孔明灯等多项“发明专利”。

当然，人无完人，诸葛亮在发展下属这一关键领导素质方面也有以下几点不足之处是值得我们引以为戒的：

首先，在人才培养上，诸葛亮太依赖于个人决策，没有有效发展下属；事必躬亲，没有对下属充分授权。

诸葛亮足智多谋，在他担任刘备参谋之时，几乎每次做出的分析都比别人要高明许多，而且能够屡屡出奇制胜，如火烧博望、新野乃至赤壁。因此，他自认为其个人智慧已远超众人，慢慢就变得独断专行，听不进其他人的意见了。诸葛亮这种个人决策的方式不仅增加了管理上的风险，也让下属形成了依赖心理，影响了下属的积极主动性，使年轻“干部”得不到锻炼和培养。

由于诸葛亮个人能力很强，这样他看别人做事可能处处觉得不如意，因此许多事情他都是亲力亲为，最后他觉得无人可用，以致六出祁山时凡二十军棍以上的事都亲自过问。诸葛亮忘我工作，导致积劳成疾，最终病死军中，其精神可嘉，其法则不可取。因为在整个团队内如果没有合理的授权，不仅增加了领导者的工作负担，也在很大程度上压缩了下属的发展空间。

诸葛亮虽然注重人才培养，但他在培养人才方面吹毛求疵、求全责备，过于追求完美和全面发展，以致属下大多为谨小慎微、循规蹈矩之人，如郭攸之、费祎、董允、蒋琬、姜维、向宠等人；而对有胆识、有开拓精神的人才则往往"察之密，待之严"，并没有合理使用。如魏延，他虽然性格有些高傲，但"谋略出众""勇猛过人""数有战功"，而诸葛亮却弃而不用。而马谡虽然才气过人，好论军计，表面上看发展很全面，但他缺乏实战经验，且言过其实，由于诸葛亮的错误使用而导致街亭失守。

其次，诸葛亮虽然赏罚严明，但由于执法过于严峻，不仅引起了很多人的不满，也造成了一些优秀人才的流失。如马谡失街亭后，诸葛亮将其斩首，从法理上来说没有错，但从人才管理的角度来看，恐怕有失妥当。马谡是个难得的人才，完全可以给他一次戴罪立功、改过自新的机会。马谡被斩不仅使蜀国丧失了一位优秀人才，也使其他人由于畏惧军法，都抱着一种不求有功、但求无过的念头，平时处事必循规蹈矩，不敢有冒险的尝试，所以难以培养出开拓型的人才。

总之，笔者认为，虽然诸葛亮存在一些不足，但总体而言仍可算得上是一位非常优秀的领导者。有人认为诸葛亮穷兵黩武、六出祁山无功而返，导致蜀国后期出现"蜀中无大将，廖化作先锋"的局面，把蜀国衰亡的责任全部算到诸葛亮头上，我觉得这是不妥的。

首先，蜀汉在三国之中本身就实力最弱，经济发展和人才数量远不及中原和江东；其次，从地理位置上来看，蜀汉在魏吴的中间，在"地利"上处于劣势；再次，关羽失荆州和刘备彝陵之战失败后，蜀国精英尽失、元气大伤、国力空虚，而隔年君主刘备的死亡更让这个建立在他名望之上的国家摇摇欲坠，国内叛乱四起，诸葛亮花了约五年的时间才重建军队与弥平这些叛乱，并让国力提升到可以对外出兵的地步；最后，诸葛亮执政期间，蜀国政治清明、社会稳定、经济繁荣，而蜀国灭亡已经是诸葛亮病逝三十年以后的事了。

（资料来源　曾双喜. 三国第一 CEO 诸葛亮领导力评估[EB/OL]. [2014-11-14]. http://www.newdur.com/post/593.html. 有改动）

案例思考题：简述诸葛亮的领导素质对现代领导者的可借鉴之处。

本章小结

领导者的品质理论又名特质理论，其立足点是某些人生来就具有能够使他们成为伟大领袖的特质。

不同的研究者提出了各自的领导者的品质要素。柯克帕特切克和洛克提出将领导者的品质因素由繁化简为现代五项：智力水平、自信心、决心、正直及社会交往能力。

20世纪中叶，一些主要研究开始对品质决定领导这一基本前提质疑。结果，研究者的注意力转向了情境因素的影响和追随者的影响。最近，有迹象表明，品质研究法又回到了原来的立场，研究者们新的兴趣在于直接关注领导者的关键品质（如品德）。

领导者要善于识别不称职领导者的品质特征及表现：(1) 职位与能力发生错位，不相匹配；(2) 身居要职，不谋其政，安于现状，事业心不强；(3) 对本职工作兴趣不大，在工作中不能知难而进；(4) 缺乏组织管理和协调人际关系的能力。

素质（competency 或 competence）和行为事件访谈(BEI) 技术的发明者是戴维·麦克雷兰教授。他指出，那些更潜在的因素能够较好地预测个人在特定职位上的工作绩效，并将那些能区分在特定的工作岗位和组织环境下绩效水平的个人特质定义为素质，倡导使用素质模型设计取代智力测验作为预测未来工作绩效的方法。

素质亦属于品质。现代品质研究越来越趋向于素质研究。

冰山模型和洋葱模型是目前学术界和企业界公认的两大素质基础模型。

素质一般分为三种：核心素质、转换素质和技术素质。而素质模型就是在不同岗位或不同环境下成功绩效所需的一组相关素质，即核心素质+转换素质+技术素质。

素质的组成最好包括以下七个方面：素质的名称、定义、关键词、关键行为、分级行为表现、行为事例和发展建议。

作者提出领导素质的4Q模型：德商MQ、情商EQ、体商BQ和智商IQ（按重要性由高到低排列：德正、情定、体康、智睿）。

素质模型是现代人力资源管理的基础，不仅可以用来整合公司的人力资源管理系统，还有以下十大应用：招聘选拔、绩效管理、培训发展、薪酬设计、文化建设、人才储备、职业规划、接班人计划、工作分析和战略规划。

思考题

1. 概述与领导者效能相关的领导者品质因素。

2. 试述如何识别不称职领导者及其表现。

3. 分析当今社会中我国领导者应有哪些品质因素。

4. 概述素质的来源、内涵和组成要素。

5. 举例说明如何进行行为事件访谈。

6. 结合实际工作谈素质模型的具体应用。

7. 领导素质4Q模型中的4Q指的是什么？如何辩证看待它们的相互关系？

第3章 领导者有效性的人格理论

良好的个性
胜于卓越的才智。

——[美]爱迪生

重点内容

- 掌握主要的人格结构理论
- 了解DISC的来源和历史演变
- 掌握DISC四种行为倾向的特点及在实际工作中的具体应用
- 了解人格理论在处理领导者与追随者关系上的作用
- 学会运用DISC等测评工具实现多维管理，提升领导效能

3.1 人格理论概述

领导者有效性的人格理论起源于心理动力理论。一个人可能具有的性格特征很多，心理学家设计了许多问卷用来概括这些性格，包括MMPI、16PF、BIG5、MBTI等。其中，MMPI（明尼苏达多项人格测验，Minnesota multiphasic personality inventory的简称）是由美国明尼苏达大学教授哈瑟韦（S. R. Hathaway）和麦金力（J. C. Mckinley）于1940年制定的，是迄今应用极广、颇富权威的一种纸–笔式人格测验，其最常用于鉴别精神疾病。16PF（16种人格因素问卷，sixteen personality factor questionaire的简称）是美国伊利诺伊州立大学人格及能力测验研究所卡特尔教授（Raymond B. Cattell）于1949年

编制的，是世界公认的最具权威的个性测验方法，在临床医学中被广泛应用于心理障碍、行为障碍、心身疾病等个性特征的研究，对人才选拔和培养也很有参考价值，排名仅次于MMPI。BIG5及MBTI稍后将详细阐述。

尽管人格特质——行为的长期决定因素——一般不受重视，甚至完全被忽视，但在近些年中，基于BIG5、MBTI等的人格理论得到了越来越多的支持。在人格理论中，性格类型被强调很重要。有证据表明，不同的性格类型适合不同种类的领导岗位或领导情境。

在人格理论中，没有必要为了创造一个有效的工作环境而将领导者的性格类型与下属的性格相匹配。事实上，人格理论学家认为，这是很难尝试的行为方式，特别是处于压力下时。重要的是，在某种程度上、在一定的行为范围内，下属对领导者的反应行为是可以预测的。有些下属抵制权威型领导的指示，而另一些则很顺从甚至感激一位强有力的领导者。因此，虽然人格理论集中讨论了领导者和追随者的性格，但是它最终只是处理领导者与追随者之间关系的一种方式。认识和了解必须与之共事的人的差异是非常重要的。当一个人了解自己和他人的性格类型后，就可能容易理解相互间的不协调甚至冲突是什么。最终可能的好处是，领导者和追随者能够更好地互相容忍、互相接受、和谐相处。

人格理论中一个重要的基本假设是：人的性格是根深蒂固的，很难以任何方式令其发生改变。关键是要接受一个人的性格特点甚至是怪癖，接受追随者的特点和特质。

人格理论中的第二个假设是，人们具有无意识的动机和情感。因此，一个人的行为结果，不仅来自可观察到的反应和行为，而且来自以前经验情绪的延续。

人格理论可以追溯到弗洛伊德在1938年关于精神分析的著作。荣格是弗洛伊德最著名的追随者之一，后来他逐渐发展出自己的心理学体系。今天，荣格心理学被广泛接受，而经典的弗洛伊德精神分析法近年来却较少被人接受。但是，领导者有效性的人格理论是从弗洛伊德和荣格的理论发展而来的。

3.2 弗洛伊德和性格类型

弗洛伊德的很多著作是关于精神病理学的，但他确实使用了“性格”的概念，他提供了一个包含三种性格类型的架构：色情型性格、强迫型性格和自恋型性格，后来又加上第四种性格：推销型性格。

麦克尔·麦科比（Michael Maccoby，2003）这样描述这四种性格：色情型性格是一个人寻求爱与被爱的性格。与被羡慕和被尊重相比，他们宁愿被喜欢或被接受。相反，拥有强迫型性格的人试图达到标准、服从规则，并严格遵守良心道德。推销型性格的特点是具有高度适应能力，这样的人能够顺应不同的人和情况，并及时调整自己。最后，自恋型性格的特点是不需要别人指导。色情型性格想讨好别人，强迫型性格想做正确的事情，推销型性格顺应和适应当前的形势，自恋型性格确定什么是正确的、做什么和拥有什么样的价值观。

在对性格类型的进一步研究中，麦科比区分了每种类型的积极和消极方面，并以独特的方式组合了人类学和精神分析理论，认为最好的性格是创生性自恋型性格（创生性人群的特点是有创见、敢冒险、合情理、主动、有目的、负责任等）。创生性自恋者是富有远见的领导者，他们有理想，能激励别人接受这个理想，并为此努力。

麦科比还就如何与自恋型领导者共事提出了以下建议：（1）一个自恋型性格的领导者是不会满足任何其他性格类型的需要的，追随者需要在其他地方寻求满足。（2）追随者必须发展提高，在自己的领域更优秀，让自恋型领导者知道他们的能力，但是不与领导者竞争。（3）如果追随者知道自己的性格和需要，并能支持自恋型领导者，那么自恋型领导者将更愿意接受他们作为合作伙伴。（4）追随者在领导面前不要自负，因为领导者将无法满足那些有自己想法的追随者的需要。（5）最后，追随者应该尽其所能保护创生性自恋型领导者的形象。

3.3 雷蒙德和“大五”人格

多年前，人们发现大约有18 000个词可以描述人格，即使在对这些词进行同义归类后，还有171个人格特质。近年来，研究者们在人格描述模式上形成了比较一致的共识，提出了人格的“大五”模式（BIG5或the big five，又称为“人格结构五因素模型”，英文即five-factor model，简称FFM，还被称为人格的海洋OCEAN或独木舟NEOAC），格尔德伯格（Goldberg，1992）称之为人格心理学中的一场革命。研究者通过词汇学的方法，发现大约有五种特质可以涵盖人格描述的所有方面。

初始模型的提出者是雷蒙德（Raymond，1961），但他未能达到学术的高度。1990年，他的五因素模型得到最高水平的组织接受（歌德堡，1993）。大五类人格特征被认为是最具有心理学量表意义的个性特征。这五种因素提供了丰富的概念架构，且整合了所有的研究成果和人格心理学理论。表3-1标明了"大五"和它们的主要特征。重要的是，不仅现在在核心人格特质的决定因素问题上有着相当的一致性，而且还有很多研究表明这五个因素能很好地预测工作中的绩效。研究表明，那些高外向性的人易于获得领导和商业上的成功；那些高情绪稳定性的人在充满压力的情境中更有效率；那些高宜人性的人能够更有效地处理客户关系，解决冲突；那些对于经验具有开放性的人更易于精通工作，并能够在一个关于问题解决的模拟情境培训中做出较好的决策（Barrick & Mount，2000）。而对于尽责性，人们一致认为其与工作绩效有最强的正相关。"大五"还可以预测团队绩效。一项最新的研究发现，团队成员在尽责性、宜人性、外向性和低神经质等特质上的平均得分越高，整个团队的绩效越高（Barrick，etc.，1998）。

表3-1 **"大五"人格特质**

核心特质	高分者的描述性特征
神经质 neuroticism	沮丧、焦虑、缺乏安全感、易受伤、敌对的倾向
外向性 extraversion	社交、自信的倾向和积极性
开放性 openness	乐于倾听、创造性、洞察力和好奇心
宜人性 agreeableness	和善友好、协作、值得信赖
尽责性 conscientiousness	认真仔细、组织、控制、可靠和坚决果断的倾向

贾奇等人（Judge，Bono，Ilies & Gerhardt，2002）对1967—1998年之间出版的关于领导与人格关系的78项研究做了一个重要的元分析，发现"大五"人格特质与领导之间有着紧密的联系。研究发现：外向性与领导的关系最紧密，是有效领导身上最重要的品质。依次排在后面的是尽责性、开放性和低神经质。他们发现，最后一个因素即宜人性与领导的关系不大。

还有一点我们应该注意到，这五大特质是稳定的。在大约30岁后，随着时间的推移，个人的人格特征图几乎不会改变（Robert R. McCrae & Paul T. Costa，Jr.，1994），但这并不意味着"大五"为员工提供了整个职业生涯的完美的人格特征图，因为不同的工作需要不同的特质，关键仍然在于找到正确的匹配（Marcus Buckingham & Curt Coffman，1995）。

3.4 荣格和MBTI

梅耶-布里基斯人格特质问卷（Myers-Briggs type indicator，简称MBTI）应用广泛，在现实的职业咨询、团队建设、冲突管理和管理风格分析等方面非常盛行。这个理论可以追溯到其20世纪20年代的创始人——瑞士精神病学家荣格。

3.4.1 荣格与性格类型

人类的行为是可以预测和理解的，这也成为荣格划分人群与他们的性格的基础。他认为，人们对自己的思想和感觉有偏好，这些偏好成为人们工作、联系和玩乐的基础。

荣格（Carl Gustav Jung）认为有四个重要的方面可以用来评估性格。第一个是一个人的能量来源于哪里（是外部还是内部），第二个是一个人收集信息的方式（是以精确连续的方式还是以更直觉、更随机的方式），第三个是一个人做决定的方式（是理性的、基于事实的还是主观的、个人的），第四个是一个人生活的方式（是以组织的形式还是以自发的方式，这也是制订计划的领导者和顺从的追随者之间的区别）。

这些方面构成了性格类型分类的基础。

外向性（E）与内向性（I）：一个人喜欢从外部还是从内部获取资源。外向性是指从自身外部获得信息、灵感和资源。外向者的一个特点是他们非常健谈。这样的人喜欢与其他人接触、喜欢行动。在社会环境中，他们常常被看作精力充沛的和被人喜欢的，在聚会中充满活力。一个内向的人利用他的想法和思想，不需要外部刺激。这些人宁愿听而不愿意说。他们喜欢通过阅读或看电视来获取信息。内向者的一个特点是有时喜欢独自待着，以便思考和获得能量。持续地和人交谈和参与活动会让他们的思维枯竭。

感觉（S）与直觉（N，避免和内向性I的缩写重复）：一个人喜欢以精确的还是以富有洞察力的方式收集信息。感觉者通过他们的感觉收集数据，他们的思想围绕事实和实际问题。这样的人注重细节，乐于应对“真实的世界”。他们把重点放在视觉、听觉、触觉、嗅觉和味觉上。精确（precision）和准确

（accuracy）是感觉者最喜欢的词汇。另一些人是直觉的，他们往往更加概念化和理论化。普通的日常经历让他们感到厌烦，他们宁愿具有创造性，对未来充满幻想，巧妙地处理问题。在收集信息的过程中，直觉者会寻找机会和关系，他们使用理论框架，以获取和理解数据。和感觉者相反，直觉者更可能使用"大约（approximately）"或"据我所知（as far as I know）"。

思维（T）与情感（F）：一个人喜欢理性地还是主观地做决定。收集信息之后，人们需要根据数据做出决定。做决定有根据想法和根据感受两种方法。思想家使用逻辑，力求客观，并具有分析性。另外，他们似乎经常被孤立，不和人交流，宁愿用可能的结果指导他们的行动。和思想家相反的是感觉者。他们往往比较主观，与他人相处追求和谐，并考虑到别人的感受。这样的人在工作或其他地方更多地和人交流，被认为考虑周到和人性化。

判断（J）与知觉（P）：一个人喜欢以组织的方式还是以自发的方式生活。知觉者和判断者之间的差异来自如何面对工作和领导中最令人沮丧的事情。判断者偏好结构、计划、进度和决议。他们是具有决定性的和深思熟虑的，很肯定他们的处事方式。知觉者往往更加灵活，适应性强，如尝试和开放，自发行事。知觉者往往不在乎最后期限，并可能毫不困难地改变他们的思想和决策。

这四个方面有16种可能的组合，如ESTP、ESTJ等。荣格觉得虽然人们通常同时拥有这四个维度，但是对每个人而言，各个维度的结合方式和处于优势的维度都不同。重要的是，他指出一个人的优势特质并不必然比另一个人的优势特质好，只是两者是不同的而已。

在荣格的性格类型理论中，外向者（extravert）、敏感者（sensor）、思想家（thinker）和判断者（judger）这样的标签，代表着人类性格的职能。在每一对组合中，个人都倾向于一种职能。如前所述，对这些职能的偏好组合构成了类型。

理解这16种类型是很重要的，因为这些会影响到一个领导者与下属的互动。有些类型比其他类型更具有兼容性，而有些组合可能会导致挫折、误解和冲突。

3.4.2 布里基斯和梅耶的MBTI

在荣格建立其人格理论大约20年后，20世纪40年代，凯瑟琳·布里基斯和伊莎贝尔·布里基斯·梅耶母女俩编制了一套包括大约100个项目的人格测验问卷，以此来测量人们在四对特质（16种类型）上的偏好情况，这就是MBTI。

表3-2总结了四个主要维度的特征。这四个维度特征通过组合可以产生16种类型。例如，ESTJ是外向性的、感觉性的、思维性的和判断性的。因为这种人喜欢与他人相互联系（E）、现实地看待这个世界（S）、客观而果断地做决定（T），并且喜欢结构性、时间进度明确和有序（J），所以，这可能是一种管理者类型。一项关于MBTI的集中研究（Atlas）表明，被研究的大多数领导确实属于ESTJ类型。

表3-2　**荣格的理论维度与MBTI**

	你从哪里获得精力？	
外向性（E）		**内向性（I）**
对人友好的		安静的
相互作用的		集中的
先说后想		先想后说
爱交际的		沉思的
	你如何使自己适应外部世界？	
判断的（J）		**知觉的（P）**
结构性的		灵活的
时间导向的		结果开放性的
决策性的		探索性的
有组织的		自发的
	你注意并且收集什么样的信息？	
感觉的（S）		**直觉的（N）**
实际的		一般性的
详情的		可能性的
具体实例的		理论性的
特定具体的		抽象的
	你如何评估和做出决定？	
思维的（T）		**情感的（F）**
分析的		主观的
用头脑的		热心的
规则的		环境的
公正的		仁慈的

正如荣格在建立他的理论时所强调的，没有好的人格类型，也没有坏的人格类型。这正是MBTI成为在心理学上不受威胁的、普遍使用的一种人格问卷的主要原因。尽管在确认MBTI和预测职业选择时显示出了比较好的信度和效度（是国际上最为流行的职业人格测评工具），但仍然没有足够的研究支持以它为依据来进行选拔决策或预测工作绩效。和任何心理测量一样，MBTI也可能被误用。比如，给某人贴上一个标签，然后作为一个方便的借口说明他们就是不能和其他人一起工作。一个人的人格类型不应成为任何不恰当行为的借口。

3.4.3 MBTI和领导

克劳格和图森（Kroeger & Theusen，2002）讨论了领导者八个职能的优势和劣势，研究结果如表3-3所示。

表3-3 **心理偏好与领导行为**

偏好	正面领导	负面领导
思想家	客观、理性，问题解决者	批评、严格，麻木不仁
感觉者	移情、合作、忠诚	优柔寡断、多变
外向者	充满活力、交际、开放	交流过多
内向者	安静、反省、思考	决定缓慢、犹豫不决
直觉者	战略思想家、面向未来	模糊、非特定
感知者	实际、以行动为导向	缺乏想象力、注重细节
判断者	决定性、坚持计划	刻板、顽固
知觉者	灵活、好奇、非正式	散乱、没有重点

表3-3很好地展示了心理类型的结构。但心理学家们并不认为某个心理类型在领导方面优于任何其他一种类型，每一种类型都有其优缺点。

克劳格和图森（2002）还从20 000份MBTI的得分数据库中得到一个结论：有数据显示了处于管理位置的人们的偏好。其中，最常见的偏好是思想家-判断者，比例分别是69.9%（中层管理者）、72.9%（高层管理者）和85%（高层行政人员）的受访者。当思想家和其他的偏好组合时，三者的结果比例分别为86.2%、92.7%和95.4%。显然，管理加强了对独立的、理性的和分析的思维方式的需求。

皮尔曼等（R. R. Pearman et al.，2001）对16种类型的领导风格做了描述，并强调所有16种类型都有领导潜力。

3.5 马斯顿和DISC

DISC是一种“人类行为语言”，其基础为美国心理学家威廉·莫尔顿·马斯顿博士（Dr. William Moulton Marston）在20世纪20年代的研究成果。马斯顿博士是研究人类行为的著名学者，他的研究方向有别于弗洛伊德和荣格所专注的人类异常行为，DISC研究的是可辨认的正常的人类行为。

3.5.1 DISC的历史演变

从早期的占星学开始，一些理论家就在不断地寻找定义个人行为模式的方法。DISC的核心理念可以追溯至古希腊时期的“医学之父”、《希波克拉底誓言》的作者希波克拉底（Hippcrates），他是最早以四种不同的元素来诠释人类行为模式的人。他以四元素——火、空气、水、土为基础，提出人类具有四种基本性情，即易怒、乐观、冷静和忧郁。易怒性情者，会毫不犹豫地采取行动；乐观个性者，热心、有活力且外向；性情冷静者，缺乏行动力、有耐心且沉着；性格忧郁者，严肃、忧虑且安静。

许多现代的行为理论均以这四项元素为基础，包括德国哲学家康德及瑞士心理学家荣格的理论，其中最具影响力的可能要算是前面提到的荣格的研究了，他在19世纪首次以科学的方式，将个人行为归为感觉、直觉、情感和思维。

其后，心理学家或研究人员又提出了数十种不同的行为分类模式，有些模式甚至包含超过十种的人格类型。这些人格模式有的被赋予抽象的名称，有的则以鸟类（如老鹰、鹦鹉、鸽子和猫头鹰）、动物（如老虎、孔雀、考拉、猫头鹰，有的还加了一条变色龙）或颜色（如红、黄、绿、蓝，乐嘉的性格色彩即由此而来）来命名，但是仍以四种类型的分类方式最被广泛接受。

20世纪20年代，美国心理学家马斯顿博士发展出一套理论，用以解释人的情绪反应。当时，对于精神层面的研究仍局限于心理疾病或是刑事案件上的精神错乱方面，而马斯顿则想将研究领域延伸到涵盖一般人的行为方面。马斯顿设计了一种可测量四项重要性向因子的性格测验方法，这四项因子分别为支配（dominance）、影响（influence）、稳健（steadiness）与服从（compliance），而这套方法也是以这四项因子的英文名的第一个字母而命名为DISC的。这就是DISC的由来。严格说来，DISC不是性格测评（有别于前面提到的16PF或MBTI）的方法，它属于行为特质或特征分析（personal traits/profile analysis）的方法，但国内外很多人都把它看作做性格测评的。

1926年，马斯顿在他的著作《正常人的情绪》（The Emotion of Normal People）中公布了他的发现，并在书中对其所发展的DISC系统做了简短的叙述，该书首次尝试将心理学从纯粹的临床应用向外延伸应用到一般人身上。

卡普兰和同事（Sylvan Kaplan，et al.，1982）的研究结果表明，DISC"与相关测试手段比较，在个性评估方面具有显著优势"。利用DISC行为分析方法可了解个体心理特征、行为风格、沟通方式、激励因素、优势与局限性、潜在能力，并预见其可能的工作表现等等。DISC现在已发展成为全球最广泛使用的非临床行为分析语言，至今已有近百个国家的上亿人次做过DISC测试，且每年有超过6 000万人次在使用DISC的测评产品和工具。全球更有众多跨国公司，如IBM、戴尔、美孚石油、可口可乐等采用DISC作为人力资源分析和控管的重要参考。

3.5.2 DISC的特质定义

现在流行的DISC测评主要从四个主维度特质对个体进行描绘（见表3-4）。这四种类型的行为倾向、激励因素、负面因素、关注点和需要提高的地方如图3-1所示。

表3-4 **DISC四个维度**

类型	别名	关键词
D：dominant 支配型	director 老板型或指挥者	power-oriented 权威导向
I：influence 影响型	interactor 互动型或社交者	people-oriented 人际导向
S：steadiness 稳健型	supportor 支持型或支持者	pace-oriented 步调导向
C：conscientious 谨慎型	corrector 修正型或思考者	policy-oriented 制度导向

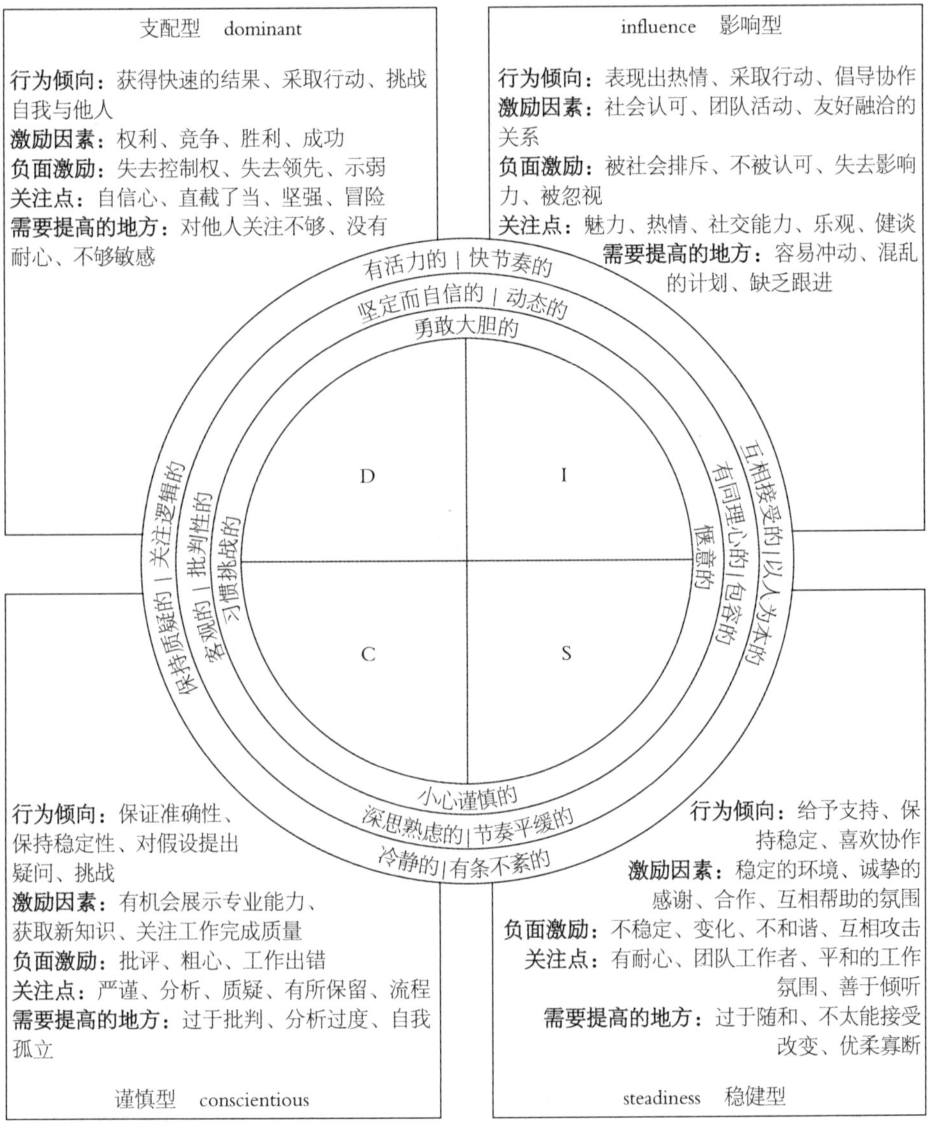

图3-1 DISC风格总结

表3-5列出了四种类型人群的行为特点、喜欢及讨厌的行为方式或环境、改善建议。

当然，DISC类型远不止这四种（根据国内外测试结果显示，这四种类型只占总样本的1/5都不到）。还有DI、DC、ID、IS、SI、SC、CS、CD、IC、DS，以及IDS、DIS、IDC、DSC、ISC等近百种类型。大多数人都属于这些复合类型。复合型就是同时具备几种类型的特点，字母越靠前的类型特点

表3-5 **DISC风格比较**

类型 特征	D型	I型	S型	C型
特点	直接、果断、掌控	乐观、开朗、热情	合作、支持、稳定	专注、准确、谨慎
喜欢	·目标/结果导向（立即获得结果、强调底线结果等） ·快节奏、快速决策、立即行动（行动派）、行事果断、直截了当 ·完全有权力决定如何做事、控制工作环境或掌控资源、争强好胜、指导他人行动 ·挑战自我及他人（如新机会、解决问题、设定高目标等） ·自信、坚强、敢冒风险 ·重视实质性报酬	·社交、闲聊、开会 ·即时的口头反馈、积极的反馈与认可 ·团队活动并乐于参与 ·积极思考、认为工作有趣 ·理解你的感受 ·快节奏、多样性与创造性 ·魅力、热情、健谈、给人好印象、让他人愉悦、外向 ·创造一个充满激励的氛围、言论自由、民主平等、友好融洽的关系 ·注意力短暂	·与他人合作 ·标准并且重复的工作内容 ·提供良好的服务、帮助他人、幕后工作 ·保守（维持现状不愿改变）、优柔寡断 ·诚挚的感谢、团队或组织的认同 ·耐心、平和、倾听、随和、可信、恒心、内向、谦让、忠诚 ·稳定、合作、互助、和谐、非正式、友好、相处融洽的氛围 ·工作安全、有保障；可预测、有秩序、权责明确；工作与生活有清晰的分隔	·循规蹈矩、保守、强调结构和体系 ·追求完美、提前计划、追求高标准 ·强调积累、获取新知识 ·质疑、挑战假设 ·有机会展示专业能力 ·关注工作完成质量与精确 ·严谨、精确、细心、分析、细节、面面俱到、有所保留、流程、自律、独立 ·不正面回应冲突（沉默以对） ·有明确的工作绩效目标、期望与反馈 ·职业化的氛围
讨厌	·失去领先或失去控制权、资源获取受到限制或受到严密监督 ·对结果仅负有限责任 ·被质疑或拒绝 ·表现软弱 ·一成不变、可以预测的工作 ·细节	·常规性、细节性和重复性的工作 ·寡言或不友好的同事 ·悲观 ·冲突 ·缺少赞同、不被认可、被忽视 ·独自工作、被社会排斥 ·失去影响力	·快速、无法预测的变化或情境 ·不稳定 ·无组织、无秩序的工作环境 ·竞争与挑衅、互相攻击 ·冲突 ·缺少管理者或同事的支持	·批评 ·粗心、工作出错、缺少质量控制 ·受干扰、强制性社交活动 ·经常变动的规划或预期 ·没时间处理信息或评估结果 ·情绪化的情境 ·透露个人信息
改善	·更加敏感，关注别人需求，增强同理心 ·耐心 ·深思熟虑再做决策（调研数据、权衡利弊、评估风险、制订应急方案等） ·意识到自己也需要他人的帮助（如风险提示） ·扎实的基础技能与实际操作经验 ·偶尔受到一些打击 ·融入组织 ·为自己的结论做出解释 ·张弛有度、劳逸结合	·时间管理 ·调研数据并现实地评估他人或环境 ·约束可能会使矛盾升级的冲动反应 ·跟进 ·专注于当前工作 ·直截了当的沟通 ·系统、逻辑严密的工作方法 ·更多关注“事”而非“人”、在必要时对他人更严格 ·做出务实、切合实际的决定 ·学会更实际地评价他人	·接受、适应和应对变化 ·在一个不可预估的环境中惬意工作 ·去鼓励创新 ·了解工作的指导方针 ·接受任务带来的挑战 ·参与多项工作任务 ·自我展示 ·肯定自我的价值 ·了解个人绩效对团队绩效的贡献 ·向他人施压 ·使同伴有相同的才能与真诚度	·接受重要的任务 ·迅速做出决定 ·与反对派达成妥协 ·像尊重工作完成结果一样尊重别人的个人价值、更开放地对待他人的工作方式 ·容忍冲突的能力 ·避免过于批判、分析过度或自我孤立 ·把别人对你的工作评价视为帮助 ·放松，你不可能永远正确

越明显。如DI型，就是D型为主，其次是I型，合起来特点就是喜欢主导，还积极活跃。

对角线人群比较少，如CI、IC或DS、SD，属于矛盾组合。但是对角线具有很强的互补性。因此，对D型风格（包括DI、DC等）的人员而言，其最佳合作队员就是I型风格（包括IS、SI等）。

另外，不管你的DISC行为模式是单维的、双维的还是三维的，你在DISC的四个维度中都是有分数的。只不过有些维度得分相对其他的维度较低而已，而这些维度其实是你的资源，它们让你拥有了更多的灵活性。当你进行人际沟通或解决问题时，不妨调用一下这些得分较低的维度。

同时，如果你多次使用DISC工具，你会发现每次得出的结果并不完全相同，这是正常的。因为，这是行为特质倾向测试，行为是可以改变的。这不是性格测试，性格是很难改变的（古语说，江山易改，本性难移）。如果你每次测结果都比较接近，说明你找到了自己的心理舒适区，因此你总是不由自主地返回“故土”。如果不同，那说明你现在面临的情境发生了改变，而你在行为上做了适当调整。

3.5.3 了解自己及他人的DISC风格

了解自己和他人的DISC风格，最简单而直接的方法就是做DISC测评。当然，我们也可以通过简单的问题矩阵（如图3–2所示）去判断。

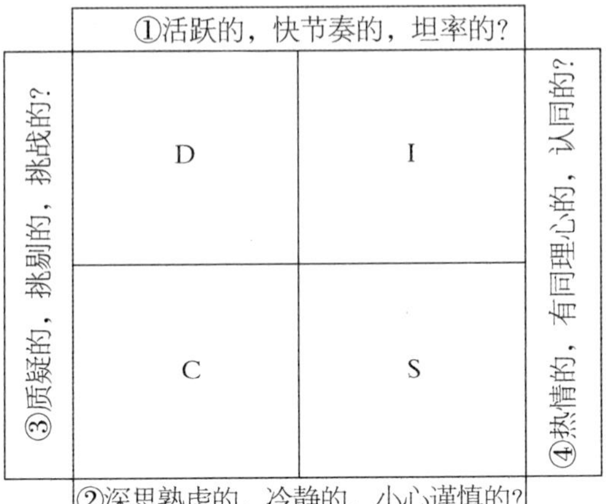

图3–2 DISC风格判断矩阵

先判断自己或对方自然的行为特征倾向是①活跃的，快节奏的，坦率的？还是②深思熟虑的，冷静的，小心谨慎的？再判断是③质疑的，挑剔的，挑战的？还是④热情的，有同理心的，认同的？如果你选择①和③，则倾向于是D风格；选择①和④，则是I；选择②和③，是C；选择②和④，是S。

接下来要做的就是验证判断是否准确了。我们去观察他们的行为，解读他们在表现出不同行为模式时的信号（见表3-6），特别注意他说了什么、做了什么，以及如何说、如何做。

表3-6 **行为模式信号**

类型	与人交流时	与人共事时	直面任务、问题或变化时
D型	·大声、经常打断且语速快 ·直接果断（如有啥说啥、直视对方，且表情严肃）且生硬（如说话口吻常是命令式） ·好问、好动、主动（如与人握手且有力） ·正式 ·常用语：马上	·喜欢控制、制定规则、要求独立 ·缺少耐心和同情心，对社交活动毫无兴趣 ·喜欢竞争，勇于冒险	·问问题时以“什么（what）”开头 ·目标导向 ·寻找问题来解决 ·促成变化发生 ·坚定不移 ·压力下的表现：激动、活跃，主动采取行动；但如压力超出承受极限，会离开、撤退
I型	·外向（如爱大笑、显摆、见面熟） ·热情友好（如热情握手） ·健谈、有说服力 ·肢体语言丰富 ·随意 ·有魅力 ·常用语：太好了	·喜欢并擅长合作，会召集他人共同完成工作，并特别渴望成为众人关注的焦点 ·能与他人建立共识 ·体贴别人、能让别人兴致盎然，有时过度吹嘘自己和过分乐观	·问问题时以“谁（who）”开头 ·要求与他人共事 ·引入新的观点 ·如果别人也同意的话，愿意接受必要的变化 ·压力下的表现：马虎大意，欠缺条理；但如压力超出承受极限，会让步、指责别人
S型	·谨慎（如不轻易表态）、说话慢 ·陈述事情巨细靡遗 ·能耐心倾听且面带微笑 ·克制（如握手轻且友好） ·私下进行 ·正式 ·常用语：小心	·喜欢独自工作，但经常很忙，难以按期完成任务 ·缺少耐心 ·会担忧但忠心、诚恳、友好	·问问题时往往以“为什么（why）”开头 ·喜欢有条不紊 ·注重细节 ·希望行事得当 ·承担责任 ·希望事情保持原样 ·压力下的表现：谨小慎微、踌躇不前；但如压力超出承受极限，会愤怒、忧伤
C型	·安静、机智、友善 ·握手矜持而轻微 ·不习惯眼神交流 ·身体语言拘谨且谦恭 ·说话有逻辑性且只说已经确证无误的事 ·随和 ·常用语：还行	·敏感地察觉他人的需求，并关心他人的幸福 ·耐心 ·随和	·问问题时往往以“如何（how）”开头 ·希望与他人共事 ·提供意见 ·更喜欢服从而非领导 ·善于识别变化但不喜欢变化 ·压力下的表现：妥协退后、逃避；但如压力超出承受极限，会自以为是

通过以上信号，我们可以验证我们之前的判断。

特别重要的一点是，我们最主要的目的不是去判断他是哪种类型，而是了解他在行为上的主要特点，这样在管理时才能有的放矢。

3.5.4 DISC应用

企业的快速发展带动着岗位的动态职务要求，如何实现人职匹配、有效管理、培养与规划则是企业发展的重要课题，DISC理论广泛服务于现代企业对于人才的选、用、育、留。

DISC这一测评工具将会使你对自己和他人有更深入、具体、完整而客观的了解。DISC是促进自我了解、相互认识和扩展人际关系的最佳工具；DISC不但能够协助招募外部的新人，还能够选取现有成员进行职务调整；DISC可以使主管与部属之间的沟通更顺利，消除隔阂、压力与冲突；DISC可以使团队成员之间建立润滑与互补的合作关系，以充分发挥潜能；DISC不但能协助组织发展，而且还可以协助个人进行生涯规划。DISC系统可以用来建议适合个人独特风格的生涯方向；DISC可以协助业务员了解客户的特性，正确解读其传达出的需求信息，以创造更高的业绩。

3.6 从一维管理迈向多维管理

性格本身并无好坏对错之分，行为特质或倾向亦如此。别人和我不一样，不表明别人是错的。正如招人时我们选择的是“最合适的”而不是“最好的”一样，我们要以最合适的方式来对待别人。这不是要求你改变你的性格或行为倾向，只是要求你在跟别人，包括你的下属互动时能做适当调适，因为你的自然的、一维的行为风格并不适用于所有类型的下属、所有类型的情境。调适不是去迎合下属，而是理解与尊重他人的长处、担忧、局限与障碍。

虽然人们会很自然地采取惯用风格处理事情，但有时结果却不尽如人意。MBTI、DISC等工具可以帮你摆脱“自动化行为模式”。运用MBTI、DISC等工具思考，你会考虑在特定的情境下采取最佳的方式，而不是固守你的自然风格，这种退一步思考常常会给你带来意外收获。

领导者应该学会从一维管理（采用自然的行为风格）向多维管理（根据下属及情境的特征采取合适的行为风格）的转变。所谓多维指的是，你调适后的行为风格可以是MBTI 16种类型中的任何一种，或是DISC近百种类型中的任何一种（D型、I型、S型或者C型，也可以是它们的组合类型，如DI型）。合适的才是最佳的。所谓多维管理，就是领导者应根据下属及情境的特征采取多种合适的行为风格类型，而不是局限于自己的自然风格类型。

多维管理从认识自己及他人开始，谋求知己知彼，方能百战不殆。了解别人的性格类型和特点，才能确定应采取的相匹配的管理方式。

3.6.1 应用MBTI进行向下多维管理

假设领导者是一个偏外向的人，正在和一个内向的追随者打交道。外向的领导者喜欢侃侃而谈，有时讲话未经过深思熟虑，倾向于主导交谈。另一方面，内向的追随者需要时间做出反应，认为事情要经过认真思考，并喜欢不受打扰地解释他的意思。这样，外向和内向的组合就可能会产生问题。外向的领导者可能会将追随者的沉默和反应迟缓视作认可，而事实上，追随者只是在思考领导者所讲的话。如果谈话是关于该做什么的，领导者会认为下属会去做，但实际上下属才刚刚想明白领导者的意思。后来领导者将会因为追随者缺乏行动而不满，追随者将会因为领导者没有听取他的意见而郁闷。在这种情况下，领导者应在交谈中倒退回去想想追随者的话，甚至建议一两个小时后再商讨需要做什么。这会给内向的下属一些思考的时间。如果追随者属于直觉类型，那么他将会想出一个完成任务的好主意。

如果有一个直觉型的领导者和一个感觉型的追随者，在团队工作中也会出现一些问题。直觉类型的领导者能够和喜欢看到宏观全局、整体策略以及未来的可能性。这是一个领导者的宝贵特性，它可能是一个向前迈进并促进改变的主要因素。但是，直觉类型的领导者可能会改变目标和战略，而追随者却只试图达到现有的目标和战略。这种领导者可能会对实施中的无聊细节感到厌烦，只提供大概和模糊的方向，并不说明具体怎么做，而下属却需要具体的指示。这种情况下，直觉类型的领导必须了解他的下属的思维方式，并尽一切努力满足下属的需要。如果做不到这一点，领导者可能会因为缺乏进展而心烦意乱，而下属也会感到沮丧。

如果是一个直觉型领导和一个直觉型下属打交道，那么有趣的情况就出现了。两者都倾向于概念化的思维，他们对下一步怎么走很有兴趣，充满幻想，甚至规划下一个项目。当谈到对当前项目的工作时，他们都会以理论上的方式来做，而不考虑实际情况。这两个直觉者都不喜欢追求事实和实事求是，这将会带来灾难。如果领导者懂得偏好搭配，那么他必将确保两人追求实际，并且在目前，他们应该完成现有的项目，然后再进行下一个项目。

从这些例子可以看出，类型之间的差异可能会导致沮丧甚至对立。因此，理解和认识心理偏好与类型将有助于有效地沟通和有效地完成工作。

3.6.2 应用DISC进行向下多维管理

表3-7列出了针对不同类型的下属进行沟通、辅导和反馈时的要点。

表3-7 向下多维管理

类型	D型下属	I型下属	S型下属	C型下属
沟通	·只谈事实，不讲细节 ·警惕选择性倾听 ·使用书面记录 ·询问解决方案	·选择放松环境 ·温和评论，多加认可 ·频繁检查 ·询问细节 ·控制时间 ·及时总结	·正式场合交流 ·开门见山 ·用词简洁精确 ·给时间做思考和整理 ·告诉业已确证无误的事情 ·注意时间架构 ·使他们看到利益所在并展示其公平性	·闲聊 ·明确方向 ·征求意见 ·专注 ·要说明细节（正确且按顺序） ·多赞赏和尊敬，少批评，避免争执和冲突
辅导	·私下进行 ·专注细节 ·肯定他人的作用	·私下进行 ·提高贯彻执行能力	·专注于问题 ·大声说出来	·培养自信 ·克服对变化的恐惧
反馈	积极型反馈： ·简单、直接、真诚 ·聚焦于具体成就与成果 ·表扬其领导能力 ·避免情绪化的评论 改进型反馈： ·直接指出差距 ·让其制订改进计划并开会讨论 ·明确后果并规定改进时限	积极型反馈： ·公开表扬 ·热情洋溢 ·重点表扬其沟通、人际关系和创造力 改进型反馈： ·清晰陈述工作表现中存在的问题及后果 ·为讨论预留足够时间 ·确定改进期限	积极型反馈： ·私下进行 ·简洁、具体 ·书面表扬 ·认可其理性、能力与辛勤工作 改进型反馈： ·事先预期其防备性反应 ·忠于事实 ·给其足够时间制订改进计划 ·共同确定正式检查流程与时限	积极型反馈： ·友善与真诚 ·表扬其合作意识、支持精神、稳定与忠诚的品质 改进型反馈： ·认可对方出色工作 ·明确预期 ·帮助制订具体改进计划 ·定期提供反馈 ·反馈方式要温和友善、抚慰人心

3.6.3 应用DISC进行向上多维管理

表3-8列出了向上多维管理的要点。

表3-8 **向上多维管理**

类型	D型上级	I型上级	S型上级	C型上级
D型	提倡拥护以及得到支持认同 · 在你的想法表达中展现出你的信心 · 始终保持你们的讨论焦点重心放在底线结果上 · 强调他们所期盼的具体结果 处理应对矛盾冲突 · 避免变得过于直率或者好胜 · 致力于创建好的竞争环境及协作模式，而非将其变成竞赛 · 就事论事，避免涉及敏感问题	提倡拥护以及得到支持认同 · 当展示你的想法时，应注意避免表现得太过顽固刚硬 · 强调你的想法如何能够迅速激励其他人 · 讨论你的想法如何对其他成员起到作用 处理应对矛盾冲突 · 直截了当，但千万要注意分寸，以免对方觉得你在进行人身攻击 · 让他们知道你尊重他们的感受 · 明确表示你们关系仍旧十分牢固	提倡拥护以及得到支持认同 · 强调你的想法是如何能够帮助团队成员的 · 以循序渐进的方式展示你的计划 · 给他们提供一定的考虑时间，让他们思考你所建议变更的潜在影响 处理应对矛盾冲突 · 直接坦白，但是避免对着干 · 避免采用可能会让他们感到紧张或充满忿恨的强硬策略 · 后续跟踪，确保问题已经妥善解决	提倡拥护以及得到支持认同 · 解释、说明你是如何开展工作的 · 做好准备，以便提供他们仔细考虑所需的详细信息 · 应避免催促他们迅速采取行动，否则很有可能对他们会起反作用 处理应对矛盾冲突 · 通过逻辑与事实支持你的观点看法 · 避免催促他们立即处理解决相关事宜 · 避免采用强硬的战术策略，因为强硬的战术策略将会让他们自卫防守
I型	提倡拥护以及得到支持认同 · 着重于最终结果 · 对你的观点表现出信心，但是前提必须是真正的信心 · 避免给人留下过分热情或过分激动的印象 处理应对矛盾冲突 · 避免将他们的观点视为人身攻击 · 不要仅仅为了保持友善而掩盖分歧 · 让讨论的焦点集中在眼前的问题上	提倡拥护以及得到支持认同 · 强调你的观点如何快速激励人员 · 探讨你的观点对团队其他成员的影响 · 避免对自己所出具方案的效果或作用过于乐观 处理应对矛盾冲突 · 避免进行任何人身攻击 · 重视每个人的感受 · 让他们知道矛盾冲突不会影响你们的个人关系	提倡拥护以及得到支持认同 · 避免你的热情令他们难以承受 · 以循序渐进的方式展示你的计划 · 强调你的观点是如何帮助别人的 处理应对矛盾冲突 · 直接面对情况，而不是掩饰你们的分歧 · 不要认为他们的沉默代表他们同意你的观点 · 追踪后续，确保问题已解决	提倡拥护以及得到支持认同 · 以清晰的方式陈述计划，并避免掩盖细节 · 以清晰系统的方式陈述信息。做好准备，提供他们做出决策所需的所有事实与数据 · 避免你的热情令他们难以承受 处理应对矛盾冲突 · 用依据和事实支持你的观点 · 避免做出过于感性的诉求 · 在对峙问题前，给他们留出空间和时间来处理信息

续表

类型	D型上级	I型上级	S型上级	C型上级
S型	提倡拥护以及得到支持认同 ·对你的观点表现出自信 ·不要让你的随和的态度阻碍你成为一个强有力的提倡者 ·根据他们期望的具体结果安排议题和谈论过程 处理应对矛盾冲突 ·不要犹豫地说出你的观点，并让对方知道你的感受 ·避免将他们的直白或坦率视为针对你个人 ·要清楚知道，隐藏你的感受比起直言不讳可能对你更不利	提倡拥护以及得到支持认同 ·维护自己的观点，让对方了解你的真实需求 ·显示你的观点如何能够快速激励到员工 ·探讨你的观点对他人可能造成的影响 处理应对矛盾冲突 ·不要认为任何怒气是针对自己 ·承认每个人感受的重要性 ·向他们保证你们的关系仍然很稳固	提倡拥护以及得到支持认同 ·以循序渐进的方式展示你的计划 ·确保回答他们对你的观点所持的任何疑问 ·强调你的观点将如何帮助他人 处理应对矛盾冲突 ·直接处理情况，而不是掩饰你们的分歧 ·承认每个人感受的重要性 ·要清楚知道，隐藏你的感受比起直言不讳可能对你更不利	提倡拥护以及得到支持认同 ·以清晰系统的方式陈述信息 ·避免因应对他们的问题而慌张 ·以事实和数据作为支持 处理应对矛盾冲突 ·用条理清晰和事实依据来支持你的观点 ·坚持你自身的立场，而不是屈服 ·避免情绪化
C型	提倡拥护以及得到支持认同 ·关注底线结果 ·通过你的方案能够提供给他们实际的结果 ·避免在细枝末节的工作上花费太多时间 处理应对矛盾冲突 ·不要被他们的自信所吓倒 ·不要轻言放弃，或者表露出其他负面的感觉 ·直接客观地讨论你的观点	提倡拥护以及得到支持认同 ·向他们描述你的观点如何迅速激励大家 ·不要拘泥于事实依据或是一些细节 ·充满热情地讲述你的想法或计划 处理应对矛盾冲突 ·让你的上司知道，你虽然可能会有不同的意见，但还是非常看重友好的人际关系 ·重视他们的感受 ·不要攻击他们的个人见解	提倡拥护以及得到支持认同 ·有条不紊、循序渐进地表述你的计划 ·描述你的观点给大家带来的帮助 ·关注他们对你观点的每一个疑惑 处理应对矛盾冲突 ·直面问题，而不是回避 ·除非你认为已经解决了，否则不要忽视分歧 ·持续追踪，确保问题已经得到解决	提倡拥护以及得到支持认同 ·清晰、有条理地展示信息 ·给予事实与数据方面的支持 ·让你的上司们知道，你尊重他们的专业度 处理应对矛盾冲突 ·使用事实依据来支持你的观点 ·让你的工作显得严谨、细致 ·在问题得到解决前，不要回避它

谨记，多维管理并不是要求你完全抛弃自己最喜爱的管理风格，在大多数时候你仍会沿用你的第一维度风格，只是有时候你需要根据情境的要求适当调

试你的风格，适合的就是最好的！尝试着做些改变，尝试着去运用，你就会成为一名成功的多维领导者。

【案例分析】

性格决定命运

——诸葛亮的DISC分析

成也性格，败也性格。正如西班牙大文学家塞万提斯（Miguel de Cervantes Saavedra）所说："每个人的命运都是由自己的性格决定的。"哈佛大学著名教授威廉·詹姆士（William James）说："播下一个行动，你将收获一种习惯；播下一种习惯，你将收获一种性格；播下一种性格，你将收获一种命运。"

每个人都有自己"本能"的DISC类型，但是从管理的角度来讲，领导者应根据团队成员的DISC类型和特点做出必要的调适，进行多维管理。这一点，通过中国四大名著中四个著名的"CEO"（《西游记》中西天取经团队的CEO——师父唐僧、《三国演义》中蜀国刘备团队的CEO——军师诸葛亮、《红楼梦》中宁国府CEO——第一管家王熙凤和《水浒传》中宋江团队的CEO——军师吴用）的命运就可看出。

首先要夸一下唐僧，他是成功运用多维管理的典范。唐僧为了完成西行取经的重任，不得不对自己的性格类型做出调整和改变——由懦弱迂腐、胆小怕事、动不动就掉眼泪的"C"转化成为语言简洁有力、具有权威感的"D"。唐僧目标坚定，由最开始关注人变得越来越关注事，为实现目标不惜一切代价。试想一下，如果唐僧一直延续使用他的第一维度，即C型管理风格，何以完成取经重任？

与此相反，正是不善变通，另外三个CEO的命运则与唐僧迥然不同：D型（兼有I型特点）的王熙凤太追求结果导向，结果"反误了卿卿性命"；C型吴用则过于愚忠，结果"宋江坟头上吊亡"；而同是C型的诸葛亮则是"出师未捷身先死"。

这里，我们侧重分析一下诸葛亮的DISC类型。

三国第一CEO诸葛亮可谓是C的典型代表，而且是高C。这一点从"三顾茅庐"一段显示无遗。刘备的造访对于诸葛亮来讲是人生中一次重大命运转折的机会。面对雇主伸出的橄榄枝，他必然要通盘考虑天下大势如何，刘备集团的实力如何，这位刘皇叔的性格如何，自己加入该集团之后的职业发展路径如何等诸多事宜，才能做出最后决定。而这些考虑都是需要时间的。因为作为C，他的一个重要特性就是要在弄清楚情况后才会采取行动。

但C有个特征是完美主义。为了实现完美他要求做任何事情都要走程序，讲求证据。因为完美主义，所以他对自己要求高，对别人要求也高，相对来讲容忍度就非常低，下属稍微出一点点差错就难以容忍，就要用程序来制裁他。因为诸葛亮自己比较能计算，所以他带兵打仗的胜率总是高于常人。但是他因此也要求所有将领都要达到他的标准，一旦达不到标准就要军法处置。诸葛亮出山之后最喜欢做的一件事情就是立军令状。因为军令状这道程序最客观，谁也无法抵赖。他跟关羽立军令状，跟周瑜立军令状，跟马谡立军令状。军令状的含义是完不成任务人头落地，相当于是赌命，后果多严重啊，但是诸葛亮就是这样坚持。不管是关羽这样的“公司大股东”，还是周瑜这样的盟友或是马谡这样的下属，只要完不成任务，就要提头来见。这样做的好处是令行禁止、军纪严明，可是坏处也非常明显。我们可以看到蜀国在诸葛亮统治时期，所有的将领都像棋子一样被他指挥得团团转。将领们不需要有脑子，只要按照诸葛丞相的吩咐做就好了。他们不敢发挥主观能动性，因为知道一旦失败，就是个死。诸葛亮生前大家这样听他的，他去世之后大家还是一个个呆若木鸡，按照已经仙逝的丞相遗言做事情。最后唯一一个有脑子的魏延也被诸葛亮安排的无间道给砍死了。相对来讲，曹操对于将领带兵作战失败的容忍度就比诸葛亮高很多。因为曹操带兵也经常会被人打得溃不成军，所以他很理解胜败乃兵家常事的道理。通观三国事，曹操根本就没有因为哪个将领丢失城池或是打了败仗而杀人的例子。曹仁和李典丢了樊城，跑回去找曹操请罪，曹操说：“胜负乃军家之常，但不知谁为刘备出谋划策?”战争失败，不是先追究责任，而是先追究原因，这可能也是曹操能够有所成就的一个重要原因吧。所以，曹操手下将领的能动性就远比蜀国要高。徐晃破关羽解樊城之围的时候，曹操亲自去查看，称赞：“荆州兵围堑鹿角数重，徐公明深入其中，竟获全功。孤用兵三十余年，未敢长驱径入敌围。公明真胆识兼优者也。”(公明是徐晃的字，出自《三国演义》）这样一段话出去，对周围的将领来说当然是一个积极的信号：只要你能达到目的，怎么发挥都可以。

C由于追求完美，所以总是感觉别人做不到最好，只要可能，事事都要亲力亲为。有手下将领向诸葛亮进言说：您不能什么事情都自己做啊。治理国家跟主持家庭一样，主人干主人的活，奴仆干奴仆的活。主人不去干奴仆的活不是因为干不了，而是因为如果事事都做的话，累死了也干不完啊。诸葛亮说：

道理我是知道的，但是受了刘备的托付，就害怕别人干活没我这么尽心尽力。（《三国演义》丞相主簿杨颙谏言）诸葛亮的回答，显示出他对别人缺少足够的信任，不能放权，不充分发挥和开发下属的潜能，什么事情都自己处理，因此，与其说他是病死的，不如说是活活累死的。

由此可见，行为任性，结果自然不佳。多维管理，方能实现共赢。

案例思考题：结合诸葛亮的DISC分析谈DISC应用及多维管理的重要性。

本章小结

领导者有效性的人格理论起源于心理动力理论。近年来，基于BIG5、MBTI等的人格理论得到了越来越多的支持。在人格理论中，性格类型被强调很重要。而有证据表明，不同的性格类型适合不同种类的领导岗位或领导情境。

人格理论可以追溯到弗洛伊德在1938年关于精神分析的著作。他提供了一个包含四种性格类型的架构：色情型性格、强迫型性格、自恋型性格和后来加上的推销型性格。

雷蒙德的五因素（神经质、外向性、开放性、宜人性和尽责性）模型得到最高水平的组织接受。大五类人格特征被认为是最具有心理学量表基本结构的个性特征。这五种因素提供了丰富的概念架构，且整合了所有的研究成果和人格心理学理论。

荣格认为有四个重要的方面可以用来评估性格：外向性（E）与内向性（I）；感觉（S）与直觉（N）；思维（T）与情感（F）以及判断（J）与知觉（P）。这四个方面有16种可能的组合，每一种类型都有其优缺点。荣格指出，一个人的优势特质并不必然比另一个人的优势特质好，只是两者是不同的。研究表明，所有16种类型都有领导潜力。

布里基斯和梅耶母女俩在荣格的性格类型基础上编制了MBTI量表，这对于有效沟通和工作的开展大有益处。

DISC是一种“人类行为语言”，其基础是美国心理学家马斯顿博士在20世纪20年代的研究成果。马斯顿设计了一种可测量四项重要性向因子的性格测验方法，这四项因子分别为支配（dominance）、影响（influence）、稳健（steadiness）与服从（compliance），而这套方法就根据其英文名的第一个字母而被命名为DISC。

D的特点是直接、果断、掌控，I的特点是乐观、开朗、热情，S的特点是合作、支持、稳定，C的特点是专注、准确、谨慎。

DISC不是性格测评方法（有别于前面提到的16PF或MBTI），它用来做行为特质或特征分析。DISC现在已发展成为全球最广泛使用的非临床行为分析语言，并广泛服务于现代企业对于人才的选、用、育、留。

人格理论被用来鼓励领导者和追随者意识到自己和他人的性格类型，以便更好地了解自己的行为和他人的回应。

领导者要善于运用MBTI、DISC等工具进行思考，考虑在特定的情境下可以采取的最佳方式，而不是固守自己的自然风格，即领导者应该学会从一维管理向多维管理（根据下属及情境的特征采取合适的行为风格）的转变。多维管理并不是要求你完全抛弃自己最喜爱的管理风格，在大多数时候你仍可沿用自己的第一维度风格，只是有时候需要根据情境的要求适当调试你的风格。

思考题

1. 概述创生性自恋型领导的优缺点及与这种类型领导共事的注意事项。

2. 简述“大五”人格的五个因素及其高分特征。

3. 运用MBTI理论分析自己及周围某同事（可以是上级、下级或同级）的性格类型并说明与之打交道的要点。

4. 概述DISC的历史演变。

5. 分析DISC的四种行为倾向特点。

6. 简要说明DISC在实际工作中的应用。

7. 举例说明领导者该如何从一维管理迈向多维管理。

第4章 领导者有效性的技能理论

"领导的能力是应该要学习的，而且是可以被习得的。"

——[美]彼得·德鲁克

重点内容

- 了解卡兹的三种基本管理技能：技术、人际和概念
- 掌握曼福特等的领导技能模型的核心
- 探讨职业经理人八大核心技能的特点

4.1 技能理论概述

前两章的品质和人格理论关注的是通常被认为是与生俱来的、很难改变的个性特征或品质，而本章的领导技能理论与素质理论一样，强调的则是可以学习和发展的技巧和能力。尽管个性等一定会在领导中起必要的作用，但是领导技能理论认为，有效领导是离不开知识的学习和能力的培养的。

研究技能的驱动力源于1955年罗伯特·卡兹（Robert Katz）发表在《哈佛商业评论》上的一篇经典论文。卡兹的方法是尝试着把领导定义为一组可发展的技能来超越品质理论遇到的困难。20世纪90年代早期，大量有关技能的研究成果被发表出来，这些研究成果认为，领导者的有效性依赖于领导者解决复杂组织问题的能力。这些研究产生了一种综合的、以技能为基础的领导模型，并在曼福特和他的同事们（Mumford，et al.，2000）的努力下得到了长足

发展。

鉴于市场经济中出现了新型领导者——职业经理人，故此，我们在本章的最后具体地介绍了包括CEO在内的七种类型的职业经理人应该具备的核心技能。

4.2 卡兹的三种技能

卡兹根据管理领域的研究以及他自己对工作场所的领导者的第一手观察资料认为，有效的管理依赖于三种基本的个人技能：技术技能、人际技能和概念技能。卡兹认为，这三种技能与领导者的特质或品质截然不同。技能（skills）是领导者可以学习的，而品质（traits）是领导者身上所具有的（如他们身上的性格）。他将领导技能定义为运用知识和技能去达成目标的能力。这些领导技能是可以获得的，是可以通过培训去提高的。

技术技能是指某一特定类型的工作或活动所应具备的知识和能力。它包括特殊领域的应对能力、分析能力和运用合适的工具和技巧的能力。

与技术技能与物打交道完全不同，人际技能是指与人打交道的知识和能力。它能帮助领导者与下属、同事、上级以及外部客户等有效合作，以完成组织目标。对卡兹来说，人际技能意味着在某些问题上领导者能意识到自己的想法，同时也能意识到他人的想法。具备人际技能的领导者会让自己的想法去适应他人的想法，而不是把自己的想法强加在他人身上。另外，他们会创造出一种信任的氛围。在这种氛围下，员工能感觉舒服和安全，也能受到鼓励去参与计划影响到他们的事情。作为一个具有人际技能的领导者，要对他人的需要和动机敏感，在做决策时能考虑他人的需求。简而言之，人际技能是你在处理自己的工作时与他人友好相处的能力。

技术技能与物有关，人际技能与人有关，而概念技能则与想法有关。具有概念技能的领导者会轻松自如地谈论形成组织的想法以及其中的复杂性。他们善于用言语来表述公司的愿景和目标，并能理解和表达影响公司的经济原则。概念能力对一个组织建立愿景和战略计划至关重要。

正如图4-1所阐述的，技术技能对于基层管理是最重要的，对于高层管理则正好相反。对于最高层的领导者来说，他们主要依靠有技能的下属去处理组织运营中的技术问题。人际技能在三个层级的管理中都是重要的。而概念技能对于高层管理者是最重要的。事实上，当高层管理者没有很强的概念技能时，他们可能会危及整个组织。

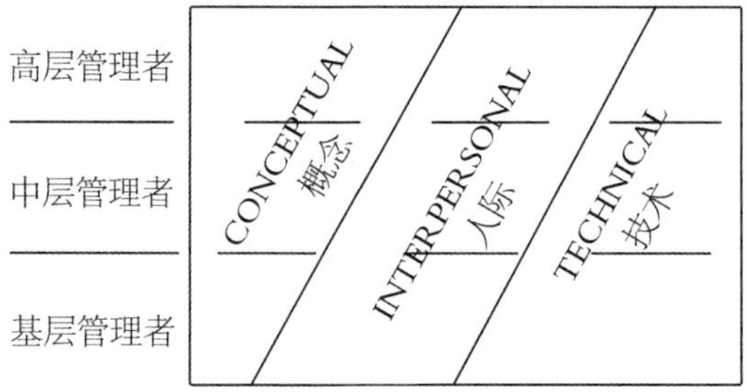

图4-1　卡兹的三种技能

总的来说，三种技能对领导者都很重要。但是，根据它们在管理结构中的位置，某些技能会比其他技能更重要些：概念技能对于高层管理是最重要的，技术技能对于基层管理是最重要的，而人际技能对于三个层级的管理都是同等重要的。对于中层管理者而言，三种技能同等重要。

4.3　曼福特等的领导技能模型

从20世纪90年代开始，在美国国防部的支持下，一批研究者从组织内的问题解决能力着手，测试并发展了一种领导学的综合理论。研究的主要目标是要解释有效领导的潜在因素，历时多年，采用了1 800多名军官（从少尉到上校六个等级）作为抽样研究对象，运用了多种新方法和工具去评价这些军官的技能、经验和他们所工作的情境。

曼福特和他的同事们根据这项研究的结果构想了一个以技能为基础的领导模型。这个模型以能力（capability）为特征，因为这个模型检验了领导者的知识和技能（能力）与领导效能之间的关系。

曼福特团队提出的以技能为基础的领导模型有五个构成要素：能力、个人特质、领导结果、职业经验和环境影响（见图4-2）。

4.3.1　能力

从图4-2中可以看出，问题解决能力、社会判断能力和知识被摆在了技能模型的中心位置。这三种能力是解释领导效能的关键因素。

1. 问题解决能力（problem-solving skills）

问题解决能力是领导者创造性地解决新的、不同寻常的、不明确的组织问题的能力。这些能力包括能确定出重大问题、收集问题信息、重新理解问题，并为解决问题提出最初计划。能够想出解决方案对解决问题起着特殊作用。构想组织问题的解决方案时，有技能的领导者需要为方案的构想和实施、短期目标和长期目标、职业目标和组织目标以及内部问题做一个时间表，所有这些都会影响到解决方案的成功。

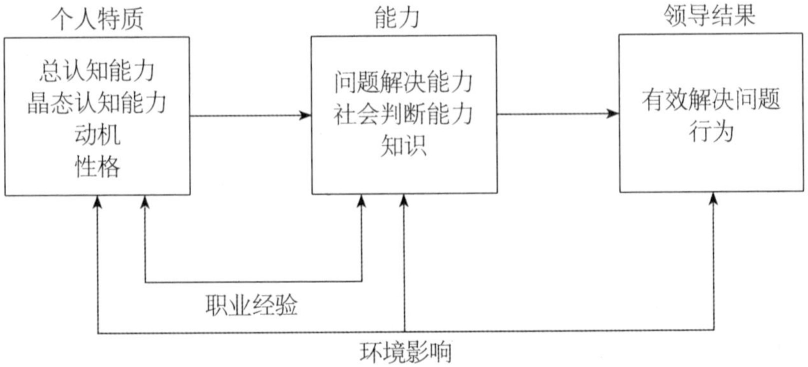

图4-2 曼福特等的领导技能模型

2. 社会判断能力（social judgment skills）

社会判断能力是指理解人和社会制度的能力。这种能力能帮助领导者和其他人一起解决问题，以及在组织内实施改变和寻求支持。在解决组织里的独特问题时，社会判断能力是人们所必需的技能。

从概念上讲，社会判断能力和卡兹的人际技能在管理中的作用是相似的。但和卡兹的研究不同的是，曼福特等把社会判断能力描绘成以下四个方面：（1）观点采择（perspective taking），就是要了解他人对待特殊问题或方法的态度。（2）社会洞察力（social perceptiveness），是指意识和察觉其他人在组织中的作用，了解组织里不同支持者的独特需求和目标。（3）行为的灵活性（behavioral flexibility），是根据对他人观点的理解，去改变和适应他人行为的能力。灵活性意味着人们在解决某一问题时不能局限于一种方法。一个灵活的领导者要根据变化做出相应的改变来满足新的需要。（4）社会表现（social performance），包括与交流有关的许多技能，如陈述、说服、冲突解决等。

3. 知识（knowledge）

知识指的是积累信息和用来组织这些信息的智力结构，这样一个智力结构被称为模式（schema）。信息只有按照模式组织起来才变得更有意义。知识与组织内问题解决能力的应用和实施有着错综复杂的关系，它直接影响着领导者确定复杂的组织问题和解决这些问题的能力。

4.3.2 个人特质

图 4-2 左边方格指出四种对领导能力有影响的个人特质：总认知能力（general cognitive ability）、晶态认知能力（crystallized cognitive ability）、动机（motivation）和性格（personality）。

总认知能力可以被认为是一个人的智力。总认知能力有时被描述成液态智力，即一种通常在成年早期出现并发展，随着年龄的增长而衰退的智力。在技能模型中，智力被描述为对领导者获取复杂的、解决问题的能力以及领导者的知识有着积极的影响。

晶态认知能力指的是通过实践学习而获得的智能。因为这种能力随着时间的推移能保持相对稳定，所以随着人们慢慢老去也不会消失。

技能模型暗示了动机的三个方面对领导成长是十分重要的：意愿、控制力和社会利益。这三个方面为人们成为领导者做了准备。

性格影响领导技能的发展。技能模型提出的假设是，任何帮助人们应对复杂的组织环境的个性都可能与领导者的表现有关系。

4.3.3 领导结果

在图4-2右边的方格中，有效解决问题和行为就是领导结果。这些结果会受到领导者能力的重大影响。在技能模型中，行为结果反映了领导者完成工作的质量。

图 4-2 中还包括了另外两种对领导表现有帮助的要素：职业经验和环境影响。

4.3.4 职业经验

从图 4-2 中我们可以看出，职业经验对领导者的性格和能力是有影响的。技能模型认为，领导者在职业生涯中获得的经验影响着他们解决复杂问题的知识和技能，同时能积极地影响到领导者的个性。

根据技能模型，领导者可以通过经验发展他们的能力。

4.3.5 环境影响

技能模型的最后一个要素是环境影响。它是领导者的能力、性格和经验之外的因素，通常是不受领导者控制的。

总的来说，技能模型是通过描述领导者行为的五大要素来分析领导的，其核心是三种能力：问题解决能力、社会判断能力和知识。在有效解决问题和行为方面，尽管个人特质、职业经验和环境影响对领导者的能力都有影响，但是这三种能力起着主要的决定作用。通过工作经验和培训，领导者能更好地解决问题，并成为更有效率的领导者。

4.4 职业经理人的八大核心技能

职业经理人从个别人开始直至发展到形成一个社会阶层，这是历史发展的必然。这个阶层具有鲜明的时代性和独特的社会地位。专业性、风险意识和创新精神是职业经理人的三个最基本特征。

职业经理人主要有以下七种类型：(1) 首席执行官 (chief executive officer，简称CEO)。(2) 首席运营官 (chief operation officer，简称COO) 或运营总监。(3) 市场及销售总监。(4) 首席财务官 (chief financial officer，简称CFO) 或财务总监。(5) 人力资源总监。由于人才培养和学习型组织的重要性，一些组织还专门为此设立了首席学习官 (chief learning officer，简称CLO) 这一职位。(6) 企划公关经理人，有些公司称之为公关总监。(7) 项目经理或项目总监。

职业经理人能否胜任其工作岗位，承担起相应的责任，不但取决于其一般(基础) 能力，还与其是否具备作为新经济时代的职业经理人必须具备的核心能力高度相关。我们认为，通过合作能力、学习能力、创新能力、整合能力、沟通能力、信息处理能力、道德管理能力、文化洞察能力等八项核心技能，可以寻求职业经理人职业发展方向的深层信息。现分述如下：

4.4.1 合作能力

合作能力是指在人际交往的过程中，是否具有能够彼此信任与帮助，协调自己的行为，最终达到共同目标的意识和能力。

合作能力是个人在人际互动中，以协作方式开展社会活动，最终达到彼此共同目标的意图和技能的表现。具体而言，合作能力包括合作意图和合作技能两方面。合作意图体现为个人是否具备信任性和集体性；合作技能则是指个人的开放性、责任性、包容性和竞争性等行为表现。

4.4.2 学习能力

当今，学习型组织的理念已经在全球企业界成为一种潮流。建立学习型组织的关键在于领导者，因为领导者的学习能力与观念直接影响到企业组织的整体学习能力。一个公司成为学习型组织之前，它必须解决一个问题：竞争的成功越来越依赖学习，可是大多数人不知道如何学习，更严重的是那些在公司中居于领导地位、被认为最擅长学习的人实际上并不擅长学习。

事实上，21世纪企业经理人每天唯一的功课就是“再学习”，这样才能不为潮流所淘汰。面临知识经济的挑战，职业经理人需要通过学习提升自身的素质，以带领企业在变化的市场环境中求生存、谋发展、图大业。学会学习是职业经理人提升自身素质的主要途径。

4.4.3 创新能力

不断进取的创新开拓能力是现代职业经理人必须具备的能力之一，也是知识经济时代各行各业对人才的基本能力素质要求。

知识经济时代，信息瞬息万变，科学技术日新月异，工作呈现出多变性和动态性，这就要求人才必须具有创新意识和创新能力，在自己的工作领域内不断地推陈出新，只有如此才能跟上时代的前进步伐。

4.4.4 整合能力

领导力专家甘尼（Usman Ghani）认为，“未来的领袖必然是整合型的领袖”。在美国约翰逊总统时代担任卫生教育及福利部长，并曾担任卡内基集团总裁的嘉纳（John Gardner）指出：“多数走下坡路的组织都有看不见自我缺陷的盲点。这些组织不是苦于不能解决问题，而是苦于根本看不到问题。”正因为缺乏整合性的思考，以至于看不见多样化的可能性，无法时时改善企业运作的各个流程。

整合能力指的是领导者能够既广且深地检视组织内的各种人和事，然后灵活地整合组织资源、明快地整合传统与创新、适应新的动态商业模式，再以协调合作的方式解决问题。领导者要耳聪目明、面面俱到，实属不易，其中最重要的学习，就是学习倾听，能主动在别人的言谈中搜寻多样观点。领导者要培养自己冷静的气质与开放的心胸，以接纳各种批评，懂得培育组织内的多种观点，并自觉地将这些观点应用到多项技能上，以建立组织的新方向、新可能与新的解决方案。能够倾听，才能够进一步衡量众多的选项与可能性，并为不同的领域、部门、利害关系人搭起沟通协调的桥梁。

4.4.5 沟通能力

随着经济从物质经济时代过渡到服务经济时代，组织越来越成为一个向客户、消费者提供服务的机构。经济活动中融入了更多的人与人的交往，人际沟通的重要性也得到了众多组织和个人的重视。对个体而言，具有良好沟通能力的人更容易获得理想的工作，更易在工作和生活中取得成功。

我们把沟通能力定义为“在不同情境中，个体有效地运用沟通技巧与沟通策略的能力”。根据沟通过程中各个环节及所需的各种能力，我们挑选出最重要的方面，组成沟通能力的构成要素：沟通意识、倾听、反馈、非言语和自我监控。

4.4.6 信息处理能力

人类社会已经跨入信息时代。信息社会的特征一方面表现为信息的生产、流通和积累的调整增长；另一方面表现为信息的冗杂，有用信息常被淹没在信息的海洋中，需要人们提高对信息的判断力和识别能力，只有对信息善加解读、分辨和利用的人才会占尽先机。高超的信息处理能力成为21世纪人才必须具备的素质。

信息处理能力是一种综合性能力。我们认为，信息处理能力是人们接收、评估、整合、创造与有效利用信息的一种综合能力。从过程来说，它包含以下五个方面的要素：信息理解能力、信息整合能力、信息输入策略、信息输出策略、信息评估判断能力。其中，信息理解能力，是指人们对信息价值的理解程度。信息整合能力，是指人们利用已有信息，经过对信息的分析综合处理从而生成新信息的能力。信息输入策略，是指人们通过大众传媒、人际交流及自然感应等主动获取信息的能力。信息输出策略，是指人们恰当、有效地选择信息输出方式与渠道的能力，它集中表现为个体选择表达信息方式的策略的能力。信息评估判断能力，是人们评估判断信息的准确性与价值的能力。

4.4.7 道德管理能力

未来领导人要具有正向的价值观。现在竞争愈来愈激烈，恶质的经营环境，使领导者面临更大的挑战。现在许多企业都承受着市场的压力，尤其是上市企业。哈佛大学教授嘉纳（Howard Gardner）指出，这种现状对企业发展而言是很不健康的，让很多领导人汲汲营营于募资，有时筹钱的压力甚至会导致领导人实行不老实的“权宜之计”，危及企业的未来。

然而，领导是长期性的工作。领导者需要出色的技术与专业能力，否则即使全力以赴，也是成绩平平。但是，完全考虑专业、绩效而缺乏道德意识，则组织终将因缺乏投入感，处处碰壁，无以为继。

同时，领导还是要回归本质，以身作则尤其重要，这样才能谋求长远发展，并且，领导者除了立己，还要立人、立企，创建道德型企业。

4.4.8 文化洞察能力

未来的领导者要具有文化洞察力，能够像人类学家一样，不带成见地思考文化环境。

许多领导者在推动改变时失败出局，原因之一，正如麻省理工学院名誉教授、“组织文化之父”沙恩（Edgar Schein）所指出的，是大家常忘了领导者最独特的工作，是要解决文化问题。沙恩认为，过去大家对于领导的思考太偏重心理学取向，过分关心领导者个人，而忽略了领导者所处的文化与环境。尤其是在全球一体化与区域经济整合的洪流中，忽略了文化隔阂可能会衍生出重大的问题。要真正了解文化的影响，领导者应该向人类学家看齐，也就是在不同的组织、文化面前都存谦卑的心态，知道这世上的文化没有优劣之分，只有融不融入其中的差别。

领导者要学习人类学家的思考方式，首先得主动、不带色彩、深刻地认识赋予你现今地位的文化，也就是有意识地观察不同国家与公司间的差异。文化本身没有优劣之分，只是特点不同。如果领导者不了解文化的力量，只是一味说“我要建立一个服务型的文化”或“我们需要更加团队导向的文化”，企图“移风易俗”，只会被撞得满头包，甚至头破血流。

【案例分析】 **有技术技能就足够了吗?**

带着一丝微笑，肯·巴顿舒适地坐在椅子上。他的老板——鲍伯·阿诺德，A&J银行研究和系统部副经理离开他的办公室。阿诺德询问对詹姆斯·斯伯尼——程序分析员的看法，说银行经理约翰·肯斯顿认为斯伯尼应该被解雇。阿诺德想要征求巴顿的意见。

背景

巴顿正在修学财经博士课程，一位教员鼓励他应聘A&J银行的经济师职位。他采纳了建议，应聘该职。作为选拔过程的一部分，巴顿去了银行进行面试，面试官有阿诺德、肯斯顿和首席执行官。巴顿面试后感受良好，能和这些人在一些新项目上工作使他感到兴奋。面试后几星期，A&J银行聘请了巴顿。

熟悉工作

在他们一起工作的过程中，阿诺德告诉巴顿银行的程序分析员斯伯尼可以帮助将巴顿的工作转为计算机程序。当他到银行时，巴顿被介绍给斯伯尼并制定了工作表。巴顿想要评估斯伯尼在将信息收集和方法系统计算化方面所提供帮助的类型。

巴顿对起初的评估并不太满意。在他们早期的谈话中，斯伯尼对经济学家说了很多讽刺性的话，对巴顿的出现做了随意评论。巴顿对在办公室里朋友之间相互迁就一点也不在意，但他感觉斯伯尼的言论似乎不太合适。然而，巴顿很快意识到斯伯尼有技术能力完成自己想要的电脑系统。

在巴顿适应日常工作后，他很快了解了在大都市往返交通的情况。第一天早上他驾车去上班相当沮丧，因为他在高速公路上被堵了20分钟，找地方停车又很困难，到银行已是9：30了。

在和交通斗争了几个星期后，巴顿得出了和阿诺德及肯斯顿协调的非正式的弹性工作时间。巴顿一次在7：00到银行，发现交通出奇顺畅。阿诺德和肯斯顿认为没有理由不让他上午早上班，下午早下班。巴顿是起早的人，因此他早上7：00上班，下午3：00下班，这样就消除了交通拥堵的矛盾。

和斯伯尼工作

弹性工作时间对巴顿的工作效率有帮助，它去除了生活中的一大烦恼，现在他打算去除另一个烦恼——斯伯尼对他的专横行为没有好转。斯伯尼甚至对巴顿和阿诺德完成的项目横加挑刺，有些刺挑得毫无根据。总之，斯伯尼技术能力强并且对项目进展有帮助，然而，巴顿感觉和斯伯尼直接合作更具有挑战性。他对巴顿的态度充满怀疑，几乎一有机会就毫不犹豫地在人身和专业上攻击巴顿。

巴顿意识到这种情境既是挑战又是机会。他把斯伯尼看作潜在的积极源泉，只是缺乏人际交往技巧。巴顿没有时间向阿诺德和肯斯顿提及此事，但他确实关心和斯伯尼长期的工作关系。几次消极交流后，巴顿想建立一种较少对抗的交往方式。

几个轻松而有效的星期之后，巴顿感到每天早上不和斯伯尼在一起的2个小时非常愉快。某天早上，巴顿将要斯伯尼完成的工作详细地写了一封信投在他的信箱里，斯伯尼积极回应，此后两人用信件方式联系工作。但这比面对面交流花费时间长，不过这促使巴顿考虑究竟自己想获得什么，便无意间发现了一种方法，既能达成目的又能利用斯伯尼出色的电脑技术，情境转为有效的工作关系。每天早上巴顿比其他人早到，写一封信投在他的信箱里。巴顿感觉舒畅，斯伯尼工作效率也很高。巴顿的项目进行得很顺利，斯伯尼成为信息收集系统的重要环节。

关于斯伯尼的讨论

阿诺德走进巴顿的办公室，关上门问他："你对斯伯尼评价如何？"巴顿回答："他为我做了很多工作。"阿诺德也说："他也为我做了很多工作，你是如何喜欢和他工作的？"巴顿回答："我开发了一种和他一起舒适工作的方式。"阿诺德接着说："肯斯顿觉得他不得不走，说他使很多人不愉快，从上层到秘书都如此。"巴顿想了下回答："让他走将是个错误。他的技术能力非常棒，几乎无人替代。"

巴顿建议让斯伯尼上夜班，这样他可以随心所欲地在电脑上工作，和人的交往少一些。巴顿指出这种变动对银行和斯伯尼本人都有好处。银行人事部门和斯伯尼的交流可采用书面方式，就像巴顿曾经做的那样，而且可以错开大家使用电脑的时间。阿诺德认为巴顿的建议不错，他将向肯斯顿汇报。

后来，阿诺德带着沮丧的表情回到巴顿的房间。他说："肯斯顿认为银行无法承担这种奢侈的工作安排，让斯伯尼晚上一个人做事。"阿诺德离开时说："肯斯顿应更开放些，多思考一下再给点意见。"接着他就离开了。

（资料来源 赫尔雷格尔，等. 组织行为学[M]. 俞文钊，丁彪，等，译. 9版. 上海：华东师范大学出版社，2001）

案例思考题： 运用卡兹和曼福特等的领导技能模型分析斯伯尼、阿诺德和肯斯顿三个阶层最需要改善的技能。假如你是巴顿，现在该做什么？假如你是阿诺德，现在该做什么？

本章小结

领导技能理论强调的是可以学习和发展的技巧和能力。研究技能的驱动力源于1955年罗伯特·卡兹的三种技能研究。2000年曼福特和他的同事们促进了综合领导技能模型的发展。

卡兹认为，有效的管理依赖于三种基本的个人技能：技术技能、人际技能和概念技能。三种技能对领导者都很重要。但是，根据它们在管理结构中的位置，某些技能会比其他技能更重要些：概念技能对于高层管理是最重要的，技术技能对于基层管理是最重要的，而人际技能对于三个层级的管理都是同等重要的。对于中层管理者而言，三种技能同等重要。如果领导者的技能能与他们的管理层级相符合的话，他们会更有领导效能。

曼福特等提出的以技能为基础的领导模型有五个构成要素：能力、个人特质、领导结果、职业经验和环境影响。该模型的核心领导技能是问题解决能力、社会判断能力和知识。这些技能直接受到领导者个人特质的影响，包括领导者的总认知能力、晶态认知能力、动机和性格。领导者的技能还受到他们职业经验和环境的影响。该模型提出的假设是：有效解决问题和行为能由领导者的基本能力来解释，这些能力反过来又会受到领导者性格、经验和环境的影响。

合作、学习、创新、整合、沟通、信息处理、道德管理和文化洞察能力是现代职业经理人必须具备的八项核心技能。

思考题

1. 举例说明卡兹的三种技能：技术、人际和概念。
2. 解释曼福特等领导技能模型的核心。
3. 试述职业经理人应有的八大核心技能的特点。

第5章 领导者有效性的行为理论

管理不是独裁，一家公司的最高管理阶层必须有能力领导和管理员工。

——［日］盛田昭夫

重点内容

- 掌握领导行为四分图、PM领导类型的要点
- 认识领导者领导风格与工作作风的不同类型
- 掌握不同的领导作风类型及选择依据
- 明确任务导向型领导与关系导向型领导各自关键行为的内涵
- 探讨我国领导者的行为特征

领导品质强调的是领导者的个性德行，领导素质强调的是领导者的素质，领导人格强调的是领导者的人格特征，领导技能强调的是领导者的能力，而领导风格强调的是领导者的行为。因此，领导者有效性的行为理论又名风格理论。

作为领导心理学的一个重要研究领域，领导者的行为与领导者的有效性有着直接的关联，领导者的特征、心理及过程都是通过领导行为呈现的。从领导行为模式的基本构成开始，到领导行为的主要风格，最后再到领导者在领导过程中的核心行为，这些基本元素构成了领导行为研究的总体脉络。

5.1 领导行为的基本结构

20世纪四五十年代，以美国密执安大学和俄亥俄州立大学的学者为首的学者们对领导行为及其测定进行了系统的研究，并提出了领导行为四分图模式等经典理论与研究方法。沿着这一方向，日本大阪大学的三隅二不二教授提出了领导行为的PM类型理论模型。中国的研究者也提出了领导行为导向的三因素说：CPM类型理论模型。

5.1.1 开拓行为与关怀行为

1945年，俄亥俄州立大学以亨普希尔（Hemphill）为代表的学者经过不断提炼概括，把领导者的行为特征最后归纳为“关心工作（结构行为，initiating structure behavior）”和“关心人（关怀行为，consideration behavior）”两个维度。他们认为，这两种行为在不同的领导者身上所表现出来的强弱程度并不一致，可归纳为四种组合，即高“抓工作”与高“关心人”，高“抓工作”但低“关心人”，低“抓工作”与高“关心人”，以及低“抓工作”与低“关心人”，并设计出了著名的“领导行为四分图模式”（见图5-1）。

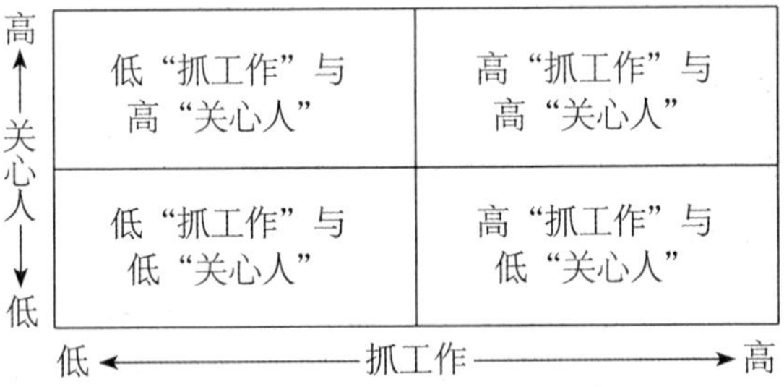

图5-1 领导行为四分图模式

领导行为四分图模式规范了领导者的行为内容——抓两件事：关心工作与关心人，这是两个并不互相排斥的维度。

关心人与关心工作领导行为的效果是很复杂的。总的说来，关心人的领导行为可以提高下属心理上的满意度，因而两者是正相关的。此外，提升关心人的程度可以使下属的不满程度（牢骚率）降低，但两者不呈线性相关。

关心人的领导行为可以取得较高的工作绩效，但是其前提条件是，领导者不仅要关心人，而且要设置目标，保证完成工作任务。对不同类型的下属采用同一种领导行为，或者在不同情境条件下对相同类型的下属采用同一种领导行为，都不一定能取得好的工作效果。

关心工作的领导者对下属的满意度与工作效果之间的关系也是复杂的，带有不确定性，在各种不同的情境下，分别表现为正相关、负相关或不相关。面向生产的领导者注重生产与技术，把下属看成简单的“劳动工具”，这样可能使工作很有成效，但会使下属心理上的满意感降低，更不会产生亲切感与融洽感，那么，其最终的结果容易是负面的。

5.1.2 生产导向与关系导向

同为密歇根大学学者的卡特赖特与赞德等人（Cartwright & Zander et al., 1960）通过专门研究领导者在小群体中的行为表现，提出存在两种主要的领导行为：生产导向（production orientation）和员工导向（employee orientation）。生产导向的领导者更强调工作的技术或任务，而员工导向的领导者重视人际关系或组织氛围。比较起来，以亨普希尔等人为首的研究小组当初得到的结论是，员工导向的领导者与高生产率和高满意度正相关，而生产导向的领导者则与低生产率和低满意度存在关联。这显然与特定的时代背景和领导情境有关。员工导向并不必然导致高效能和高满意度。随后，生产导向和员工导向分别被任务导向和关系导向所取代，成为在更大范围内或非生产型组织中都可以通用的领导行为模式。

5.1.3 业绩导向与维系导向

沿着上述“关心生产”与“关心人”的研究方向，日本心理学家三隅二不二教授在20世纪60年代初将领导行为分为两种类型：一种类型是以执行任务为主的领导方式，简称为P型（performance-directed，业绩导向）领导；另一种类型是以维持群体关系为主的领导方式，简称为M型（maintenance-directed，维系导向）领导。

P型行为的特征是将组织中的每一个成员的注意力引向目标，使问题明确化，拟定工作程序，运用专门的知识评定工作的成果等。

M型行为的特征是维持和谐的人际关系，调解成员之间的纠纷，为少数派提供发言的机会，促进成员的自觉性与自主性，增进成员之间的相互了解与交流。

由此，可将领导方式区分为目标达成型，即执行任务型（P型）、群体关系维持型（M型）或者两者兼备型（PM型）。对领导行为的这种分析方法就是PM分析。

PM领导类型可细分为以下四种（详见图5-2）：

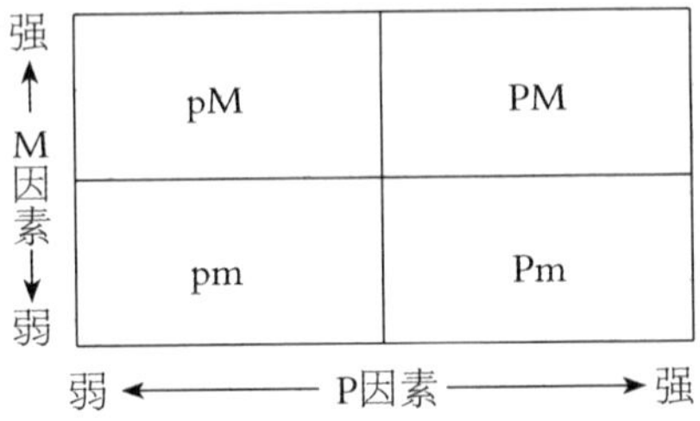

图5-2　PM领导类型图

（1）PM型领导行为。这种类型领导可带来最高的生产效率，下属对领导者的信赖度也最高，领导对下属的亲和力也最高。

（2）Pm型领导行为。这种类型领导可带来中等的生产效率，下属对领导者的信赖度居第二位，领导对下属的亲和力居第三位。

（3）pM型领导行为。这种类型领导可导致中等的生产效率，下属对领导的信赖度居第三位，领导对下属的亲和力居第二位。

（4）pm型领导行为。这种类型领导可导致最低的生产效率，下属对领导的信赖度最低，领导对下属的亲和力同样也最低。

四种领导行为的PM类型的管理效果详见表5-1。

表5-1　**四种领导行为的PM类型的管理效果**

领导行为的PM类型	生产效率	对组织的信赖度	亲和力
PM	最高	最高	最高
Pm	中间	第二位	第三位
pM	中间	第三位	第二位
pm	最低	最低	最低

5.1.4　领导行为学的三因素说

中国的心理学家凌文辁（1983）在三隅二不二PM理论的基础上，提出了CPM理论，即领导者除了具备P职能和M职能外，还存在一个C（characters & moral）职能，即个人品德。凌文辁的CPM理论在领导心理学领域受到了广泛关注。C是针对领导者自己而言的。领导者要有高尚的品德，表现为诚实正直、公平公正、廉洁无私、以身作则等，能使下属对领导者的高尚品德产生认同并同化为自己的行为，从而起到榜样或表率作用，促进领导效能的提高和领导者的自我发展。C维度可称为品德导向。

凌文辁等人（1991）还专门探讨了品德因素在中国领导行为的内容结构中所发挥的重要作用，从而为我国“以德为先”的干部选拔和作用机制提供了科学的理论支持。他认为，一个领导者应该对组织和社会表现出高尚的道德操守和修养，成为组织和社会的表率。这种表率作用本身就能发挥统率和支配作用。领导者表现出模范的品德行为，一方面可使被领导者在工作中的不满得到缓解甚至解除，从而获得心理上的平衡和公平感；另一方面，领导者的模范表率行为，可以通过角色的认同和内化作用，激发被领导者的内在工作动机，使其努力地追随领导者去实现组织目标。榜样的力量是无穷的，领导者的模范表率行为对于被领导者来说是一种无声的命令，其影响力往往胜于命令、指挥、控制和监督。可以认为，品德因素对绩效的达成和团体的维系会产生促进作用。

5.2 领导风格理论

关心人与关心工作的领导行为决定了领导者的领导作风。领导者在领导活动中比较固定和经常使用的行为方式与方法的总和，被称为领导者的工作作风。领导者的工作作风表现出领导者的个性特点。有的领导者在工作中大胆泼辣，但又主观武断、粗暴、专断独行；而有的领导者在工作中胆小怕事、没有主见。这说明，每一位领导者都有自己的固定了的行为模式。领导者的工作作风影响着他所领导的工作群体的作风，从而影响工作群体的工作效率。

领导者的作风理论主要就是研究领导者在领导过程中对下属采取什么样的态度。从领导学的角度来说，领导作风就是领导者进行领导活动时对待下属的态度及行为表现。它实际上体现了一种模式化的领导行为。

领导作风是在长期的个人经历、领导实践中逐步形成的，并在领导实践中自觉或不自觉地起着稳定作用，具有较强的个性化色彩。领导作风理论的意义就在于它更能反映现实的领导活动，解释领导有效性的差异。

5.2.1 勒温的权力定位理论

勒温（K. Levin，德国心理学家）是领导作风理论的创始人。早在20世纪40年代，勒温就在团体心理实验研究中提出了专制型、民主型和放任型三种领导作风，就此开始了研究者对领导作风的分类研究。此后，相继有利克特、坦南鲍姆、戈尔曼等的领导作风分类。但这些分类的角度通常比较单一，或者只着重研究某一种或几种领导作风，而缺乏综合性、多角度的分类研究。于是，又有研究者提出了更全面的四因素分类法，即根据领导者的感知判断方式、对需要满足的方式、处理冲突的方式以及对权力的理解和运用方式这四个因素对领导作风进行分类，这使得领导作风呈现出多样性和丰富性。

勒温等采用儿童模拟方法，以权力定位为基本的变量，把领导者在领导过程中表现出来的极端工作作风分成三种类型：专制型（权力定位于领导者个人手中）、民主型（权力定位于群体中）和放任型（权力定位于每个员工手中）。在实际工作情境中，这三种极端的工作作风并不常见，大多数的领导者的工作作风往往是处于几种极端类型之间的混合型（见图5-3）。

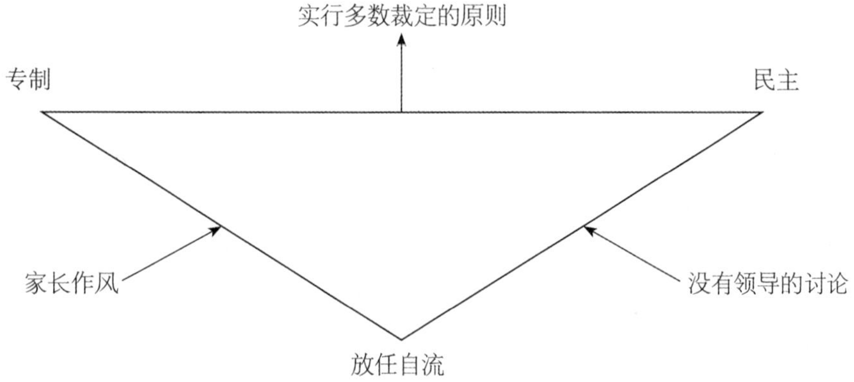

图5-3 勒温的领导作风示意图

专制型领导是任务导向型的，对团队成员则不够关心，下级与领导者之间的社会心理距离比较大。领导者将权力高度集中，以大权独揽的方式对下属进行领导。放任型的领导者采取的是无政府主义的领导方式，对工作和团队成员的需要都不重视，权力定位于每一个成员，领导者置身于团队工作之外，只起到一种被动服务的作用。民主型领导采取介于以上两者之间的领导行为模式，不仅注重对团队成员的工作加以鼓励和协助，还关心并满足他们的需要。

研究者在比较这三种领导作风对群体的影响时发现：放任自流的工作作风效率最低；专制作风虽然达到了目标，但群体成员出现了消极态度和对抗情绪；在民主作风盛行的情况下，工作效率最高，不但达到了目标，而且没有消极行为，没有对抗情绪。据此，研究者认为，民主作风是最好的领导作风。但事实上，之后的一些研究表明，民主作风并不总能带来最高的工作效率，但总是与较高的满意度相关。

勒温等的领导作风理论为后人进行领导心理的研究开辟了一条新的途径，但不足的是，研究脱离了被领导者的特点，脱离了一定的环境，孤立地研究领导作风的影响，因而，其所得到的结论必然是不够全面和不完全符合实际的。

5.2.2　利克特的领导系统理论

密歇根大学社会研究中心的利克特（R. Likert）长期研究领导行为。他曾对以生产为中心和以人为中心的领导方式进行比较研究，结果发现后者对生产有效，并得出以下几条结论：

（1）高生产效率和低生产效率的部门，职工的士气可能无差别。

（2）部门领导者凡是关心职工的，生产效率就高；经常施加压力的，生产效率则低。

（3）部门领导者与下级和职工接触多的，生产效率就高；反之生产效率则低。

（4）部门领导人注意向下级授权，听取下级意见并让他们参与决策的，生产效率就高；相反，采取独裁领导方式的，生产效率则低。

利克特根据大量研究材料，证明单纯依靠奖惩来调动职工积极性的管理方式将被淘汰。只有依靠民主管理，从内部调动职工的积极性，才能充分发挥人力资源的作用。而独裁管理方式不仅永远不能达到民主管理所能达到的生产水平，也不能使职工对工作产生满足感。

1961年利克特出版了《管理新模式》一书，介绍了四种领导作风（见图5-4）。利克特认为：

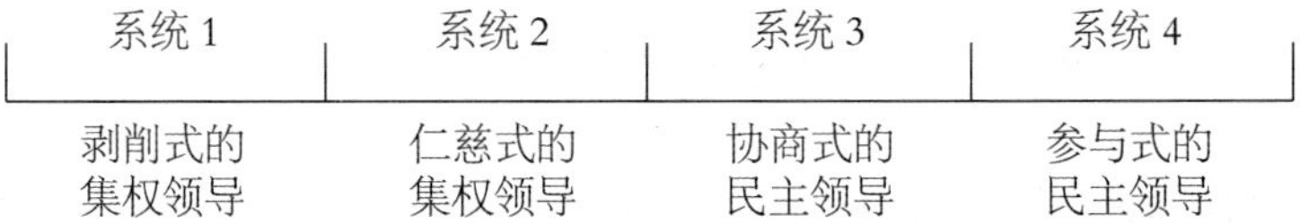

图5-4　利克特的领导作风示意图

系统1是极端专制的领导系统，效果最差。权力集中在最高一级，下级无任何发言的自由，领导与下层存在不信任气氛，因而组织目标难以实现。

系统2是仁慈式专制领导，权力控制在最高层，但领导者对下级较和气，授予中下层部分权力，下层自由非常少，奖惩并用，上下有点沟通，但是表面的、肤浅的，领导不放心下级，下级对上级存有畏惧心理，工作主动性差，效率有限。

系统3是民主协商式领导，领导者对下级有一定信任，重要问题决定权仍在最高一级，中下级对次要问题有决定权，上下级联系较深，所以在执行决策时，能获得一定的相互支持。

系统4是参与民主式领导，上下关系平等，有问题民主协商，参与讨论，领导最后决策，按分工授权，下级也有一定的决策权；上下级有充分沟通，相互信任，感情融洽，都有积极性。

从利克特的管理系统（见表5-2）中可见，第四类领导方式效果最好。根据利克特的研究，具有高度成就的领导者，大部分的领导风格均接近于系统4，而成就低的则接近于系统1。

表5-2 **利克特的管理系统表**

领导作风	下级对领导人的信心与信任	下级感到与领导人在一起的自由度	解决工作问题方面领导人征求和采纳建议的程度	奖惩措施
第一系统极端专制	毫无信心与信任	根本没有自由	很少采纳下属的意见和建议	恐吓、威胁和偶然报酬
第二系统仁慈专制	有点信心与信任	只有非常少的自由	有时采纳下属的意见和建议	报酬和有形无形的惩罚
第三系统民主协商	有较大信心与信任	有较大的自由	一般能听取下属各种意见和建议并积极采纳	报酬和偶然惩罚
第四系统民主参与	有充分的信心与信任	有充分的自由	经常听取下属意见和建议，总是积极采纳和运用这些意见和建议	优厚报酬启发自觉

利克特提出的管理系统有一定积极意义，为我们推行民主管理提供了心理学依据。在非常时期，紧急决策时采用第一、第二系统也是可行的；在常规阶段，有充分时间讨论，采用第三、第四系统的领导方式为好。利克特还采用“组织特性调查表”来测评企业领导者属哪种领导作风类型，这对领导作风的研究与评价也有重要的意义。

5.2.3 坦南鲍姆和施密特的连续统一体理论

1958年，美国的坦南鲍姆和施密特（Tannenbaum & Schmidt）提出了领导风格的连续统一体（leadership continuum）理论，见图5–5。

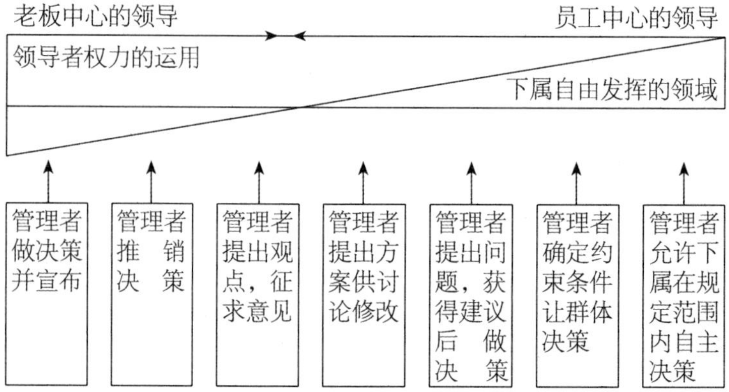

图5–5 坦南鲍姆和施密特的连续统一体模型

他们认为，由于领导者运用权威的程度不同和下属在决策时享有的权限不同，在专制与民主这两种极端的领导作风之间，还存在许多不同的领导作风，这些领导作风构成一个连续体。他们在该连续体中划分出以下七种主要的领导模式：

（1）领导者做出决策并宣布实施。

（2）领导者说服下属执行决策。

（3）领导者提出计划并征求下属的意见。

（4）领导者提出可修改的计划。

（5）领导者提出问题，征求意见做出决策。

（6）领导者界定问题范围，下属集体做出决策。

（7）领导者允许下属在上级规定的范围内发挥作用。

5.2.4 布莱克和莫顿的管理坐标图

最著名的管理行为模型就是管理坐标图，它在世界范围内被用来为组织的发展提供咨询。它是1964年由美国得克萨斯大学两位学者——罗伯特·布莱克（Robert R. Blake）和简·莫顿（Jane S. Mouton）提出来的。管理坐标图是一种采用图示和量表方式来衡量一个企业领导者的管理方式是否高效的方法与手段。管理坐标图的理论依据是，最有效的领导者应该是一位既关心工作又关心人的管理者。一个管理者可能对生产高度关心而对人不关心，或者相反，也可能是居中。如果把这两种维度用坐标图表示出来，就可以画出一种方格图，它不仅可以清晰地显示出领导者每天行为的类型组合，而且还可以揭示出他每天“关心”的愿望组合。

布莱克和莫顿制定了如图5-6所示的管理坐标图，图中的横坐标为“对生产的关心”这一维度，纵坐标为“对人的关心”这一要素，又将两个坐标轴都划成9个刻度，这样，便组成了能表示81种领导方式的图像，其适用性更强，准确度也更高了。

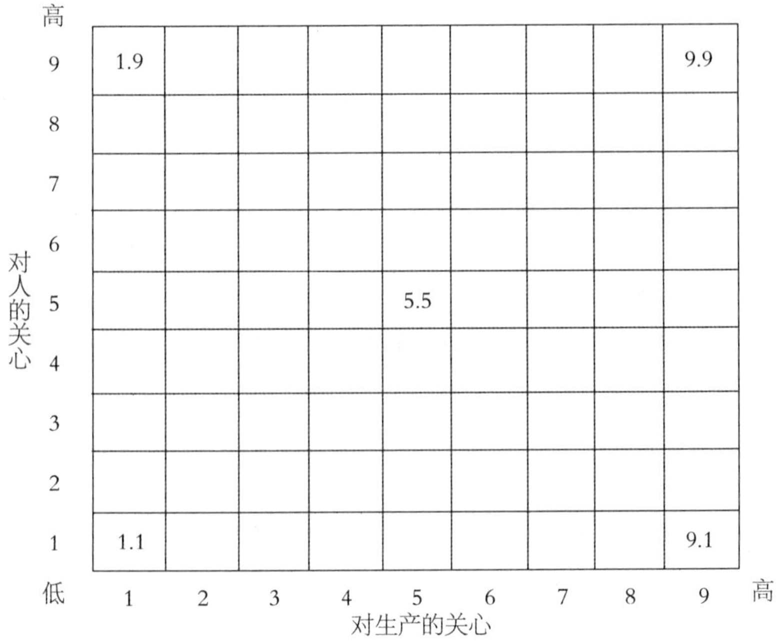

图5-6　管理坐标图

布莱克和莫顿在图5-6研究的基础上，还提出了五种领导行为的类型：

9.1型领导行为类型，又称为“任务型”或“权威-顺从型”。这种领导行为在短期内可能取得较高的生产效率，但由于不关心人，不讲究提高员工的士气，因而长此以往会使生产效率下降。

1.9型领导行为类型，又称为“乡村俱乐部型”。这一类型的管理者只强调关心人，而不激励人去生产，单纯地讨好员工，想以此来获得员工的支持与拥戴。无论从短期或长期来看，这种类型的领导者都不可能获得较高的绩效与领导效能。

1.1型领导行为类型，又称为“贫乏型”。这种类型的管理者既不关心生产，也不关心人。这类管理者胸无大志，又逃避责任和义务。他们与世无争，所求不多，得过且过，因而所做出的贡献也甚微。其结果无论是对组织绩效还是领导效能而言，预期都是最低的。

5.5型领导行为类型，又称为“中庸型”。这种类型的管理者，推崇对问题的“折中”处理，寻求一种平衡的解决方式。在追求目标上，他们不是去寻找对生产和人都应有的高度，而是去寻求两者可以妥协的方向，如将生产目标降低到人们乐于接受的水平等。这种类型的领导者不是力争上游，而是甘居中庸，因而也只能取得平平的领导效能与组织绩效。

9.9型领导行为类型，又称为“团队型”。这种类型的管理者既十分关心生产，又十分关心人的因素，把关心生产与关心人协调起来，使之一体化。

很显然，持9.9型管理方式的领导者既能形成和谐的组织内的人际环境，又能实现最高的工作目标，最终使组织绩效与领导效能最大化。

毋庸置疑，9.9型领导行为类型是最好的，也是最值得提倡的；9.1与1.9型领导行为具有极大的片面性，也应该纠正；1.1型领导行为是最差的，对于这样的领导者不但要予以批评，还要杜绝这样的任用；5.5型领导需要不断鼓励他们进取。

除了在领导方格中所描绘的五种主要领导风格外，布莱克和他的同事们又确定了另外两种领导者风格来体现领导风格的众多方面：

一是家长型/溺爱型。

家长型/溺爱型的领导者既用1.9型风格，又用9.1型风格，但并不将两者融合在一起。这是一个“仁慈的独裁者”，既表现出仁慈，但为了达成目标又表现出独裁。从根本上说，家长型/溺爱型的领导风格把人与任务分开对待。苹果公司创始人乔布斯就被英国《卫报》评价为“仁慈的独裁者”。从公司的发展和领导的绩效来看，这种领导风格无疑是有效的，但也是很难复制的，对领导者本人的人格特质与价值观有很强的依赖性。

二是机会主义型。

机会主义型的领导风格是指那些为了个人的进步把五种基本的领导风格任意结合起来的领导者。在机会主义型管理中，领导者为了获得最大的优势可以去适应或变换为任何一种所需的领导风格。其行为的发生往往是为了自私地获利，只有为了个人的利益才去花费精力。

布莱克和莫顿（1985）指出，领导者通常有一种占主导地位的领导风格（在大多数情况下使用的风格）和一种辅助型的领导风格。辅助型的领导风格是指当常用的方法不能完成任务时，领导者在压力下会使用另外的方法。

5.2.5 如何选择有效的领导风格

关心人与关心工作的领导行为决定了领导者的领导风格。与这两种领导行为维度相联系，可以产生一系列典型的领导风格。有的领导者较多地关心人，是一种亲密型的风格；有的领导者偏重于关心工作，可称为创造结构型风格。一般地说，关心人的领导风格容易使下属满意，关心工作的领导风格会促成工作目标的实现。为此，领导者应该兼具关心人与关心工作两种领导风格。

戈尔曼等（Golman et al.，2014）认为，每种领导风格都依赖于不同的情感能力。最佳领导者可以在正确的时间运用恰当的领导方式，并且根据需要灵活转变。那些缺乏相关能力的人，他们的领导风格也有限，因此往往只能局限地依赖一种领导风格，而这种领导风格可能恰恰与当时面临的挑战不匹配。

作为一个优秀的领导者，不仅需要掌握不同的领导风格，还需要根据情境选择有效的领导风格，只有这样才能使自己的领导行为起到事半功倍的效果。领导风格本身无好坏之分，只有有效与无效之别，而领导风格的有效程度则完全取决于该领导风格与有关情境变量的匹配程度。

具体来说，这些情境变量包括组织的类型和性质、下属的数量及成熟度、工作对结构化的需求程度、与个人利益或组织利益相关性的联系，以及工作专业化程度与领导者个人素质的联系五种。

5.3 核心领导行为

核心领导行为是基于领导的基本行为导向之上的具体且主要的领导活动。核心领导行为体现了领导过程，是领导者在带领追随者实现组织目标活动中所表现出的最普遍的行为或行动，其中包括指导、支持、计划等。

5.3.1 任务导向型领导行为

任务导向型领导的行为，其主要目标涉及任务的实现、有效运用人力和资源、有秩序的管理、可信赖的操作。

任务导向型领导的关键行为是计划、阐明、监督。

计划是一个被宽泛定义的行为，其中包括计划的目的。计划的目的是促使工作单位有效地组织、协调活动以及有效地运用资源。计划工作中要确定做什么、如何去做、谁去做、什么时候去做。计划是一个涉及信息处理、分析决策的理性活动。初级计划中首先包括目标的决策，具有优先性与战略性；然后是工作组织、分配责任、安排活动、分配资源。次级计划中包括操作计划、行动计划。操作计划包括对随后几天甚至一周日常工作和任务的安排。行动计划包括制定详细的行动步骤，安排新政策，实现一个项目。此外，应对潜在问题、灾难还需要有应急计划。

总之，计划是指决定目标和优先性，明确战略和资源分配，委派责任，安排活动并分配时间。

阐明是计划、政策和角色期望的沟通。首先要阐明工作责任和需求，其中包括要解释重要的工作责任，阐明个人的权威范围，解释工作与单位的使命关系，解释重要的政策、规则和需求。对指派的工作要明确地解释和分配任务，解释每一个任务的原因，阐明工作的优先性和期限，检查对工作的理解情况。确立绩效目标时要确立清晰和特殊的目标，确立具有挑战性但又具有现实性的目标，确定达到每个目标的既定时间。

总之，阐明是指通过沟通说明委派的任务，解释工作责任，解释角色，确立特别的绩效目标和期限，指示如何去工作。

监督是指获取所需信息去评价工作单位的操作和下属的个人绩效。监督的操作过程包括收集和评价组织单位的运作信息，如工作过程、下属绩效、生产与服务质量、工程项目的成功率等。在监督操作中要注意：监督关键的过程变量及产量；测定与计划和预算相对的进展；开发有关绩效的独立的信息来源；在可能的情况下直接观察操作；询问关于工作的特殊问题；鼓励报告问题和错误；引入定期的进展评论会议。

5.3.2 关系导向型领导行为

关系导向型领导行为，其主要目的是改进关系和帮助他人，增进团队合作，增加下属的工作满意度，建立对组织的认同感。

关系导向型领导的关键行为是支持、发展、认同。

支持是指领导要深思熟虑、接受、关心他人的需要和感情以取得友谊和忠诚、合作与支持。支持型领导有助于建立和保持有效的个人之间的关系。支持行为还应包括：显示接受和主动问候；亲切地、关心地对待他人，不粗鲁和傲慢；区别地对待每个下属；记住个人的重要细节；在做解释或指示时是耐心和帮助性的；当人们焦虑或沮丧时，提供同情和支持；在任务困难时，表达对个人的信任；在必要时提供工作协助；愿意帮助解决个人的问题。

发展是指增加工作相关技能的行为，以利于个人工作的调整和职业的提升。发展主要通过指导、培训、监督、职业咨询等途径实现。在进行培训时要用提出问题或建议的方法做细致考察，帮助分析绩效；对个人展示的有效和无效的行为，提供建设性的反馈；提出能够帮助改进个人绩效的特殊事项；展示更好的方式，去完成一个复杂的任务或程序；对人们能够完成一个更复杂的任务或程序表示信任；显示个人如何解决一个问题，而不仅仅是提供答案；在它们用于工作之前，为人们提供操作困难程序的机会。监督主要显示对每个人发展的关心，帮助人们确认技能的缺陷，帮助人们发现获得必要技能的方式；鼓励员工参加相关的训练课程，为他们提供在工作中展示和提高技能的机会，提供有益的职业建议；帮助员工提升个人声誉，成为一个角色楷模。

认同是指对他人的绩效、巨大成就及其对组织的贡献给予赞扬和表示欣赏。要强化合乎需要的员工行为，改进个人关系，增加员工对工作的满意感，就必须及时认同。

领导者应该认同员工的各种贡献和成就，积极寻找下属的贡献加以认同，要认同特别的贡献和成就，认同绩效的改进，对虽失败但已付出的努力也要表示认同，给予表扬。提供真诚及时的认同非常重要。总之，要运用适合于个人和情境的认同形式。

5.3.3 关系人与关心工作领导行为的效果

关心人的领导行为可以取得较高的工作绩效，但是其前提条件是，领导者不仅要关心人，而且要设置目标，保证完成工作任务。对不同类型的下属采用同一种领导行为，或者在不同情境条件下对同类型的下属采用同一种领导行为，都不一定能取得好的工作效果。

关心工作的领导者对下属的满意度与工作效果之间的关系也是复杂的，带有不确定性，在各种不同的情境下，分别表现为正相关、负相关或不相关。面向生产的领导者注重生产与技术，把下属看成是简单的“劳动工具”，这样可能使工作很有成效，但会使下属心理上的满意感降低，更不会产生亲切感与融洽感。

5.4 我国领导者的行为特征

我国领导者的基本行为特征应是一种四维领导模式，除了“抓工作”和“关心人”这两个具有世界性共同特征的维度，还应做到“率先垂范”和“人本管理”。

5.4.1 率先垂范

在我国，领导者自身行为对员工有较大的影响。在中国传统文化里，注重修身与个人人格的完善，并以此作为成为领导者的基本条件，即所谓心正而后修身，身修而后齐家，家齐而后治国，国治而后天下平。修身为本，把个人道德水准与治国相联系。由此，要求领导者吃苦在前、享受在后，身教重于言教；领导者的行为就是无声的命令，榜样的力量是无穷的等一系列强调领导者自身行为的为官理念。在此，领导者与被领导者之间的指挥与服从的关系，在很大程度上取决于领导者自身的示范效应。

率先垂范起着一种模范表率作用，关心人、关心工作是领导职能中的直接影响力，而率先垂范则是领导者的间接影响力。模范表率行为，一方面可使被领导者在工作中的不满得到解除，从而获得心理上的平衡和公正感；另一方面，领导者的模范表率行为，通过角色认同和内化作用，可激发被领导者的内在工作动机，使其努力实现目标。领导者的率先垂范行为是一种无声的命令，其影响力胜于命令、指挥、控制和监督。

5.4.2 人本管理

就我国目前的具体情况而言，领导者关心人的领导行为应该集中体现在关心群众生活、关心百姓民主权益上面。关心人不是一句空话，要从分析群众心理入手，切实解决人民群众的实际困难，如房价过高、物价上涨过快等。为了实现建设和谐社会的目标，领导者要深入基层或一线了解群众的真实思想与实际存在的问题，并用心地谋求逐步解决。

关心人，领导者更应该做到人本管理。所谓人本管理，其内涵就是以人的全面发展为核心，创造相应环境、条件、工作任务，以个人自我管理为基础，以共同愿景为引导，实现员工绩效和主观幸福感的提升的一整套管理模式。

领导者要实现人本管理，首先要认识到，首要的管理是对人的管理，并遵循实行个性化发展、引导员工自我管理、创建物质与文化环境、实现组织与人共同成长这四项基本原则。其次，还应在以下几方面进行配合：企业内体制架构的保障、充分实现自我管理的管理方式、领导要采取权变领导与差异管理的领导方式、注重人本主义文化与环境的塑造，并通过人本管理促使人的心理与行为的转换、塑造价值观、培育健康心态、引导员工行为。

人本管理的管理模式的核心是尊重人、关心人、凝聚人。人本管理是否有效，应体现在其是否提升了员工的工作绩效及心理上的幸福感。

【案例分析】 **新世纪，新董事长的新问题**

MM家私集团

MM家私集团的前身是MM家具厂，成立于1985年，正值我国改革开放初期，当时只是一个默默无闻的乡镇企业。由于落后的意识和管理模式，MM家具厂经营不善，濒临倒闭。在这个时候，极富冒险精神的张厂长在借鉴广东同行经验的同时，仔细研究了中国国内家具市场的发展趋势，果断多方筹措资金，接管了加工厂。当时的情况可以说是把所有的家当都投进去了。凭着张厂长超前的市场意识和黄牛般的勤奋精神，MM家具厂逐渐成长壮大，不断击败或兼并竞争对手，至今已成为拥有固定资产1.5亿元的MM家私集团。

如今，MM家私集团是中南地区家具行业的领头羊，集生产、供应、销售于一体，在湖北省的市场占有率稳居榜首，在周边湖南、河南、安徽、江西等省的市场占有率也位居前列。MM家私集团近几年来稳扎稳打，在各级市场取得了一次又一次的成功，在20世纪末圆满地完成了预想的目标，进入了中国家具协会评定的“中国家具行业十强”之列。

张董事长

张厂长在MM家私集团有着绝对的权力和威望。所有的员工都对张厂长佩服不已、赞不绝口。员工们为能拥有这样一位民营企业家而感到无比自豪，在企业中总是能听见勇于奉献、以企业利益为重的种种员工事迹。

在进入21世纪后，张厂长“急流勇退”，把他的独生子扶上了董事长的位子。接下来，我们来看看在这位新任的张董事长身上发生的事。

虽然是老张厂长的儿子，张董事长以前并不在MM家私集团工作，而是独自从事电子器材方面的贸易，积累了丰富的经商经验。事实上，张董事长进入MM家私集团还不到两年时间。在他父亲的苦心指导和精心栽培下，张董事长逐渐熟悉了集团情况，对集团的生产、供应、销售等业务流程有了十分深刻的认识和了解。老张厂长并不是糊涂人，只有时机成熟，也就是在他儿子对集团管理的各类事务能够应付自如的时候才会交班。可以说，老张厂长对独生子的培养是成功的和卓有成效的。

在接受他父亲的告诫之后，张董事长从一个脾气比较暴躁、容易发脾气的人转变成了一个能平易近人、不轻易发脾气的人。加上可能是从他父亲那里传下来的以销售为主的经营思想，他对销售点上的销售人员格外照顾、亲近有加。销售人员可以和张董事长很随便地开玩笑，每个月还会被邀请到他的家中共进晚餐。碰到张董事长心情特别好的时候，销售人员会被要求每人唱一首歌，董事长亲自更换碟片，董事长夫人则热情地招呼茶水、点心，可以说一点董事长的架子都没有。实际上，张董事长的脾气只是变好了很多而已，并不是不发脾气。如果你没有按照他的吩咐去做事，就会被他训得抬不起头；要是问题严重的话，很可能你连改错的机会都没有——马上被炒鱿鱼。

血汗钱来之不易，张董事长一贯倡导勤俭节约。他曾经不止一次地指出复印纸的反面不要浪费，一个办公室用一个钉书器就行。在办公用品上，能不买的尽量不买。就拿复印纸来说吧，一般是用到只剩下最后一小叠的时候，他才会同意购买新的复印纸。不过，这对张董事长自己而言有些麻烦。拿每个月公司的电话费为例，他都要把财务部的报表对着电信局的发票亲自计算一遍才放心，更不用说其他的费用支出了。别认为张董事长特别小气、抠门，实际上，他有的时候特别大方。记得有这么一天，一名策划助理说了句“MM家私这么大个集团，应该自己买台刻字机”，结果两个小时之后，一台名牌刻字机就出现在办公室里。张董事长对财务管理十分严格，只要是支出，尽管小到几十元钱，都需要他签字批准，否则是绝对不允许报销的。员工们都熟悉这一点，所以有时候理论上在正常工作范围内必须支出的费用都要等张董事长来决定。而他经常在外活动，很少在办公室，导致许多工作不得不延误，而延误之后又会被他狠狠地批评。

可能是由于遗传的关系，同他的父亲一样，勤奋努力、以身作则的工作态度在张董事长身上表现得十分明显。许多员工都怕和他一起加班，因为从晚上工作到第二天凌晨两点、紧接着七点就起床对张董事长来说是常事。张董事长常常亲临销售第一线，查看销售情况，听取销售一线人员的意见，“不下去怎么了解市场”是他的口头禅。虽然谈不上事必躬亲，但是的确许多资料和信息都是他亲自去主动调查完成的。这点得到了销售一线人员的赞同，销售员常常自豪地说：“我们的董事长能够蹲在路边和我们一起吃十块钱的盒饭。”

了解张董事长和老张厂长的员工私下里常常把他们父子两人进行比较，都认为张董事长与他的父亲相比，差的是果断和判断力。有时候，市场部交上的一份促销计划，可能要拖上好几天才会被签字答复是否执行。也有迅速的时候，那就是趁张董事长心情好的时候递上报告比较容易获得批准。麻烦的事在后头。一份促销计划经张董事长签字批准后开始付诸实施，有可能在三天或一星期后被他中止，而且不会给出任何令人信服的理由，唯一的解释是“再考虑一下”。可能是因为只有高中学历的缘故，张董事长对正规的调查报告、数据分析不太习惯。市场调查人员最头疼的就是这一点，在计划、报告上的数字、图表面前，他最常说的一句话是：“报告先放我这里，你们要多下去了解市场，不然怎么做得出好方案。”接着就没下文了。当然，在很多情况下，对这些计划、报告他都是不置可否的。

但不管怎样，张董事长的所有举动都在表明，他并不是躺在父亲的功劳簿上，而是想靠自己做出一番事业。

武汉营销公司

张董事长就职后不久，就大刀阔斧进行改革，对机构和人员进行了调整，最重要的变化就是成立武汉营销公司，并且自己兼任武汉营销公司的总经理，所以武汉营销公司成了实际上的权力中心，当然这也表明了张董事长对集团发展的决心。

在听取了一些企业管理咨询机构的建议后，张董事长对武汉营销公司采用了比较科学的部门架构，办公室、财务部、市场部、销售部、客户服务部、产品开发部一应俱全，还在几场风风火火的人才交流会上招聘了一批经他亲自审核通过的工作人员。在近一个月紧锣密鼓的筹备之后，一个崭新的营销公司形象展现在大家眼前。这件事在集团内部引发了大家的话题，张董事长能够给大家带来什么新的管理方法、公司的发展前景会怎样，以及武汉营销公司能做什么等等，都成为员工心里的疑问。

对于新员工，张董事长一如既往地要求所有人员下到基层的销售点实习锻炼。不知出于什么原因，张董事长对人员的实习调动频繁。有可能一个人员突然接到他的电话说回公司上班，回到公司后又没有具体的任务；一天后，他又会说“你还是先回到销售点去，一定要了解市场”，使得这些人员无所适从。有这样一个例子，应聘文秘的小刘下到销售点锻炼了一个多月，同事们的反映都不错，说她肯吃苦耐劳、聪明灵活。可是她是来应聘文秘职位的，并不是希望当销售员，在迟迟得不到调回公司的消息之后，小刘忍不住问张董事长，他却反问一句：“我不知道你为什么这么着急，我会有安排的。”结果，一心想成为优秀文秘的小刘不得不辞职了。

市场部吴经理和新员工

由于MM家私集团名气很大，许多营销策划人员、广告公司都主动找上门来与张董事长联系业务。在联络感情的过程中，他们不断向张董事长灌输一些观点，尽管都是教科书或企业管理上流行的理论，但对张董事长而言却是新鲜的。他非常尊重他们，认真地和他们交谈，探讨着企业管理、企业发展方面的问题，很想从中获得帮助。其中，有个广告公司的小吴引起了他的注意。小吴的表达能力强，与人交谈极富感染力。在几次交谈之后，张董事长诚恳地邀请小吴到MM家私集团来工作。就这样，小吴担任了武汉营销公司的市场部经理。

出于信任，张董事长让吴经理全权负责人员的招聘工作。经过精挑细选之后，营销公司精英云集，主要以市场部的人员为主。这批新招聘的员工文化程度较高，具有现代的营销理念，对集团的未来充满信心，工作热情很高。他们开始深入市场，经过调查研究后，向张董事长提交了许多工作报告，提出了一些改革措施和方案。不少方案都是很有价值的，是符合企业发展的需要的。

吴经理见多识广，针对公司的现状，提出了“服务营销”的思路，深受张董事长的赞许。在吴经理的带领下，营销公司开展了许多活动，包括一系列的促销活动。但令人感到沮丧的是，这些促销活动并没有达到预期的效果。原因是多方面的，就拿先期的广告投入来说，一些必要的、决定促销活动效果的广告投入在张董事长那里遭到了否决，理由是一下投入太多风险太大，等有效果再加大投入。其次，事无巨细都要他亲自批准，有些机会因此被耽误，对促销活动的执行影响很大。甚至在某些情况下，一个促销活动报告被批准后，各方面的配合迟迟不到位，所以，促销活动的失败很大程度上是张董事长的原因。但不管怎样，在张董事长眼里全是下属的错，他也总是要求市场部总结经验教训。

吴经理也认识到这个问题，经常私下里对同事们说建议要大胆，企业里必须要有不同的声音。他的出发点是好的，认为在涉及关键的问题时对上级的错误要坚决指出，否则对企业的发展不利。吴经理也曾在几次单独会面的时候直言张董事长的错误，但张董事长总是说“我会考虑的”，而结果往往是按照他原有的决定执行。

市场部员工的离开

渐渐地，新招聘进公司的这批员工发现张董事长很难接受他们的先进理念，许多意见得不到采纳，集团的痼疾依旧。市场部的工作受到很大的阻碍，他们的满腔热情化为无尽的抱怨。很多人变成整天混日子，工作陷入瘫痪。他们也尝试着与张董事长沟通，但就在这时发生了一件令大家茫然不解的事，一位大学毕业不久的同事在向张董事长汇报工作之后的第二天被解聘了，理由谁都不知道，总之是张董事长做出了这个决定。此事发生后的两个星期内，市场部的人员纷纷提出辞职，当然都马上得到了批准。唯一让张董事长感到恼火的是吴经理的辞职。他开始挽留吴经理，为他描述企业的前景和美好的未来，但吴经理的态度坚决，最终还是选择离开MM家私集团。市场部成了一个空壳，武汉营销公司的现状背离了成立时的初衷。张董事长似乎受到了一些打击，但还是一如既往、不知疲倦地继续日常的工作。也不知出于什么原因，针对公司的现状，他迟迟没有新的动作，或许是变得更加慎重了，也可能是一时找不到什么解决问题的好方法吧。

（资料来源　佚名. 新世纪，新董事长的新问题[EB/OL].（2011-09-09）. http://www.docin.com/p-256604881.html）

案例思考题：新董事长的领导风格属于哪一种？存在什么问题？

本章小结

领导行为理论又名风格理论，强调的是领导者的行为。该理论认为领导者的行为主要有两类：任务导向和关系导向。领导者如何把这两种行为结合起来去影响他人就是领导行为理论。

领导行为理论源于美国俄亥俄州立大学的研究、密歇根大学的研究以及布莱克和莫顿的研究。俄亥俄州立大学的研究者把领导者的行为特征最后归纳为结构行为和关怀行为两个维度，并提出了领导行为四分图模式。密歇根大学的学者则提出存在两种主要的领导行为：生产导向和员工导向。沿着这一方向，日本大阪大学的三隅二不二教授提出了领导行为的PM类型理论模型（业绩导向和维系导向）。中国心理学家凌文辁也提出了领导行为导向的三因素说——CPM类型理论模型（在PM基础上加了品德导向）。

关心人与关心工作的领导行为决定了领导者的领导作风。勒温提出了专制型、民主型和放任型三种领导作风(权力定位理论)，就此开始了研究者对领导作风的分类研究。此后，相继有利克特的领导系统理论、坦南鲍姆和施密特的连续体理论等。

最著名的管理行为模型就是布莱克和莫顿的管理坐标图：把领导行为描述成一个有横轴（代表领导关心结果的行为）和纵轴（代表领导关心人的行为）的方格。根据领导者如何结合这两种导向，产生了五种主要的领导风格：权威-顺从型（9.1）、乡村俱乐部型（1.9）、贫乏型（1.1）、中庸型（5.5）和团队型(9.9)。

任务导向型领导的关键行为是计划、阐明、监督，而关系导向型领导的关键行为是支持、发展、认同。

我国领导者的基本行为特征应是一种四维领导模式，除了“抓工作”和“关心人”这两个具有世界性共同特征的维度，还应做到“率先垂范”和“人本管理”。

思考题

1. 概述领导行为的基本结构。

2. 举例说明任务导向型和关系导向型领导的关键行为是什么。

3. 分析关心人与关心工作领导行为效果的复杂性。其原因何在?

4. 探索我国领导者行为特征有哪些不同于西方领导者的特点。

第6章

领导者有效性的权变理论

不同的领导情境，
需要不同的领导风格。

——[美]保罗·赫西与肯尼士·布兰查德

重点内容

- 正确理解领导方式与下属成熟度匹配理论
- 掌握领导者的权变模式
- 认识通路-目标权变理论的实质及意义
- 分析领导风格与情境匹配权变理论中的评估内容及意义
- 深刻理解授权的意义和授权过程四阶段中的具体操作
- 分析授权过程中的两种心理倾向：授权不足与授权过度的表现及其原因

实际上，并不存在一成不变的领导方式与领导风格。领导者应该根据情况的不同运用随机应变的领导方式从而展示相应的领导风格。更确切地说，领导者的有效性是领导者、被领导者与情境三者的最佳互动关系。我们可以用简单的公式来表示：

领导有效性=f（领导者·被领导者·情境）

为此，领导者的有效行为应该随着领导者、被领导者、情境的变化而有所不同。领导者要不断观察情境，并清楚如何使他们的行为适应这种情境，更要灵活地做自我调整并不断创新，以适应变化的情境。我们将这些理论称为互动理论。互动理论中最著名的就是权变理论，又称情境理论。

有关领导者权变的理论多种多样，本章介绍几种最主要的理论与模式。

6.1 卡门的生命周期理论

领导方式与下属成熟度匹配这个理论是美国俄亥俄州立大学的卡门（Karman，1966）教授首先提出来的。它的要点是领导者的行为要与下属的成熟度相适应，随着被领导者成熟度的逐步提高，领导的方式也要做出相应的调整。

这里所指的成熟度是指心理的成熟度，而非生理的成熟度。在此，成熟度被指为有成就感、有负责任的意愿和能力、有工作经验和受过一定的教育与培训等。下属的成熟度也需要一个发展的过程和一定的阶段，一般说来有四个阶段：不成熟的阶段、初步成熟的阶段、比较成熟的阶段和成熟阶段。领导者在下属不同的心理成熟度阶段要采取不同的领导方式与之匹配才能取得最佳的领导效能，故称之为领导方式与下属成熟度匹配理论，又名为生命周期论。图6-1即为生命周期论模式图。

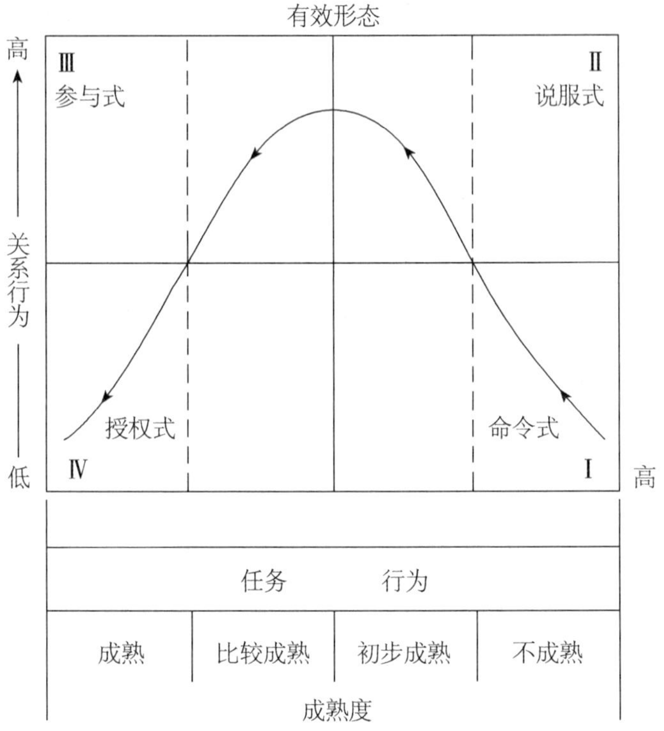

图6-1 生命周期论模式图

从图6-1中可见，当下属处于不成熟阶段时，领导者应该采取高任务、低关系的领导方式，即命令式的领导方式最有效。此时，领导者以单向沟通方式向下级规定任务，明确做什么、怎么做，这就是图中第一象限所表示出的命令式的领导方式。

当成熟度进入初步成熟阶段时，领导者宜采取任务行为、关系行为均略高的方式，即说服式的领导方式最有效。此时，领导与下属通过双向沟通方式，相互交流信息，相互支持。这就是图中第二象限所表示出的高工作与高关系式的说服式的领导方式。

当下属发展到比较成熟的阶段时，领导者应该采取低任务但关系行为加强的方式，即采取参与式领导行为最为有效。此时，领导与下属之间要通过双向沟通方式，相互交流信息，相互支持，但领导的任务行为有所弱化。这就是图中第三象限所表示出的高关系与低工作的参与式的领导方式。

当下属发展到成熟阶段时，领导者就应采取低任务、低关系的领导方式，即授权式的领导方式最为有效。此时，领导者给下属以权力，领导者自己只起监督作用，让下属“自行其是”，这就是图中第四象限所表示出的低工作与低关系的授权式的领导方式。

综上所述，对不同成熟度的下属，应该采取不同的领导方式，才能获得最为有效的领导绩效。在领导工作中要创造条件，让下属在工作过程中更快地趋向成熟，把使用与培养结合起来，注重人力资源的开发。

6.2 布兰查德等的情境领导理论

情境领导是指一个领导者的领导行为类型与下属的能力和承诺情况相匹配。

情境是指下属的情境，就是下属的发展水平，其中包括能力水平与承诺程度。下属的发展水平分为四种（见图6-2），其中D1为低能力但高承诺，D2为能力适中但低承诺，D3为能力适中但缺乏承诺，D4为高能力与高承诺。

领导的行为类型则可以分为两大类：指导性行为和支持性行为。指导性行为是指给下属以指导，建立目标和评估方法，设置时限，定义角色，表明如何实现目标。帮助群体成员实现目标，通过单向沟通阐明做什么、怎么做以及由谁负责。支持性行为是指帮助群体成员对自己、同事及所处情境产生惬意的感觉，进行双向沟通并对他人表示社会性支持与情感性支持，还包括征求意见、解决问题、赞扬、个人信息共享、倾听与工作有关的情况等等。

领导行为类型是指领导者试图影响下属的行为模式，领导者首先要评估员工完成任务的能力和承诺程度，以此确定领导者的指导或支持的程度。

布兰查德等（Blanchard et al.，1985）建立的领导模型（称作情境领导模型II，简称SLII）很好地描述了情境理论，将领导行为分为四种类型（见图6-2）。

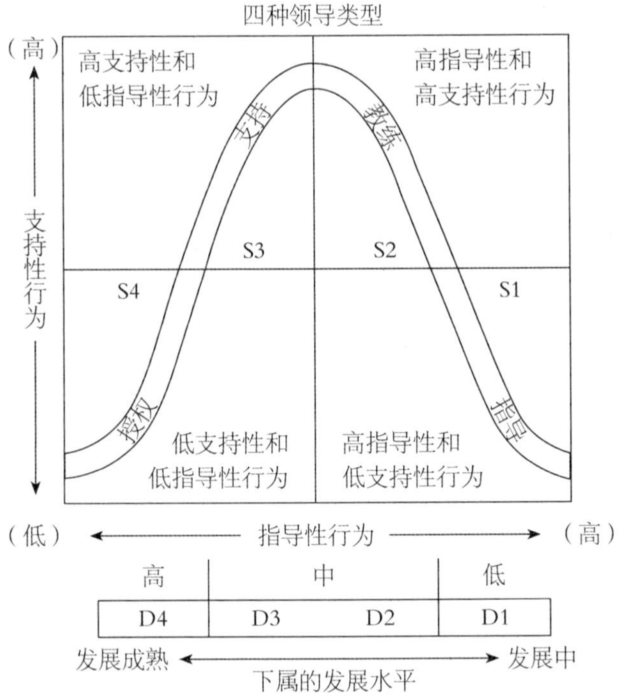

图6-2　情境领导示意图

S1，高指导、低支持。这是指针对下属的发展水平较低的情况，领导者要采取高指导、低支持的领导方式，其中强调的是确定目标、实现目标，而低调地采取支持性行为。

S2，高指导、高支持。这是指针对中等发展水平的下属，领导要采取高指导、高支持的领导方式。其中要集中关注实现目标情况，同时要加强支持性行为，关注下属社会情感需求。这种领导方式相当于一种教练式的方法。

S3，高支持、低指导。这是指在下属的发展水平达到了一定程度后，领导者需要采取高支持、低指导的领导方式。其中领导者要加强支持性行为，比如专注倾听、称赞、征求意见、给下属及时反馈及给予社会性支持。

S4，低支持、低指导。这是指针对下属已经发展到成熟程度的情境，领导者要采取低支持、低指导的领导方式。其中要强调的是一种授权的方式与方法，在明确任务后要让下属负责地用自己觉得最合适的方法完成工作，要减少指示，将控制权授予下属，避免不必要的社会支持影响与干扰下属。

由此可见，按照情境理论，领导者要在任务情境中精确地判断下属的发展水平，选择相应的领导行为类型，这样才能实现有效领导。

总之，领导行为的情境理论说明，没有“最好”的领导类型，关键是领导要有灵活性，领导方式要与情境相适应。情境领导模式是训练领导者的实用方法、行动方案，也是训练与培养领导方法的标准之一。

6.3 费德勒的LPC权变模型

弗雷德·费德勒权变模式（Fred Fiedler，1987）认为有效领导的领导行为的抉择是由以下三个特征所决定的：领导与成员的关系、职位权力和任务结构。

领导与成员的关系是指领导与下属是否相处融洽以及下属支持领导者的程度。当领导者与员工之间关系融洽时，就很少发生摩擦，工作任务就能顺利完成。当领导者与员工关系不融洽，甚至经常发生冲突时，工作任务就很难完成。

职位权力是指领导者拥有的权力与影响力，包括给予奖励和处罚的权力。一般说来，领导者都具有强制性的合法性的权力。

任务结构是指下属的工作任务被清晰而明确界定的程度。有的工作任务很单调，因而具有明确的目标，只由几步或几个程序组成，这样的任务相对是结构良好的，按日常的基本方法就能完成。这是常规的、例行性的任务。而有的任务可能没有明确的目标或目标是动态变化的，因而完成任务也有多种途径，这类任务就是非常规的、结构性的工作任务。

根据上述三种情境特征，并根据这三种特征所导致的截然不同的情况——领导者与被领导者关系的好与差，工作任务的明确与不明确，工作任务的结构化与非结构化，职位权力的强与弱，领导者应该采取不同的领导方式。表6-1显示，根据三种情境特征的不同情况，可以有六种领导方式，归纳为两种领导类型：任务导向型和人际关系型。

表6-1 **情境特征与领导方式之间的权变关系**

领导者与被领导者之间的关系	任务结构	职位权力	领导方式
良好	有结构	强	任务导向型
良好	有结构	弱	任务导向型
良好	无结构	强	任务导向型
良好	无结构	弱	人际关系型
差	有结构	强	人际关系型
差	无结构	弱	任务导向型

从表中可见，在情境特征（上下级关系、任务结构及职位权力）极有利或极不利的情况下，领导者采用任务导向型（偏向于任务行为的领导风格）、指挥型（领导者的特征是指挥、控制的，对事不对人的）的领导行为与方式最为有效。

在情境特征（上下级关系、任务结构及职位权力）较差的情况下，领导者采用人际关系导向型（偏重关系行为的领导风格）、允许型（领导者的特征是宽恕的、容忍的）的领导行为与方式最为有效。

总之，一个领导-成员关系良好，下属任务高度结构化，并且拥有高职位权力的领导者，会有高度的情境控制；一个领导-成员关系恶劣，下属任务结构化程度低，并且职位权力较低的领导者对情境的控制程度也会较低。

费德勒（1987）为了测量领导风格，设计了一种可以评估出最难共事者（least preferred coworker，LPC）的量表，用这一量表获得高LPC分值的领导者是倾向于关系导向型的，而获得低LPC分值的领导者则是倾向于任务导向型的，而LPC得分居中的则是社会自主型的（指员工在工作中自我指导，而不是过分地关心自身或他人的评价。他们更不受情境的影响，行动上比LPC得分低或高的人更加独立。见图6-3）。一般说来，宽厚的领导者在最差的合作者的评分中将获得一个高的LPC分值，而严厉、专横的领导者在最差的合作者评分中将获得一个低的LPC分值。

领导者期待的领导风格一般与领导者的三个情境因素（领导者-成员关系、任务结构、职位权力）相匹配。

领导者－成员关系	好				差			
任务结构	高结构		低结构		高结构		低结构	
职位权力	强	弱	强	弱	强	弱	强	弱
期待的领导风格	1	2	3	4	5	6	7	8
	低 LPC 分值 中 LPC 分值			高 LPC 分值				低 LPC 分值

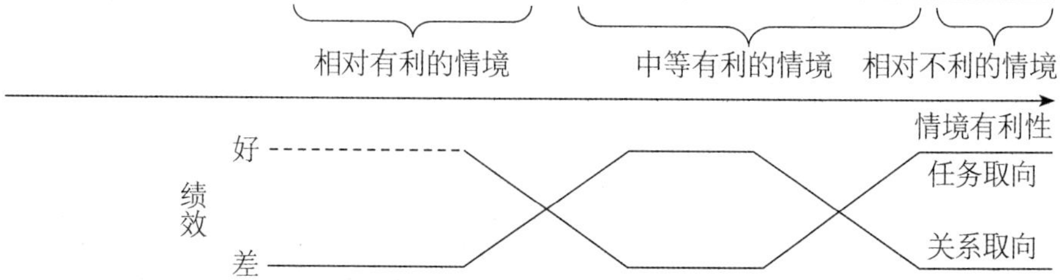

图6-3 费德勒的LPC权变模型

从图6-3中可见，在某些情况下，某些风格是最有效的。任务导向型的领导者（LPC低分）在“最受欢迎”（好）和“最不受欢迎”（差）的情境中是有效的，即情况进展顺利或者情况失去控制的时候是有效的。关系导向型的领导者（LPC高分）在“中度受欢迎”的情境中是有效的，存在着某种程度的确定性，即在事情既不完全在控制之下也没完全失去控制的时候是有效的。

由此可见，LPC低分者在极端情境下较为有效，即非常有利与不利的情境对他可能更有利；LPC高分者在中等适宜的情境下较为有效。

总之，领导者的风格要与其工作情境需求相匹配，领导有效性取决于领导者的风格与情境相适应的程度。

6.4 豪斯的通路-目标的权变理论

加拿大多伦多大学的心理学家豪斯（R. J. House，1974）认为，领导者要向下属说明工作的意义、方向、内容，即向下属说明达到工作目标的“通路”，并以体贴精神使下属在“通路”上容易通过。具体说来，如果下属思想上对工作认识不清，领导者应该说明走向工作的“通路”，即通过工作任务引导下属走向程序化的工作目标。如果下属对“通路”已经清楚了，那么领导者应该有更多的体贴精神，通过人际关系，使下属得到更多的满足，使之更快地通过“通路”。

通路-目标理论的基本概念可由示意图（图6-4）来表明。

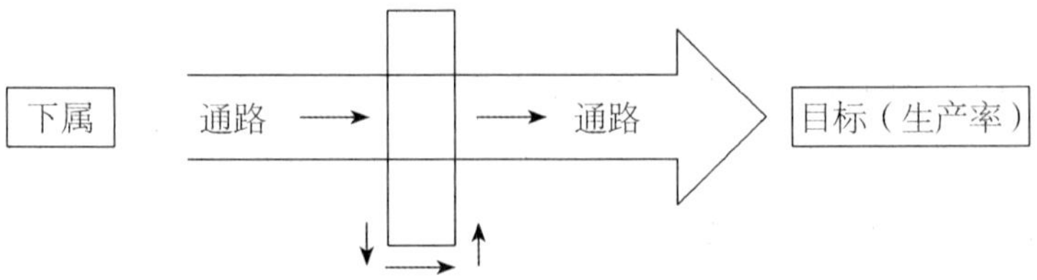

图6-4 通路-目标理论的基本概念示意图

通路-目标领导行为的主要内涵为：确定目标，指明路径，消除障碍，提供支持。

领导者要选择哪种领导行为要根据下属的工作是否程序化而定。在工作任务模糊不清、非程序化的情况下，下属会无所适从，这时，他们希望有高工作关系的领导者，帮助他们对工作做出明确的规划和安排。在工作任务已经明确、程序化了，或都是例行性工作的时候，下属只希望有高人际关系的领导者，这样才能使他们得到精神上的满足。

同样，领导者要选择怎样的领导风格也要根据被领导者的工作是明确、程序化还是不清楚、非程序化而定。

领导者的领导风格可以分为四种领导行为：支持型领导行为、指导型领导行为、参与型领导行为，以及成就导向型领导行为。

支持型风格对下属的需求和福利表示关注；指导型风格会为下属将工作任务结构化并让他们知道工作要求是什么；参与型风格是指征询下属的意见并让他们参与决策；成就型风格是强调成就和工作绩效，它包括设定挑战性的任务目标以及强调高水平的绩效标准。

显然，选择支持型的领导行为对担负重复性任务的下属最为有效；选择指导型的领导行为对不明确工作任务的下属最为有效；选择参与型的领导行为对任务不明确、自我控制要求较高的下属最为有效；选择成就导向型的领导行为对承担具有挑战性任务的下属最为有效。

通路-目标理论强调工作环境和下属特征与领导风格的相应关系。

领导者要选择适当的领导风格以提高下属对成功的期望和满意度，让下属感到能胜任工作，能得到奖赏，因而工作中的付出是值得的。

这一理论强调，只有用最恰当的领导风格才能满足下属的积极性的需要，激励下属的创造性及工作满意度。

由此可见，领导有效性取决于领导者行为与下属特征和任务特征的“吻合”程度。

这一理论运用在实践中，可以通过指导、辅导和培训下属，帮助下属实现目标。当任务结构性不强、下属缺乏经验时，指导型风格是最适合的，因为下属不能确定该做什么。一个指导型领导者会通过告诉下属工作要求是什么以及他们该做什么，来提高下属的努力程度和工作满意感。当任务无聊、危险、压力大或单调时，支持型领导风格是最适合的，必须面对这些情境的下属会因为有一个支持型的领导者而降低焦虑水平、提高自尊。

6.5 领导者要学会授权

6.5.1 授权概述

领导者面临的管理工作是如此之多而复杂，以至于智能超群的领导者也不可能独揽一切。高明的领导者不是把精力花在具体事务上，而是授权下属去抓具体工作。领导者学会授权等于分身有术，反之，事事亲自去抓，反而成不了大事。当一个人体会到，他请别人帮他一起做一件事，其效果要比他单独去做好得多时，他便在生活中迈出了一大步。这说明，领导者要善于授权、敢于授权，并在授权中将分权与集权相结合，形成大权集中、小权分散的局面，才能有效地发挥权力的作用。

授权的作用主要可以使领导者分身，腾出时间和精力顾大局、抓大事；另一方面，可以使普通员工有更多的自主权，激励员工积极工作。总之，有效授权对于领导者与下属都具有重要的意义。

1.授权的含义

授权是指由上级主管或权力拥有者授予下属一定的责任与权力，使其能相当自主地处理问题与行动。简言之，授权就是将权力与责任授予下级，使下级在一定的监督下有相当的行动自主权。但是，与此同时，授权者对被授权者保持着指挥和监督之权。被授权者对授权者负有报告完成工作情况的责任。作为领导者，其主要任务是去达成目标，但目标的达成并非都靠领导者的亲力亲为，因此说，领导者的“功能”在于成事，而不在于做事，而授权乃领导者成事的分身术。

领导者授权不是推卸自己的职责，而是指定某些具体事务由下属完成，并为此配以相应权责，使其能在一定范围内独立自主地处理事务。

领导者要善于授权，而不应该事必躬亲。当然，大事需要领导者亲自处理解决，但小事何妨假人之手?!但要注意从旁观察与控制，还要训练几个好帮手，使上下级皆可受惠。授权行为不限于最高职位的领导者，较低职位的领导者亦可施行授权。

综上所述，授权的性质可用图6-5加以概括。

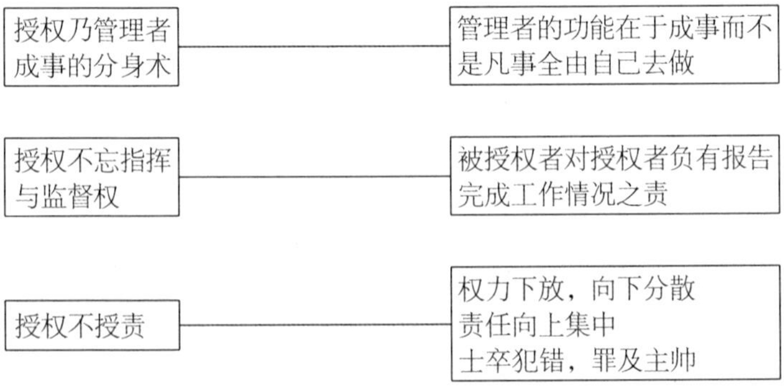

图6-5　授权的性质

2.授权含义的界定

对于授权的含义应该严格加以界定，有些关系，如分工、代理、助理等，就不属于授权的范围。

首先，授权与分工不同。分工是在领导班子内部进行的，是在同一个领导层、同级之间进行的。各个成员之间没有隶属关系，只是按其分工各负其责。而授权者与被授权者是正式的上下级的隶属关系。

其次，授权与代理职务不同。代理职务是在某一特定时期依法或受命代替某人执行公务，比如代总理在总理出国期间依法行使总理的职权，而不是总理授一部分权力和责任给代总理。

再次，授权与助理职务不同。助理是帮助领导者工作，协助领导者处理有关事务，但不承担责任。授权则不然，授权者有责任，被授权者更应承担相应责任。

综上所述，授权与分工、代理、助理的含义有不同的界定，我们用图6-6加以概括。

明确授权与其他几个概念的区别，有助于我们理解授权的准确含义，也有助于我们懂得授权的作用，掌握授权的艺术。

分工——各负其责，彼此无隶属关系	代理——依法代替某一人员执行其任务	助理——由他人帮助负责以成事
授权——上下级仍有监督与报告关系	授权——负责行使某法定权力	授权——授权者对被授权者负有一定责任

图6-6 授权与分工、代理、助理含义的不同界定

领导者在实行授权时要明确，现代领导体制的特点有权力要向下分散而责任要向上集中的趋势。这说明，权力可以分散给下属，但上级领导的责任并未减轻，这就是“士卒犯错，罪及主帅”的原因。这也就是我们常说的“要负领导责任”的含义。

因此，领导者要牢记，“授权不授责”才是正确的。

6.5.2 授权的内容与方式

1.授权的内容与种类

（1）授权的内容

领导者的工作千头万绪，究竟哪些应该由领导者亲自去做，哪些可授权下级去做呢？

①领导者职责范围内的大事是不能授权的

首先，领导者应该明确哪些是领导者职责范围内的大事，这些事只能由领导者亲自去做，而不能授权下属去做。例如，确定组织目标及政策，制订组织计划，核定工作成果，干部培养与激励，工作人员的考核与奖励，与下属做有计划的接触等。如果这些重大事情授权让下属去做，就会造成领导者的“大权旁落”。

此外，也绝不能将自己职责范围以外或界限不明的工作授权给下属去做，那样就会造成相互扯皮、推卸责任、越权争权等问题的产生。

②从时间维度上领导者可以授权的内容

领导活动的过程，从时间维度上可以分为四个阶段：认知（包括调查现状，预测未来）、决策、组织实施和检查评价。

这四个阶段中，决策是关键，应由领导者亲自去做。但决策是一个漫长的过程，其中包括问题诊断、拟订方案、论证研究等过程，这些都可以授权下级和参谋人员去做。而确定目标、选择方案等则必须由领导者亲自去做。但在认知、组织实施、检查评价这三个阶段中的许多细节工作也都可以授权下级去做，而领导者只要抓住其中的关键环节即可。

在认知阶段，领导者要抓调查研究的组织工作，包括确定调查研究的内容、时间、地点及调查研究人员。调查之前不要授意调查人员先定调子，一切结果应产生于调查之后。

在决策的组织实施阶段，许多工作都可授权普通员工去做，领导者的责任主要是组织他们去实施。此时的重点在“组织”二字，比如建立机构、选用干部、指挥协调等。

检查评价阶段是整个领导过程中承上启下的一个阶段，领导者要用较多的精力去抓好。其中具体的检查督促、定量考核等工作可以授权下级去做。

③从空间维度上领导者可以授权的内容

一般说来，事关全局的工作、中心工作应由领导者亲自去抓，而部门工作、局部工作应授权下级管理人员和普通员工去做。众多的日常工作，包括迎来送往、日常管理等可以授权下级去做，有常规、法则可循的问题一律授权下级处理，领导者则应集中精力处理重大问题和突发问题，处理那些无章可循、下级不知如何处理的例外问题以及困难问题。

领导者应该把下级管理人员和普通员工感兴趣、乐意去做而又有能力去做的工作授权他们去做。授权者应考虑被授权者的能力和体力的界限。低于他们的能力和体力起不到激励作用，大大超过他们的能力和体力则会使他们无法完成任务。最好是把稍稍高于他们的能力和体力的工作授权他们去做，以利于提高工作效率。

（2）授权的种类

授权的种类很多，可以说凡人、财、物皆可作为授权内容，甚至责任本身也可作为授权内容。下面列举说明两种具体的授权形式：

①事业部制的授权方式

西方国家推行的事业部制就是一种授权方式。事业部制的实质是强调“集中决策，分散管理”，将经营决策与具体管理区别开来，使经理阶层摆脱日常的管理事务，从而致力于研究和制定各种经营政策，而各个事业部担任日常的生产、销售等具体管理职责。

②利润计算中心的授权方式

在企业中强调“以利润计算为中心”的授权。因为企业中比较强调经济效益，因而企业领导者可以建立几个“以利润计算为中心”的被授权个人与组织。利润计算中心即授权下属拥有对收入与成本项目的决策权，因为利润等于收入减去成本后的余额，因此，控制了收入与成本，也就是控制了利润。此种授权行为是最高程度的授权。

此外，在教育、事业单位可以推行“以责任为中心”的授权模式，在这种授权模式下，被授权者只有完成该种工作的责任及权力。

总之，要按照组织的性质确定授权的种类与内容。

2.授权的方式

授权的目的在于使组织内部的人力资源，能够在其所担负的组织层级上，发挥其最有效能的能力，以达到组织的远大目标。

授权的方式应视任务的重要程度及被授权者的工作能力和管理水平而定，具体有以下几种：

（1）充分授权，指在任务下达后，允许下属自己决定行动方案，并创造所需要的一切条件。

（2）不充分（完全）授权，指有些行动方案与需要的条件是事先已经规定好了的，无须授权。

（3）弹性授权，指将某项重要职权分解后，授予两个或多个子系统，使子系统之间互相制约、互相补充，共同作用，避免出错，协同完成授权所要完成的职责。

（4）任务式授权。这里，授权命令指明要做什么，但如何做由被授权人自己去考虑。授权的前提是要告知：要达成的目标，要解决的问题，必要的限制，可利用的资源等。

6.5.3 授权过程的四个阶段

授权过程可分为以下四个阶段：

1.得到反馈信息

授权过程的第一阶段，是授权者得到反馈信息。

这是指授权者得到下属已经理解了所授权责的反馈信息。领导者有责任肯定接受授权的人已经正确地理解和解释了被赋予的任务和被授予的权力，确切地知道了寄望于他的成果是什么、在什么时候完成工作。在任何情况下，都要让接受授权、指示或信息的人，把他对所接受授权的任务的理解，以及他承担的领导所期望的结果与责任，以任何恰当的形式复述一下。

乍看起来，这似乎没有必要。但实际经验告诉我们：“只告诉一声是不够的！”如果领导在授权时稍微多花些时间应用这一简单的方法，就会免去许多代价昂贵的错误以及感情上的伤害等。所以，应该要求被授权者说一声："让我们看看我的理解是否正确。"然后复述一下他对被授予任务、指示、命令的理解。

在接受与战斗胜败有关的军队领导的命令时，下级要重述命令的内容，以防止错误理解与解释，在管理中同样应该运用这一方法。

2.形成目标定势

授权过程的第二阶段，是形成目标定势。

领导者在授权时，如果向下级讲解了许多完成任务的细节，但却忽略了阐明与提出"最终目标""最终成果"，那么，由于被授权者只知细节、具体措施而不知终极目标，这项授权的效果将是很小的。反之，在详细讨论授予任务的细节之前，以明确的语言阐明所要达到的最终结果，那么，这项授权常常要有效得多。从心理学的角度来看，这就是有无目标定势的问题。有了心理上的对一定目标的准备，其行为的目的性与效果就好，反之则差。

3.放手下属去做

授权过程的第三阶段，是放手让下属去做。

放手让下属"自己动手做（do-it-yourself）"，他会觉得自己对自己的工作命运也握有了若干控制权，从中可获得更大的独立感（sense of independence）。当已经授权给下级，下级又已经承担了取得成果的责任，知道了时间进度要求、进展报告的要点、所期望绩效的标准等之后，领导就应该尽可能地放手让下级自己去工作。在此，授责不授权的做法是错误的。放手的意思就是既授责又授权，否则就谈不上放手。

授予下属的权力要同其肩负的责任相称。绝不能又要人家履行职责又不给人家必要的权力，这就是权力和职责的不对等。所以，为了有效地委任权力，赋予下级的权力必须对等于所分配给他的职责。

当然，放手并不等于放任或不加监督。放手以后领导者仍要授权留责，如果出了什么大事，领导者要承担责任。

4.不断跟踪考评

授权过程的第四阶段，是不断跟踪考评。

在下级理解并承担了取得成果的责任后，接下来取得绩效的代价便是领导者持续不断地跟踪检查。领导者始终有必要对下属的工作进行定期的跟踪检查，以便确定工作的进展是否同既定的时间进度和标准相符合，有无必要对工作做某些调整或改变，应该采取什么样的新措施或怎样的纠正措施。

如果领导者对自己所做的授权疏于检查，其结果往往将是下级的松懈与怠惰，工作就会被“拖延”下来。

由于授权中领导者与下属为单一隶属关系，即每一下属仅对一个主管负责，因而主管下授的权力是确定的，而接受权力的下属也负明确的责任，考核时权责也是明确的。

6.5.4 领导者在授权中的两种心理倾向

领导者在授权中容易出现两种不正确的心理倾向：授权不足与授权过度。

1.授权不足的心理倾向

授权不足，或者根本不授权的领导者是很常见的，他们自己事必躬亲，不懂得怎样有条不紊地分层次管理人与事。所以，授权是衡量领导者组织能力强弱的标志之一。有些领导者宁肯自己负责过重，而使下属处在无所事事或事事请示的状态中。这种心理倾向既不利于人才培养和储备，又危及事业的成功。

授权不足的案例在我国历史上就屡见不鲜，可引以为戒。

三国时，刘备进攻夏侯渊的阵地，先是火烧大营外的鹿角（阻拦敌方进攻的障碍物），夏侯渊亲自带兵去补鹿角，刘备乘机绕道截其后，夏侯渊中了埋伏，被杀。曹操说：“为督帅尚不当亲战，况补鹿角乎？”意思是说，做统帅的，连亲自冲杀在第一线都不妥当，更何况亲自去补鹿角呢！

身为同时代人的诸葛亮，虽被后世的人们看成是智慧的化身，留下了令人赞叹的成就，但是，他在管理上也有授权不足的心理倾向，是一个极大的失策。诸葛亮事必躬亲，“军中罚二十以上必亲览”，造成的后果是违背了分级管理的原则，挫伤了下属的积极性，使得队伍后继无人，不必要地消耗了自己的精力。蜀汉先亡，亡在没有足够的人才，诸葛亮死后的人才空虚始终没有被填补上，这与诸葛亮在管理岗位上授权不足、没有培养出人才有着莫大的关系。

2.授权过度的心理倾向

授权过度等于放弃权力。所以，领导者必须仔细考虑事权轻重，权衡掌握，某些权责必须自己保留，某些权责方可下授。

领导者要懂得责任的绝对性。虽然职责可以被分派给下级，但自己对上级的责任既不能分派也不能委派。领导者要保留自己的权责才不至于出现授权过度的倾向。

此外，领导者对下属授权时要做到权责确定与量力授权。

权责确定是指领导者应明白而确定地将职权授予被授权者。下属在明确的权责分配之下，不能争功诿过，唯有努力完成工作目标以表现其能力、发挥创造力，才会对培养创造性人才有大的帮助。

量力授权是指视下属的能力高低将一定的职能授予下属。某人能力特别强，不妨让其多担负一点责任与多取得一点权力；某人能力较差，则应该缩小授权的程度。

总之，要能够将职权托付给最合适的人来担当。

综上所述，授权不足与授权过度两种不同倾向的表现和结果可列表（如表6-2）显示。

表6-2　**授权不足与授权过度两种心理倾向的表现及结果**

心理倾向	授权不足	授权过度
表现	• 事必躬亲，不会分层次管理人与事 • 自己负责过重，下属无所事事	• 领导职责范围内的事授予下属 • 放弃权力 • 不懂得责任的绝对性：责任不能分派，也不能委任
结果	• 不利于人才培养、储备 • 组织能力不强的表现 • 危及事业	• 大权旁落

针对授权过程中领导者的授权不足与授权过度两种心理倾向，领导者要做到“大事不糊涂，小事别找我”。前者是指，重大事件下属要及时向我请求汇报；后者是指，下属在职权范围内要自行处理问题。这样做，既防止了授权过度的危机，也克服了授权不足的缺陷。

6.5.5　授权的心理障碍

对授权进行的心理分析表明，能否搞好授权的关键，是领导者能否清除自身主观心理上的障碍。

1.越权型领导者的心理障碍

这些领导者忘了自己的身份，总是越俎代庖地插手下属的工作。他们经常到基层去指手画脚地乱发指示，甚至亲自动手去做那些有人负责的工作。

这些领导者好包揽一切，讨厌下属在自己职权范围内负责地主动地做一些事情。

领导者越权其实质是不相信下属的能力与表现，过于相信自己而不相信别人，其具体的思想与行为表现为：太自信，自以为高明，让别人做不放心；死抱权力不放，认为权力一下放，就要失去一切，这种心理就是“有权就有一切，无权丧失一切”的观念在作怪；没有勇气进行人才投资，从而使下属更好地发挥作用；担心把下属培养成了能干的人才，威胁到自己的“宝座”。

总之，身居负责地位的领导者如果不相信下属甚至嫉妒下属的成长的话，他就根本培养不出人才来，因而也无法搞好工作。

2.疑人型领导者的心理障碍

授权本身是领导者与下属之间相互信任的表现。但有的领导虽然授了权，但又不愿意相信下级，这样的领导者被称为疑人型领导者。

用人多疑，从形式上看自然是纷繁多样的，但从原因上看，却不外乎三种：

第一种疑，认为人才有缺点，不堪重任。

第二种疑，认为人才有过失，不能信任。

第三种疑，则是领导者从权术的角度考虑，认为人才有野心，自己会大权旁落。

疑人型领导者有明显的危害性：

其一，扰乱公务，影响下属决断力。疑人型领导经常信不过所用的人，派自己信得过的人当“监军”，或不间断地派“调查组”“蹲点组”下去贯彻“精神”；时常否定下属报上来的成绩，这就会让下属感到有被掣肘之难。

其二，使上下级间产生隔阂，矛盾日趋恶化。上下级之间全靠信任、相互支持这根支柱维系着，倘若上级对下级产生猜忌，势必使下属感到缺乏安全感，从而产生强烈不安，于是导致双方戒心甚重、矛盾尖锐。

消除以上心理障碍的关键是要让领导者做到“疑人不用，用人不疑”。

当然，除领导者本身的心理障碍之外，也存在着来自下级对领导者授权的心理障碍，其主要表现为：想走捷径，不愿承担责任，凡事找领导决策；害怕批评；缺乏训练，有畏难情绪等。

【案例分析】

情境领导

情境一：

老王最近接手了厂房设施的改进项目，他把其中的日光灯安装部分交给了小韩，小韩在问清了时间限制、亮度要求及可利用的人员和资金后，立即起草了一份计划。老王接到小韩的计划，见其中还包括对可能问题的预计和防范，以及应急措施等，对此计划感到十分满意，便令小韩按计划执行。时间过半，小韩告诉老王，原来订购的日光灯有严重质量问题，目前考虑紧急向另一家备份公司订货，并已与供应商沟通，得到了他们的承诺，估计不会影响项目完成的日期。

情境二：

老苏在一家大公司做了五年的人事主管，最近在另一家公司担任人事经理，到任后不久，总经理即交给他一项招聘任务：两个月内招聘一名总经理秘书。老苏过去也曾为原来的公司招过总经理秘书，于是，他依据过去的经验进行了筹措安排。两个月后，老苏即交出了候选人名单，岂料总经理一看，就皱起了眉头："老苏啊，我的秘书必须要英文专业本科毕业，5年的外资企业工作经验，至少两年的秘书工作经验，你给我的候选人怎么没有一个符合条件的？"

情境三：

小李毕业后，来本市的一家五星级宾馆的洗衣房工作了将近半年。洗衣的工作流程分三步。首先，检查顾客带来的衣物是否有破损及无法洗涤的污渍，如果发现有这些问题的话要及时与顾客确认；然后，送洗及熨烫；最后，送还干净的衣物。几个月来，洗衣房的工作量一直很大，小李一直在思考如何把工作量再降低些，使工作进程加快。他发现，如果省掉第一个洗衣步骤，则可大大提高工效。于是，他暗自试过几次，一直平安无事。可是他的领班一直在工作中强调不可疏忽工作流程中的每个步骤，所以小李一直感到有些困惑。

情境四：

小刘是一个刚从学校毕业分配来的新员工，在公司工作还不到一个月，分配给他的任务每个步骤都必须给他想好，一个细节没有交代到位，就会引来一些麻烦。就比如上次电脑出故障，王明让小刘到工具房取些工具，就少了一句话，没有交代他用后将工具还回去，结果工具就不知被他放到哪里去了。

案例思考题：假如你是上述四位员工的直接领导，运用情境理论分析合适的领导方式。

本章小结

权变理论又名情境理论，认为没有“最好”的领导类型，关键是领导要有灵活性，领导方式要与情境相适应。

权变理论起源于美国人卡门1966年提出的生命周期论，认为领导者在下属不同的心理成熟度阶段要采取不同的领导方式与之匹配才能取得最佳的领导效能。

最著名的权变理论是布兰查德等于1985年建立的情境领导模型II（SLII），它将领导行为分为四种类型：S1，高指导、低支持；S2，高指导、高支持；S3，高支持、低指导；S4，低支持、低指导。该模型还描述了如何把这四种领导风格应用到处在不同成熟度阶段的下属身上，从D1（能力较低但意愿很强）到D2（有些能力但意愿较低）到D3（有些能力但缺乏意愿）到D4（能力很强且意愿很高）。如果一个领导者在一个任务情境下能准确地判断出下属的成熟程度，然后采用与情境相匹配的领导风格，这时有效的领导行为就会发生。

弗雷德·费德勒LPC权变模式认为有效领导的领导行为的抉择是由以下三个特征所决定的：领导与成员的关系、职位权力和任务结构。为了测量领导风格，费德勒设计了一种可以评估出最难共事者的量表，用这一量表获得高LPC分值的领导者是倾向于关系导向型的，而获得低LPC分值的领导者则是倾向于任务导向型的，而LPC得分居中的则是社会自主型的。领导风格一般与领导者的三个情境因素（领导者-成员关系、任务结构、职位权力）相匹配。一般来说，LPC得分低的人在极端的情况中很有领导效能，LPC得分高的人则适合中间情境。

加拿大多伦多大学的心理学家豪斯的通路-目标理论认为领导有效性取决于领导者行为与下属特征和任务特征的"吻合"程度。

领导者要学会授权。在授权中要避免出现两种不正确的心理倾向——授权不足与授权过度，并消除两种心理障碍——越权和疑人。

思考题

1. 试述领导权变模式的要点及应用。

2. 通过实例分析领导方式与下属成熟度匹配理论。

3. 概述领导风格与情境匹配的权变理论的特点。其中测定LPC分值的意义何在?

4. 试述授权对领导者与下属的重要意义。

5. 哪些领导职责范围内的事不可授权? 哪些内容应该授权?

6. 通过案例，分析说明授权中的两种心理倾向——授权不足与授权过度的表现及其深层次的原因。

第7章 领导者有效性的交换理论

交易场上的朋友

胜过柜子里的钱款。

——[英]托马斯·富勒

重点内容

- 掌握领导者与追随者互动作用的内容
- 深刻理解领导者–部（下）属交换理论的概念内涵
- 探讨领导者应如何正确对待不同类型的下属
- 认识领导者应如何协调与上级的人际关系
- 分析我国上下级关系中的“圈内人”现象，并做出评价

前面的领导者有效性理论大多是从领导者的角度强调领导（品质、人格、技能、素质和风格理论），或从追随者和情境的角度强调领导（权变理论）。领导者–部属交换（LMX）理论（以下也称“领导–成员交换理论”）则采用了另外一种方法，即把领导定义为一种过程，关注的是领导者和追随者之间的互动作用（interactions）。这也是领导过程最本质、最核心的内容。领导者要和各种各样的下属打交道，除了要具有一定的品质，选择有效的行为方式之外，更多的是与追随者发生深层次的心理上的互动关系，进行各种意识和情感的沟通。

7.1 领导者与追随者的互动作用

领导者与追随者之间互动作用的过程是通过领导者对追随者的各种向下影响和追随者对领导者的各种向上影响以及双方之间的相互影响来实现的。

7.1.1 领导者与追随者的相互影响

海勒和范缇（Heller & Van Til，1982）曾指出：“领导者和追随者是两个相关的概念，如果不理解其中一个也就难以理解另外一个。”领导者与员工角色之间的相互理解和认同是通过双方的有效互动达成的。在这方面，领导者往往发挥着主导作用，主要体现在指导、支持、参与、强化等核心领导行为中。领导者对下属的影响方式有很多，正式的或非正式的，言语的或非言语的，工作的或非工作的，人格的或行为的，但重要的是领导者对下属能产生影响力。领导者对下属的影响所带来的结果可以是模仿，也可以是改变，最终都以某种方式反映到组织绩效和个体成长中。

在领导者与追随者的互动关系中，尽管下属和领导者之间存在着不对称关系，下属相对处于被动地位，但其对领导者也会产生强有力的反作用。巴斯（Bass）总结了下属对上级的各种影响，主要体现在下属对领导者的期望、下属的态度和动机、下属的能力、下属的特质、下属的向上影响力等，其中，下属的期望和向上的影响力经常被忽视。下属对领导者的期望影响领导绩效。如果领导者的方向、行为及绩效不符合下属的期望，其领导效能就会大打折扣。下属对上级的影响更具体的是指那些类似替代领导行为的主动性行为，如成员对组织事务的主动参与和积极态度。为了下属的共同利益和组织的整体利益，下属有责任对他们的领导者施加向上的影响力。这种向上影响包括挑战上级的指令、坚持自己的意见、主动与领导沟通、向上级或更高权威上诉、在同伴中组成联盟（类似工会）等。这些向上影响的有效策略常常为下属群体带来利益，因此成为下属影响领导者的主要手段。重视下属的期望和向上的影响力是领导者的明智之举。

有关领导的研究与理论表明，领导者与下属的相互影响是双向的、交换的、互利的，正是这种相互交换和相互依赖构成了领导行为和领导过程的本质。因此，领导就是领导者与下属相互影响的过程，无论是领导者还是追随者都在刺激和强化着对方的行为。但这种相互影响也表现出一定的特点。一般来说，领导者与追随者之间的互动是不对称的。华生（Watson，1982）的研究就记录了下属和领导之间互动的特点。当领导者试图创建组织时，下属最有可能顺从地照做不误。而当下属试图创建组织时，领导者最普遍的反应就是努力建构不同情境来加以抵制，而不是准许下属的组织开拓行为。此外，尽管下属在多数情况下处于被动地位，但其在领导关系中不可或缺的重要地位使得领导者必须重视与下属的关系。在这当中，有的下属处于优势地位，引起领导者的特别关注并与之保持密切的关系，有的则与领导者相对疏远一些。双方关系的特点和作用是领导-成员交换理论研究的主要内容。

7.1.2 领导者与追随者的心理交换

美国西北大学的梅西克（D.M.Messick，2010）将领导过程视作一种领导者同其追随者之间的心理交换关系。他所描述的观点较少涉及领导者和追随者之间的具体物质交换，而更多地涉及双方相互提供支持和满足的心理交换。梅西克认为，人们追随领导或允许自己被领导的原因就是在领导者与追随者之间建立了一种平衡，这种平衡反映了领导者与追随者双方维持他们关系的各种动机。领导者提供了有利于追随者的某些价值，追随者则以有利于领导者的方式给予了必要的回应。在梅西克看来，这种相互交换包括五个方面的内容：（1）领导者的目标和愿景-追随者的专注和自我指导；（2）领导者的保护和安全-追随者的感激和忠诚；（3）领导者的成就和有效-追随者的承诺和努力；（4）领导者的接纳和归属感-追随者的合作和牺牲；（5）领导者的自豪和自尊-追随者的尊重和服从。

梅西克的心理交换理论很有价值，在领导者为追随者提供好处的每个维度中，追随者都通过给领导者提供好处并推进其目标来加以回报。这种心理交换具有以下特点：首先，领导者和群体的共同目标是维系交换的关键。其次，交换是自然的社会心理过程，在大多数情况下是未经思考、自然而然、非预谋和非协议的。最后，交换的维度并非在所有情况下都同等重要，在很多情况下也并非一对一的简单对等交换关系，这也充分反映了心理交换的复杂性和多变量性。

7.2 领导者-部属交换理论

7.2.1 领导者-部属交换理论的内涵

领导者-部属交换（leader-member exchange）理论简称LMX理论。这一理论又称为二元角色塑造理论，或称垂直二元联结理论（VDL）。这一理论最早是由乔治·格里奥（George Graeo）等人在1976年首先提出来的。这一理论描述了领导者如何与各种不同性格、不同人格的下属发展不同的交换关系。其目的是建立有效的领导者与下属间的二元关系，认识领导者与下属之间的相互影响过程，以及领导者与单个下属之间的角色塑造过程。

领导者与下属之间可以存在高质量与高水平的交换关系，也可能只存在低质量与低水平的交换关系。只有当领导者与下属的交换关系达到一个顶点，即存在高程度的相互依赖、信任和支持时，领导者与下属间的交换质量与水平才会达到一个新的高度。

7.2.2 领导者-下属的两大关系类型：内集团关系与外集团关系

领导者-下属的关系可以分为两大类型：内集团关系与外集团关系。内集团关系中的下属被称为“圈内人（in group）”，外集团关系中的下属被称为“圈外人（out of group）”。内集团关系是以扩展的职责和协商达成的职责（额外职责）为基础的，这种关系被称为内集团关系；另一种是以正式雇用合同（规定的职责）为基础的关系，被称为外集团关系。

实际上，领导者的时间与掌控的公共资源都是有限的，为此，领导者会容易仅同一小部分忠诚于自己的下属建立起特殊的交换关系。内集团关系是以相互信任、尊重、喜欢和相互影响为特征的，交换关系的基础是个性的相容以及下属的能力和对领导的依赖程度。作为内集团的圈内人可以得到更多的信息、自信、关注及领导给予的利益。当然，为了获得更高的地位、影响和利益，高交换关系的下属负有额外的义务和更高的成本。与上司建立了高质量交换关系的下属“圈内人”，是上级最可靠的助手，承担着超越工作职责所规定的工作量的更多职责。与此相应，他们会得到更多的信息与回报，获得领导者的高度信任、尊重，以及晋升机会。

显然，圈内人获得的利益明显地多于他们的付出，这样就会造成偏护、偏私及不公正，其影响自然是负面的。

作为与上级仅有低质量交换关系的“圈外人”，他们仅仅是雇来的人手。外集团关系是以基于工作描述的正式交流为特征的，上级只要求他们完成基本的工作，彼此间保持一种正式例行的交换关系。

可见，领导者不应该只同少数下属建立特殊的关系，而是应该与所有下属建立平等、公平而又密切的关系。

7.2.3 领导者-下属关系发展的三阶段模式

LMX理论后来的研究指向了领导-成员交换如何影响组织绩效。研究者发现，领导者与追随者之间高质量的交换会产生多种积极的成果，如减少员工流失率、更高的积极性和更多的晋升。一般说来，研究者们认为，高质量的领导-成员交换会让追随者感觉更好、完成更多任务，更有助于组织的蓬勃发展。

近期研究强调领导的形成，认为领导者应该努力与所有下属建立高质量的交换关系。领导者与所有下属建立关系都要经过三个阶段，故称之为领导者-下属关系发展的三阶段模式，又被称为领导制作（leader making）理论。这一理论认为，领导者努力与组织内所有成员都建立有效的双向交流，需经历三个阶段：陌生人（初始尝试）阶段、相识阶段、成熟的合作阶段（参见图7-1）。

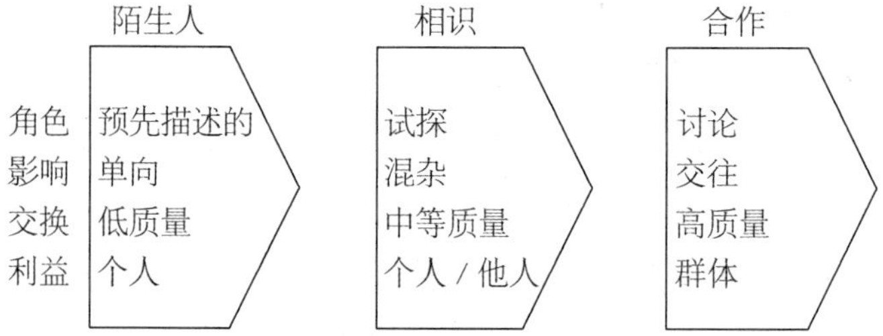

图7-1 领导制作理论的三阶段模式

第一阶段为陌生人或初始尝试阶段。在这一阶段中，领导者与下属之间相互评价动机、态度以及双方可交换的潜在资源。在此阶段内，领导者与下属双方只有契约关系，只有低质量交换，下属指向的仅是个人利益。

第二阶段为相识阶段。这一阶段主要是建立相互的角色期望。在这一阶段中，领导与下属之间相互“给予”，分享资源，增强彼此间的信任与尊重。此时的交换安排妥当，双方取得的彼此间的信任、忠诚和尊重将会得到发展，双方的交换也就完成了。

第三阶段为成熟的合作阶段。在这一阶段中，领导者与下属之间有高质量的交换活动。除了双方相互信任、尊重和负有责任外，在这一阶段主要是实现群体与组织的利益。此时，自我利益交换的动力转换为了支持实现工作单位的目标使命。

通过这三个阶段，领导者完成了由交易型领导向变革型领导的转化。

综上所述，LMX理论具有两大核心特征：

一是强调有差别的垂直对偶关系。传统理论认为，领导是以同样的交换方式对待他的下属，LMX理论则认为领导与下属之间会有远近亲疏的不同关系。

二是LMX理论是从交换的视角来描述领导者与下属的关系。上下级关系是以社会交换为基础，一方必须提供另一方认为有价值的东西，双方都认为交换是公平合理的。

7.2.4 LMX理论的积极与消极意义

LMX理论的积极意义在于这是一个强有力的描述性理论，此理论将领导者与下属的双向关系作为领导过程的中心概念加以阐述，强调有效的领导取决于有效的领导者与下属之间的交换，这一理论强调领导过程中交流的重要性。只有当领导者与下属间的交流呈现出相互信任、尊重和承诺特征时，才会产生有效领导。

LMX理论的消极意义在于过分强调将关系作为一种能持续交换利益的友谊。在这种关系中，双方要承诺会给对方带来好处，因而关系帮助组织或个人降低了交易成本，提高了效率，并成为竞争资源。但这种关系也折射并助长了社会中的腐败现象。

7.2.5 我国领导者-下属的交换关系

1.西方领导者-下属交换关系的基础是互惠的契约关系

西方的领导者-下属关系是建立在平等基础上的互惠关系。互惠的契约规定了彼此的权利与义务。契约是组织与员工双方对其责任和义务的相互期望。契约也是个体所持有的与交易另一方关于互惠性交换协议的具体条款和条件的陈述。例如，在契约中要明文规定组织对员工的责任有以下七项：丰富化的工作，公平的工资，成长机会，晋升，充分的工具和资源，支持性的工作环境和有吸引力的福利。另一方面，员工对组织有以下八项责任：忠诚，加班工作，自愿去做未被要求的工作，接受工作调动，不帮助竞争对手，为组织保密，离职前告知，在组织中工作至少两年。

2.中国社会中上下级关系的基础是契约与身份的混合

我国的上下级关系是建立在家长式权威的基础上的，上位者和下位者的身份规定了双方的权利与义务，互惠原则对下属员工行为的影响相对较弱。

LMX理论所描述的上下级关系正是基于平等交换的契约关系。低质量的LMX关系为经济性交换，下属依照合同的规定提供贡献，领导者则按合同提供报酬。高质量的LMX关系是社会性交换，两者存在着诚信、忠诚、支持等情感方面的联系。

我国社会中的上下级关系为契约和身份关系的混合。这是因为中国社会结构为父权家长制结构，个人孝敬关系属于身份关系形态。

此外，中国是在以人情法则为交换原则的基础上形成的典型的上下级关系，这与西方不同。上下级之间的社会交换的发生范围，西方局限在工作范围内，而我国则超越了工作界限，形成人情往来，有时还涉及私人生活、婚姻家庭等范畴。

中国的传统观点认为，上下级关系存在于上下级之间基于某种“特殊的连带”关系而形成的一定“差序格局”之内。“差序格局”的意思是将人与人的关系划分到圈子的各层之中去，在下文中我们以图7-2表示其含义。从图中可见，位于圈子核心的是个人，外面围绕着家庭成员，家人外围是和自己有“关系”的人，圈子之外则是和自己没有关系的外人。在人际关系和人际交往中，个人是以不同的法则与不同类别的人交往的，从而形成了所谓的“差序格局”。

中国人和不同类别的其他人交往有不同的方式：

在与家人交往时会全力满足需求。中国传统家庭是一种严密的社会组织，亲情是凝聚家庭内成员的主要力量。家庭成员间形成祸福与共、休戚相关的生活共同体关系。有能力的人必须全力设法照顾别人的需求，以维持家庭中的和谐。

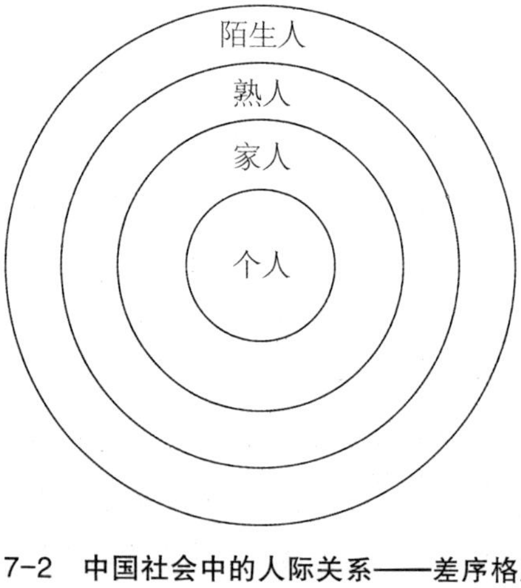

图7-2 中国社会中的人际关系——差序格局

在与熟人交往时更为注重人情交换。人情法则可保持彼此间的良好关系。作为领导者，其权力愈大，关系网内重要人物就愈多，领导者更倾向于维系

“人情”。

在与外人交往时注重追求公平与冷漠对待。

中国人在社会交往中，一般都会依据自我评价，希望自己在别人心目中占据应有的心理地位。在我国，只要通过观察上下级关系状态或共享属性的程度，就可以考察出上下级关系的状态是否曾经为师生、同学、上下级、同事、同姓、同宗或亲戚等关系。如果双方有这一层关系，那么下级对上级会更加信任，上级对下级也会更加关照。

3.我国领导者中的“圈内人”现象

我国领导者-下属的交换关系中同样存在着“圈内人”与“圈外人”两类人群，而且“圈内人”现象表现得更为突出。从我国领导者中发生的腐败现象的调查分析中可以看到，很多领导者的贪污腐败行为是由领导者与其主要“圈内人”共同进行的。秘书就是领导者内定的头号“圈内人”或称为“身边人”，这些人很容易成为腐败易发人群。

秘书，按辞书上的解释，是协助干部调查研究、联系接待、办理文书和交办事项的人员。秘书是领导干部的助手、参谋和事务处理者，但他们仅仅是一般的工作人员而已，我国干部制度明确规定副部长级以上的领导干部才允许配备专职秘书。然而，在实际工作当中，秘书是被过度地配备了，几乎各级领导者都配备了“多种名目”的秘书。由于秘书是“圈内人”与“身边人”，故常常与领导者的职责发生严重的错位，领导者与秘书的职责分界模糊，更有些领导者有依赖秘书的“拐杖化生存”现象。有时领导者的秘书处在非常关键的特殊位置上，控制上通下达的关口，行贿者往往通过秘书接近领导。领导者与秘书间的这种“依赖”关系，使秘书有时会成为权力的实际运作者。有些秘书则往往打着领导的旗号，拉大旗作虎皮，被称为“二领导”，掌握着领导干部延伸下来的隐性权力。领导者的级别越高，其秘书活动的能量和空间也越大。

同时，秘书拥有“安排权”，并且拥有请示批复、参加典礼仪式、请赐墨宝、题词题名等的便利，这些都成了秘书弄权敛财的途径。

由领导者选拔出来的秘书，以“圈内人”“身边人”的身份与领导者达成默契，从而将公权私有化。秘书拥有隐性权力，其中包括领导干部决策权的延伸以及核心权力与实施对象派生的权力。为此，可以认为，秘书实际上是在分享与传递延续领导干部的权力。

当然，秘书腐败说到底还是领导干部的腐败，问题的关键是要制衡领导者的权力，彻底消除领导者与“圈内人”的结党营私、狼狈为奸的不正当社会交换与交易。

而作为一个值得信任的领导者，对此现象应该保持清醒的头脑，以避免其发生而导致损公损己现象。

7.3 领导者要善于建立正确的人际关系

7.3.1 领导者的人际关系概述

人际关系是指在共同的活动过程中可以直接观察到的人与人之间的关系。两个人之间的关系可以是亲密的、疏远的、敌对的。显然，不同的人际关系会引起不同的情感体验，影响领导者与下属的心理距离。

人与人之间由于满足了各自的需要而发生了亲密的关系，双方就会感到心情舒畅，从而关系非常融洽，也因此双方的心理距离就更近。相反，如果人与人之间发生了矛盾与冲突，双方关系十分紧张，那么人们之间的心理距离就会愈来愈远。

领导者通过管理、指挥、劝告、教育等行为，会使下属产生尊重和服从的反应，通过帮助、支持、同情等行为，使下属产生信任和接受的反应，从而缩短了领导者与下属之间的心理距离。反之，若领导者对下属采取攻击、惩罚、不友好等行为，就会引起敌对、反抗、拒绝、不信任、自卑等反应，从而使领导者与下属之间的心理距离拉长。总之，在领导者的人际关系中，应以正确的行为来引发下属的积极行为反应，力求避免错误行为引起消极行为反应。

由于我国长期处于封建宗法制的生产关系之下，领导者与下属之间长期以来养成了一种自下而上的依赖心理，形成了一种消极的猫鼠之间的依附关系。此外，旧的习惯势力，如疏于交往、洁身自好、人与人之间互相戒备、窝里斗等现象也在人际关系中有所反映。

我们正处于一个伟大的变革时期，我们正努力创造一个和谐的社会，在这个社会中人际关系的观念应该有新的标准。

1.领导者的人际关系轮

领导者在一个组织中的人际关系可在图7-3的人际关系轮中具体表现出来。

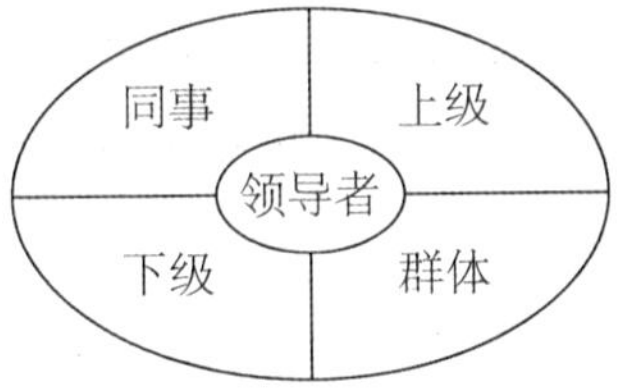

图7-3　领导者的人际关系轮

从图中可见，一个工作群体以领导者为核心，同各个方面发生人际关系，从而形成了一个圆形的人际关系轮。在这个轮中，领导者以放射型的方式同上级、同事、下级与群体等发生人际关系。所以说，每一个领导者都面临着如何正确处理好与上级的人际关系、与同事的人际关系、与群体的人际关系、与下级的人际关系这些具体而实际的问题。领导者无论同哪一方面的人际关系不好、不协调，都很难顺利地开展工作，取得良好的工作成果。即使领导者与下属的关系很好，领导者群体也很团结，但是，如果与上级领导者的关系不好，仍将一事无成，最终领导者本人也可能被上级调离工作岗位。再如，领导者即使与上级、下级的关系都很好，但是领导者群体内部不团结，人际关系不融洽，工作中产生了离心力，自然也不能把工作做好。至于领导者与下属的人际关系，则是搞好工作的基础，稍有疏忽就会直接影响工作，影响效率。每一位领导者都应该自觉地意识到，处理好各方面的人际关系本身就是领导者领导能力的表现之一。

2.领导者的人际吸引力

领导者应该具有很强的人际吸引力，能使周围的人们感受到来自领导者的关怀，从而缩短领导者与被领导者之间的心理距离，融洽上下级关系。

领导者是否具有较强的人际吸引力，同领导者的个性特征有关。领导者在实际工作中，在处理人际关系上，应该具有人缘型的个性特征。这些特征表现为尊重他人，关心他人，对人一视同仁，富于同情心；热心事业，对工作认真负责；持重，耐心，忠厚老实；热情开朗，喜欢交往，待人真诚；重视自己的独立性，有谦逊的品质；有多方面的兴趣与爱好；有审美的眼光和幽默感；温文尔雅，端庄。

在诸多的个性特征中，性格特征无疑是一个最重要的因素。一个开朗、热情的领导者总比冷淡、孤僻的领导者更有吸引力。相反，领导者的某些个人性格特征会减少人际吸引力，例如，不尊重别人的人格，对他人缺少感情，不关心他人的情绪变化，有时甚至把别人当作可为自己所用的工具等。此外，领导者具有敌对与猜疑的性格也容易使自己与他人的关系陷入僵局，因而也缺少吸引力。

领导者的另外一些行为表现也会造成人际吸引力的丧失。例如，对上级过于服从，并有取悦上级的行为，而对下属过分批评，好高骛远地提出过高的要求，苛求他人，不关心别人，这些情况都会破坏人际关系，使领导者失去人际吸引力。

领导者要用自己的才能去吸引下属，只有当下属对领导者的才能非常欣赏，并产生发自内心的钦佩时，才愿意与之接近，这时的领导者才具有真正的吸引力。

领导者要想使自己具备更强、更广泛的吸引力，就应该多与群众接触与交流。但是，领导者往往容易同空间距离较近的人成为知己。而作为一个领导者，如果人际关系的接触面太狭窄，仅局限于空间距离较近的，这是很不恰当的。领导者同不同层次的下属的心理距离是不相等的，因而远离领导者的下属会有“领导者高高在上，缺乏吸引力”的感觉。改进这种局面的办法是尽一切可能增加人际接触与交流面。

7.3.2 领导者与下属的人际关系

1.下属的支持是巩固领导地位的重要因素

领导地位能否得到巩固，取决于下属是否支持，其重要性几乎占到70%。有时，虽然领导者本人的能力极为平庸，但由于他能非凡地发挥部下的能力，最终却成为流芳百世的历史名人。一个理想的领导者，应该能让各方面的专门人才成为自己部门的优秀带头人，并和能力比自己强十倍的人很好地团结，使他们围绕在自己的周围，让他们心情舒畅地工作，以集体的力量和下属的支持来成就自己的伟大事业。

由此，可以得出这样的结论，只要能得到部下的支持，即使平庸之辈也能当上出色的领导，而失去了部下的支持，即使多么了不起的人物也将被从英雄的宝座上掀下来。

美国钢铁大王卡内基的墓志铭上写着这样一段话：“这里长眠着一位善于同才干高于自己的人一道工作的强人。”

2.领导者与下属间的依存性与行使权威的关系

在现代社会的工作群体中，领导者与下属的依存程度极高。下属要依靠他们的上级主管，才能满足他们的需要，实现他们的目标；领导者也要依靠下属才能实现自己的目标与组织的目标。个人对他人的依存，会使个人在心理上得到一种满足，个人能够受到充分的照顾，从而产生安全感。但是，在上下级之间，既要有依存性的一面，又要有独立性的一面。下级对上级要有依存性，要服从权威，服从组织命令，这样才能贯彻上级意图，执行上级的方针、政策。但是，下级也要有独立的一面，即遇事要问一个为什么，因为上级的指示也有错的时候，这就需要下属进行独立思考，必要时加以抵制。即使上级的指示是正确的，下级在具体贯彻时，也还是要根据具体情况，独立思考地加以贯彻。

上级有时喜欢下级对自己有较多的依赖性，也就是听话，最好言听计从；更有甚者，有的领导者要求下级对自己唯唯诺诺，不喜欢下级有独立性。正确的做法应该是，上级既要要求自己的下属有依存性的一面，又要有独立性的一面。在领导者的自我训练中，缺乏独立性的人要加强自立和培养独立思考的能力；反之，缺乏依存性的人要加强组织纪律性的严格训练。

3. 领导者要正确区分与对待不同类型的下属

（1）对支持者（亲者）保持距离的必要性

一定程度的感情上的超脱在任何行业中都是重要的。领导者要以一种超然的、不受情感影响的方式来看待自己同下属的关系。

领导者的责任是团结大多数，将五湖四海的人们凝聚在一起，把共同的事业搞上去。领导者若对下属有亲有疏，在人事问题上不能做到公平公正，就会影响群众的积极性。

领导者保持与亲者的距离可以避免卷进不同观点与派别的争论的旋涡，使自己始终处于一种居高临下的有利位置。这样才能观察到不同观点、不同派别的利弊是非，从而冷静地去调整内部的各种关系，防止出现大的分裂。

领导者与亲者保持距离有利于领导者与下属保持一种深沉、持久、真挚的私人友谊，正如中国古语“君子之交淡如水，小人之交甘若醴”。

（2）领导者要正确对待反对者

领导者应该将出现反对自己的人看作正常的事情，这正好说明了自己在实行强有力的领导，同时也反映出自己还存在不足之处。总之，这是要求进一步改善领导工作的信号，也是领导者面对挑战不断成长的好机会。

领导者在群体中，一般其支持者占两成，反对者占两成，而中间者占六成。中间者没有强烈的自我主张。当支持与反对的势力均衡时，他们保持中立。但其均衡稍有变化，中间派立即倒向强的一方。当出现反对派领袖时，领导者应当为出现了候补合作者而高兴。

领导者要正确对待与自己疏远或者反对自己的人（疏者），要善于倾听逆耳之言。领导者应该要求周围的人毫无顾虑地提意见、提要求、提愿望，敢于批评。当领导者刚刚上任时，大家一般不会太客气，容易做到这一点。但时间一长，下属对领导渐渐敬而远之，就不愿意提意见了。因而，趁着大家还没有顾虑的时候，领导者应该积极主动地征求大家的意见，这时才会有好的效果。

征求下属对自己的意见时，领导者应该尽力让对方谈自己的缺点，也就是对自己来说最不愿意听的，而且又不太清楚的事情，将这些指出来，对自己是非常有益的。对于下属提出的要求，领导者可以将其分为三类：一类为马上可以解决的问题；二类为经过努力方能解决的问题；三类为暂时解决不了的问题。

领导者还要学会借下属的智慧行事。没有比向人请教更智慧的了，也就是说，没有比跟别人商量、借别人的智慧、与人通力合作更好的工作方法了。你若是向别人借钱，人家可能不高兴，但你若是向别人借智慧，人家会感到高兴，因为觉得自己被人高看了一筹，这样，下属必然愿意为尊重自己的领导助一臂之力。

（3）领导者要正确对待阿谀者

历代达官显贵都宠爱那些谄媚之徒，即“主所言皆曰善，主所为皆曰可，隐而求主之所好而进之，以快主之耳目”。

英国伦理学家曼德威尔认为，“如果谀谄之术施用得巧妙，而又正中一个人之所长，那就没有任何一个具有洞察能力的人能够坚决抗拒得住”。

历代君王有时仍不免会被“马屁精”迷上。

现代社会中，有些领导者周围依然存在着爱“吹喇叭，抬轿子”的阿谀之徒。

领导者应该善于识别阿谀者。识别的方法就是看其人是否以违反原则、纪律来满足领导者本人和领导者家属的需要。此外，要看其人对群众与领导是否一视同仁、一样热心。谀人有一个显著特点，便是趋炎附势、谋取私利。这种人生就一双势利眼，他们心目中没有人民群众，唯有上司的权势和自己的私利。他们的媚态主要向着上级，对无权无势、无利可图的一般群众则完全是另一副面孔。对上是羊，对下是兽。这两副面孔往往可以从正反两方面构成一面完整的、可以窥见一个人心灵深处秘密的明镜。识别阿谀奉承者还要看此人对领导者有否超乎常人的举动或做作的行为。

一个明智正直的领导者，必须远离阿谀者，更不可重用阿谀者。

（4）领导者要正确对待“昧是非者”

唐朝武则天时代的高官苏味道总结他为相时的经验时称：“处事不宜明白，但模棱持两端可矣。”时人谓之“苏模棱”。

清朝历乾嘉道三朝的大学士曹振镛并无政绩，却官运亨通、历久不败。门生问其故，他说：“无他，但多磕头，少说话耳。”这样一个庸碌无为，却恭顺过人的奴才，无论跟着哪个主人，都吃了香饽饽，但其于国于民实无裨益。

模棱者有以下特点：这类人既不是历史上心地险恶的恶人，也不是具有贪腐劣迹的贪官，而基本上还属“方正”，给人的印象还不错；这类人都是明知故隐的“昧是非者”；这类人因为怕得罪人，因而缺乏原则性与斗争性；这类人在“怕”的表象中，隐藏着其“八面玲珑，四方讨好”的实质。

那么，领导者为什么会喜欢“昧是非者”呢？

领导者喜欢乃至器重“昧是非者”，一则是这些人多少也会有点才，二则这些人都是一些进入“风声雨声不吱声”的“炉火纯青”境界的人，能够是非在心、嘴巴紧闭，即使领导者“捅了点娄子”，也可不必担心，对于主观武断或思想作风上多少有点毛病的领导者来说，最爱重用这类人了。

正如清朝的徐士林所说：“工献纳者，虽敏非才，昧是非者，虽廉无补。”即精于拍马溜须，讨好奉迎者，虽然可能聪明敏锐，但绝非治国之才。在是非面前含混不清的人，即使他立身清廉，对国家同样没有好处。

所以，领导者要认清“昧是非者”的危害性及其实质。“昧是非者”奉行的是一种“多栽花，少栽刺”“庇护一个人多一条路，得罪一个人多一堵墙”的处世哲学，于国于民都没有益处，成功的领导者要认清这一点，明白“昧是非者”不可能成为领导者工作上的得力助手，因而不能重用。

（5）领导者要正确对待不受重用的下属

每一个工作群体中，总有一些不被重用的下属，这是领导者人际关系的死角。不受重用的下属会有不同的行为表现。有的人认为，自己对工作有所贡献，却受到了不公平的对待，甚至受到了排挤；有的人总是不被重视，感到有劲使不上，因而内心很苦闷。不受重用的下属的共同表现为爱发牢骚，埋怨领导者瞧不起自己，认为自己挨挤受压，从而会产生自卑感或消极的对抗情绪。他们总觉得领导者把他们看成是无能者，因而自己在领导者或同事面前，总觉得抬不起头来，他们对工作没有进取心，工作效率很差，达不到规定的要求，自卑感与郁积在内心的不满愈是膨胀，愈是促使他们采用更为隐蔽的方式进行反抗。

由于不受重视的下属对领导者有一种对抗的情绪存在，因而是领导者人际关系的消极面。尽管一般情况下这些人的对抗情绪不是赤裸裸地表现出来的，而是采取一种隐蔽的方式流露出来，但在极端的情况下，也会出现公开的对抗，从而产生派系纠纷与争端。一个工作群体中的受重用者与不受重用者（包括对受冷遇干部抱同情态度的人）在客观上会形成派系纠纷。一旦这种情况发生，领导者与群众、群众与群众之间就会出现感情对立。在这种情况下，领导者就要深刻分析产生这种情况的原因，切实改进。

实际情况常常是，在不受重用者中间，有些人并非真的没有能力，而是由于领导者的官僚主义或宗派主义思想，感情用事，不懂得选才、用才而造成的。因为领导者感情用事或有个人偏见，做出了一些不合适的决定，就会使原来能力较强的下属变成像“枯树”一样毫无生气的人，这不能不说是领导者的失误败笔。

由此可见，为了搞好工作群体中的人际关系，为了不造成人才的浪费，领导者必须关心不受重用的下属，并从中发掘出确实有能力的人才，这是领导者的一项重要职责。

对确有真才实学的下属，领导者要创造条件让他们发挥自己的才干。领导者如果对这些下属不闻不问，即使他们有潜在能力，由于没有被挖掘出来发挥作用，最后还是会变成无用的被遗弃者。至于那些身处逆境而不气馁，在工作中虽处困境，但总有一股东山再起劲头的人，领导者则应该鼓励他们，使他们由“枯树”式下属变为“活树”式下属。

（6）领导者要正确对待个性不健全的下属

具有不健全个性的下属，又被称为消极人格的下属，其主要表现为：个性不协调，情绪易激动，难以适应环境。不健全的个性有轻有重，有社会能容忍的和社会所不能接受的。

不健全的人格有三种比较典型的表现：轻躁狂色彩人格、病态人格和自我防御者人格。

轻躁狂色彩人格。这种人的个性特点是健谈，活动过多，缺乏节制和忍耐，胆量过人，喜恶作剧等。

病态人格。这种人表现为不可靠，欺骗，以自我为中心，不顾后果，不能像一般人那样表现情爱与愤怒，情感非常脆弱等。

自我防御者人格。这种人对任何事情都不满意，经常处于防御状态，表现为焦虑、紧张、情绪不成熟、对立过敏。这种下属极容易与他人发生矛盾与冲突，使之感到恐惧，产生对压力刺激的防卫行为，结果他总是得不到哪怕是短暂的愉快。

还有一种消极人格的下属，其表现为非从众主义者。这种人经常向领导者的权力挑战，具有侵犯性、反叛性，有时公开对抗。这种人就是不合群，不服从领导者。这种人对别人没有什么信任感，自己的抱负却很高，但又不能做到。这种消极人格的人有很强的竞争心，往往在无意中以一种不友善的方式来揭露他的对手，在被委派与他人一起工作时，别人会感到不适，对他有反感，甚至拒绝与他一起工作。对这样的下属，领导者要耐心地劝告他学会处理自己的问题，改变他的行为和明显的心理定势，否则，任何领导者都难以处理他所制造的冲突。

领导者应怎样对待人格不健全的下属呢?

第一，领导者要以理智的态度对他们进行说服教育，绝不能用粗暴的、行政命令的方式来处置他们。领导者应在办公室里同这些下属展开非威胁性的讨论，允许他们说出自己的想法，可做批评性的评论，但不要争论，也不要动怒。

第二，领导者在讲述观察到的他的行为方式时，不要带有敌意或做任何批评。要以一种真诚和友好的方式，让他知道你是在高度客观地评价他的行为。要向他说明，我们每个人都经历了失望和挫折，应该学习别人克服挫折的积极态度。同时，要让他知道他的消极行为出现得多么频繁，使他意识到他可能正在发展反对他自己也反对工作群体的行为模式和心理定势。

第三，这些人可能向领导者的言行挑战或试图争辩，可能指控领导者对他抱有公开的敌意。这时，领导者绝对不能被他的喊声吓住，不要退缩，而是要强调，领导者是想帮助他实现目标，并愿意为此提供机会和进行必要的指导。

第四，不要指望一次谈话就能改变其行为，必须一次又一次地重复这一过程。但在每次谈话时，领导者要说出你注意到上一次谈话后他所做出的改进，这就是正面的强化。

领导者要意识到，这些人格不够健全的下属尽管有改变消极行为的想法，但其行为好像依然如故，这当然不是领导者的责任。每个人都会产生自我防御机制，这些人的自我防御机制正好不允许他接受别人的批评，不管批评是多么温和、多么中肯。

总之，要搞好与不健全人格下属的关系，任务十分艰巨，领导者要注意自己使用的方式方法，否则效果会适得其反。

7.3.3 领导者与上级的人际关系

苏轼在《贾谊论》中指出，汉文帝开始重用年少才高的贾谊，并称其为“王者之佐”，但终遭贬，三十即逝。其原因是“志大而量小，才有余而识不足”，不能做到“天子不疑，大臣不忌”，即不能审时度势，处理好人际关系，胸襟又欠宽阔，以致不能“自用其才”。

那么，作为下级怎样才能“自用其才”呢？

首先，要善于将自己的见地用一种能为上级所接受的方式提出来。

其次，要做到使上级不疑。一般的领导者最忌学识、能力强的下级蔑视自己，对于清高孤傲、目中无人、锋芒毕露的下级更往往存有戒心，甚至会萌生走马换将的想法。炫耀于外表的才干徒然令人赞美，而深藏未露的才干才能带来幸运。

另外，要经受得起一次乃至多次不恰当的批评或暂时的冷遇。因为多年以后，再回过头来看今天的荣辱誉毁，“‘神马’都是浮云”。但倘若你被这些东西牵着鼻子走，不是大吵一场之后消极怠工，便是在不断的叹息中消磨了时光，因情绪波动而消耗了精力。人生能有几次耗，岁月蹉跎更难挽，隐藏的忧伤如熄火的电厂之炉，能使心烧成灰烬，其最终结果是导致不能“自用其才”。

领导者又该怎样协调与上级的人际关系呢？

第一，要尽可能地了解上级。作为下属，应该准确地知道上级的长处和短处，以及上级的工作方式和生活习惯，尽量展其所长、避其所短，使上级不仅“愿意”，而且“能够”有效地支持自己的工作。为此，下级对上级要做到以下几点：根据上级的不同特长，主动寻求有效的支持；区分上级的长处和短处，灵活掌握汇报的方式和分寸，从而寻求尽可能多的支持和帮助；尽量适应上级的工作方式和生活习惯，这是提高工作效率，充分调动上级积极性的有效办法。

第二，要尽可能地尊重上级。作为下属，最重要的一条就是要尊重上级，努力获取上级的信赖和理解，这是避免上级产生“心理屏障”，有效地协调上下级关系，使上级愿意积极帮助和支持自己工作的重要前提。尊重上级绝不仅仅是一种态度上的表示，更主要的是应该体现在下属的思维方式、行为方式和心理活动上。

第三，尽可能地消除认识与行为误差。作为下属应该准确揣测出上级在宏观和整体上的指导思想和战略意图，明确其与自己在微观和局部上的指导思想和战略意图存在多大的“认识误差”和“行为误差”，在此基础上，尽力拿出使两者趋于一致或基本接近的可行性方案，这是使上级能够帮助下属的又一重要环节。

第四，尽可能地使上级理解下级。作为下属应该运用有效的方式方法，使上级了解你的工作的重要性和可行性，理解你的战略意图，这是使上级“愿意”帮助你的重要心理基础。此外，可采取反复强调法、侧面疏通法、实绩启迪法、时势催逼法等帮助上级理解自己。

7.3.4 提高与改进领导者人际关系的途径

提高与改进领导者人际关系的途径主要有几个重要的方面：

1.领导者要善于自以为非

领导者要善于自以为非，才能搞好人际关系。反之，总是自以为是的领导者是搞不好人际关系的。人最怕别人揭自己的短处，领导者也是一样，当有人揭露领导者的短处时，领导者应该意识到自己被击中了要害，要进行反思，这就叫作自我启发。当然，自己暗自担忧的缺点被公开是一件难堪的事情，但若能冷静地接受下来，使其成为反思的机会，这就证明了你已经从容地迈出了克服缺点的第一步。

2.领导者要通过主动接触改善人际关系

人际关系只有通过人与人的实际接触才能得到改善、培养与发展。各级领导者所处的领导地位不同，所接触的人的范围也不同。一个工厂的厂长实际上只同自己的工作人员（行政、技术班子）保持着特别的接触。任何一级的领导者由于工作性质的局限，接触到的人都是有限的，因而要实现人际关系的融洽就要发挥自己的主动性。从领导者与下属的接触量的大小，能看出和评定领导者人际关系的密切程度。

3.领导者要学会角色转换和换位思考

作为领导者要学会把自己当作下级进行角色转换和换位思考，这是因为站在上级的立场上考虑的方针、政策有时并不符合下级的需要。如果一位领导者经常能把自己当作一位普通的公民，设身处地想众人所想、做众人所要做的事，那么，他的所作所为定能取得最佳的效果。

4.领导者要勇于坦露只有自己知道而别人不知道的事情

领导者与别人相处，各人角度不同，因而会发生如图7-4所示的情况，即双方都存在着别人看得见与看不见的地方。图中A区为双方都能看得见的区域，也即人际交往中的暴露面，B区为别人看得见（暴露）而领导者看不见的一面，D区为双方都看不见的隐藏面。

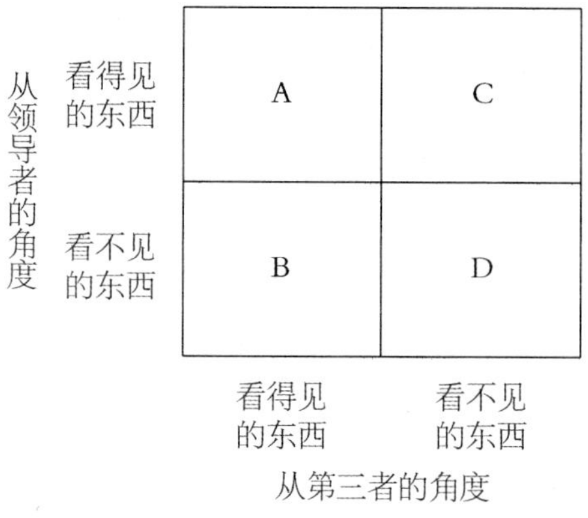

图7-4　领导者人际交往中的暴露与隐藏面

领导者在与别人交往中要尽量做到缩小D的部分，即作为领导者要有勇气向别人坦露只有自己知道而别人不知道的事情。若要人不知，除非己莫为。反过来说，人的任何行为都会被别人发现的。领导者做了错事，不要存在“别人能知道吗？大概不会知道吧”的想法，想以此逃之夭夭是行不通的。图中存在的B区告诉领导者，领导者自己不懂而别人懂的，要尽量请教于人，想要处理好人际关系，领导者与下级之间必须互相学习。

5.领导者要注意上下级关系的反馈调节

领导者要及时了解下级的心理需求，并及时调整自己的处理原则，这样人际关系就可以比较协调。由图7-5可见，如下级的心理需求为渴望尊重，领导者就要及时采取尊重原则。以此类推，或采取民主原则、理解原则等。注意协调上下级关系的反馈调节是改善领导者与下属关系的重要途径。

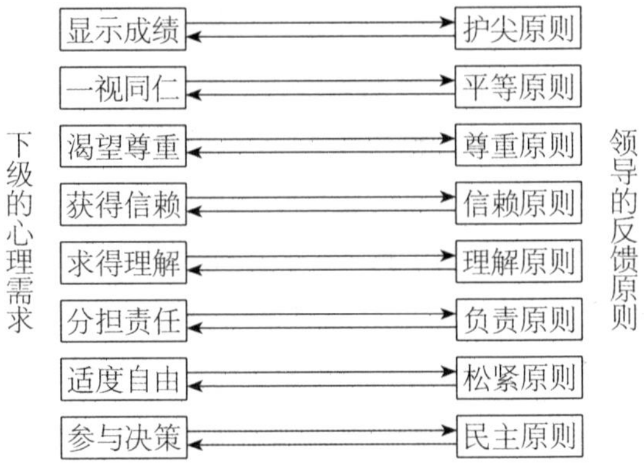

图7-5　上下级关系的反馈调节

【案例分析】

伟严为何要跳槽?

伟严从大学时代起就是一个成绩突出、有自信和抱负的学生，他的老师和同学都对他日后的发展做了充分的估计，十分看好。他的专业是工程设计，但不知何故，毕业后他被一家电器公司招为销售员了。刚开始，他对这个岗位挺满意，不仅工资高，尤其令他喜欢的是这家公司给销售员发的是固定工资，而不采用佣金制。好强的他担心自己没有这方面的实际工作经验，如果比不过别人，拿的佣金少了该多丢脸呀。

刚到岗位的头两年，伟严虽然工作兢兢业业，但工作成绩只属一般，可是随着他对业务的逐渐熟练，又跟那些客户们混熟了，他的业务量终于渐渐开始上升。到第三年年底，他觉得自己已在全公司技术业务员中大概属于中等了，至少在全公司几十名销售员中不会是末尾。下一年，根据和同事们的接触，他估计自己当属业务员上等水平了。由于公司的政策是不公布每个人的销售额，也不鼓励互相比较，所以伟严对自己的成绩究竟如何没有多大把握。不过，在这几年里，伟严日子过得很舒坦，同事们之间关系一团和气，大家拿一样的工资奖金，没有激烈的竞争，几个老员工还把自己的技术传授给了他。

然而，这种一团和气的日子不多了。就在过去的一年，公司实行改革，打破“大锅饭”，改固定工资为佣金制，再也不能干多干少一个样了，还要实行末位淘汰制。公司制定的报酬制度使伟严的抱负与好胜心被激发出来，而且此时他在技术业务方面也已经老到成熟了，只要坐上了业务量的第一把交椅，就可以拿到最高的销售奖金。因此，伟严干得特别出色。尽管定额比前年提高了15%，可到9月初他就完成了全年定额。虽然他对同事们仍不露声色，不过根据公司的业绩公布结果，他发现还没有谁已接近完成自己的定额了。10月中旬时，公司刘经理特地召他去汇报工作。听完他做的汇报后，经理对他说："咱公司要再有几个像你一样棒的销售业务明星就好了。"伟严只微微一笑，没说什么，不过他心中思忖，这不就意味着承认他在销售员队伍中出类拔萃、独占鳌头了吗？果然，不久就风传他快要被提升为部门主管了。为此他一马当先，比过去干得更好。他觉得不能辜负公司领导对自己的信任。不过近来他觉得自己心情不舒畅。部门经理经常要他干一些管理工作，过去他总是愉快地完成，可是现在销售奖和绩效挂钩，伟严觉得这些都成了负担。最令他烦恼的是大家之间的关系开始变味了。从过去的亲密无间，到现在的防范冷淡，大家工作干的情况都保密，不互相通报信息，特别是有一个过去关系不错的同事，对他更是虎视眈眈，没个笑脸，后悔不该把销售的高招和关系传给了他，现在倒成了竞争对手了。早知今日，何必当初。

随着销售额的增加，伟严的佣金在公司销售人员里已经是头一块牌子了。不过公司人员流动也越来越大，除了被末位淘汰制淘汰下来的员工被辞掉以外，还有几个业务高手也酝酿着要跳槽，部门里人际关系挺紧张。五天前，就在伟严要被提拔为部门主管时，他也离开了公司，因为另一家公司看中了他，许以更高的佣金把他给挖走了。

（根据公开网络资源整理）

案例思考题： 运用LMX理论分析伟严跳槽的原因。

本章小结

与前面的品质、行为和情境理论不同的是，LMX理论把领导定义为一个过程，关注的是领导者和追随者之间的互动作用。这使得领导–成员关系成为领导过程的核心概念。

领导者与追随者之间互动作用的过程是通过领导者对追随者的各种向下影响和追随者对领导者的各种向上影响以及双方之间的相互影响来实现的。美国西北大学的梅西克将领导过程视作一种领导者同其追随者之间的心理交换关系。

LMX理论最早于1976年以垂直二元联结理论出现。在早期的研究中，整个工作团体内的领导关系被看作一系列的垂直二元关系，以两种不同的类型为特征：基于角色扩展的领导–成员二元关系被称为内集团，基于本职工作的被称为外集团。该理论认为，下属能否成为内集团成员，主要依赖于他们与领导的相处以及他们是否愿意扩大自己的角色职责。那些只与领导者保持正式等级关系的下属就成为外集团成员。而内集团成员会获得额外的影响、机会和奖励，外集团成员获得标准的工作待遇。

近期研究强调领导的形成，认为领导者应该努力与所有下属建立高质量的交换。领导者与所有下属建立关系都要经过三个阶段：陌生人（初始尝试）阶段，相识阶段，成熟的合作阶段。通过承担和完成新的角色职责，追随者逐渐经历这三个阶段，最终与领导者发展到成熟的伙伴关系。这些伙伴关系以高度的相互信任、尊重和责任感为标志，对个人会有积极的回报，并能帮助组织更有效地运行。

LMX理论具有两大核心特征：一是强调有差别的垂直对偶关系，二是从交换的视角来描述领导者与下属的关系。上下级关系是以社会交换为基础，一方必须提供另一方认为有价值的东西，双方都认为交换是公平合理的。

西方领导者–下属交换关系的基础是互惠的契约关系，而中国社会中上下级关系的基础是契约与身份的混合。我国领导者–下属的交换关系中同样存在着“圈内人”与“圈外人”两类人群，而且“圈内人”现象表现得更为突出。

中国的领导者要善于建立正确的人际关系。要正确区分与对待不同类型的下属：对支持者（亲者）保持一定距离，同时要正确对待反对者、阿谀者、“昧是非者”、不受重用的下属、具有不健全个性的下属。在处理与上级的人际关系时，要尽可能地了解、尊重上级，尽可能地消除认识与行为误差，并尽可能地使上级理解下级。

提高与改进领导者人际关系的途径主要有：领导者要善于自以为非；领导者要通过主动接触改善人际关系；领导者要学会角色转换和换位思考；领导者要勇于坦露只有自己知道而别人不知道的事情；领导者要注意上下级关系的反馈调节等。

思考题

1. 概述领导者与追随者的互动作用。

2. 根据领导者–部属交换理论，评述我国上下级关系中的“圈内人”现象。

3. 概述领导者–下属关系发展的三阶段模式。

4. 领导者应怎样做才能具有人际吸引力？

5. 领导者应怎样正确对待不同类型的下属（反对者、“昧是非者”、不健全人格者等）？

6. 试述提高与改进领导者人际关系的途径。

领导者有效性的类型理论
——现代社会与经济条件下领导者的新类型

第8章

> 我的愿景对你并不重要，
> 唯有你的愿景才能够激励自己。
>
> ——[美]欧白恩

重点内容

- 了解愿景型领导的内涵和愿景建设的过程
- 掌握服务型领导的核心机制
- 正确理解魅力型领导、变革型领导与交易型领导的构成要素、行为特征和三者之间的差别
- 掌握自我领导的构成和影响因素
- 掌握共享型领导的特征和构成
- 学习团队发展阶段模型和团队领导模型的内涵及应用

近年来诞生的愿景型领导、服务型领导、魅力型领导、变革型领导及交易型领导的研究出发点也是常规领导下领导者与追随者的互动作用。而自主型领导、共享型领导和团队（型）领导的研究出发点则是非常规领导下领导者与追随者的互动作用。

8.1 愿景型领导与“中国梦”

8.1.1 愿景型领导概述

20世纪80年代，学术界（Mendell Gerjuoy，1984）和实践界（Business Week，1984；Kiechel，1986）将战略与领导结合起来提出了“愿景型领导”的概念并逐渐开始流行。1990年，彼得·圣吉（Peter M. Senge）在其著作《第五项修炼》中指出，学习型组织的领导者应该是愿景型领导者。

纳努斯（Nanus）于1992年在其《愿景领导》（Visionary Leadership）一书中正式提出“愿景型领导”一词并强调在所有领导功能中，领导者对愿景的影响最深远，同时许多有关领导研究的成果亦发现，有效能的领导者往往是具有愿景的领导者。愿景型领导的基本原理是通过高远的抱负目标来极大地激励企业强大的追求欲，使各级管理者沿着充满进取心的理想不断前进。

愿景的形成直至其被接受为“共同愿景”是一个过程，其本质既是领导者的心智过程，也是领导者与其下属心智互动的过程。

8.1.2 愿景型领导构成要素

韦斯特里和明兹伯格（Westley & Mintzberg，1989）把愿景型领导比作一出戏，提出三阶段的动态模型：练习（想法）→表演（愿景）→互动（情感与行动），并分析了愿景型领导的四个构成要素：心智能力（mental capacity）、战略过程（strategic process）、战略内容（strategic content）和外部因素（external context）。

圣吉在1990年指出，愿景型领导并非传统意义上的“设定方向、做重大决策和激励下属”，而是进行五项修炼：

（1）建立共同愿景（building shared vision）。这是针对我们想创造的未来，以及我们希望据以实现目标的原则和实践方法，发展出共同愿景，并且激起大家对共同愿景的承诺和奉献精神。

（2）自我超越（personal mastery）。这是指学习如何扩展个人的能力，得到我们想要的结果，并且塑造了一种组织环境，鼓励所有的成员自我发展，实现自己选择的目标和愿望。

（3）改善心智模式（improving mental models）。这是指要持续不断地澄清、反省以及改进我们内在世界的图像，并且检视内在图像如何影响我们的行动与决策。

（4）团队学习（team learning）。这是指转换对话与集体思考的技巧，让群体发展出超乎个人才华总和的伟大知识和能力。

（5）系统思考（system thinking）。这是指思考及形容、了解行为系统之间相互关系的方式，帮助我们看清如何才能更有效地改变系统，以及如何与自然及经济世界中最大的流程相调和。

8.1.3 愿景建设的五个阶段

共同愿景是个探索的过程，不能期望一蹴而就，必须根据公司的实际情况逐步探索建立共同愿景，两个相关的因素是员工的参与程度和学习能力。在条件不成熟的时候，员工参与目标的设定，会带来不好的效果。有的公司一开始就推行共同愿景，而且让员工参与组织目标的设定，经常带来很不好的效果。共同愿景的建设分为告知、推销、测试、咨询、共同创造五个阶段。

1. 告知阶段

组织刚开始还不成熟的时候，只能属于告知阶段。在这个阶段，就是由公司高层领导制定一个既定的目标，包括愿景以及从愿景延伸出来的战略、宗旨、价值观、信条等，告知自己的员工，要求员工必须无条件执行。如果不先给大家制定一个目标，大家的力量无法集合在一起。

在告知阶段必须注意如下问题：

（1）传达给员工的信息必须直接、清晰一致，不能用暧昧的、模糊的话。

（2）对公司现状要说实话；说实话可能引发危机，但人们经常说实话和听实话，就会锻炼出适应力。只有说真心话，只有建立了信任，才能使愿景不断清晰。

（3）信息传达要注意适当的细节，但也不能太细。如果员工不了解一些架构性的信息，将无从下手，但如果做得太细节化，员工就没有了发挥的余地。

2. 推销阶段

推销阶段就是站在员工的立场来推销企业的目标。首先是要改善劳资关系，员工的生产生活条件需要改善。先把这些成本比较低、代价比较小的工作做好以后，员工对公司有了信任感，才能更接受公司的愿景。企业家在推销公司愿景的时候，要着重愿景的好处，同时注意以个人的意见发表而不是公司的意见。同时，要多渠道、多形式地开发回应渠道，以协助员工的自我开发。

3.测试阶段

在这一阶段，公司抛出一些信息，测测风向。这个阶段有如下特点：

（1）提供高质量的信息给所有公司经理和员工。

（2）真诚地询问。

（3）保护隐私：对事不对人，在愿景探询阶段所探知的员工信息要保密。

（4）问卷与访谈。

（5）测试效益、动机和能力。测试阶段只是部分了解员工的信息，决策和愿景都是部分的、片断的，公司不能期望把愿景的全部交由测试来解决。

4.咨询阶段

在咨询阶段要开始一定的双向沟通，就是要用串联法把部分的、片断的信息组合起来，把各个部门搜集的信息和意见一步步加以汇总。如果领导者不是真心想接受员工的建议，而扭曲了信息，那么最终将会失去员工的信任。在咨询阶段一定不要同时进行告知及咨询，咨询是在做沟通，如果此时又告知，则会引起员工的强烈反感，员工会认为公司只是想引诱他们说出想法。

5.共同创造阶段

经过前面的几个阶段，每个员工都被“激活”了，迸发出很多智慧，公司则可采用归纳法，把大家的意见放到一个漏斗里，整合大家的思路，从而凝聚出公司的共同愿景。共同愿景既包含了企业家的原始个人愿景，又整合了各层级员工对公司的期望，这时愿景领导才成为可能。

不难看出，愿景领导的实现是需要一个过程的，也是有条件的，并非一蹴而就，愿景领导不是拿来就能使用的一个简单的工具和方法。但是，共同愿景一旦构建完成，其体现出的领导力的威力和持久力也是其他工具或方法无法比拟的。现在大家都认识到：有效的管理是简单的管理，简单体现在直透事物的本质；有效的领导是简单的领导，简单体现在激发员工的工作动力，愿景领导就是一种简单的领导，但其实现的过程并不简单。最后需要指出的是，愿景领导如果与员工职业生涯规划相结合，其威力将倍增，也可以将员工职业生涯规划作为愿景建设的第六个阶段。

8.1.4 中国的领导者要致力于实现中国复兴的伟大愿景

实现中华民族伟大复兴（实现中国梦）应该是每一个中国人梦寐以求的愿望，更是每一个中国领导者要构筑的愿景。

中国梦是民生梦。领导者要解决好人民群众最关心、最直接、最现实的利益问题。习近平主席指出："我们的人民热爱生活，期盼有更好的教育、更稳定的工作、更满意的收入、更可靠的社会保障、更高水平的医疗卫生服务、更舒适的居住条件、更优美的环境，期盼孩子们能成长得更好、工作得更好、生活得更好。"当我们通过政策安排、利益调整、措施完善、改革深化，把教育、医疗、收入分配、就业、社会保障等事关民生的工作都做好、做到位，真正做到学有所教、劳有所得、病有所医、老有所养、住有所居的时候，人民群众能不感到生活幸福吗?!

中国梦是尊严梦，即让人民群众过上更体面、有尊严的生活。随着物质生活水平的不断提高，人们对精神文化、健康安全等的需求日益增长。中国梦中"全面小康"与"富强民主文明和谐"的目标，根本指向就是让人民群众不仅过上小康乃至富裕的生活，而且过上更体面、有尊严的生活。这就要求领导者在实现中国梦的过程中，必须把公平正义、共同富裕、充分民主、法治昌明以及人的全面发展等贯穿始终，使人民合法权益得到切实保障。

中国梦依靠人民来实现。"历史活动是群众的事业"，这是马克思主义的基本观点。中国梦既然是人民的梦，当然要由人民自己来实现。在实现中国梦的过程中，领导者必须坚持人民的主体地位，无论政策设计还是制度安排都应体现人民意愿、符合人民需要，无论做决策还是干工作都应坚持问政于民、问需于民、问计于民，做到发展为了人民、发展依靠人民、发展成果由人民共享。

"兄弟同心，其利断金"。依靠人民，还要凝聚人民。当代中国正在发生广泛而深刻的变革，利益关系更加复杂，价值取向日益多样，每个人都有自己的梦想，每个阶层和群体也都有自己的梦想，这些梦想在"大同"之下存在"小异"。这种"不同"与"多样"固然是社会发展进步的重要标志，但历史告诉我们：一盘散沙成就不了伟业，各行其是实现不了愿景。更何况"人民"本就是一个集体的概念，人民也只有团结起来才可能实现共同的梦想。因此，在实现中国梦的过程中领导者应在不同中寻找和呵护共同、在共同中尊重和保护差异，把"你""我""他"整合为"大家"，把13亿人的力量汇集于一处。13亿中国人心往一处想、劲往一处使，有什么样的困难不能战胜、什么样的梦想不能实现?!

实现中国梦任重而道远，需要我们每一个人继续发扬中华民族勤劳勇敢的美德，继续付出辛勤劳动和艰苦努力。因此，每一位领导者都不能坐享其成，也不能小富即安，更不能未胜先骄。每一位领导者都要不动摇、不懈怠、不折腾，沿着中国特色社会主义道路前进，才能顺利实现中华民族伟大复兴的愿望。

8.2 服务型领导和魅力型领导

8.2.1 服务型领导

服务型领导（servant leadership）又称公仆型领导，是格林里弗（Greenleaf）于1977年在《像仆人的领导者》（The Servant as Leader）一文中提出的。格林里弗认为，领导者首先应该是一个仆人（servant）或服务者（steward），应具有为他人服务的主动愿望，着力满足下属的需求，这样才能赢得下属的信任，形成对于群体成员的领导力，使得下属或组织成员成为真正的追随者。格林里弗把服务型领导者描述为把下属的需求、愿望和利益放在自身利益之上的人，其动机是服务他人而不是指导他人，其目的是使下属变得更加健康、明智、自由，更具有自我效能感。从这个意义上来讲，领导产生于服务，领导过程就是服务过程，服务在领导之上。

服务型领导至少具备以下三个重要特征：一是满足被领导者需求的主动动机；二是领导者具有强烈的利他主义倾向，能够将他人或群体利益置之自身个人利益之上；三是将领导寓于服务之中，领导者的直接行为是服务，而非指导或命令，但是服务转化为了领导，追随者被领导者的服务精神和服务行为所引领。焦裕禄就是这样的服务型领导。

葛莱汉姆（Graham，1991）在其《组织中的服务型领导：精神的与道德的》一文中解释了服务如何转化为领导，其核心机制是领导者的道德和精神力量对追随者存在着重要的激励作用。从服务型领导的基本概念中我们不难看出，服务型领导对于领导者的品质和道德有着清楚而具体的要求，比如利他精神、谦逊、仁爱等。

8.2.2 魅力型领导概述

1.魅力

“魅力”（charisma）是一个希腊词汇，意指“神灵的礼物”，诸如能够实现奇迹或预见未来事件。

德国社会学家马克斯·韦伯（Max Weber，1947）用这个词汇描述一种形式的影响，它不是基于传统或正式的权威，而是追随者认为领导者具有超凡的品质。当存在社会危机时，领导者吸引追随者相信愿景，经历一些成功使得愿景更有吸引力，以及追随者认为领导者超常时，领导者就有了魅力。

魅力型领导是指领导者主要通过培养下属对组织的愿景与共同价值观产生强烈的认同感来激励与领导他们。魅力型领导通过施展为下属所欣赏的个性品质以及表现出自己对组织的愿景和共同价值观的巨大热情和投入，从心灵和情感深处来影响下属。

与权威型领导相反，魅力型领导认为自己的影响力来自于个人魅力：智慧、才干、威信、性格、经历等法定权力以外的卓越个人品质，权威型领导则认为自己对下属的影响力主要是由其所在的职位决定的，即领导的角色。但两者都有一个共同的基础：领导者的职位和角色。如果离开领导者的角色，权威型领导和魅力型领导的才能和品质将不能得到很好的发挥。两者的区别主要体现在对领导权力来源的感知，外在表现为不同的领导风格。

魅力型领导强调感性过程与理性过程一样重要，符号行为与制度行为一样重要。领导的某些品质与技能——自信、强烈的说服力、镇静、演说能力、戏剧性的资质等——都有被归因于魅力的可能。当有一个吸引人的愿景时，会增加追随者实现它的信心，在追随者之间引发热情和支持。当实现这一愿景的战略是创新性的，领导者采取个人的冒险行动去推动和促成它实现的战略明显也是成功的时，更可能出现对领导者的魅力归因。

2. 领导者的魅力归因

康格和凯南格（Conger & Kanungo，1987）强调魅力是一种归因现象。

追随者将魅力品质归因于领导者的品质、行为、技能等因素。魅力型领导会提出一个不同于现状的愿景，但这个愿景仍然在追随者接受的范围之内，因为追随者不接受过于激进的愿景。

没有魅力的领导表现为支持现状，热衷于渐进变化。魅力型领导常以非常规的方式实现愿景。为实现愿景，魅力型领导还会做出自我牺牲，不考虑自己的个人利益，甚至甘愿冒个人在地位、金钱、领导职位或组织成员上的巨大损失等风险。

魅力型领导对目标有着明显的自信。自信与热情也增加了对追随者的感染力。魅力型领导更可能出现在危机之时，此时领导者会提出对现状的不满，但同时会提供更美好的愿景。魅力型领导善于应用愿景和劝导表达诉求。当实现了愿景和战略明显成功之时，更可能出现对领导者的魅力归因。

3.魅力型领导的构成要素

魅力型领导模型有以下五个相关要素：

（1）具有非凡的个人品质。魅力型领导拥有非凡的天赋与品质。追随者在情感上被他们深深地吸引。他们通过运用比喻、故事、象征、标语和举例的方式与员工进行广泛而有效的沟通。他们的语言和非语言沟通能够捕捉和激发追随者的情感反应。

（2）强调共同的愿景和价值观。魅力型领导注重描述宏伟的愿景以及一系列价值观，并且将这一愿景与公司的使命、目标及期望行为联系在一起。这样一来，他们就可以挑战现状。

（3）促进共同使命的形成。魅力型领导注重在下属之间建立共同的纽带以及组织的共同理念。

（4）展示理想的行为模式。魅力型领导会对共同价值观、一致性的使命、共同理念和他所提倡的做出个人承诺，甚至可以为这些做出个人牺牲。

（5）展示力量。魅力型领导展现并创造出自信、面对自身和社会挑战的勇气、决心、乐观及富有创新意识的形象。他们通过强调成功而不是潜在的失败来淡化风险对追随者知觉的影响。

8.2.3 魅力型领导的个性特征与行为表现

沃顿商学院教授罗伯特·豪斯（1977）最早提出了魅力型领导理论，他认为，领导要素中的个人特征就是其对信念的执着和对前途与目标的丰富想象力，领导者通过其自身的独特特征能够改变下属的价值观、信仰和态度，使下属非常相信领导的想法和观点，无条件地接受领导，形成领导者与下属之间的一种基于情感依附的关系，使下属对领导者忠诚、信任和服从，从而实现组织期望的业绩。

豪斯认为，魅力型领导的个性特征包括：支配性，影响他人的强烈欲望，高度自信与坚定的价值观。

魅力型领导的行为表现为如下特征：能为追随者树立鲜明的角色榜样；显示出卓越的能力；清晰表达目标，寄予高期望，表露信心，唤起动机。

第一，魅力型领导希望追随者具有怎样的信念和价值观，他们本身就是这些信念和价值观的坚定持守者。这就是领导者的率先垂范作用。榜样的力量是无穷的，要让下属做到的，领导者首先要自己做到。

第二，在追随者看来，魅力型领导是很有能力的。

第三，魅力型领导会明确表达带有道德色彩的理想目标。美国民权运动领袖马丁·路德·金（Martin Luther King，Jr.）所做的著名演讲——《我有一个梦想》，正是这种魅力行为的例子。

第四，魅力型领导对追随者提出了很高的期望，并且表示相信追随者有能力达到这些期望。这种行为的影响结果是，增强了追随者对自身能力和自我效能的认识，从而进一步提高了他们的绩效。

第五，魅力型领导能唤起追随者完成工作任务时所需要的各种动机，其中包括权力动机、亲和动机或尊敬动机。美国前总统肯尼迪为了唤起美国人民的价值观曾说："不要问你的国家能为你做什么，而要问你能为你的国家做什么。"

豪斯等在1993年对魅力型领导模型进行了修订，认为魅力型领导改变了追随者的自我概念，试图在追随者的认同和组织的集体认同之间建立联系。魅力型领导建立联系的方式是：重视工作的内在奖赏，减少外在奖励，希望追随者将工作看成是表现自己的方式；同时，领导者对追随者表示出很高的期望，帮助他们获得自信感和自我效能感。

总之，魅力型领导可以将追随者的自我概念与组织认同联系在一起。

8.2.4 魅力型领导的正面与负面影响

1.正面魅力与负面魅力

魅力是领导者的一种个人特质，具有魅力的领导者的领导行为必须与人类进步和社会发展相一致，此时，领导者的魅力就会发挥正面作用，起到推动人类进步与社会发展的作用。反之，领导者的行为与人类进步、社会发展背道而驰，那么，这些领导者的魅力就会起到负面作用。

在世界范围内，就现代史而言，就有很多正面魅力型和负面魅力型的领导者。

美国第32任总统富兰克林·罗斯福（1882—1945）就是正面魅力型领导的代表之一，他领导美国摆脱了经济大萧条，推行了20世纪30年代的社会改革项目，参与了第二次世界大战，并获得胜利。

而德国的阿道夫·希特勒（1889—1945）则是负面魅力型领导的代表。他挑起了欧洲战争，点燃了第二次世界大战的战火，导致了生灵涂炭，几千万人丧生，犯下了令人发指的法西斯罪行。

在企业界，尽管魅力型领导会对组织产生巨大影响，但有的企业家具有个人权力导向，其行动专断、自私，最终可能导致企业的垮台。这些企业家强调追随者对自己的忠诚，而不是对组织、价值观和意识形态的忠诚。这样的魅力型领导对组织的作用显然是负面的。

2.正面及负面魅力型领导的特征

正面魅力型领导的特征主要是实行社会化的权力导向，强调对意识形态的忠诚而不是对个人的忠诚；实施价值内在化，而不是个人认同；在内部，决策参与受鼓励；委托与信息公开分享；奖励用于加强与组织使命相一致的行为；关心追随者及其福利。负面魅力型领导的主要特征是实行具有个人权力的导向。负面魅力型领导强调的是个人的认同，而不是价值内在化。此外，强调别人对自己的忠诚，而不是对理想的忠诚，并寻求统治和支配追随者，强调对领导的依赖。这些领导者将决策权威集中于领导者，奖励、惩罚在他们手中是操纵、控制追随者的工具。这些领导者还自我尊荣，维持对权力的关心，不关心追随者的福利，并试图保持领导者不会失败的形象。

负面魅力型领导者必然导致以下负面结果：

（1）因对领导者的敬畏而降低了追随者提出好建议的愿望。

（2）追随者只寻求得到领导者的认可，因而妨碍了批评的提出。

（3）追随者只会奉承领导者，制造了不会出错的幻觉。

（4）过于自信和乐观，使领导者无视真正的危险。

（5）否认问题和失败，降低了组织的学习功能。

（6）对领导者的过分依赖，抑制了继承者能力的发展。

（7）培养继承者的失败导致了最终的领导危机。

正面魅力型领导与负面魅力型领导的差别可归纳为如表8-1所示的几点。

表8-1　**正面魅力型领导与负面魅力型领导的区别**

正面魅力型领导	负面魅力型领导
社会化权力导向	个人权力导向
价值内在化	个人认同
对意识形态、理想的忠诚	对自己的忠诚
决策参与受鼓励	决策权威集中于领导者
委托、信息公开分享	寻求统治和支配追随者
奖励用于加强与组织使命相一致的行为	奖励、惩罚用于操纵、控制追随者
关心追随者及其福利	自我吹嘘，关心维持权力，不关心追随者福利

8.3 变革型领导和交易型领导

8.3.1 变革型领导和交易型领导概述

变革型领导和交易型领导的概念源于政治社会学家伯恩斯（James MacGregor Burns）1978年的经典之作《领袖》。

一个变革型领导要通过激励他人使其设定较高目标并努力实现。变革型领导是通过为团队明确地描绘愿景，鼓励并支持追随者或以身作则来激励他人。变革型领导的实质是提出、展开、实施重大变革。领导者能提出和清晰地表达组织的愿景，激励和授权追随者完成和实现更高目标，最终使追随者产生认同感，使他们对领导者有坚强的信念，确信领导者有创造性、变革性、强大而值得信赖，坚信只有跟着这样的领导者才能实现愿景。在西方国家，人民推崇林肯、丘吉尔、肯尼迪等为变革型领导的典范。

变革型领导可以促使组织有较高水平的工作绩效，并使员工有较高水平的工作满意感、组织公民行为、组织承诺和组织公平感。与此同时，员工的离职倾向会降低。

总之，变革型领导的领导效能高。至于变革的内容，则是指改变价值观，发挥追随者的潜能，提高领导与追随者的热情与道德意识。

变革型领导的特点可以概括为：关注领导者激励追随者达成目标的过程；理解并迎合追随者的需要和动机；变革型领导是变革的代表和良好的行为榜样；能提出和清晰表达组织的愿景；授权追随者实现更高目标；变革型领导的处事方式使人对他更加信任。

交易型领导是指领导者主要通过迎合下属利益需求的方式来激励和指导下属。交易型领导为下属提供的是纯粹的交换，是基于社会交换的观点，强调成员与领导者之间的关系是互惠的，基于经济的、政治的以及心理价值的互换。在交易型领导行为中，领导者通过与下属或追随者进行交换，在满足他们当前需求的同时获得下属的支持。这与激发下属实现自我实现的目标是不一样的，是一种短期的交换结果。巴斯（Bass）等基于交易型领导以领导-成员交换理论和途径-目标理论为基础的假设，认为基于物质或经济交换的交易型领导借助澄清工作角色、奖罚分明，换取下属对工作的付出。在交换中，领导者给下属提供报酬、实物奖励、晋升机会、荣誉等，以满足下属的需要与愿望；而下属则以服从领导的命令指挥，完成其所交给的任务作为回报。交易型领导方式建立在一个人在组织中的与位置相关的官僚制权威和合法性基础上，因此，交易型领导方式的突出特点在于十分强调绩效。通过明确规定的角色分工和任务分配，交易型领导可以带动或动员下属实现既定目标。对可预测的、可持续的结果的追求，是所有交易型领导行为的内在动力。

从一定意义上来讲，魅力型领导和变革型领导也可被看作交易型领导。交易型领导交换的是利益，只不过魅力型领导和变革型领导拿“魅力”和“感情”来做交换而已。

8.3.2 变革型领导和交易型领导的构成要素

1985年，巴斯在伯恩斯研究的基础上正式提出了一种范围更广、更加完善的变革型领导行为理论。巴斯在他的理论中扩展了伯恩斯的研究，更多地关注追随者而不是领导者的需求。他认为，变革型领导适用于那些产出消极成果的情境中，并把交易型领导和变革型领导描述成一个统一的连续体（见图8-1）。巴斯同时也扩展了豪斯的研究，更多地关注情感因素和魅力来源，他认为魅力是变革型领导的一个必要条件，但不是充分条件。

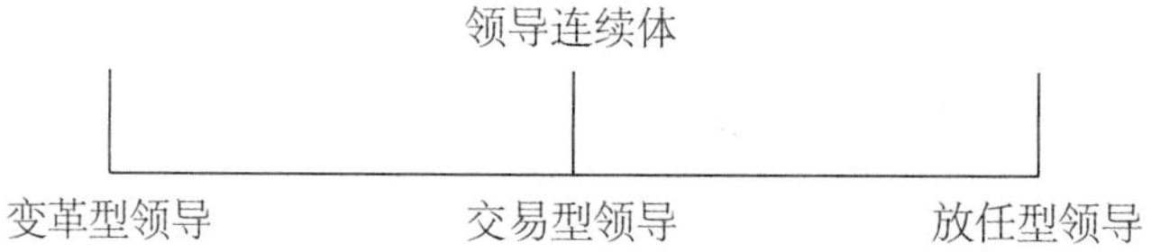

图8-1 领导连续体上的变革型与交易型领导

由图8-1可见，变革型领导与交易型领导以及放任型领导之间是可以转化的。加强交易型领导的各项品质特征的培养和训练，可以实现其向变革型领导的转化。反之，如果弱化变革型领导的各项品质特征，也可使其转化为交易型领导。

巴斯的变革型领导和交易型领导模型中包含了七种不同的因素，如表8-2所示。

变革型领导因素涉及提升追随者的表现，让追随者发挥最大的潜质。

1.魅力或理想化影响

魅力或理想化影响（idealized influence）是指领导者的言辞和高标准的示范行为会对追随者产生较高程度的激励作用。变革型领导向追随者描绘目标愿景、使命感，领导者自身也是一位高道德标准的领导者，因而等于向追随者树立了榜样，使追随者认同并仿效他们，从而使追随者也具有了较高的道德标准和道德行为。这样的领导者也会受到追随者的尊重。

表8-2 **巴斯领导因素**

变革型因素	交易型因素	放任型因素
因素一	**因素五**	**因素七**
魅力或理想化影响	后效奖赏	自由放任
因素二	**因素六**	
鼓舞干劲	例外管理	
因素三		
智力激发		
因素四		
个性化关怀		

2.鼓舞干劲

鼓舞干劲（inspirational motivation）是指变革型领导会阐述一个吸引人的愿景，通过愿景使追随者有一个高的期望，以此实现动机激励；与此同时，这种类型的领导会加强信念与情绪感染力，增强凝聚力量、团队精神以实现组织愿景。

变革型领导要使追随者为了团队或组织利益超越个人兴趣或个人利益，从而提高追随者对理想目标重要性和价值的认识水平。总之，要鼓励追随者提出更高需求，有效激励追随者实现最大利益，而不仅是领导者的个人利益。

3.智力激发

智力激发（intellectual stimulation）是指变革型领导要激发追随者的创造与革新意识，激励追随者反思现状，并思考更佳的做事方法，支持革新、独立思考、解决问题，对过时的领导、组织信念和价值观可提出疑问。

4.个性化关怀

个性化关怀（individualized consideration）是指变革型领导总是对追随者提供支持、鼓励和教导，同时对追随者的发展和幸福给予关注。在实践中，变革型领导要充当教练和建议者的角色，同时要聆听个别追随者的需求，创造支持性的氛围。总之，他们要发挥追随者的最大潜能，使其具有强烈的内在价值与观念体系。

交易型领导与变革型领导不同，因为交易型领导不会关注追随者的个性化需求，也不会关注其个人的发展。交易型领导与下属交换有价值的事物，以推进自己与下属的目标进程。

5.后效奖赏

后效奖赏（contingent reward）是指领导者和追随者的一个交换过程，在这个过程中，追随者的努力是为了换取特定的奖赏，在这种类型的领导下，领导者在任务分配及相应报酬上尽量与追随者达成一致。

6.例外管理

例外管理（management-by-exception）包括正确批评、负面反馈和负强化。其有两种形式：主动的和被动的。运用主动形式的领导者密切关注追随者是否犯错误或违反规则，然后采取行动去纠正。运用被动形式的领导者只是在没有达到标准或问题出现后才进行干预。从本质上讲，与后效奖赏的正强化相比，无论是主动式的管理还是被动式的管理都更多地运用负强化模式。

放任型领导与交易型领导相去甚远，表现的是非交易型行为。

7.自由放任

这一因素代表的是领导缺失。自由放任（laissez-faire）的领导者采用的是“放任自由、任其发展”的做法。他们放弃责任、延误决策、不提供反馈，很少努力地帮助追随者满足他们的需求。领导者与追随者之间没有交换，也不帮助追随者成长。

8.3.3 变革型领导和交易型领导的行为特征

变革型领导提供清晰的组织愿景。愿景简洁、易懂、有益、富有生机与活力，出自整个组织的需要并得到了组织全体成员的肯定。

变革型领导，其行为表现为组织的社会设计师。他们指明了组织的价值观和规范的变革方向。变革型领导认同新理念，以这种新的成员共享的理念去创造某种新的形态或结构。我国改革开放的总设计师邓小平就是一位典范式的变革型领导，他为中国设计了一条改革开放的道路，使中国社会走向了变革的轨道。

变革型领导总是明确地坚持自己的观点，在组织中建立信任感。追随者对变革型领导的信任是完全预期的和可依赖的，从而使整个组织形成整体感和同一性的意识。

变革型领导提倡在积极的自我关注过程中创造性地发展自我，由此，追随者对变革型领导会产生高度的信任感和期望值。

交易型领导将奖励和绩效挂钩，明确预期目标，以承诺及公司资源获得下属支持，并做出双方都满意的安排。为获取资源而进行协商，支持下属的努力，并奖励其良好绩效。领导者制定并阐明组织的具体目标，追求短期、可以量化的结果和收益。

交易型领导积极地监督下属的绩效，如果有偏离标准的行为发生，则及时采取纠正行动，并强化规则以防止错误发生。对于组织不可接受的行为通常采取矫正或惩罚措施。

交易型领导更倾向于使用“胡萝卜政策”（但有时候也使用“大棒政策”）设定预期绩效表现和目标，并为下属提供反馈。

交易型领导关注的是领导与追随者之间的“交易”。一旦交易成功，领导者会给予完成目标的下属一定的奖励。交易范围广泛，所有类型组织在不同水平上都有交易。交易型领导既不区别对待下属的个别需求，也不重视下属的个人发展。交易型领导具有影响力是因为员工为了自身的利益去完成领导者希望的事情。

8.4 魅力型、变革型与交易型领导的区别和联系

8.4.1 变革型领导与魅力型领导的区别与联系

变革型领导的领导因素包括以下四大项目：

魅力 + 个性化关怀 + 鼓舞干劲 + 智力激发

由此可见，魅力是变革型领导的必要因素，但一个领导者可以是有魅力的，但不一定是变革型的。魅力型领导更多的是塑造超常能力的形象，而变革型领导的本质明显是激励和授权。变革型领导会促进授权，发展下属的技能和自信，有利于促进创造自我管理团队。

变革型领导使追随者对工作的重要性和价值更为敏感，促使追随者为了组织利益转变自己的利益诉求。变革型领导关心发展追随者的技能和提升追随者信心，让他们在一个授权组织中承担更多的责任。变革型领导将提供支持与鼓励，使下属面对障碍、困难、失败时保持热情与努力。其结果是下属更加信任和尊敬变革型领导，做比原先期望做的多得多的工作。

8.4.2 交易型领导与魅力型领导的比较

交易型领导与魅力型领导的主要差别如表8-3所示。

表8-3 **交易型领导与魅力型领导的对比**

维　度	交易型领导	魅力型领导
权力的主要来源	报酬、回报、合法	超常能力与表现
激励下属的基础	外部的/经济的	内部的/情感上的
下属的绩效目标	狭隘的、定量的、特定职位的	宽广、定性;特定的领导者与愿景
情感上对目标的依附度	低	高
预期的下属行为	遵守规章制度	通过社会准则与团队压力形成
下属对领导者与愿景的承诺	低到中	高
管理者策略印象	低运用	高运用

8.4.3 变革型领导与交易型领导的比较

变革型领导与交易型领导之间既有差别又有联系，从二者的差别中更可看出变革型领导的独有特征。两者的差别表现为三方面：

首先，领导行为内涵不同。

交易型领导的领导行为是领导者与追随者之间的交易。交易型领导一旦“交易”成功，他会提拔实现目标的员工。交易范围广泛，所有类型的组织在不同水平上都有交易。交易型领导既不区别对待下属的个别需求，也不重视下属的个人发展。交易型领导之所以具有影响力，是因为员工为了自身利益而不得不去完成领导者希望自己完成的任务。

变革型领导的领导实践则是其时刻关注、激励追随者完成目标的过程。变革型领导能很好地理解并迎合追随者的需要和动机。变革型领导是变革的代表和良好的榜样，他们能提出和清晰表达组织的愿景，能授权追随者实现更高的目标，其为人处世方式使别人对他产生信任感。变革型领导过程具有魅力型领导和理想领导的魅力。

其次，领导行为产生的效果不同。

交易型领导鼓动追随者追求他们的自我利益，即唤起追随者的自我利益诉求，领导则以职位、津贴、有利润合同交换选票，用工资和地位交换追随者的努力。

变革型领导可以唤起追随者的精神价值，力求提升他们的道德意识，激发他们的能量、潜力与资源，并实现革新与变革。

最后，领导行为关注的重心不同。

交易型领导仅关心追随者顺从领导者需要的交换过程，因而不可能产生对任务目标的热情和支持。

变革型领导关注追随者价值和感情的全过程。

领导者关注追随者价值和感情的过程是现代组织中变革和愿景领导的核心特征。领导者要促使追随者为了组织或团体利益改变自我利益；激活他们对更高秩序的需要；鼓励追随者使他们对自己的任务结果的重要性更为重视也更为努力。总之，变革型领导会使追随者对自己更加信任、喜爱、忠诚和尊敬。

8.5 领导的最高境界：不领导——自主型领导

有一些领导现象，并不完全表现为领导者与被领导者的双向互动作用，而是单边的或融为一体的，这实际上是一种领导要素之间非传统的作用关系，我们将其归纳为领导者与被领导者非常规的互动作用。其中包括来自被领导者的自主型领导（自我领导），以及体现领导者与被领导者合作共治的共享型领导和团队（型）领导。这些非常规的领导者与被领导者的互动作用，为双方和团队带来了不同的体验和相互关系。在特定的社会和组织情境下，此类领导模式和领导关系的有效性更要超过常规的领导模式。

8.5.1 克尔和杰迈尔的领导替代理论

随着社会的发展和时代的变迁，领导在组织与团队中的作用和功能发生了显著变化，领导者与被领导者的关系也发生了一些明显的改变。被领导者并不是完全被动地接受领导，在领导者的激发和引领下，被领导者通过自我管理、自我领导、团队领导等领导行为可以更高效地实现组织目标。这些来自被领导者的领导行为不再完全依赖领导者，我们称之为领导替代。

1978年史蒂文·克尔和约翰·杰迈尔（Steven Kerr & John Jemier）首次提出领导替代的概念。领导替代理论（Leadership Substitutes Theory，简称LST）是指如何使领导行为没有必要和成为多余。下属、任务和组织的各种不同的特性都可能用于对领导行为的替代。替代增加到一定程度，领导者成为名义上的领导。进一步发展自我管理团队行使领导功能，就不需要经理职位了。

发生领导替代的条件主要有七个方面：（1）建立在相互信任的基础上的情感化管理，上级的信任和下级的忠诚都是必需的；（2）工作任务明确；（3）完善的、规范的管理制度；（4）被领导者自己知道应该做什么、怎么做，并且能自觉做、主动做和做好；（5）被领导者具有一定的工作能力，有自主意识且善于自我激励；（6）企业文化鼓励组织成员的创造性和自主性；（7）通过通信工具保持联系，对下级难以解决的突发事件及时拿出解决方案，保证对计划的实施过程进行监督、约束，发现偏差及时调整和控制。

8.5.2 自我领导的基本概念及作用

自我领导（self-leadership）是曼兹（Manz，1986）在自我管理理论的基础上提出的，是人们为了自我指导与自我激励而进行的自我影响、自我引导的过程。具体来讲，是个体在实践活动经验积累的基础上，通过自身需要的驱动，根据内部标准的指导，运用内部奖赏实现自我激励而达成绩效的自我影响过程（赵国祥等，2011）。简而言之，就是个人自己领导自己。自我领导理论假设，当被领导者具备很高的职业素质和专业能力以后，他们就会产生一种使命感和责任感，通过种种自我指导和自我激励的方式，在工作中自己领导自己，从而起到替代领导者领导的作用。自我领导行为包括根据组织的需求和自身的情况，确定工作方向和目标，计划完成任务的进度和步骤，确定行动的时间与地点，主动与他人沟通协作，正确预测和评估自己的工作效果并进行自我奖励与惩罚，最大限度地发挥创造性和工作激情，以期在工作过程中和工作绩效的回报中获得满足。

一般说来，自我领导是一个复杂的心理过程，其机制可以通过自我调节理论、社会认知理论、内在动机理论等做出合理的解释。

自我领导与自我管理是两个相对独立的概念，虽然两者存在交集，但又彼此不同，各有侧重。在外显行为上，自我领导与自我管理都有共同的表现，如自我设定目标、自我监察、自我评价、自我修正等，但二者的出发点和内在动机有很大不同。自我管理主要是为了规范个体行为，减少个体行为与组织目标及团队规范不一致的地方，通过外部奖励获得自我强化。而自我领导追求的主要任务是任务或行为本身具有的自然报偿，因此行为的动力和持续性更强。失去了外部约束和强化，自我管理就失去了动力，自我领导则不然，它主要依靠自身的内部驱动，具有更深、更高层次的动力机制。

尽管自我领导是针对被领导者提出的，但是对领导者本身也具有重要的实践意义，因为，大多数领导者本身也是上一级领导的被领导者。现实生活中，一些领导者过度看重外在的奖励，缺乏对内在需求和自我价值的认知，自我领导能力亟待提升。

自我领导有助于形成促进绩效目标导向的积极行为，消除有碍于绩效目标导向的消极行为，使得个体行为保持与绩效目标的一致性，进而推动绩效目标的达成。自我领导对员工个体也会产生积极影响。通过自我领导思维与行为的训练，可以提高员工对工作的积极情绪，增强对工作或任务本身的积极体验和正向预期，这些结果将带来工作满意度和组织公民行为的提升，继而影响到工作绩效。自我领导还可以降低工作中的压力和紧张感。内部激励与积极思维模式的形成，会改变个体对工作和组织的态度和看法，形成积极的心理体验。此外，自我领导还会反过来影响到个体的一些个性特征，比如经常被授权并实施自我领导，个体会增强工作的主动性、独立性和创造性，从而提高个体的自尊与自信，责任感与认真态度也会得到积极强化。

8.5.3 自我领导的构成与影响因素

曼兹等人认为，自我领导是由特殊的行为战略和认知战略组成的。行为战略指通过自我观察、自我评价和自我修正等方式在行为上进行自我调节，从而激励积极的行为、阻止消极无效的行为，促进预期目标的实现。认知战略是指通过自我目标设定、自我预期、自我奖罚和自我暗示等方式，为自己确定工作目标，形成强大的自我激励，并据此确认需要提升或改变的行为，推动行为战略的实施。认知战略是自我领导的基础，而行为战略是自我领导的表现。

然而大多数研究者主张将自我领导划分为三个基本维度：行为聚焦策略、自然报偿策略和建设性思维模式策略。行为聚焦策略是指自我目标设定、自我观察、自我提示、自我评估、自我奖罚等特定行为，目的是鼓励和强化那些导向成功结果的积极行为，抑制和消除那些导向失败结果的消极行为；自然报偿策略是指积累和完成与任务相联系的正向感知和正向经历经验，目的是增强自我效能感和对工作的胜任感，从而增强工作具有的内在激励作用；建设性思维模式策略是指绩效憧憬（任务结果的心象化）、自我对话、评价信念与假想、自我激励等思维过程，形成与成功导向相一致的积极思维，塑造积极性的思维模式。

从这些过程可以发现，自我领导是个体不断激发内在动力，不断自我修正和指导的自我促进过程。其影响因素主要包括个体因素和情境因素两大方面。个性特征（如外向性、责任感等）、内控归因、情绪智力（如情绪稳定性）与教育程度都与自我领导存在一定程度的正相关。同时，一些组织、领导和任务特征等情境因素也会对员工的自我领导产生不同程度的影响。比如，团队型组织、创新型组织和高度结构化组织一般会对自我领导形成促进作用，因为这类组织能够形成有利于自我领导的组织氛围。授权型领导、团队型领导、共享型领导等非传统的领导行为更容易培养和激发被领导者的自我领导行为。而非结构化的任务、挑战性或创新性的任务会给员工的自我领导提供必要和空间。

8.5.4 自我领导的领导：超级领导

对于下属的自我领导等替代性领导行为，领导者并不是袖手旁观，更不是放任自流，领导者为了激发被领导者的自我领导行为，需要更高超的领导观念和领导方式，这就是超级领导（super leadership）。所谓超级领导，就是领导者引导和带领下属去实行自我领导，就是对自我领导进行的领导，超级领导者就是自我领导的领导人。在超级领导过程中，领导者最重要的职能就是让下属变成自我领导者。因此，超级领导意味着领导者需要开发下属的自我领导能力，将个体的自我领导潜能开发释放出来，帮助被领导者成功地领导自己，更好地实现组织目标。超级领导作为领导活动的最高境界，与老子《道德经》中所主张的“无为而治”的思想是一脉相承的（“为无为，则无不治”）。

超级领导的实现需要领导者从领导目标和行为上进行适度的调整和改变：领导者的目标要从实现组织绩效的单一目标转变为组织绩效与员工发展的双重目标，行为应更多地指向自我领导的行为策略与认知策略。

超级领导和自我领导的实现，将会极大地提高整个组织的工作效率，在推动实现组织目标的同时，使被领导者的潜能得到充分的发挥，对于促进人的全面发展具有重要而深远的影响。超级领导对追随者的理解不是工具性的，而是价值性的，它将积极释放下属的能力置于首位。传统的领导理论着眼于如何塑造领导者的能力和魅力，从而激发下属的信任和行动，而超级领导着眼于如何使追随者成为自我领导者。如何以价值领导超越传统的工具领导，如何以超级领导超越传统的强权领导，就成为21世纪初领导科学界的热门话题。

8.6 共享型领导

共享型领导（shared leadership）是一种团队领导者与成员责任共担、权力共享的领导模式，是随着知识型组织或团队的创建而发展的。共享型领导的概念可追溯到20世纪80年代的共同管理学说，90年代开始得到广泛的研究。格莱迪等人（Grady et al.，1997）认为，所谓共享型领导，就是一种基于责任的领导实践，它要求团队所有成员都参与到团队绩效的改进中，其核心概念包括责任承担、伙伴关系、平等和主动性。共享主要体现在两个方面：一是领导职责的共享，领导者将自己领导的工作职责与下属进行分享，通过授权和责任共担，让所有成员都参与决策，整个团队共同承担领导职责；二是领导行为与心理的共享，包括经验和知识的共享，也包括信任和情感的共享，包括领导者在内的团队成员相互依存和共同成长。

国内研究者刘博逸于2012年归纳了共享型领导的几个主要特征：一是领导权力的共享性；二是领导行为的互依性；三是领导行动的情境性；四是领导边界的开放性。

中国目前总体上还没有进入知识经济时代，组织与社会文化还是尊崇权力和权威，因此，传统的垂直型领导仍是主要的领导方式。但共享型领导与传统型领导之间存在着明显区别。它是一种平行、横向的领导模式，团队成员体验更多的是同伴的影响，而不仅是特定领导者的影响。团队目标的确立和实现往往高度依赖团队成员的需要、动机、知识和技能，更多地体现为团队成员之间的互动作用。领导者与团队成员以团队目标为导向，互相激励、互为引导、通力协作，共同为实现组织目标而工作。但无论是共享型领导还是传统型领导，领导行为还是存在共性的，都是不同角色成员之间相互影响和相互作用的过程与结果。应该说，共享型领导是对传统垂直式领导的一个发展和完善，把两种领导模式有机结合起来，有利于更好地提高领导效能和团队绩效。

共享型领导需要与之相适应的特定的组织环境——任务特征和团队特征。实际上这是共享型领导所需要的特定的团队心智模型。若不具备这些特征，共享型领导就很难实现或者难以达到应有的效能。共享型领导产生的任务特征主要涉及任务的关联性、专业性和创新性，这三者的完整统一是高水平共享型领导的重要基础。共享型领导需要的团队特征主要包括团队成员的目标承诺、社会支持和成熟度水平。

对共享型领导的结构研究没有形成统一的认识与结论。国外的多因素模型都是基于问卷法提出的，其中以四因素模型为主。伍德（Wood，2005）的四维度是共同完成任务（joint completion of tasks）、相互技能开发（mutual skill development）、成员分化互动（decentralized interaction among personnel）和情感支持（emotional support）。卡尔森等人的四因素包括共同目标、社会支持、成员发言权以及外部指导。

共享型领导多见于志愿者团队、咨询型团队、挑战型团队、授权型团队和暂时性的无领导团队。国内外一些学者的研究都发现，存在于这些团队中的共享型领导能够显著地提升团队的绩效。

8.7 团队（型）领导

8.7.1 团队领导与团队型领导

团队领导（team leadership）是近年来管理心理学和领导心理学研究中最普遍、发展最迅速的领域。团队就是由一群相互依赖、有共同目标、必须相互合作方能完成任务的个体互助组成的有组织的团体。

对团队的研究最早是从20世纪二三十年代开始的。但团队不等同于群体。团队通过所有成员的努力朝着共同的目标迈进，在共同领导、目标感和集体责任的驱动下实现高水平的组织绩效。团队的特征是平等，在一个组织良好的团队中，没有个别的明星或英雄，但是每个人都会将自我意识升华为集体利益。但不是所有群体都会采用团队模式。

团队领导者的产生方式非常多样化。莫格森等人（Morgeson et al., 2010）认为，可以从"来自于团队内部还是外部"以及"是否正式任命的"两个维度来划分团队领导的产生方式，将团队领导者分为四大类别：一是内部的正式领导者；二是外部的正式领导者，如企业团队的专家、顾问和教练等；三是内部的非正式领导者；四是外部的非正式领导者，如行业协会的专家、协调人等。非正式任命方式产生的团队领导亦称团队型领导，他们也属于横向的共享型领导。

8.7.2 塔克曼等的团队发展阶段模型

1965年，布鲁斯·塔克曼（Bruce Tuckman）发表了一篇题为《小型团队的发展序列》（Developmental Sequence in Small Groups）的短文，提出团队发展的四阶段模型。1977年，他与詹森（Jensen）在四阶段中加入了第五个阶段——休整期。塔克曼和詹森的团队发展五阶段模型（见图8-2）使其可以被用来辨识团队构建与发展的关键性因素，并对团队的历史发展给以解释，其对后来的组织发展理论产生了深远影响。团队发展的五个阶段是：组建期（forming）、激荡期（storming）、规范期（norming）、执行期（performing）和休整期（adjourning）。他们认为，所有五个阶段都是必需的、不可逾越的，团队在成长、迎接挑战、处理问题、发现方案、规划、处置结果等一系列过程中必然要经过上述五个阶段。

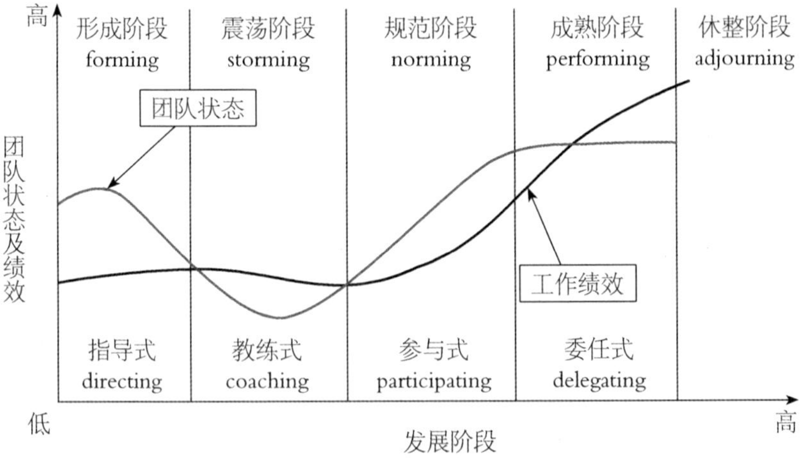

图8-2 塔克曼和詹森的团队发展阶段模型

1.组建期

组建期是项目小组的形成阶段。此阶段团队酝酿、形成、测试。测试的目的是辨识团队的人际边界以及任务边界。通过测试，建立起团队成员的相互关系、团队成员与团队领导之间的关系，以及各项团队标准等。团队成员行为具有相当大的独立性。尽管他们有可能被促动，但普遍而言，这一时期他们缺乏团队目标、活动的相关信息。部分团队成员还有可能表现出不稳定、忧虑的特征。

团队领导在带领团队的过程中，要确保团队成员之间建立起一种互信的工作关系。团队领导适宜的领导风格是“指导”或“告知”式领导，与团队成员分享团队发展阶段的理念，达成共识。

2.激荡期

激荡期（震荡阶段），形成各种项目小组的观念，出现激烈竞争、碰撞的局面。此阶段团队成员获取了团队发展的信心，但存在人际冲突、分化的问题。团队成员面对其他成员的观点、见解，更想展现个人的性格特征。对于团队目标、期望、角色以及责任的不满和挫折感被暴露出来。

团队领导指引团队度过激荡的转型期。此时团队领导适宜的领导风格是“教练”式的，强调团队成员的差异和相互包容。

3. 规范期

此阶段项目小组的规则、价值观、行为、方法、工具等均已建立。团队效能提高，团队开始形成自己的身份识别。团队成员调适自己的行为，以使得团队发展更加自然、流畅。团队成员有意识地解决问题，实现组织和谐。团队成员动机水平提高。

团队领导允许团队有更大的自治性。团队领导适宜的领导风格是“参与”式领导。

4. 执行期

执行期的人际结构成为执行任务活动的工具，团队角色更为灵活和功能化，团队能量积聚于一体。此阶段团队运作如一个整体，工作顺利、高效完成，没有任何冲突，不需要外部监督。团队成员对于任务层面的工作职责有清晰的理解；没有监督，自治；即便在没有监督的情况下员工自己也能做出决策，随处可见“我能做”的积极工作态度；互助协作。

团队领导让团队自己执行必要的决策。团队领导适宜的领导风格是“委任”或“授权”式领导。

5. 休整期

此阶段任务完成，团队解散。

有些学者将第五阶段描述为“哀痛期”，反映了团队成员的一种失落感。团队成员动机水平下降，关于团队未来的不确定性开始上升。

该模型为团队发展提供阶段指导，但也有一定的局限性，因为该模型是用来描述小型团队的，是一个主客观相结合的模型，描述的阶段特征并不可靠，没有考虑到团队成员的个人角色特征，且忽视了组织的背景。实际上，团队发展轨迹不一定像模型描述的那样是线性的，而有可能是循环式的。

8.7.3 希尔的团队领导模型

希尔（Susan E. Kogler Hill，2001）的团队领导模型（见图8-3）将领导放在影响团队效能的核心位置。该模型基于功能性的领导，认为领导者的主要工作就是监控整个团队，诊断团队问题，然后采取一切必要行动纠正错误，以确保团队效能。该模型旨在简化和澄清团队领导复杂的本质，提供一个简单的工具来帮助领导者解决问题：团队领导从最高层最初的领导决策开始，然后转移到领导者的行动，最终集中到团队效能的指标。该模型将领导行为看作团队解决问题的行为，其中领导试图通过分析内外形势争取实现团队目标，然后选择和实施适当的行为确保团队效能。此外，扎卡罗等人（Zaccaro et al.，2001）指出，领导者必须有能力判断哪些问题需要干预，并且决定哪些解决方案是最合适的。

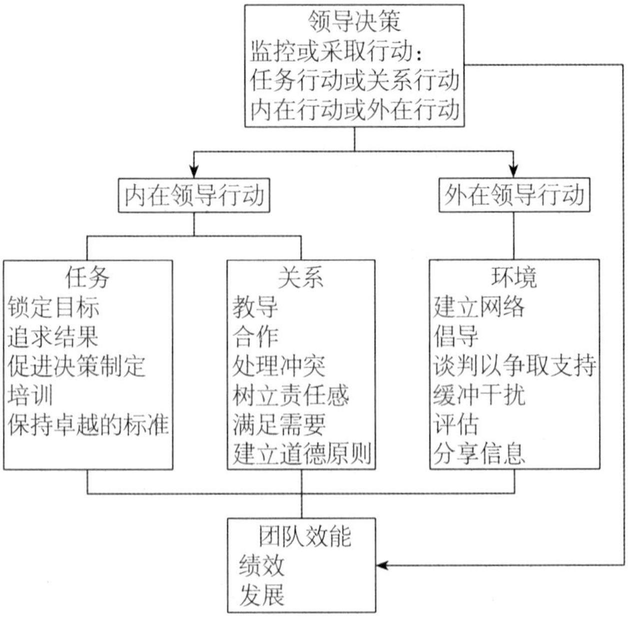

图8-3　希尔的团队领导模型

1.领导决策

领导者要做的第一件事就是为改善团队的运作而做出是否干预以及如何干预的决策。领导者面临如下三个决策：

领导决策1：是继续监控这些因素采取观察措施（目标干预），还是在已收集和整理过的信息基础上采取行动（行动干预）？要发展一个关于团队运作的准确的思维模式，领导者要监察内外部环境，以收集信息、减少模糊性，从而利于决策。除了收集和解释信息，团队领导者还必须根据这些信息采取正确的行动。

领导决策2：是任务干预还是关系干预？影响团队效能的任务职能和关系职能是领导的两大职能。因此，领导者需要决定团队在关系问题上还是在任务问题上需要帮助。

领导决策3：是从内部还是从外部进行干预？除了平衡团队的内部工作和关系需要，领导者还必须使团队适应外部环境。有效的团队领导者分析和平衡团队内部和外部的要求，并做出适当的反应。

2.领导行动

领导者接下来要做的就是采取技巧性的行动。模型的第二部分列出大量的可以内（任务与关系）外（环境）兼施的领导技巧。领导者要有能力运用这些技巧并做出战略选择，利用最合适的职能或技巧进行干预。

古然和广川（Gouran & Hirokawa，1996）讨论了阻碍任务完成的制约因素，指出领导者需要意识到并解释是什么阻碍了团队目标的实现，然后做出战略性的选择，采取恰当的行动对症下药：任务问题就提供目标重点、制订标准或培训计划；关系问题就采取处理冲突或建立承诺的行动；环境问题则应采取构建网络、倡导或共享信息等行动。

内在任务领导行动包括：锁定目标（清晰化、赢得认同）；追求结果（计划、愿景规划、组织、明确角色、授权）；促成决策的制定（获得信息、监控、调整、协调、综合、集中问题）；培训团队成员的工作技能（教育、发展）；保持卓越的标准（评估团队及个人表现、纠正不当行为）等。

内在关系领导行动包括：为团队成员提供人际沟通技巧培训；合作（包括参与）；处理冲突和权力之争（避免对峙、质疑、观念差异）；树立团队责任感和团队精神（乐观、创新、设想、社交、奖励、承认）；满足个人需要（信任、支持、倡导）；建立道德原则（公平、统一、规范）等。

外部环境领导行动包括：建立网络、形成联盟（收集信息、增强影响力）；提倡和代表团队；和上级谈判争取必要的资源、支持和认同；缓冲环境对小组成员的干扰；评估团队效率的环境指标（调查、评价、绩效指标）；与团队分享有关的环境信息等。

团队领导是复杂的，团队若想成功，没有简单的模式可选。团队领导者必须学会在了解和诊断团队问题方面采取开放和客观的态度，善于选择最合适的行动（或不作为）以帮助实现团队的目标。重要的是，要注意这些关键职能不必仅由领导者来执行。在一个成熟的团队中，经验丰富的成员可能分担这些领导行为。只要团队的关键需求得到满足，无论是领导者或团队成员承担的领导行为都是有效的。从职能角度看，领导者采取一切必要的行动满足团队未满足的需要是很重要的。

3.团队效能

模型的最下面是团队效能。团队效能的两个重要内容是：绩效（任务完成）与发展（团队维护）。

拉尔森和拉法斯托（Larson & LaFasto，1989）研究了现实生活中的团队，发现无论是哪种类型的团队，都有八种特征与团队卓越相关。团队领导者需要了解这些绩效标准，并能够评价团队的绩效水平，以确定他们在哪些方面还存在不足；还需要了解团队表现如何，并采取适当的行动，以促进团队成功。

这八个绩效标准是：令人振奋的明确目标；受结果导向驱动的组织结构；胜任工作的团队成员；协作氛围；卓越标准；外部支持和认同以及原则分明的领导。团队领导可以利用这八个标准来评估团队的发展状况，并采取适当措施来应对任何不当行为。

两人还于2001年研究了600多个团队和6 000多名团队成员，发现有效的团队领导者都有下列行为：集中团队力量实现目标；保持一种合作的气氛；加强成员之间的信任；展示技术能力；设置优先权和管理效能。团队领导和团队卓越的标准一起被评估是必要的，这样的反馈对团队的健康和效率是非常重要的。

总体说来，团队领导者可以利用该模型来帮助他们了解其团队的现状和决定采取的具体行动，以改进团队的运作。模型为领导者提供了一幅认知地图，来识别团队需要，并就如何采取适当正确的行动提供建议。

8.8 领导者与领导环境

前面我们关注的都是微观的领导者与领导情境的互动作用，其实我们更要关注宏观状态下领导者与领导环境的相互作用。

8.8.1 领导环境概述

领导者与领导环境是相互联系、相互作用的，这种相互关系主要体现在两个方面：一是领导行为目标和方式要与一定的领导环境相适应，领导者需要通过对领导环境的了解来选择、调整和确定相应的领导目标和方式；二是领导行为会对一定的领导环境产生影响，利用、改变和创造环境来保证领导目标的实现。

大多数学者认为，领导环境就是领导活动发生的自然和社会环境的总和。领导环境与领导者、被领导者共同构成了领导活动的最基本的要素。

领导环境一般分为自然环境和社会环境，还可以以领导行为与过程发生的组织系统为参照，分为内部环境和外部环境。从领导环境对领导活动的影响效果和助益性来分析，可分为顺环境和逆环境。还有部分环境因素对领导环境既不产生良好影响，也不产生不良影响，称之为中性环境。

8.8.2 领导环境对领导的影响和作用

研究领导环境的真正价值在于正确认识领导行为与领导环境之间的相互影响和作用，探索有效实现领导目标的方法和途径。这方面的研究是从两方面展开的：一是领导环境对领导活动的影响和作用，一般认为领导环境是决定领导者有效性的重要变量；二是领导行为对领导环境的适应和改变，有时候改变领导环境本身就是领导行为的目标。

领导者应充分发挥主观能动性，科学地认识领导环境，努力适应、利用和改造环境，就能实现领导环境的优化，从而达到提高领导效能、实现领导目标的目的。为此，中国的领导者应做到：

首先，科学地认识、适应和利用环境。领导者要善于辨识和选择环境。领导者必须对与领导活动有关的环境信息进行收集，据此掌握环境变化的程度以及和决策目标之间的差距，就可能出现的问题进行分析，在众多环境因素中选择最有利于实现领导目标的因素。通过领导活动实践使环境变成一个真实的、对领导活动有利的世界，领导者接下来要对环境做评判、整合、预测和定向。在完成信息选择的基础上对信息进行评判和整合，从而找出最佳的方案。

其次，优化和改变环境则是高层次的领导目标。优化和改造环境是一项浩大的工程，领导者要充分发动群众，依靠群众的力量使环境得到改造和优化。同时，改造和优化环境也是一个漫长的过程，要循序渐进、由小到大、逐级实现。要正确认识改造大小环境的关系。小环境的影响是比较直接的，又是相对容易改变的。要从大环境着眼，从小环境着手，或是从优化小环境开始进而影响到大环境的改变。

8.9 领导者有效性理论总结

上面我们介绍了各种领导者有效性理论。概括来讲，共三类：品质理论（素质、人格、技能等亦属于品质理论研究的范畴）、行为（风格）理论和互动理论（权变、交换和类型）。

目前最新涌现的各种领导类型（愿景型领导、服务型领导、魅力型领导、变革型领导、交易型领导、诚实型领导、伦理型领导、道德型领导、自主型领导、共享型领导、团队（型）领导等）关注的是领导者与被领导者的互动关系，因此称为互动理论。同时，这些新的领导类型无法用单一的品质或行为理论去解释。以变革型领导为例，从品质理论的角度去解释，变革型领导是以人格魅力、精神智慧和道德力量等领导者品质换取追随者的无条件追随和奉献。从行为理论的角度去解释，变革型领导更多地关注人，因而采用的是授权式的领导风格。

表8-4概述了三大类共八小类的领导者有效性理论的流行年代、代表人物、主要观点、优点和缺点。

表8-4 **领导者有效性理论概览**

理论类型		流行年代	研究角度	代表人物	主要观点	优点	缺点
品质 traits	品质 traits	20世纪40年代末至今	领导者	● 柯克帕特切克和洛克（1991）：现代五项	● 某些人生来具有能让他们成为领导的品质	● 直觉上引起共鸣：领导具有与众不同的特质 ● 上百年研究支持，提供改善基准 ● 深刻剖析了领导过程中与领导者有关的方方面面	● 未能给出一份明确的领导特质列表 ● 未考虑追随者、情境等因素的影响 ● 具有主观性，未经充分可靠的研究证实 ● 未将特质与团队的表现等结果联系起来 ● 对于领导培训和发展不是很适用
	素质 competency	20世纪70年代至今	领导者	● 麦克雷兰（1973）：素质模型	● 包括人格、技能、动机等在内的素质影响领导者有效性	● 成为人力资源管理系统的整合基础 ● 广泛应用在选人、育人、用人等管理领域 ● 综合考虑品质、人格、知识、技能等因素	● 未充分考虑文化等领导环境因素的影响 ● 模型工具有待完善 ● 操作成本较高 ● 大多数企业仅将之用于招人、考核或培训上的一个或几个领域，未加系统应用

续表

理论类型		流行年代	研究角度	代表人物	主要观点	优点	缺点
品质 traits	人格 personality	20世纪40年代末至今	领导者	• 弗洛伊德(1938)：四种性格类型 • 荣格及布里基斯和梅耶母女(1940s)：MBTI • 马斯顿(1926)：DISC理论	• 人格特征影响领导者有效性 • 领导行为应根据下属行为倾向和情境特征做适当调整	• 普遍性 • 强调领导与下属的互动关系 • 强调领导需要洞察自己的内在心理	• 信度和效度上可能存在问题 • 过分强调个性，未考虑其他影响因素 • 不适合通常意义上的培训方式
	技能 capability	20世纪60年代早期至今	领导者	• 卡兹(1955)：三种技能 • 曼福特等(2000)：领导技能模型	• 有效领导需要后天可以学习和发展的知识和能力	• 把学习技能放在有效领导行为的中心位置 • 把领导描述成每个人都能获得的能力 • 详细地解释了有效领导行为是如何达成的 • 为培训和发展项目提供框架	• 在价值预测方面不是很强 • 普适性方面也不是很强
行为 behavior	风格 average style	20世纪30年代至60年代末	领导者	• 亨普希尔(1945)：领导行为四分图 • 布莱克和莫顿(1964)：管理坐标图	• 领导者主要有两类影响领导效能的行为：任务导向和关系导向	• 扩大了领导研究的范围 • 得到大量研究支持，具有信度和启发性 • 强调了领导两个核心行为（任务行为和关系行为）的重要性	• 未说明领导风格与行为结果如何产生关联 • 未确定出能一贯产生有效领导结果的一组普遍的领导行为 • 一些结论（如大多数领导风格应该是双高风格）未得到证实

续表

理论类型		流行年代	研究角度	代表人物	主要观点	优点	缺点
互动 interactions	权变 contingency	20世纪60年代至80年代初	追随者及情境	• 布兰查德等(1985)：情境领导理论 • 费德勒等(1987)：权变理论	• 领导行为要与特定情境相匹配	• 实用性（容易理解；提供清晰指导建议；利于培训领导者等） • 承认并强调不止有一种最佳的领导风格	• 缺少基础的研究结果支持
	交换 transaction	20世纪70年代末至今	领导者与追随者的互动关系（常规）	• 格雷恩等(1976)：LMX理论	• 领导与成员的交互作用影响领导效能	• 是一种强大的描述性方法，用来解释领导者如何更多地让一些下属更有效地实现组织目标，强调领导过程中交流的重要性 • 是唯一把二元关系概念作为领导过程核心的领导理论 • 得到众多研究支持	• 过分强调将关系当作一种能持续交换利益的友谊，且这种关系也折射和助长了社会中的腐败现象 • 违反了在工作场所应该遵循的公平公正原则 • 未解释如何建立高质量的交换
	类型 type	20世纪70年代末至今	领导者与追随者的互动关系	• 纳努斯(1992)：愿景型领导 • 韦伯(1947)：魅力型领导 • 伯恩斯(1978)：变革型和交易型领导 • 恩德勒(1987)：伦理型领导 • 曼兹(1986)：自我领导 • 皮尔斯和西姆斯(1990s)：共享型领导 • 希尔(2001)：团队领导	• 领导与成员的交互作用影响领导效能	• 有很强的直觉吸引力 • 超越传统的交易型模式，并拓展了领导范围 • 强调领导过程中追随者的重要性 • 关注追随者的发展并重点强调价值观和道德观 • 为新时代的各种新型团队提供现实的指导 • 强调了领导职能可以在团队内部共享 • 强调了以价值领导超越传统的工具领导	• 缺乏概念性说明 • 有明显的品质倾向 • 有时被认为带有“英雄领导”的偏见 • 有可能被领导者用反生产力的负面行为加以利用 • 很多理论缺少充分研究支持和证实

【案例分析】

梅格·惠特曼在亿贝和惠普

梅格·惠特曼（Meg Whitman），现任惠普总裁兼CEO，曾任美国亿贝公司（eBay）首席执行官，并曾在宝洁、迪士尼等数家大公司任职。

加盟eBay

eBay成立于1995年9月，是全球最大的在线拍卖交易网。

惠特曼于1998年3月加盟eBay公司后，任公司总裁兼首席执行官。惠特曼刚到eBay的时候，就承诺要把公司从一个网上拍卖行转变为一个更大的、综合性的网上购物点，让人们一想到买东西时就立刻想到eBay。在她的成功领导下，eBay成为全球性的在线市场和世界头号消费者电子商务网站。惠特曼在树立品牌方面的专门技能和她丰富的消费者技术经验，帮助eBay在新经济中把握住了方向，并为公司培育了真正的全球市场。

在公司战略构思和领导理论方面，惠特曼有许多心得：

“我相信eBay之所以成功，其中一个原因是我们始终坚持计划的制订和执行。我们在eBay的每一天都朝着一个共同的目标，就是成为全球最强的网上商务平台。金融市场的动荡也没有阻止我们向目标前进。我们希望能够吸引更多的客户，增加更多的网上交易货物，把eBay延伸至更广阔的国际市场，并让用户享受到更便捷的服务和购物的乐趣。

“我认为在所有的优秀组织中，员工都会受到组织使命的鼓舞。eBay的使命是创建全球的网络市场，这样你的左邻右舍就可以获得同大企业一样的成功机会。我们希望找到对这一使命充满干劲的人。一旦他们加入公司，我们希望他们能够深入了解公司……我们给员工机会，让他们安定下来，然后，我们会确保对他们管理有方，让他们专注于那些重要的项目，让他们明白必须对结果负责。

“为了确保业绩的提升，我们较早地而且经常进行业务或人员重组，这样可以令人们保持新鲜感，发现解决问题的新视角。这样做令员工感到兴奋，因为每个人都有发展的新契机。这是我们在公司创立初期就采取的做法。我们已经经历了10～12次变革，目的就是重新组织公司。有些变革是剧烈的，有些则是渐进的。

“我们有许多好的想法，但是我们不能只停留在激发出各种想法的层面。如果用户有关于如何让平台更加有效的办法，可以通过我们的API（应用程序接口）直接进行实践。目前我们已有1万名外部开发者……我们认为开放eBay的平台很重要，因为如果有其他人一起开发平台的应用功能，可以让eBay变得更好更强大。这不仅仅是软件的问题，它还涉及那些可以使eBay发展壮大的其他业务。这是我们拓展平台应用的另一个途径，虽然我们在以后，至少在可以预见的未来仍然无法涉足。

“我认为我们是尝试不同商业模式的先锋之一。网络使得不同团队的自我组织和授权比以往任何时期都便捷。但是我认为我们仍然刚刚起步，所以我们应该密切关注其发展。我们知道这对于我们的业务而言十分重要，让我们的顾客和合作伙伴取得成功对我们来说很关键。”

惠特曼加盟时宣誓要花几个月做一些基本调整——建立一个管理班子，转变财务系统，提出新的市场策略，建立流线型的电子邮件系统。为了准备1998年9月份eBay公司在华尔街上市的资料，她费尽了心机。

她与美国在线（AOL）建立了战略伙伴关系，其后还与雅虎、微软、亚马逊等公司展开了合作，在这些互联网巨头成为eBay的竞争对手之前，在短短的6个月时间内，惠特曼让eBay的股票成功上市。一夜之间，超过75位的员工变成了百万富翁，公司的创始人欧米迪亚及总裁杰克·斯克尔身家达到几十亿美元，而惠特曼本人的净资产也超过了10亿美元。

一切看起来都一帆风顺。但是，1999年的一场事故几乎令惠特曼被赶下台，eBay的股票市值也因此降到了最低点。1999年晚上7：00，eBay的网站突然崩溃，数以百万计的eBay客户突然发现他们的交易被中断，其中包括大量利用eBay来分配产品的公司。

在此之前，eBay的网站也曾崩溃过，不过每一次问题都很快就被解决。但这一次好像所有的一切都垮掉了——整整22小时之内，eBay上的交易全部停顿。计算机系统停工造成了近400万美元的损失，公司股票贬值了50亿美元，在整个夏季都被投资者认为是垃圾股。

由于事故被夸大为“重大事故”，惠特曼作为eBay的CEO的前途立即引发了疑问。来自受挫的华尔街分析师和eBay股民的批评都呼吁她立即下台。好在这位硅谷的新人非常善于学习。她承诺学习数据库损坏修复方面的知识，并雇用了一个著名的专家作为首席危机控制专家。那次断电事故，可以说是一家美国公司“最为昂贵”的软件故障之一，成为了惠特曼职业生涯的关键转折点。由于技术背景知识的欠缺，她意识到自己必须精通服务器和大型网络方面的知识。

同时，惠特曼称，eBay比其他任何公司都能让她感受到了快速决策、“兵贵神速”的重要性。

梅格·惠特曼一面吸取各种经验教训，一面带领eBay在2002年闯过难关，克服更大的困难——包括eBay公司的最重要的技术升级并制定经营战略。

同时，惠特曼也忙着制定一个长期的战略，以使公司能够繁荣昌盛。从2002年开始，eBay公司展开了全面的收购行动，对象不限于在美国的网上业务，她的目标有地域性的（如印度的和中国的易趣拍卖网），也有功能性的（如网上支付公司PayPal和最近的IP电话公司Skype）。通过横向及垂直的整合，eBay被誉为商业史上发展最快及最成功的公司。

由1995年只有几千用户的平台急速发展至拥有1.5亿用户，eBay估计，单单在美国本土，超过50万人天天全职“泡”在eBay上谋生。这座虚拟购物商场一年365日无时无刻没有交易在进行。问惠特曼她认为eBay最与众不同之处是什么，她会毫不犹豫地说：“回报，eBay的商户很珍惜自己的商誉，视回报为大勋章。回报是eBay打假打骗的有力武器，卓越可靠的经营者有20万回报点。”

在梅格·惠特曼担任CEO的短短7年内，eBay以超过微软、雅虎、戴尔的速度飞速成长。2008年她离开时，eBay已成长为一家拥有1.5万名员工、年营业额达80亿美元的企业，并作为全球最大的在线电子商务网站跻身《财富》杂志世界500强。

加盟惠普

2011年9月23日，惠普公司宣布，惠特曼正式取代李·艾科（Leo Apotheker）出任公司总裁兼CEO。

“我们非常荣幸由梅格·惠特曼这样优秀的人物来领导公司。”惠普董事会主席莱茵说，“我们正处在一个关键期，需要革新我们的领导能力，以更好地执行公司未来的发展方针。梅格是一个有远见的领导者，在企业管理上有着成功的过去。更为重要的是，梅格已担任惠普董事一职8个月，因此我们相信，她对公司的业务已经有了足够的了解。”

莱茵还代表董事会说：“我们很感激李·艾科自去年上任以来为惠普做出的努力和贡献。但是，董事会现在更需要一个能够坚定执行公司发展方针的CEO。梅格·惠特曼正是这样一个能带领公司走向成功的领导者，她拥有我们所期待的执行力、沟通力以及领导力。”

直言不讳、平易近人、坚持不懈的惠特曼是惠普急需的那种领导者。她果断而不专横，说服力强而不油腔滑调。她是团队建设者，知道想要实现好转，就必须改正成百上千个不起眼的缺陷，而不是把一切都押注于虚无缥缈的灵丹妙药。下面就让我们来揭秘这位惠普的“救赎者”。

想了解梅格·惠特曼，就必须从26年前说起。那时，她刚刚成为贝恩咨询公司（Bain Consulting）的初级合伙人，为才华横溢但刚愎自用的汤姆·蒂尔尼（Tom Tierney）工作。

一天早晨，惠特曼即兴走进了汤姆·蒂尔尼的办公室。时年31岁的她问这位令人畏惧的老板，他是否想听听员工们对其领导风格的意见。他点了点头。于是，惠特曼拿起一支毡头记号笔，在旁边的翻板上画出了一台巨大的蒸汽压路机。“这就是你，汤姆。”她解释说，“你太专横了，不让我们建立共识型领导力。”

蒂尔尼目瞪口呆。但他最终接受了这个意见，变得不再那么盛气凌人。贝恩咨询公司里的所有人都受益于此。“她真的很有勇气。”蒂尔尼回忆说，“她对我说的话是份礼物。虽然她未经请求就提出了批评意见，但这反而使我更加喜欢梅格。”

在惠特曼成为惠普CEO之后不久，她就陷入了困境。在她执掌大权的前一年，惠普股价暴跌了42%，同时营业利润率跌至2.5%。主要竞争对手戴尔（Dell）在服务器市场上扩大地盘，而惠普似乎无力阻挡。2012年4月，这两家电脑厂商争夺微软必应（Bing）搜索引擎团队的3.5亿美元服务器订单，最后戴尔胜出。同样，在先前争夺必应业务的四次对决中也都是戴尔获胜。

惠特曼不甘心就这样接受失败。在几分钟内，她就打电话给当时的微软CEO史蒂夫·鲍尔默（Steve Ballmer），要求他坦率直言，就像她曾经对蒂尔尼所做的那样。“告诉我，我们哪里做得不好。”惠特曼问道，“不要敷衍我。

我很想知道，这样我们下次才能做得更好。”不久后，微软向惠特曼发送了一个包含多页内容的备忘录，列出了惠普失去机会的九个原因。“即使你的报价很有竞争力，但你未必会胜出。”微软的一位助理说。

在惠特曼眼中，这个备忘录不是羞辱，而是战斗计划。她组建了一支攻坚团队，包括惠普企业运算业务主管戴夫·唐纳特利（Dave Donatelli）、运营主管约翰·辛肖（John Hinshaw）和供应链奇才托尼·普罗菲特（Tony Prophet）。他们的职责是：找到使惠普更具竞争力的方法；在向微软提出新的成本节约措施方面赶上戴尔（这一步已经完成）；承诺在两天而不是四周内修复软件漏洞（惠普正在朝这个方向努力）……当必应再次采购5.3亿美元的服务器时，洗刷耻辱的时候到了。这次是惠普而非戴尔赢得了订单。

用惠普董事、硅谷顶尖创投人马克·安德森（Marc Andreessen）的话说：“她是自惠普创始人之后该公司最好的CEO。”

然而，使惠普这家世界上最大的科技公司（年营收1 200亿美元，员工33万人）重回正轨，是个极其艰巨的任务。在她上任之前的15年里进行了70多次并购的惠普不只存在机构臃肿、杂乱无章、发展失速的问题，或许已经处在衰退状态中，在过去7个季度的大部分时间里，营收都在萎缩，惠普的资本回报率只有可怜的7%（相比之下，IBM为29%，就连自身也被诸多问题困扰的戴尔也达到了24%）。

在进行巨额资产减记之前，惠普仍然在盈利，但其股票市盈率仅为6倍。有位重要投资者声称，惠普无法彻底平息人们对其市盈率降至零的担忧。

这会吓倒惠特曼吗？“有问题是好事，只要能迅速解决它们。”惠特曼在惠普员工食堂里吃着科布沙拉午餐时说。如今，食堂里贴满了惠特曼喜欢的各种格言，包括这句：“迎难而上，不要畏首畏尾。”“梅格在事业上的成长，靠的就是应对一个个这类挑战。”星巴克CEO霍华德·舒尔茨（Howard Schultz）如此说道。他是惠特曼的老朋友，在eBay董事会里共事时相识。

20个月前，当惠特曼接掌惠普时（此前她在2010年加州州长选举中失利，使她自掏腰包拿出的大量竞选资金付诸东流），她面对的是一家已经赶走了四位CEO的公司。

惠特曼深知，在科技行业打拼，通常都不会有第二次机会，落后就会被淘汰出局。但在20世纪90年代有两个显著的例外：史蒂夫·乔布斯（Steve Jobs）回归苹果和路易斯·格斯特纳（Louis Gerstner）改革IBM。在研究了这两个样板后，56岁的惠特曼迅速排除了乔布斯这个样板。“史蒂夫是我们这一代的商业奇才，”她说，“任何人都难效仿他。”另外，惠普的未来没有充满魔力的iPod或iPhone。她说，相比之下，格斯特纳使IBM实现好转的例子“可能更有用”。

和那位使蓝色巨人重回轨道的外来者一样，惠特曼在2011年10月以CEO的身份召集其第一场董事会会议时说：“第一条规定是修正我们已有的东西。”她推翻了李·艾科以甩卖价出售PC业务的计划。她认为，该业务可以得到修正，尤其是在更加关注平板电脑和其他移动设备这类繁荣市场的情况下。惠特曼坚持执行了李·艾科提出的以110亿美元收购英国软件公司Autonomy的交易，但效果事与愿违。

为了让事情简单化，惠特曼将惠普分成两大集群：

一个集群以企业技术客户为目标，主要由唐纳特利的企业硬件部门组成。在一个季度里，惠普的服务器、存储器和网络设备贡献了43%的营业利润。从理论上说，所有这些铁硅制品都应该得到相关软件和服务部门的支撑。但说起软件领域的并购，Autonomy只是代价最高昂的败笔而已。在过去10年里，惠普总共花费近190亿美元收购了众多公司，然而它们对总体利润的贡献只有7%。为其他公司技术项目提供支持的服务部门勉强实现盈亏平衡。

惠普的另外一个集群主要向全球消费者出售打印机、PC、笔记本电脑和移动设备。对惠特曼来说，不幸的是，依靠打印机业务挣大钱的日子已成过去(2002年，打印机业务对惠普营业利润总额的贡献达到104%，因为其他所有业务都出现亏损。如今，这个贡献率只有29%)。企业还在大量购买打印机和墨盒，但消费者的胃口已经减弱。Google、Facebook和Dropbox等公司促成了无墨盒就可分享图片和文件的新时代。

为了让惠普的两大传统业务继续发展，惠特曼开始大刀阔斧地改革该公司的销售方式。内部调查显示，2万多名惠普销售人员对内部销售工具的评分只有7分，而满分为100分。惠普曾用了三周时间来为一个复杂的订单制定报价。竞争对手在几天内就可以办到。

很多客户生气了，其他客户则转投别家。当惠特曼的运营主管约翰·辛肖建议放弃老迈的甲骨文（Oracle）Siebel销售软件，改用salesforce.com的新工具时，她批准了这个建议，以便让公司尽快地实现转变。惠普的报价时间缩短了75%，对内部销售工具的评分飙升到70多分。销售人员的“溃疡”没有了，与客户的关系正变得越来越融洽。

除了更加及时的报价以外，客户还需要惠普知道自己在干什么。在李·艾科任期结束时，“我们曾相当担心惠普会四分五裂。”英国石油集团首席信息官达纳·迪希（Dana Deasy）回忆说。

惠特曼上路了。据助理们说，在过去一年里，她与客户和销售渠道伙伴进行了令人吃惊的305次一对一会议，还进行了42次小型圆桌会议。她在过去60天的日程表显示，她去过慕尼黑、伦敦、巴西、印度、纽约和沃尔玛（Wal-Mart）的家乡阿肯色州本顿维尔。“她进行的外部沟通和联系比其前任更多。”得克萨斯州奥斯汀市西奎尔数据系统公司（Sequel Data Systems）的总裁克里斯·凯斯（Chris Case）说。

宝洁公司的IT主管吉姆·福特纳（Jim Fortner）说，去年他详细询问了惠特曼有关惠普PC战略的事情，一致的回答令他放心不少。“这对我们很重要，”福特纳说，“我们购买了很多台PC。”英国石油公司的迪希说，在惠特曼的一次伦敦之旅期间，他抱怨惠普没有按时进行软件安装。于是，惠特曼打了几个电话，发现有个管理松散的团队没有安排任何人负责迅速交货。迪希说，项目现在已经重回正轨了。

正如她在贝恩咨询公司时不请自来给汤姆·蒂尔尼上的那一课，梅格·惠特曼喜欢用图表来说明她的看法。当我要她谈谈惠普面临的长期挑战时——如何让其公司的增长引擎再次轰鸣——她条件反射地拿起一张纸。“即便你的现有产品仍然在增长时，也必须要推出新品。”她说。在勾勒出的销售曲线图上，她指着长长的下坡段曲线说道：“当你在这时候才开始推出新产品，就回天乏力了。结果就是，当我们需要橡树的时候，我们却得到了橡子。”她无法通过收购来实现追赶：惠普股价太低了，而且以往的挥霍历史令华尔街很不放心。

梅格·惠特曼的惠普复兴之路还很长……

（根据公开的网络资料整理）

案例思考题：梅格·惠特曼领导风格中的哪些方面反映了愿景型领导、魅力型领导、交易型领导和变革型领导的特点？请解释。

本章小结

愿景领导的基本原理是通过高远的抱负与目标来极大地激励企业员工，使各级管理者充满进取心，向着理想目标不断前进。

彼得·圣吉认为学习型组织的领导应该是愿景型领导，需要进行五项修炼：建立共同愿景、自我超越、改善心智模式、团队学习和系统思考。

共同愿景的建设分为告知、推销、测试、咨询、共同创造五个阶段。

服务型领导由格林里弗于1977年首先提出。格林里弗认为，领导者首先应该是一个仆人或服务者，应具有为他人服务的主动愿望，着力满足下属的需求，这样才能赢得下属的信任，形成对于群体成员的领导力，使得下属或组织成员成为真正的追随者。葛莱汉姆认为服务转化为领导的核心机制是领导者的道德和精神力量对追随者存在着重要的激励作用。

沃顿商学院教授罗伯特·豪斯于1977年最早提出了魅力型领导理论。魅力型领导是指领导者主要通过培养下属对组织的愿景与共同价值观产生强烈的认同感来激励与领导他们。康格和凯南格强调魅力是一种归因现象。追随者将魅力品质归因于领导者的品质、行为、技能等因素。

魅力型领导分正面魅力型和负面魅力型的领导者。

变革型领导和交易型领导的概念最早由政治社会学家伯恩斯于1978年首先提出。变革型领导的实质是提出、展开、实施重大变革，而交易型领导的实质是领导者与追随者之间进行“交易”，两者可以相互转化。

巴斯的变革型领导和交易型领导模型中包含了七种不同的因素：(1) 魅力或理想化影响；(2) 鼓舞干劲；(3) 智力激发；(4) 个性化关怀；(5) 后效奖赏；(6) 例外管理；(7) 自由放任。

交易型领导既不区别对待下属的个别需求，也不重视下属的个人发展，其权力的主要来源在于报酬、回报；魅力型领导的权力的主要来源在于超常的能力与表现；变革型领导强调领导者需要理解并适应员工的需求和目标，其本质是激励和授权。

自我领导、共享型领导和团队（型）领导体现了非常规的领导者与被领导者的互动作用。

领导的最高境界就是没有领导——员工进行自我领导，是人们为了自我指导与自我激励而进行的自我影响、自我引导的过程。而超级领导，就是领导者引导和带领下属去实行自我领导，就是对自我领导进行的领导。超级领导和自我领导的实现，将会极大地提高整个组织的工作效率，并促进领导者个人的全面发展。如何以超级领导超越传统的强权领导，就成为21世纪初领导科学界的热门话题。

共享型领导是一种团队领导者与成员责任共担、权力共享的领导模式，是随着知识型组织或团队的创建而发展的。共享型领导需要与之相适应的特定的组织环境——任务特征和团队特征，否则共享型领导就很难实现或者难以达到应有的效能。

团队领导是近年来管理心理学和领导心理学研究中最普遍、发展最迅速的领域。对于非正式任命方式产生的团队领导亦叫团队型领导，其也属于横向的共享型领导。

布鲁斯·塔克曼与詹森提出了团队发展的五阶段模型：组建期、激荡期、规范期、执行期和休整期。

希尔的团队领导模型提供了一个精神路线图，以帮助团队领导者诊断团队问题，并采取适当行动，以纠正这些问题。该模型描述了以下三项内容：应该使用什么类型的干预行为（观察或采取行动）？干预应该针对哪个层面（内部或外部）？应该实施什么样的领导职能以改善团队的运作？

领导者除了要与被领导者及微观情境进行互动外，还需要与宏观环境（如文化）进行互动。为此，中国的领导者要科学地认识、适应和利用环境，并将优化和改变环境作为高层次的领导目标。

思考题

1.解释共同愿景的内涵、特征与意义。

2.举例说明什么是正面魅力型领导，什么是负面魅力型领导。

3.概述魅力型领导、变革型领导与交易型领导的因素构成。

4.举例说明魅力型领导、变革型领导与交易型领导的行为特征。

5.简述魅力型领导与交易型领导、变革型领导的区别与联系。

6.说明领导者如何才能成为“超级领导者”。

7.解释共享型领导对于领导工作的实际意义。

8.举例说明希尔的团队领导模型在实践中的应用。

9.简述中国领导者应该如何利用环境。

10.系统分析三大类领导者有效性理论的代表理论、主要观点和优缺点。

第9章 领导者的德商修炼：品德力
——领导者要做道德型领导

企业家身上要
流着道德的血液。①

——温家宝

重点内容

- 了解伦理型领导和道德型领导的内涵
- 正确理解要通过树立领导者的道德权威才能实现领导职责
- 分析中西方文化中的不同义利观，认识道德与功利的正确关系
- 明确道德的性质及领导者应遵守的道德标准
- 学会识别与抵制在经济领域与领导职责范围内的不道德行为
- 了解提升领导者道德水平与品德修养的途径

9.1 道德型领导理论的时代背景

无论在世界范围内还是在时下的中国，都出现过和正在出现太多的领导者的不道德行为，并由此引发了很多有损于领导形象和民众利益的不道德事件，如政府官员的贪污腐化案件层出不穷，矿难事件连续发生，企业缺失社会责任以损害群众健康与利益的方式谋取经济利益（毒奶粉、过期肉、毒馒头）的事件不断曝光等，令人触目惊心。这些现象，充分暴露出领导者在道德与功利的天平上的失衡——倾向于获取利益，从而使道德缺失。这些不能不引起公众对

① 2009年2月2日在英国剑桥大学演讲时语。

领导者道德水平与行为方式的质疑。同时，在经济危机时期，某些领导者也表现出了诸多的道德缺失行为——逃逸、大幅裁员、趁火打劫等。总之，社会上出现的很多假、恶、丑现象，与中国传统道德观中的真、善、美完全背离，这些不道德行为，严重影响了公众对于领导者的信任感，领导者威望下降，民心波动，成为社会稳定的不利因素。因此，反对与抵制领导者的不道德行为、提高领导者的道德自律意识，成为当前社会的紧迫任务。

我国正处于社会体制转型时期，缺乏道德的自我约束会使人们迷失经济和社会的发展方向。当社会已进入市场经济模式后，被激发的物欲冲动急需道德的规范和约束。为此，继承我国传统优秀道德理念与现代人类文明的道德成果是我们面临的首要课题。

领导科学与领导心理学经过长期的研究，提出了多种领导类型，如任务导向型领导、关系导向型领导、权变型领导等，直至20世纪的最后10年，才又提出了真实型领导（authentic leadership）、伦理型领导（ethical leadership）与道德型领导（moral leadership）的研究方向。

摆在领导者面前的任务就是要向自己提出一个挑战：怎样使自己成为一个合乎道德标准的领导者？要敢于接受这样的挑战，还需要明确很多的问题。比如，做一个道德型的领导有什么益处和不这样做的害处何在？什么是道德的而什么又是不道德的？什么样的领导道德观与伦理原则应该坚守？道德底线在哪里？在市场经济条件下领导者是否能够做到既是一个经济人又是一个道德人？领导者如何在实践中不断提高自己的道德水平与品德修养？为此，领导者要学会对自己的行为不断地进行道德评价。

9.2 伦理型领导与道德型领导

恩德勒（Enderle）最早提出伦理型领导（ethical leadership）的概念，而道德型领导（moral leadership）由美国当代教育管理学家萨乔万尼（Thomas J. Sergiovanni）于1992年在其著作《道德型领导：抵及学校改善的核心》中首先提及。

“伦理”一词来自希腊语“ethos”，意为民族精神、气质。大多数人把伦理定义为人与人在交往中形成的人际关系以及处理这种关系所应遵循的准则。道德一词来自拉丁语“moralis”，意为风俗和习惯，后来也指人的品行和德性。汉语词典将其定义为人们共同生活及行为的准则和规范。从这一点上来讲，伦理与道德是互通的。伦理型领导和道德型领导其实是有区别的，只不过在国内经常交替使用。两者的区别在于：伦理是双向性的义务，它是客观的并且强调关系；道德是单向性的义务，它是主观的且强调个体。伦理是人们应该做的事，提供行为框架；而道德是人们实际做的事，是人们在生活中应该表现出的正确的行为。因此，我们可以推论：一个有效的伦理领导者未必能成为一个成功的道德领导者。

伯恩斯（2007）认为，道德型领导并不是对道德的单纯宣讲和说教，不仅仅是要求自己和下属模范遵从社会的行为规范。道德型领导来自于并总是回归于追随者的基本欲求、需要、渴望和价值观念，是能够激发和满足追随者真正需要的社会变革型领导。道德型领导最有效的形式就是激发追随者更高尚、更全面的价值理念，带领追随者满足他们更根本、更持久的深层需求。伯恩斯的道德型领导观更接近于变革型领导或以价值观为本的领导，更专注于解决实际领导中的问题。具有高尚的道德品质固然是道德型领导的典型特征，但是如果单纯认为领导者成为道德楷模就可以引领组织变革、取得领导绩效的话，那就失去了道德型领导应有的价值。

实际上，伦理型领导更贴近我们一般认为的道德型领导的概念。恩德勒将伦理型领导界定为一种思维方式，旨在明确描述管理决策中的伦理问题，并对决策过程所参照的伦理原则加以规范。他指出，伦理型领导应当包括个体层面领导（影响他人）与组织层面领导（影响组织）两个层面的内涵。特里维诺等（Trevino，et al.，2000）更加清晰地指出伦理型领导包含以下两方面含义：一是合乎伦理的个人（ethical person），即具备诚信等个体特征，并执行合乎伦理的决策；二是合乎伦理的管理者（ethical manager），即采取影响组织道德观与行为的合乎伦理的策略。伦理型领导不仅是高尚道德的追求者、实践者和示范者，同时还要在组织中创造出较强的道德范围，使下属关注道德，并影响下属的思想和行为。比如，为组织成员建立清晰的道德行为的期望；提供关于道德行为的反馈、指导和支持；意识到并且奖励那些支持组织价值观念的行为；设立道德示范或行为样板等。因此，伦理型领导更趋于利用道德示范和道德领导来影响组织成员。

豪斯等（2004）进行的全球文化研究项目对伦理型领导的内涵维度进行了比较分析，结果发现：诚信、利他主义、集体动机和激励是构成伦理型领导的四个维度，且这四个维度具有很好的跨文化适应性（Resick，et al.，2006）。

布朗等（Brown，et，al.，2005）的研究表明，员工感知到的直接管理者所采取的伦理型领导行为与管理者实现的伦理领导效能（员工效能感与满意感、额外的工作努力与投入、主动报告问题的行为等）之间表现出较强的正相关关系，而且伦理型领导还能强化自身的关怀行为、互动公平和诚信。

因此，领导者要提升自己的道德管理能力（ethics competency），不仅在做出决策和采取行动时，要具备区分是非和坚持原则的能力，同时在做出与个人职责和权力有关的决定或采取行动时，要遵守政府的法律、法规，雇主的规定及道德准则，在道德行为上立己立人。

9.3 领导者的“德商”与权威

9.3.1 领导者的“德商”

台湾白晓燕文教基金会做过一项“台湾1 000大企业用人调查”，其结果显示，企业主用人最先考虑的因素不是其他的什么，而是属于德商（MQ）范畴的“德性”（占54.9%），然后才是属于情商（EQ）范畴的“相处”（占13.2%）和属于智商（IQ）范畴的“能力”（仅占2%）。我们习惯常说“德智体”，其中也是把“德”放在首位的。由此可见，德商在人的职业发展中的重要性首当其冲。

2010年8月，成功带领惠普复兴的马克·赫德（Mark Hurd）被董事会炒掉，原因是公司认定其德商有问题——提交虚假费用报告，严重违反惠普准则。而赫德本人也在一份声明中承认：“诚实、守信和正直是我在惠普一直倡导的准则，也是引导我整个职业生涯的原则。但在某些情况下，我并没有遵守这些准则和原则。”

1.德商的定义

1996年，哈佛大学精神病专家罗伯特·科尔斯教授面对美国当时青少年犯罪率迅速上升的状况，在其专著《孩童的德商》中，首先明确提出了“德商”这一概念。科尔斯教授认为，情商胜于智商，而德商更胜于情商和智商。

美国学者道格·莱尼克（Doug Lennick）和弗雷德·基尔（Fred Kiel）在他们2005年出版的《德商：提高业绩，加强领导》一书中，将德商定义为“一种精神、智力上的能力，它决定我们如何将人类普遍适用的一些原则（正直、责任感、同情心和宽恕等）运用到我们个人的价值观、目标和行动中去”。20世纪90年代，莱尼克在帮助美国运通公司等大企业的经理人和员工发展情商过程中的一些发现和思考是这样的：虽然情商可以使人具有高度的自制力和人际交往能力，但它在大多数情况下是价值中立的，不能帮助人区分“对”与“错”，让人避免做错事，而领导首先要保证的就是“做正确的事”，然后才是“正确做事”，并“帮助别人正确做事”。安然公司以及随后的大量财务丑闻的曝光更是充分说明，高情商并不能保证公司避免犯安然、安达信那样的错误，而这样的错误一旦发生，就可能给企业带来致命性的打击。

美国伦理学家、“道德先生”温斯坦在其著作《德商：比智商和情商更重要》一书中把德商具体阐明为五条原则：不造成伤害、让事情变得更好、尊重他人、公平和友爱（Bruce Weinstein，2011）。

2.德商的重要性

德商的重要性主要体现在“治人”、“治企”及“治国”三个方面。

（1）对个人而言，德商有助于“治人”

德商是个人行动的道德罗盘，在某种程度上犹如人生的“道德定位系统”（moral positioning system，简称MPS）。德商能够以“道德罗盘”帮助人们确定行动取向和目标方向，使人们在人生的旅途上可以更好地驾驭自己的资源、情商和智商去获取成功。

（2）对企业而言，德商有助于“治企”，即提升企业的形象，增强企业竞争力

企业的领导者除了自身努力成为一个“道德型领导者”之外，还要努力将自己的企业锻造为一个“讲道德、有责任”的“道德型企业”，对国家、社会和民众负责。如果企业及其领导者对德商置若罔闻、漠然视之，终将会使企业形象蒙受诟病，顾客渐行渐远，企业的发展没有可持续性。在美国，有一项研究报告显示，当人们了解到一个企业在道德层面有消极举动时，高达91%的人会考虑购买另一家公司的产品/服务，85%的人会把这方面的信息告诉他的家人和朋友；83%的人会拒绝投资该企业；80%的人会拒绝在该公司工作。如果企业表现出“道德性弱智（moral stupidity）”的话，会使得企业蒙受巨大损失甚至面临灭顶之灾。这样的事例在美国不胜枚举。例如，安然丑闻不仅使得安然公司土崩瓦解，而且其高管同样遭受了法律的严厉惩罚：2006年10月23日，公司前CEO杰弗里·斯基林因欺诈等罪名被判处24年零4个月监禁，还

要向投资者支付4 500万美元赔偿。

（3）对国家而言，德商有助于“治国”

近年来党和政府一再强调“以德治国”，强调选拔、任用党政领导干部必须坚持德才兼备的原则，坚持以好的作风选人、选作风好的人，强调被选拔的人“既要有本事更要靠得住”。

3.领导者提升德商的关键

领导者要提升德商，关键是要加强自律。

（1）能自律，方能有良好的人际关系

卡耐基在20世纪就指出，一个人的成功，即使在技术性很强的领域，70%要靠人际关系。美国贝尔研究室最新研究成果表明，成功的顶级科技人员都与能给予他们帮助的关键性人物保持着良好的关系。在非技术性或技术性不强的领域，在竞争日益激烈的职场，在人情味尤其浓厚的中国，人际关系对一个人的成功与否影响更大。在现代社会，一个人的智商与技术固然重要，但社会分工越来越细，任何一项工作，离开他人的合作与支持，都难以完成。德商高，就意味着能开创和拥有良好的人际关系，在遇到困难时能够得到帮助，从而促成个人的事业。

（2）能自律，方能他律

对一个人的职业生涯来讲，“管理是永恒的主题”。很多人都认为，不断地向更高的管理岗位迈进，便能最大限度地实现自己的人生价值和取得丰厚的回报。虽然这种认识并不一定正确，但符合人的心理需要。因此，一个很重要的观念也就被人们所认同：“先做好自己的主人，然后才能做他人的主人。”调查数据表明，职位越高，德商的作用越大，在企业高层领导中，德商的作用差不多达到85%。

（3）能自律，方能可持续发展

俗话说，不怕慢，只怕断。一个人的成长和发展最怕摔跤。摔得轻还好，摔得重了，也许会一蹶不振，一辈子也无法东山再起，尤其是智商高的人，常常会遭遇人生滑铁卢，从而折戟沉沙。今日中国，这样的例子就举不胜举。在政界，无数高官因管不好自己放纵私欲而落马；在商界，许多巨贾因管不好自己心态扭曲而沉船。可以说，管好自己，就是管好了前程，否则前程堪忧。

9.3.2 领导者的权威

领导者的权威来自各个方面，其中包括科层权威、心理权威、技术-理性权威、专业权威以及道德权威。

科层权威，是指在等级制的组织结构中必须强调强制与服从，下级服从上级，具体表现在等级制度、规章与规则、指令以及角色期望中。领导者树立科层权威的结果是使组织处于一定的监控之下，作为下级只能执行既定的决策，并对此做出相应的反应，因而其活动空间受到一定限制。

心理权威，是指领导者与追随者之间尽管目标、利益不同，但可以通过交易使双方各取所需。领导者可使用各种激励技术、人际技能、人际关系使员工更易相处和善于合作。但是，领导者使用心理权威的结果只能使下级的投入是斤斤计较的、等价交换的，只有能获得奖赏，追随者才会按照领导者的要求做出回应。

技术-理性权威，是指领导者要求员工服从标准化的工作方法与程序，在工作过程中要遵章守则。这样，领导者发挥技术-理性权威的结果是使员工始终处于监控之下，并按照既定的程序和步骤进行操作。

专业权威，是指领导者本身要有精妙的技艺知识和个人专长。这种权威不是外来的，而是来自领导者自身，来自培训和经验。领导者发挥专业权威的结果是使员工做出对专业规范的响应，领导者能给员工提供支持与帮助以及专业发展的机会。

道德权威，是领导者与员工有共同的价值观、信念和组织承诺的核心界定。因为员工与领导者的责任感和义务感来自共同的价值观、理想和信念，因此在组织内能够明确什么是对、什么是错、什么是好、什么是不好。领导者的道德权威就是要确认组织的核心定义为共同体的价值观和信念，把价值观和信念转化为驾驭行为的不成文的规范。此外，道德权威还强调团队精神，将团队精神作为内化了的感受和受道德驱动的美德，并依靠相互依赖关系来推进，这就是要依靠员工的能力去回应责任和义务。领导者树立道德权威的结果将使员工因道德原因而对组织的价值观做出反应，员工的工作将变成集体性的活动，他们的表现舞台得以延展并且稳固而持久。

需要强调的是，我国的企业领导者要牢记“以德治企”，要始终突出树立道德权威的重要性。作为领导者要注意提升自己的“德商”，首先要有自己的道德观、信仰和理想，将自己置身于较高的道德层面之上。领导者的行动和决定既受价值观和信念的影响，也受自利思想的影响。当两者发生冲突时，价值观和信念通常应该胜过自利思想。此外，领导者与员工之间要有共同的价值观和信念，在共同的工作中要体现这些价值观和信念。有了共同的价值观和信念，也就建立了组织的共同规范。规范是一种强有力的有效工具，其力量不可小觑。组织的共同规范可以充当直接的领导，并成为领导的替身。人类是以道德判断来审核他们自己的欲望的，道德的承诺可以解释与判断人们所做的决定和外显的行为。

总之，领导者既要依赖科层权威、心理权威、技术-理性权威、专业权威来领导组织与员工，更要特别强调树立道德权威，只有不断提升自己的德商，才有利于领导者职责的发挥和实现。

我们将五种领导权威的含义进行一下概括，如表9-1所示。

表9-1　领导权威的含义

领导权威	内　涵
科层权威	在等级制的组织结构中必须强调强制与服从，下级要服从上级
心理权威	领导者与追随者之间通过交易，使用各种激励技术和人际技能等，促使员工完成任务，彼此相处融洽
技术-理性权威	要求员工在监督下执行标准化的工作方法、工作过程，以保证遵章守则
专业权威	经培训和经验积累，使员工具有精妙的技艺知识和个人专长
道德权威	领导者与员工要有共同的价值观、理想和信念，并将价值观和信念转化为驾驭行为的不成文规范

9.4　中国与西方文化中的道德观

9.4.1　中国传统文化中的道德观

中国传统文化中有关道德的观点是围绕着道德与功利的关系应如何正确认识与选择而展开的。人类的生存与发展不可能缺少物质生活与利益的保障，也不应该缺少社会规范的制约，因而便有了道德与功利的矛盾和争论，表现为义（道德）利（功利）之争或义利之辩。这场争论，在我国传统文化中，在不同的历史阶段，有不同的内容与形式。

1.春秋时期的义利观

春秋时期，有老子的自然主义与孔子的仁义主义之辩。

老子主张用“道德”“法”规范与约束人们的行为，提出“道法自然”“无为”的原则。由此而生的伦理思想为无私、无欲、无为，表现为形式上的自然主义方式。

孔子则认为，人有好富贵、恶贫贱的自然本能，坚持认为取富贵、去贫贱必须符合道德，适于仁义。孔子不同意“无为而治”“道法自然”，而要求通过调节人际关系、社会等级秩序来解决社会动乱问题。并且他极力传播他的思想，主张为仁义要处理好与他人的关系，要区分善人与恶人，要“己所不欲，勿施于人”“君子喻于义，小人喻于利”，要“见利思义”“义然后取”。总之，孔子认为要以仁义压抑和取代单纯物质利益的追求。

2.战国时期的义利观

春秋时期的管仲提出的功利思想认为，社会生活中不是义然后利，而是利然后义。凡治国之道，必先富民，民富则易治也，民贫则难治也。

到战国时期，义利之辩就表现为以庄子为首的道德虚无主义与管子、商鞅、韩非子等为首的法家尚利的非道德主义的争论。此外，这一时期还有以孟子、荀子为首的重义轻利与以义非利的儒家道德观之争。

庄子主张以自然本性的要求对待社会人生，追求“内虚静，外浮游”的自由自在的生活，追求精神自由的积极意向。庄子提倡的是去除善恶对立，超然于世，逍遥自在的道德虚无主义。

韩非子则认为，极端的功利论会导致人性自私论。极端功利论强调人的“私利”“自私”，从而功利论被曲解成极端个人主义、非道德主义。

孟子在孔子人性论的基础上首创“人伦”概念。他认为，人必须有仁义或行仁义，否则与禽兽无异。作为仁义的道德要求，应该是发自内心的自觉行为，而非外在强制所使然。孟子强调以人伦关系为仁义道德的基础，强调修心养性，以保持并扩充固有的善端。孟子还强调仁义乃人之本性所固有，对待义利关系，要扩善端而寡欲。

3.宋、元、明时期的道德观

义利观之争在宋、元、明时期仍延续不断。可以列举的代表人物和典型观点很多。

王安石强调义与利的统一，认为利人与利己是具有一致性的，只利己不利人这是不义，只利人不利己乃是不仁。利人是末，利己是本，利己是利人的前提，利人是利己的必然要求。在此，王安石强调个人利益的合理性，即主张合理的利己主义。

朱熹则认为，应该“明天理，灭人欲”。对人而言，一言一行，事无大小都有义与利在里面。义者，天理之所宜；利者，人情之所欲。为此朱熹强调，应只讲义而不得言利。

4.我国近现代的义利观

我国近现代功利观的代表人物当属严复，他宣传“背苦而趋乐”的功利论，提倡“开明自营”的合理利己主义。严复认为，合理利己主义是功利论与道义论相结合的结果，是同时实现“两利”的可靠办法。

我国近现代革命的代表人物孙中山，提倡的是以个人为本位的功利主义价值观。但在现实的中国，强调的则是以整体为本位的功利主义价值观，即以国家和大众利益为出发点，达到人人有饭吃、人人共享安乐的目标，反对享乐主义、拜金主义和极端利己主义。

9.4.2 西方文化中的道德观

1.古希腊苏格拉底及昔勒尼学派与犬儒学派之辩

古希腊有关道德与功利关系的争论是在古希腊苏格拉底及昔勒尼学派与犬儒学派之间展开的。

苏格拉底有两大命题，即“美德即知识”和“认识你自己”，其核心思想是利益决定思想，思想代表利益。

苏格拉底之后，昔勒尼学派更进一步地提倡快乐主义的观点，声称人生唯一的目的是追求快乐，逃避痛苦，肉体的快乐比精神的快乐更迫切、强烈。与此相比较，苏格拉底学派强调快乐是道德来源，是判断善恶的标准。

犬儒学派与此相反，提倡禁欲主义，认为人应当按照自然界的规律过一种没有欲望的最简单的生活。感官的肉体欲望是罪恶的，只有超越一切欲望之外的人才是道德和幸福的。

2.柏拉图与德谟克利特的道德与功利关系之辩

柏拉图与德谟克利特围绕快乐主义与禁欲主义也展开了辩论。

柏拉图站在禁欲主义世界观的一边，而德谟克利特则站在快乐主义世界观的一边。快乐主义必然导向功利论，故德谟克利特被称为功利论的创始者。

德谟克利特认为，人的本性是追求快乐，避免痛苦，快乐与痛苦将成为区分与判断道德是非的价值标准。但同时他又认为，人们要以理性态度追求幸福与快乐，追求利益不能没有道德制约。在追逐利益时出于义务也要追求灵魂的善，如追求国家公共利益是超乎一切的。

总之，德谟克利特认为，幸福是目的，道德是手段，讲道德不能忽略对利益的追求。功利论是以快乐为美德的来源和判断善恶的标准，也是道德德性的人性根源。

3.边沁的功利主义观

近代功利主义道德哲学的集大成者是杰里米·边沁（Jeremy Bentham，1748—1832）。

边沁认为，趋乐避苦是人的本性，是永恒不变的人性原则，是人们行为的唯一动力和原则。并称，私有制社会的本质特征决定了人一方面总是自私的，另一方面又要求维护社会的公共利益。经验和理性告诉人们，孤立的个人不可能获得幸福，只有同类幸福，个人才能幸福。道德应以社会利益为前提，以公共利益为准则，用理性来约束个人利益，在此前提下，追求个人利益。

边沁同时还提出了一些功利与道德关系的原则，如道德的善与恶都直接涉及人的利益和幸福，离开了人的利益和幸福就无所谓善与恶。因而，利益关系实际上决定了道德观念。边沁还提出，应将感性快乐主义上升为理性快乐主义的道德原则。此外，效果对于判断道德价值有着决定性意义，应该依据效果的好坏来判断动机的善恶等。

9.4.3 正确认识道德与功利的关系

从中西方文化中有关道德与功利关系的辩论中，我们应该正确理解道德与功利的关系：

1.应该正确评价功利主义思想的进步意义与存在的问题

其实，功利主义思想传统源于人类对自身需要的满足和愿望。功利主义思想传统的基本特点就是不满足，就是无限地追求。我国改革开放的新时期，重新提出了生产力标准的命题。生产力标准的价值归根结底在于对利益的追求。首先就是对经济利益的追求。生产力标准就是经济利益标准，即功利标准。生产力标准的目标价值就是人民的共同富裕，其内在价值在于实现人的全面发展。生产力标准实际上体现了以人为本、以人民幸福为终极目标的功利主义原则。但是，在当今的现实社会中，生产力标准与功利主义被片面化和简单化为物质主义、金钱主义，从而诱发了享乐主义、拜金主义和极端利己主义。由此，重物质、轻道德的倾向，道德缺失等诸多重利轻义的行为日益显见。商人只想赚钱，追求物质功利成就，全然不顾企业对社会的责任，做出了损害人民健康、损害公益事业的不道德的、损人利己的行为。

2. 要强调在追求功利的同时坚守道德理想

我们反对在道德缺失的情况下单纯的功利行为，这是非常有害的。道德乃是对既得利益的超越与扬弃，对现存利益关系的否定性把握。道德只有以理想的价值目标为指向，才可能激发人们的道德积极性，进而规范各自的行为，使其趋向合理。当然，道德的高尚性、理想性，道德的超功利性，都不是绝对意义上的，也不是普遍的，而是要由人的需要与利益决定的。我们同时反对抽象的道义论和“为道德而道德”的虚伪说教。因为，“为道德而道德”的献身是一种迷信和盲从。我们提倡要自觉信奉，实现主体自律的价值目标，进入自我完善的道德理想状态。

市场经济条件下，功利与道德的冲突日益明显。由于经济发展与道德进步无法互相兼容，更不会两全其美，因而，单纯追求功利、道德缺失的现象更加明显，似乎在商战中就只有金钱而没有道德法则了。

3. 要正确把握功利与道德的关系

有人主张义利对立论，即将道德作为手段，将功利作为目的，从而将义与利的对立绝对化。有的主张义利结合论，简单地将义与利等同起来。这些观点都有片面性。道德与功利的实质性关系表现为功利是基础、目的，而道德是工具、手段。当然，道德既有工具价值，即道德的社会功能为维护特定的利益关系而发挥规范性的作用，同时也具有目的价值，因为道德不只是以功利为基础，还以功利为规范对象。个体道德的自觉性是个体利益对社会利益的认同。

道德论与功利论的对立不是绝对的，而是可以消解的，有时也是可以兼容的。我们提倡在追求大多数人的最大幸福的同时，崇尚自我牺牲精神，这就是社会与个人利益的统一。个人的奋斗与行为特征是为了社会谋福利，同时也从社会福利中分享到了个人的幸福。我们要以社会为本位，达到道德自律、精神自由的境界，达到道德的手段与目的、物质与精神价值的统一。在实践中，我们要实践功利论的最高原则，实现“最大多数人的最大幸福”。同时，又要实践道义论的最高原则——“自我牺牲”“无私奉献”。

9.5 领导者要始终坚守行为的道德标准

9.5.1 道德的内涵及标准

道德是一种行为规范。“道”“德”词源的含义即为行为规范。“道”为外在规范，“德”为内在规范，即已转化为个体内在心理的社会规范。

人们对于那些对社会具有有利或有害效用的行为要进行规范，如诚实与欺骗、公正与不公正等。此外，对于那些对社会、他人以及自己有利或有害的行为也要进行规范，如应正确对待自己的幸福、智慧、自尊等。

总之，道德规范是具有社会效用的行为。这些行为会造成对社会、他人、自己、自然界的正面积极效应或负面消极效应。良好、高尚的行为规范是促进社会进步、人际和谐、个人幸福、人与自然界和谐的动力；反之，不道德的行为会产生使社会倒退、人际冲突、个人遭灾、自然灾害等的悲剧性后果的力量。

9.5.2 道德的性质

道德具有强制性，道德通过社会舆论对人们具有强制性。行为的善恶标准，在人们心理的天平上是很明确的。尽管如此，道德是一种非权力规范。道德是社会制定或认可的关于人们具有社会效用（有利或有害于他人或自己）的行为是应该而非必须如何的非权力规范。

道德是一种不创造财富的权力管理，或称舆论管理，也称为“德治”，德治的规范就是道德。

道德的本性是一种必要的“恶”，即道德要求通过依靠舆论、教育规范人的一切具有社会效用的行为，使不正当的愿望、不道德的行为受阻，这样才能使社会的正义与公平得以长存，和谐社会才能存在，个人的合法权利才能得到必要充分的满足。道德首先是社会之德，是治国的规范，而法律只是道德的某种体现与实现。道德对人的影响还会触及人的灵魂。因此，对经济生活中的不道德现象的揭露与批判，会使人们在灵魂深处对区分“假、丑、恶”与“真、善、美”的行为进行一次洗礼。

综上所述，有关道德的性质可归纳为以下几点：

（1）道德具有强制性，是一种非权力的规范。

（2）道德是一种不创造财富的舆论管理，即“德治”。

（3）道德是一种必要的“恶”，使不正当的愿望受阻，这样和谐社会才能存在。

（4）道德要求依靠舆论、教育，规范人的一切具有社会效用的行为。

9.5.3 道德的标准

什么是道德的，什么是不道德的，这就是一个道德的标准问题。

1.绝对的道德标准

这是指道德的终极目的。

道德的最终目的是保障社会的存在和发展，增进每个人的利益，实现每个人的幸福。为此，道德的终极标准是全社会和每个人的利益总量增加，这就是绝对的道德原则。当人的行为不是损害而是能够增加全社会和每个人的利益时，任何“为己利他”的行为，虽然并不算高尚，但能够造福于社会和个人，因而也是道德的。

2.最大多数人的最大幸福的原则

行为是否道德还要看它是否符合“最大多数人的最大幸福”原则，这是约翰·斯图加特·密尔（1806—1873）提出的。他认为，自我牺牲能给他人或人类增加幸福的时候才是有价值的。当然，这种自我牺牲只有在特定的社会条件下才是必要的和不可缺少的。“自我牺牲”和“无私奉献”的高尚行为往往是在个人利益与社会利益不一致，甚至发生了冲突时才会产生。个人利益与社会利益一致时的“奉献”行为只能称为“为己利他”，因为这种行为既增加了个人的也增加了社会的利益，这称为“不损害一人地增加每个人利益的原则”。

9.5.4　领导者的道德标准

领导者的行为从道德层面可划分为六大伦理行为类型：无私利他、为己利他、单纯利己、纯粹害他、损人利己、纯粹害己。

其中，无私利他、为己利他、单纯利己都符合道德的终极标准，因而都是善的，只不过无私利他为最高的善，为己利他为基本善，单纯利己为最低的善。

至于纯粹害他、损人利己、纯粹害己的行为，显然是不符合道德的终极标准的，因而是恶的。纯粹害他为最高的恶，损人利己为基本恶，纯粹害己为最低的恶。

领导者的行为应尽量做到无私利他，至少应做到为己利他，绝不能纯粹害他、损人利己，因为损人利己是通过损人的手段达到利己的目的，其性质是极其不道德的。

9.6　领导者要识别与抵制不道德行为

前文所述的领导者伦理行为的道德价值表明，纯粹害他、损人利己、纯粹害己的行为都属于不道德的行为，其性质只是在程度上稍有区别。纯粹害他为最高的恶，损人利己为基本恶，纯粹害己为最低的恶。

如果领导者的行为出现了以下偏向，就可以认为是不道德的行为。这些行为偏向表现为：

违反社会基本规则，道德责任缺失；危害他人的健康和生活；欺骗和剥夺他人的利益；发布虚假信息；盗窃国家与社会的资产；接受贿赂又支持贿赂者；向竞争者出售秘密信息；引起人们之间不必要的憎恨和不信任等等。所有这些都属于不道德行为。

领导者在实施具体管理与组织的各项措施时，也都会带有道德或不道德的性质。

道德型领导者的权力与影响力只服务于组织与追随者，而不道德领导者的权力和影响力仅服务于领导者个人，即利用职权谋私利。

道德型领导者的一个重要因素即为人正直，强调忠诚与个人价值与行为的一致性。道德型领导者的个人行为与一套正直的价值原则相一致。不道德的领导者的行为与道德原则相违背，他们只做那些有利于实现个人目标或获得个人利益的事情，因而是不道德的。

在发展组织愿景方面，道德型领导者是在尊重追随者需要和价值基础之上发展一个愿景，而不道德的领导者只想将推销个人愿景作为组织成功的唯一方式。

在沟通与运用相关信息的过程中，道德型领导者对问题和行动的相关信息往往会做出完整及时的阐述，而不道德的领导者则会采用欺骗和歪曲手段，使追随者对问题和进展产生偏见。

道德型领导者鼓励批评性评价以发现问题的更好解决方案；不道德的领导者不是鼓励反而要阻拦任何针对自己的批评和不同意见。

道德型领导者会使用教导、指导和训练来培养和发展追随者；不道德的领导者不强调培养与发展员工，而是去维持员工的软弱以及他们对领导者的依赖。

通常，反对与抵制不道德行为的实践是一个困难和存在风险的行动。许多不道德行为的“告发者”在揭露了那些不道德的行为后，会使他们自己失业或离职。

但是，作为有道德的领导者（即便只是有道德的公民），还是要坚决反对与抵制不道德行为，力图做到：在实践中拒绝分享不道德行为所提供的利益；拒绝不道德意识支配自己从事不道德的行为；敢于阻止其他人的不道德行为；公开反对组织的不道德或不公正的政策及决定；勇于揭露并向相应法制机构申诉、抗议不道德行为；拒绝向不道德的行为人提供帮助等等。

毋庸置疑，领导者应该成为使抵制不道德行为的人与事成为社会主流的中坚力量。

9.7 市场经济条件下领导者应该兼有经济人与道德人的行为特征

9.7.1 市场经济中领导者作为经济人的行为特征

市场经济条件下必然会产生经济人。

经济人是指在特定的经济利益关系中的主体，其行为以追求利润和最大经济效益为目标。经济人的行为受经济规律的支配，经济人的行为特征不过是经济必然性在主体行为中的体现。

亚当·斯密（Adam Smith）最早提出了理性经济人的假设。这一假设的观点为：

（1）人是理性的，总为自己打算，是受自我利益驱使的。每个人天然地是他自己利益的判断者。如果不受干扰，他的行为可以使他达到自己的目的（最大利益）。

（2）每个人在追求自己的私利时，又不得不考虑他人的利益，否则就难以实现自己的利益，正是这一点构成了交易的通则。

（3）当每个人都能自由地选择某种方式追求自己的最大利益时，“一只无形的手”——市场和竞争，会将他们对私利的追求引导到能够为公共利益做出最大贡献的途径上去。

现代理性经济人具有以下行为特征：追求最大利益、最小损失；拥有完全的信息；具有最大效用评价能力；具有偏好序列评价能力；受市场调节，而不受任何人支配，独立自主。

经济人的行为目的完全是利己的。其实，利己、追求个人利益也是符合道德终极标准的，因为，利己的结果是增进了每个人利益的总量，这就是所谓的“主观为自己，客观为社会谋福利”的社会效用，因而这种行为也是善的。但问题的关键是，在利己的过程中其手段是利他还是损人，是造福社会与他人，还是损人、害人或是危害社会。总之，如果以利他手段实现个人利益，并使市场经济得到繁荣，那么这样的利己行为就是善的，也就是符合道德的。反之，如果其手段是损害他人与社会的，那么，这样的行为就是恶的，也就是不道德的。

9.7.2 市场经济中道德领导者作为道德人的行为特征

我们主张，市场经济条件下的领导者应该既是经济人，同时也是道德人。道德人是指处在特定道德关系中的主体，其行为以追求特定的道德价值为目标，受道德规范的支配。作为道德人的行为特征，具有对道德必然性的觉悟所形成的道德自律。

市场经济条件下的领导者求利行为既要有经济目标、经济标准，同时也应该有道德目标与标准，要坚守利己行为中的道德价值。尽管市场经济中的目的只有一个，即利己，但其手段可以分为两种：一为利人，一为损人。其行为的结果也分为两类：为己利他，损人利己。由此可见，无私奉献、自我牺牲并不是职场经济的道德原则，我们不反对为己利他，反对的只是损人利己。

市场经济条件下的领导者作为经济人与道德人的功能是可以互补的。前者为一种自为的物质力量，后者为一种自律的精神力量。

道德型的领导者是一个理性的存在者，理性的最高使命便是产生善良意志，善良意志是一切行为、品质有无道德价值的必要条件，它是对普遍必然性的道德法则的遵从。

道德型领导者的自律行为不是为了道德本身，即非为了道德而道德，而是为了道德之外的功利，那就是增进社会与个人的利益，促进社会的发展。

道德型领导者要自觉完成从“经济人”（谋实利，求实惠）向“道德人”（做好人，干好事）的转变。

9.8 领导者的道德观与品德修养

9.8.1 领导者的道德观

有关领导者的道德观目前主要有三种代表性的观点：服务式领导、帮助追随者、增强道德意识。现分述如下：

1.做服务式领导

格林里弗（1977）认为，服务于追随者是领导者的主要责任和道德型领导者的本质。伟大的领导者首先是一个服务者。服务式领导需要倾听追随者，了解他们的渴求，分享他们的痛苦与挫折。

服务式领导既是一种公仆式领导，同时也是一个利他主义者。要做一个领导者，首先要做一个公仆，同时也是一个真正的利他主义者。

公仆式领导要关注弱势群体，要平等地看待他们。领导者应少用权力控制别人，而是把权力交还给被领导者，注重倾听、移情和无条件地接受别人。

服务式领导是通过服务于他人来实施自己的理念的，最终目的是把自己和其他负有责任的人置于理念服务的位置。

2.做全面帮助追随者的领导

海费茨（Heifetz，1994）认为，领导者的主要角色是帮助追随者面对冲突和提出建设性的处理方法。领导者要用信任、培养和移情来营造让追随者感到得到了支持的环境，并在这种环境中获得安全感。领导者要运用权力来动员人们去面对棘手的问题。领导者的职责在于帮助追随者努力奋斗，以适应环境变化，并促进个人成长。

3.做增强人们道德意识的领导

伯恩斯（1978）认为，领导者的一个主要角色或功能是增强道德意识，帮助人们解决价值冲突。领导者应呼吁理想和道德价值，强化自由、平等、正义、和平、人道主义等积极向上的道德意识，而不是强化惧怕、贪婪、嫉妒、憎恨等消极意识。总之，领导者要努力把追随者的道德责任推向一个更高的水平。

9.8.2 作为领导者的品质特征

道德型领导者的品德修养包括两个方面：一是作为领导者的品质特征，二是作为个人的品质修养特征。

1.作为领导者的品质特征

道德型领导者的品德可以归纳为以下五项：尊重他人、为他人服务、表现公正、显示诚实和建设团队。

（1）尊重他人。有道德的领导者首先表现为尊重他人。

领导者有尊重他人的责任，尊重他人意味着永远把他人当作是目的来看待，而不是当作达到某种目的的手段。尊重他人的领导者珍视他人的精神价值和个性，肯定他人的理念，认可他们，同时，也肯定自己有创造力的想法和愿望。领导者要培养追随者，让他们意识到自己的需要、目标和价值观，帮助他们进行思想的整合。

（2）为他人服务。服务原则是利他主义的体现。

为他人服务是道德型领导者的一个主要组成部分。领导者要有为弱势群体和他人谋求更大利益的理念，把他人利益放在首位，按有利于他人的方式行事。

（3）表现公正。有道德的领导者要表现公正与公平。

要把公平放在核心地位。有一条黄金原则，即你希望别人怎么对待你，你就怎么对待别人。为此，领导者要公平、平等地信任和对待别人。

（4）显示诚实。领导者必须诚实。

诚实的对立面为欺骗。不诚实的领导是靠不住的，也是信不过的。不诚实的领导会失去信任与威信。欺骗会造成人际关系的破裂。道德型领导者应该讲真话，应该向他人敞开心扉，全面完整地呈现事实。诚实领导还应该做到诚恳待人。诚实也应该有分寸，既要诚实，但也不要对做不到的事情做出承诺，同时还要摸索坦率到什么程度才最合适。

（5）建设团队。道德型领导者必然是一位变革型的领导。

他应将追随者带入共同的利益里，还要关注社区和社会，寻求高层次的道德目标——社会的共同目标和利益，以此影响组织、社区和社会。

2.作为个人的品质修养特征

道德型领导者作为个人的品德修养主要包括智慧、诚实、勇敢、节制、谨慎、豁达、慷慨、俭朴、坚毅等诸多方面，其中智慧、诚实、勇敢、节制四项尤为重要。

（1）智慧。道德型领导者的智慧又称德智，这是一种道德认识能力，是品德的指导因素。德智是要求道德型领导者能够明是非、辨善恶，这是智慧的主要内容与要求。道德智慧与品德成正比，即道德智慧愈高，品德修养也愈高。德智与利人行为成正比，与害人行为成反比。

（2）诚实。诚实既如上所述是作为领导者的必备品质，也是为人的重要品质。诚实是基本的道德品质，是道德体系中的母德。失去诚实，整个道德体系就会发生动摇。诚实就是说真话，欺骗是说假话；诚实是传达真信息的行为，欺骗是传达假信息的行为。

诚实就要诚，即心口一致、言行一致。失去诚信，即心口不一致、言行不一致。

（3）勇敢。勇敢是对可怕事物的一种心理态度和行为表现，是不畏惧可怕事物的行为。怯懦则是畏惧可怕事物的心理与行为。勇敢表现为有勇气、胆量，果敢，不畏艰险，不怕困难。勇敢是人类在改造自然、改造社会的实践过程中形成的一种品质，是维持社会生存、推动社会发展所需要的一种行为规范。勇敢也是一种理智，过度则为鲁莽，不及则为怯懦。勇敢要有正直的道德价值观，符合道义和智慧。勇敢是指不怕不该害怕的事物，但要害怕应该害怕的事物，如人在自然灾害面前仍要有畏惧的心理与行为。

（4）节制。节制是指服从理智是道德的，而服从欲望是不道德的。无自制力的人是为情感所驱使，去做明知道是坏的事。有自制力的人，则服从理性，不追随欲望。理智支配着欲望；放纵则为不节制，受欲望支配，做明知不当做之事的行为。节制的根本在于节欲，欲是源，情是流，节制是压制害人害己的不合理欲望，而培养合理欲望是节制的根本途径。

9.8.3 提升领导者道德水平与品德修养的途径

提升领导者个人的道德水平与修养要从每个领导者自身做起，这包括要提升领导者道德认知的发展水平，培养与塑造领导者的道德人格，通过道德评价的反馈明确提升道德水平和修养的方向等。

1.提升领导者道德认知的发展水平

领导者的道德认知发展要经历三个阶段：

第一阶段为最初的低级阶段，其道德的主要动机是自我利益和满足个人的需要。

第二阶段为中级阶段，此时主要是满足团体、组织、社会的角色期望和社会规范。

第三阶段为最高阶段，此时才是实现内在价值和道德原则的时期。

不道德领导者产生的根源同领导者道德认知发展的水平有关。有的不道德领导者的认知水平仅停留在道德认知发展的低级阶段，其行为动机仍然是自我利益和个人需要的满足，尚未提升到高级的实现道德原则与内在价值的阶段。为此，在教育与培训领导者时，要着重提高领导者的道德认知发展水平，使其由低级向高级发展。如果停留在低级阶段，领导者只关心实现自我利益，满足个人需要，在实践中会过分关注个人权力，关注提升自己的职位权力，而不关心实现道德原则与内在价值，这样，最终会变成一个不道德的领导者。

2. 领导者道德人格的培育与塑造

道德存在于心外，作为社会规范就是“道德”；道德存在于心中，转化为个人人格就是品德。道德人格的境界是追求美德。美德是对人的某些欲望和自由的压抑、侵犯，美德驱使人压抑利己欲望，实现利他欲望。追求美德能防止更大的恶和害，求得更大的利与善。能够彰显美德的品质修养，由三个层次组成：最高目标与层次是在利益冲突时无私利他，自我牺牲，不损人利己；在利益一致时，不损人利己，为己利他，无私利他。最低目标和层次是不断减少纯粹害人、损人利己、纯粹害己等不道德行为，甚至使这些行为降至零。理想的道德人格是要做到：利益冲突时要做到无私利他，自我牺牲；利益一致时则要为己利他，不能存在纯粹害人、损人利己、纯粹害己等不道德行为。

3. 通过道德评价的反馈明确努力方向

道德评价的过程是以道德规范为标准来衡量领导者自己或他人的行为过程。评价结果是符合道德规范的评价为正道德价值，若结果为违反道德规范的则为负道德价值。

道德评价的两项重要指标为“名誉”与“良心”。对他人进行评价时涉及名誉，对自己进行评价时涉及良心。获得负道德价值评价的领导者会受到他人或社会的惩罚，感到耻辱，同时也会受到自身的良心谴责，并受到自我惩罚。道德评价的过程是行为者对他人或自己的经济行为与道德规范的比较衡量过程。在此，道德规范是标准，他人或自己的行为是评价对象。他人对自己、自己对他人的道德评价是名誉，自己对自己行为的道德评价是良心。

正道德价值的肯定性评价便是荣誉。负道德价值的否定性评价为耻辱，会受到舆论的谴责。荣誉、名誉心得到满足，会体验到极大的快乐；反之，会受到舆论谴责，心灵蒙受耻辱折磨，体验到极大的痛苦。显然，追求名誉、寻求民心是积极向上的，好民心是激励人们向善的内在心理机制，这有助于人们自强自立、有所作为、取得成就。作为创造价值的动力，良心是自我道德评价的标准。如果评价结果是正价值则会使良心满足；反之，结果是负价值，则良心会受到谴责。人们不应昧着良心去追求虚荣，而是要凭着良心去追求荣誉。在良心的驱动下，人们要尊重道德价值的作用，通过道德评价的反馈，使领导者明确要成为一个道德型领导在今后所要努力的方向。

【案例分析】 三鹿奶粉事件

事件回放

事件起因是很多食用三鹿集团生产的婴幼儿奶粉的婴儿被发现患有肾结石，随后在这种奶粉中发现了化工原料三聚氰胺。

2008年7月16日，甘肃省卫生厅接到兰州大学第二附属医院的电话报告，称该院收治的婴儿患肾结石病例明显增多，经了解均曾食用三鹿牌婴幼儿配方奶粉。

7月24日，河北省出入境检验检疫局检验检疫技术中心对三鹿集团所产的16个批次婴幼儿系列奶粉进行检测，结果有15个批次检出三聚氰胺。

根据我国官方公布的数字，截至2009年1月22日，此次重大食品安全事故共导致29万余名婴幼儿出现泌尿系统异常，其中6人死亡。

中国共有109家婴幼儿奶粉生产企业，中国国家质检总局对这些企业的491个批次的产品进行了排查，检验显示，包括伊利、蒙牛、光明、圣元及雅士利在内的22家企业69个批次的产品检出了含量不同的三聚氰胺。该事件重创了中国制造商品的信誉，多个国家禁止了中国乳制品的进口。

2009年2月12日，石家庄市中级人民法院发出民事裁定书，正式宣布三鹿集团股份有限公司破产。

2009年1月22日，72岁的原三鹿集团董事长田文华以生产、销售伪劣产品罪，被石家庄市中院一审判处无期徒刑。原三鹿高管王玉良、杭志奇、吴聚生分别被判处有期徒刑15年、8年和5年。

2009年2月28日，全国人大常委会通过了《中华人民共和国食品安全法》。

昔日辉煌

三鹿集团前身是1956年2月16日成立的“幸福乳业生产合作社”，经过几代人半个多世纪的奋斗，三鹿在同行业中创造了多项奇迹，先后荣获“全国五一劳动奖状”等省以上荣誉称号二百余项。三鹿奶粉产销量连续14年实现全国第一名，酸牛奶进入全国第二名，液体奶进入全国前四名。三鹿奶粉、液态奶被确定为国家免检产品，并双双荣获“中国名牌产品”荣誉称号。2006年，三鹿位列《福布斯》评选的“中国顶尖企业百强”乳品行业第一名。经中国品牌资产评价中心评定，三鹿品牌价值达149.07亿元，2007年被商务部评为最具市场竞争力品牌，“三鹿”商标被认定为“中国驰名商标”。

三鹿一直在快车道上高速行驶，创造了令人振奋的“三鹿速度”，实现了跨越式发展。自“七五”以来，企业主要经济指标年均增长30%以上。

“诚实守信，换位思考”是三鹿经营的基本准则。三鹿人认为，“诚信对于企业，就如同生命对于个人，没有了诚信，肯定不能获得长远发展”。

2008年的“三鹿事件”正应验了这句话。

添加原因

三聚氰胺是一种重要的有机化工中间产品，主要用来制作三聚氰胺树脂，具有“轻微毒性”。1945年的一个实验显示，动物长期摄入三聚氰胺会造成生殖、泌尿系统的损害，膀胱、肾部结石，并可进一步诱发膀胱癌。2007年美国宠物食品污染事件的初步调查结果认为，掺杂了≤6.6%三聚氰胺的小麦蛋白粉是导致宠物食品中毒的原因。

三聚氰胺的最大特点是含氮量很高，达66%。在植物蛋白粉和饲料中，每增加1个百分点的三聚氰胺，会使蛋白质测定含量虚增4个多百分点。而其成本很低，“有人估算过，在植物蛋白粉和饲料中使蛋白质含量增加1个百分点，用三聚氰胺的花费只有真实蛋白原料的1/5”。

养奶牛不是一件容易事，并不能每天都能产生利润，因为奶牛产奶也就9个月时间，其中产奶高峰期一般只有3个月左右，还有3个月是没有任何利润的停奶期。由于饲料涨价太快，尤其是玉米价格，现在几乎每头奶牛有半年以上不能给奶农带来纯收入，奶农甚至入不敷出。

为了使自己的牛奶多卖些钱，奶农就开始往奶里掺水，但是变淡的牛奶很容易被奶站测出来——奶站通常通过测定氮等元素的含量来给牛奶评级（这些指标的高低与牛奶蛋白质含量高低成正比）。后来，奶农就开始学着往牛奶中加尿素甚至氢氧化钠等物质，以提高氮等成分的含量，最终发展到掺杂三聚氰胺——一种很难被查出来的有害物质。

奶源所蕴含的危机也在行业的快速发展中被迅速放大，直至“三鹿事件”的“东窗事发”。正如奶牛营养学博士乔富龙所言，疯狂的“抢奶”市场使“以奶站和奶贩为主体的掺杂使假到了最猖獗的地步”，因为乳品企业不得不降低收奶门槛，“那时如果哪家乳品企业坚持只收合格奶，那它就只有关门的份儿”。

三鹿绝非受害者

对三鹿公司来说，所发生的一切都是致命的。在数十小时内，这家曾经享有“国家免检产品”等诸多殊荣的奶制品企业异常焦虑，立场反复更迭。尽管三鹿公司急于与事件撇清关系，试图从生产方面证明自身的清白，不过从密集披露的信息看，它的解释存在着许多自相矛盾之处。它正在进行的危机公关处置令人心意难平。

根据《南方周末》记者调查，2009上半年，全国至少有8个地方的医院分别收治了少则3例、多则20例的肾结石婴儿；江苏某医院医生认为婴儿结石病呈暴发之势。而在这些不幸的病例背后，所有的矛头都指向三鹿奶粉。然而，在接报和被投诉之后，无论是监测机构还是三鹿的自检，都给出了奶粉合格的检测报告。逐渐浮现的证据证明，就在家长们普遍怀疑却被敷衍的同时，三鹿已经知道奶粉有问题。

早在2009年3月中旬，三鹿公司就接到消费者反映，有婴儿吃了婴幼儿奶粉后，竟然表现出肾结石症状。而据财经网的消息，该公司的销售代表在6月份就明确获悉奶粉被污染，然而并未采取公开的挽救措施，仍然如常出售。再据三鹿公司的说法，在8月1日就知道原奶中被加入了三聚氰胺。然而，所有这些信息并没有在当时公布，一再延误。对此中隐瞒的缘由，三鹿公司拒绝回应。

三鹿公司将全部责任推给“不法奶农”，试图与其相切割，大有将事故责任甩给别人的意图。可是，这仅仅是三鹿公司的一厢情愿。退一万步讲，即使假设其成立，为何三鹿公司在收购环节未曾有丝毫发觉？而三聚氰胺能通过三鹿公司自称的1 100多道检测程序，生产环节怎么会毫无干系？国家权威结论尚未形成，三鹿公司却抬出“挡箭牌”，再加上此前的有意隐瞒，大有转移问题焦点的嫌疑。

对于生产上的责任故意回避，在毒奶粉造成不可逆转的危害后，又以虚假的态度混淆视听，三鹿公司可以说是一错再错。甚至，被三鹿奶粉伤害的婴儿和家庭都听不到一声道歉。三鹿公司为求自保，似乎一切手段都能采用，唯独漠视人命。在封存和收回数千吨问题奶粉后，三鹿公司对市面上残存的700吨毒奶粉迟迟不施以有效干预，它们流通的地区、产品批次等关键信息统统压着不报，对可以救命的预警视而不见。

如果按照三鹿婴幼儿奶粉“C+配方”的规格，一听奶粉900克，700吨问题奶粉就可以分装70多万桶。如此换算，并非要激起恐慌，而是要说明显而易见的危险性。这种危险分布在农村或信息闭塞之地。从三鹿公司的言行看，其并没能从生产商应负的责任出发做出积极反应。为减少毒奶粉的社会危害，让民众充分了解危险的程度极其重要，而三鹿公司从一开始就漠视消费者权益，无视自身问题产品可能造成的生命危害。

（根据公开的网络资料整理）

案例思考题：结合“三鹿事件”谈领导者德商的重要性和企业道德建设的途径。

本章小结

领导者现在面临的最大挑战就是如何使自己成为一个合乎道德标准的领导者。领导者要成为伦理型领导和道德型领导，就必须提升自己的“德商”。而领导者要提升德商，关键是要加强自律。

领导者的权威来自各个方面，其中包括科层权威、心理权威、技术-理性权威、专业权威以及道德权威。我国领导者要牢记“以德治企”“以德服人”，要始终突出树立道德权威的重要性。

从中西方文化中有关道德与功利关系的辩论中，我们应该正确理解道德与功利的关系：应该正确评价功利主义思想的进步意义与存在的问题，要强调在追求功利的同时坚守道德理想，还要正确把握功利与道德的关系。

道德具有强制性，是一种非权力的规范。

道德的绝对原则是增加全社会和每个人的利益总量。行为是否道德还要看它是否符合“最大多数人的最大幸福”原则。

领导者的行为应尽量做到无私利他，至少应做到为己利他，绝不能纯粹害他、损人利己。

领导者要识别与抵制社会经济生活中的不道德行为。

市场经济条件下的领导者应该兼有经济人与道德人的行为特征。道德型领导者要自觉完成从“经济人”（谋实利，求实惠）向“道德人”（做好人，干好事）的转变，做一个服务式领导，帮助追随者，并增强道德意识。

道德型领导者的品德可以归纳为以下五项：尊重他人、为他人服务、表现公正、显示诚实和建设团队。道德型领导者作为个人的品德修养主要包括智慧、诚实、勇敢、节制、谨慎、豁达、慷慨、俭朴、坚毅等诸多方面，其中智慧、诚实、勇敢、节制四项尤为重要。

提升领导者个人的道德水平与修养要从每个领导者自身做起，这包括提升领导者的道德认知的发展水平，培育与塑造领导者的道德人格，通过道德评价的反馈明确提升道德水平和修养的方向等。

思考题

1.概述德商的重要性及提升途径。

2.如何正确认识功利与道德的关系？

3.举例说明道德行为的内涵及其在现实中的表现。

4.举例说明什么是不道德行为。在现实中应如何识别与抵制不道德行为？

5.如何理解密尔的“最大多数人的最大幸福原则”？

6.怎样才能使企业家做到兼有经济人和道德人的行为特征？

7.通过什么途径才能坚守基本的道德品质并提升道德水平与品德修养？

领导者的德商修炼：品德力
——领导者要树立正确的权力观
第10章

大道至简，
有权不可任性。[①]

——李克强

重点内容

- 正确理解权力的内涵、来源与基础
- 了解领导者的去抑制化现象及其心理机制
- 掌握五种类型的职位与个人权力
- 认识权力性影响力与非权力性影响力的不同特征与组成
- 深刻体会“权力不是目的，而只是为民服务的手段”

10.1 权力概述

10.1.1 权力的内涵

从历史和功能上看，权力与领导的概念都是相互关联的（French & Snyder，1959）。权力一般被定义为一种能力，即引导他人行为趋向对权力拥有者而言富有意义的目标（Weber，1947；Keltner，et al.，2003）。

权力是一种影响力、控制力，只存在于人与人的相互关系之中。单独的个人无所谓权力。权力作为一种影响力、控制力，只表现在“命令-服从”的人际关系中。协商、合作、冲突的关系都不是权力关系。

① 引自2015年3月5日十二届全国人大三次会议《政府工作报告》。

权力作为影响力可以影响他人的态度、信仰和行为，为此，我们可以将权力称为一些人对另一些人造成他们所希望和预定的影响的能力。

权力具有以下三个特性：相对性、单向性和后果性。相对性是指权力不能独立存在，它存在于人与人的相互关系之中，因为一个脱离了社会而孤立存在的人是不能行使任何权力的。单向性是指权力作为一种特殊的影响力，影响者与被影响者之间是不完全平等的。一个人可以推动另一个人做他本来不会与不想做的事，这就是影响力。后果性是指权力行使会产生后果，对接受影响的人会产生有利或有害的后果。在此，权力也是一种执行力，由于握有权力，领导者可以直接或间接地通过别人的行动得到所期望的结果。

10.1.2 权力的来源与基础

权力的来源可分为权力的制度来源说与受影响者的接受来源说。

制度来源说强调权力不是来源于财产私有制而是来源于法律、制度与组织。同时，权力来源于群体成员自愿或不自愿的服从。只有当接受命令或指示的人把这种命令或指示作为具有权威性的命令或指示予以接受时，权力才会存在。

在我国，领导干部要树立正确的权力观，就是“权为民所赋，权为民所用”。有的领导者在这一问题上存在着认识上的偏差和误区，比如有的人认为“自己的职务地位是靠自己干出来的，凭本事吃饭”，他们却忘记了领导者手中的权力终究是谁给的。

有些领导者一切以自我为中心，强调个人奋斗和实现自我价值与抱负，从而完全忽略了制度与组织的培养和人民的养育之恩，因而做不到“权为民所用”，在行使权力时站在个人得失的立场考虑问题，实践时是主观为自己、客观为社会，因而无法实现权力的最高目标，即他们不能以为群众利益服务、使群众满意为行使权力的最终标准。

10.2 权力的影响

10.2.1 权力的影响

权力对领导者行为决策的影响主要有四个方面：一是个体行为的主动性。权力的定义表明有权的人控制着资源，更能满足自己的需求，有权的人有更多的机会行动。二是人际互动的敏感性。马斯特等（Master，2009）的研究证明，相对于低权力，高权力使个体能够更好地了解他人的想法和感觉。这主要是因为高权力个体处理问题时会采用更加全面的过程加工模式，而低权力个体采用局部过程加工模式，即高权力者专注于整体而低权力者专注于细节。三是社会行为的目的性。奥维贝克等（Overbeck，et al.，2006）认为，领导者面临的所有任务都需要注意力的分配，每一个任务都在争夺领导者的注意力资源。因此，领导者的行为常常以目标为导向，将注意力灵活分配在所需要的任务和目标中。四是利益分配的功利性。众多研究表明，领导者在分配资源时，更偏向于有利于自身利益而有损于集体利益（Aquino，et al.，1988），而且更少优先考虑集体利益（Choi，1999；DcCremer，et al.，2004），且权力拥有者的自我中心主义会滋生优越感，而这会促发腐败行为（Kipnis，1976）。

当下不少领导者“权力寻租”等腐败现象比较普遍。然而，权力并不必然导致“腐败”，它受到多种因素的影响。拉斯等（Lars，et al.，2010）认为这主要与领导的道德观有关。他们发现，信奉谋私利己型领导信念的被试在高权力条件下给自己分配更多的报酬，而信奉服务大众型领导信念的被试则相反。

10.2.2 领导者的去抑制化

当领导者习惯于行使权力，或者领导者的群体核心角色在本人及他人心里根深蒂固的时候，领导者对自身行为的自我约束和抑制就会减弱。这是领导者的一种较为普遍的心理反应。领导者的去抑制化现象（disinhibition）主要表现为行动导向、丧失约束和客体化等问题。

（1）行动导向。所谓行动导向就是指领导者在高度集权的情况下表现出很高的自主行动的意愿，许多领导者更习惯于自我决策并付诸行动，而不是与组织成员充分协商。这种独断专行的领导方式通常是有害无效的，特别是，如果这种独断专行不是为了实现组织和团队的目标，就必然导致集权与腐败。

（2）丧失约束。麦基和格伦费德等人将领导的去抑制化狭义地描述为不能抵制各种诱惑。实际上，行动导向也是一种更为广义的去抑制化，还存在一些正面效应。而领导者自我约束的丧失是行动导向的深化和泛化，则完全失去了正当性和有效性。

（3）客体化（objectification）。客体化即拥有权力的领导者表现出疏远下属的意愿和情绪。麦基和格伦费德等人将其定义为“工具性地看待他人的过程”，其看待他人的方式取决于他人是否具有有用的各种特质，而不是将其作为独特的个人来理解其所具有的各种特质。简言之，就是将其他人看作实现目标的工具或达到目的的手段。尽管权力与腐败之间的关联并不是绝对的(Barber，1972)。然而，由于拥有权力的人对其他人的依赖性更小，因此比无权者更少关心其他人对其行动的评判，也更少在意其他人的内心体验。

由此可见，领导者的去抑制化现象不仅影响领导行为的有效性，对组织和团队造成伤害，还有可能会阻碍领导者自身的成功，甚至会导致贪污腐败、以权谋私等犯罪行为。因此，领导者在权力行使过程中要对上述各种去抑制化现象高度敏感，并在工作中加以识别和规避。

10.3 权力的形式与类型

最早，根据弗伦奇和雷文（French & Raven，1959）的权力分类，组织中的权力可以分为两大类：一类为职位权力（position power），又称为合法性权力；另一类为个人权力（personal power），又称为人格权力。

职位权力是指从正规组织系统的特定职位或头衔中衍生出来的权力。这种权力也称为合法性权力，这是通过正式授予而获得的，是由国家的法律、法令和主管部门的决议、命令所直接任命与决定的。任何合法性权力都是通过领导者的职权来体现的，如企业中的厂长、经理等。要使领导者履行所在岗位的职责，必须赋予其一定的权力，这种权力是他们推行决策、指导部属行动的依据。

职位权力会派生出诸如合法性权力、奖励权力、威胁权力、信息权力、生态权力等潜在影响力。

个人权力是指占据领导职位的个人的人格特征导出的潜在影响，如参考权力与专业权力。

弗伦奇和雷文根据职位权力和个人权力的综合提出了五种权力类型：奖励权力、威胁权力、合法性权力、参考权力和专业权力。现分述如下：

10.3.1 奖励权力

奖励权力（reward power）是指领导者控制着下属所需求的重要资源和奖励，下属要顺从才能获得领导控制的资源和奖励。

领导者在实施奖励权力时，要注意以下几点：提供公正和道德的奖励；不要做出超过你能给予的允诺；解释给予奖励的标准，并使之简单化；如果目标得以实现，立即提供许诺的奖励。

10.3.2 威胁权力

威胁权力（coercive power）是指组织成员要以顺从来避免领导者所控制的惩罚。威胁权力是一种强制力，是领导者可以行使的一种特殊权力。强制力包括威胁、惩罚、纪律处分、罚款、解雇或降薪等消极手段。

使用强制力的领导者只对自己的目标感兴趣，而很少关注追随者的需求，因而具有消极意义。除非绝对需要，否则最好避免使用威胁权力。

领导者在使用威胁权力时，要注意以下几点：解释规则和要求，确定人们理解违反纪律的严重后果；在运用指责或惩罚之前，要通过调查获得事实真相，避免仓促做出结论，草率指责。除严重错误外，惩罚之前要提供充分的口头或书面提醒或警告；提醒警告后依然不服从，则要给予行政处罚，维护组织纪律的严肃性；要运用合法、公正的惩罚，否则会有负面效应。

10.3.3 合法性权力

合法性权力（legitimate power）是指来自正式权威工作活动的权力。认同、顺从组织的成员会顺从合法性规则和请求。一个经理的权威范围通常由文件规定，如组织章程、书面的工作描述或一个雇用合同。权威通常以口头或书面的形式行使一个请求、命令或指标。

领导者在行使合法性权力时应注意以下几点：做出礼貌的、清晰的请求，并解释请求的原因；不要超出你权威的范围；沿着合适的渠道证实权威的必要；如果权威合适要加以证实并坚持要成员顺从。

10.3.4 参考权力

参考权力（referent power）是领导者能对下属、同级、上级产生影响的一个重要因素。行使参考权力的一种方式是运用“角色榜样”，我们经常会说“榜样的力量是无穷的”，所以，领导者要力争使自己成为下属的榜样。一位友好、有吸引力、有魅力、忠诚的领导者对下属有重大的“榜样与参考作用”，下属对这样的领导者会显示出强烈的羡慕与忠诚。

领导者要获得和保持参考权力需要注意以下几点：对下属要采取支持性和帮助性的行动；要运用忠诚、正直，甚至是自我牺牲的形式保护和支持人们；主动帮忙；信守诺言。

10.3.5 专业权力

并非只具有行政职务的领导者才拥有权力，具有一定专业知识和经验的专业人士也可以获得权力与影响力。专家、学者，如大学教授以及专业的工程技术人员，获得一定专业资质的医生等等这些人士的专家地位与专业知识都可以增强一个人被感知的专业权力（expert power）。因为人们相信这些专业人士的指导是正确的。病人乐于遵从医生的指导，学生则要听从教师的教导。

在某种意义上，具有相关知识与技能，能以最佳的方式执行一项任务或解决一个重要问题，给具有独特知识的人提供了对下属、同级和上级产生影响的潜在能力。显然，只要存在着对拥有知识、技能的人员的依赖，专业知识和技能就仍然是权力的来源之一。

具有专业知识的人士在运用专业权力时要注意以下几点：要让人们感到自己是可靠的信息和建议的来源；能够提供令人信服的证明或建议；不要做出轻率的、粗心的、不一致的声明；在危机时以自信和果断的方式行动；不要夸张或误导事实。

除以上五种权力类型外，在现代社会中还要附加两种权力类型，即信息权力（information power）与生态权力（ecological power）。信息权力是指在现代社会中，领导者要学会接受信息，具有控制信息传播的能力。信息权力也是当今社会中一个不容忽视的权力来源。生态权力是指领导者要根据环境中机会与约束的变化，微妙地重组与改变情境，故又被称为“情境工程”与“生态控制”。

上述不同类型的权力会产生不同的领导效能。理性奖励和理性惩罚会给领导者带来正面的绩效以提高领导效能。合法性、专业与参考权力会使下属产生支持态度，会使下属满意从而产生正面的绩效，领导效能也随之提高。

10.4 领导者影响力的构成

领导者影响力是由权力性影响力与非权力性影响力两部分组成的。现分述如下：

10.4.1 权力性影响力

权力性影响力属于强制性影响力的一种，强制性表现为对他人的影响带有强迫性、不可抗拒性，以外部压力的形式发生作用。被影响者表现为被动、服从。正因如此，权力性影响力对他人的影响作用是有限的。

权力性影响力的构成因素为传统因素、职位因素和资历因素。

1.传统因素

数千年的中国传统文化显示，要对领导者产生服从感。对领导者的服从感可能出于钦佩领导者的权威，也可能是因害怕权威而产生的。领导者本身追求权威与下级对自己的服从感有着积极与消极两种意义。积极意义表现为，如果下属“不听话”，没有服从感，则领导者的工作难以顺利开展。但领导者如果一味追求权威，发展至要求下级对自己的个人迷信与个人崇拜，就使事物走向了反面。

在服从感的问题上，我们反对盲目地服从，在强调下级对上级的服从是符合组织纪律性的同时，也必须反对领导者一味追求个人权威与个人崇拜。

2.职位因素

领导者的职位会使被领导者产生敬畏感。领导者的职位越高、权力越大，人们对他的敬畏感也越甚，其影响力也越大。领导者的职位越高，其影响范围与强度也越大与越强。

职位因素造成的影响力与领导者本人的素质没有直接关系，纯粹是社会组织赋予领导者的力量。

3.资历因素

领导者的经历与资格也是产生影响力的因素。反映一个人的生活阅历与经验的资历是一种历史的产物。人们对一位资历较深的领导者往往会产生一种敬重感。

我们不能把资历因素看得过分绝对化。一个资历深但实际工作中表现很差的领导者仍会使群众大失所望，仍会失去群众的敬重。反之，一个资历虽浅，但在工作中表现出很好的领导力的领导者仍会被依赖与得到敬重。

10.4.2 非权力性影响力

非权力性影响力属于自然性的影响力，这种影响力表面上并没有合法性权力那种明显的约束力，但能发挥权力性影响力所不能发挥的作用。

非权力性影响力，没有正式的规范，也没有上级授予的形式。权力性影响力强调的是命令与服从，而非权力性影响力强调的则是顺从与依赖。

构成非权力性影响力的要素是：品格因素、能力因素、知识因素和感情因素。

1.品格因素

品格因素是指领导者的道德、品行、人格、作风等的总称，它反映在领导者的一切言行之中。优秀的品格会给领导者带来巨大的影响力，使人产生敬爱感。无论职位多高的领导者，倘若在品格上出了问题，那他的影响力就会荡然无存。现在许多领导者因为不能守住道德底线，以权谋私，变成了贪污腐化分子，因而这些领导者就丧失了对群众的影响力。群众最反对的就是言行不一、表里不一、品格低劣的领导者。人们对领导者缺乏非品格因素，如能力、知识、经验等是可以原谅的，但对于品格上出了问题的领导者，是绝对不原谅的。

2.能力因素

一个有才能的领导者会给组织带来成功的希望，使人们产生敬佩感。敬佩感是一种心理磁石，它会吸引人们自觉地去接受影响。

在现实生活中会出现位高才低的无能领导者。在这种情况下，工作中的“人”与“事”不能达到最佳匹配，而是发生了“人”与“岗”的错位。为此，我们在进行人事安排时，要使领导者的名与实相符。如果让一个领导者去担任他完全力不从心的职务，那么，在这样的岗位上他既显示不出他的才能，也不会得到群众的敬佩，最终是失去群众的信任。

3.知识因素

一个领导者具有了某种知识专长，他便拥有了专长权力，也就是前述的“专业权力”，因而会对别人产生更大的影响力。领导者在合法性权力之外，充分发挥专长权力的作用可以大大提高领导效能。一个没有专长权力的领导者由于缺乏业务知识，可能在许多问题上一筹莫展。

在当前全球化的高科技时代，要树立领导者在行政领导与生产指挥中的真正权威，就必须提高领导者的业务知识能力，这是一项重大的历史任务。

4.感情因素

感情是人对客观事物（包括人）好恶倾向的内在反映。人际间建立了良好的感情关系，便能产生亲密感。人际间的关系疏远，双方就会产生心理排斥力、对抗力。如果是处在疏远的人际关系之中，领导者就会产生负的影响力，其结果是领导效能大大降低。领导者仅依靠职位权力、专长权力、行政命令而没有感情的影响力，仍然不能最大限度地发挥领导者的作用。

当前，我国正在建设和谐社会，其中包括要实现民主法治、公平正义、诚信友爱等，而要构建和谐社会就需要不断正视社会矛盾、化解社会矛盾，最大限度地增加和谐因素、减少不和谐因素。为此，领导者在新时期要发挥感情因素的作用，真正做到从感情入手，动之以情、晓之以理，以取得与群众彼此间的感情上的沟通，使群众心悦诚服，不仅能听从领导者的指挥，更要在感情上能与领导者忧乐与共、心心相印，真正发挥领导者感情的影响力。

在上述四项非权力性因素的使用中要注意主次关系，那就是以品格、能力因素为主，知识、感情因素为次。一个领导者的品格因素如果发生问题成了负值，那么，其他因素必然会受到严重的影响，其总和可能是零。例如，若一位领导者的道德素质差，以权谋私，犯了贪污罪，那么他的非权力性影响力就等于零，甚至是负数。

根据以上所述的领导影响力的组成，图10-1概括地显示了权力性影响力与非权力性影响力的实质内涵及其意义。

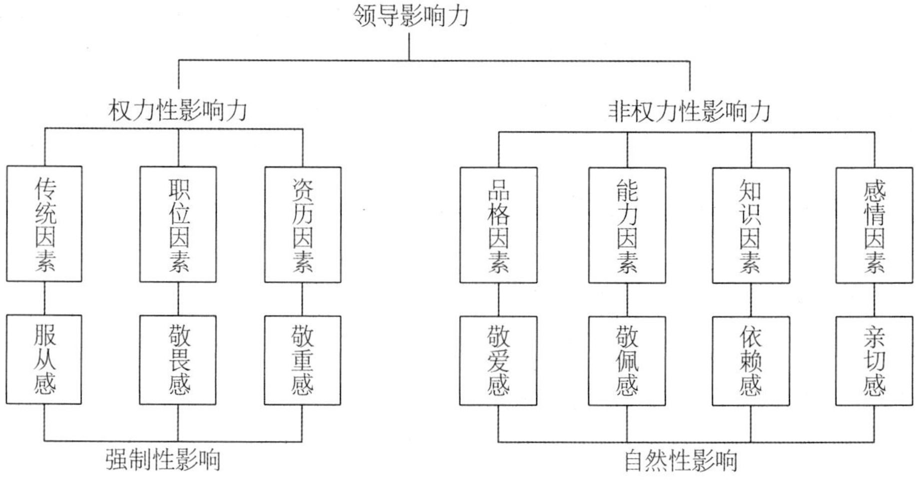

图10-1　领导影响力组成图

10.5　领导者影响力的影响策略

领导者可采用不同的权力影响策略来影响被影响者。权力的影响可能产生的结果可分为支持、顺从或阻碍，这就要看领导者所运用的影响策略如何。

有三类权力影响策略可以获得高、中、低三种不同的领导效能。

10.5.1　获得高领导效能的影响策略

理性劝导、精神呼吁、咨询、合作等四种影响策略会获得高的领导效能。

理性劝导是指领导者要运用逻辑证明和事实证据向被领导者显示并说明一个建议或请求是可行的，并与所要达到的重要任务目标相关。

精神呼吁是指领导者要对被领导者做出对价值和理想的呼吁以引发被领导者的热情，进而获得被领导者对所提建议的支持。

咨询是指领导者要鼓励被领导者对所提建议提出改进意见或帮助筹划一个活动，这些都需要被领导者的支持和协助。

合作是指领导者为了使被领导者实现所建议的要求而提供相关的资源或协助。

10.5.2　获得中领导效能的影响策略

告知、讨好、交换、个人呼吁等四种影响策略会获得中等的领导效能。

告知是指领导者要向被领导者解释满足了一个请求或支持一个建议会使被领导者受益并使其职业得到发展。

讨好是运用表扬和奉承，并对被领导者实现困难建议的能力表示信任等讨好策略。

交换是指领导者要表示，如果被领导者愿意做领导者所请求的事情，那么领导者会提供激励或相应的有利交换作为回馈。

个人呼吁是指领导者要求被领导者出于友谊去实现一个请求或支持一个建议，并给领导者一个个人支持。

10.5.3　获得低领导效能的影响策略

合法性、压力和联盟等三种影响策略只能获得低的领导效能。

合法性策略是指领导者运用规则、正式政策或官方文件寻求一个建议、请求的合法性或证实所做建议、请求的权威性。

压力策略是指领导者要用威胁、需要、经常性检查或不断的提醒去影响被领导者。

联盟策略是指领导者寻求其他人的援助劝导被领导者做某事，或运用其他人的支持作为被领导者应该同意的一个理由。

10.6　领导者应树立正确的权力观

领导者的权力观包括领导者应如何正确对待自己的权力欲与权力需要，以及正确认识追求权力是手段还是目的。现分述如下：

10.6.1　领导者的权力欲

权力欲，从它极广的意义上说，是一种希望能对外界（无论是人的或非人的）产生预期影响的欲望。这种欲望是人性的主要组成部分，在有能力人的身上，则是强大并且极重要的组成部分。

英国著名的哲学家罗素在其《权力论》一书中认为，在人类无限的欲望中，居首位的是权力欲和荣誉欲。英国首相的权力多于荣誉，而英国国王的荣誉多于权力。权力欲是对权力的冲动，又可称为权力动机。权力欲从它的广泛意义上说，是一种希望能对外界（人或事）产生预期影响的欲望。当舒适的生活得到保障时，个人或团体所追求的不再是财产而是权力。权力的欲望是人类动机中最强烈的一种，也是社会事务中重要活动的起因。为此，权力欲也是人性的组成部分，在领导者身上体现出来也是正常的。

10.6.2 正确认识追求权力是手段不是目的

众所周知，有权者比无权者更能实现自己的欲望，权力还能使领导者赢得他人的尊敬。因而有些领导者将权力当作目的，当作获取私利与个人荣誉的阶梯。有这种权力欲的领导者必然会产生各种消极与负面的结果，如以权谋私产生贪污腐化等劣迹，以致身败名裂。

权力欲若要成为有益的动机，必须与权力以外的某种目的（事业与工作目标）相联系，那就是“权力为民所用”，权力欲所追求的只能是更好地为民服务。

对于领导者的权力欲不必采取绝对否定的态度，而是应引导其追求权力要有正确的动机，即追求权力不是目的，不能成为“有权就有一切”的权力至上主义者，而是将权力看成工具、手段，最终目的是“为民”掌权，这是应该鼓励的。总之，权力是达到交往与成就的手段，而不是追求的目的本身。

10.6.3 正确使用权力，防止权力滥用

1.正确使用权力

正确使用权力会产生高绩效的组织与团队，会得到下属的支持与顺从，使领导者个人获得更大的信任、尊严、尊敬，从而地位更巩固，在群众中的威信更高。如果滥用权力，不正确地使用权力，就会导致下属的怨恨，甚至反抗、憎恨，从而导致谴责、尊严与地位的丧失。由此可见，领导者的成败与否可归因于权力的使用方式。

权力不是领导者用来凌驾于他人之上以达到自身目的的工具，而是应该有助于领导者与下属以此来实现他们的共同目标。

2.防止权力的滥用

有效领导者需要一定的权力，并且需要有不同类型权力的组合。但是，过多的职位权力与过少的职位权力一样是有害的。权力过分集中在少数领导者手中，一旦决策失误会造成很大的损失。但是，领导者手中的权力太少，也会使决策很难实现。权力过分集中在少数领导者手中，权力过多过大也会产生权力滥用。如果权力缺乏监督就会出现权力腐败。

英国历史学家阿克顿勋爵（Lord Acton）有句著名论述："权力导致腐败，绝对的权力导致绝对的腐败。"

当前，权力腐败现象呈现得很普遍。无数领导者的腐败案例表明，权力腐败与职位权力相关。凡拥有相应职位权力后，极易利用职位进行权力寻租，不仅在房地产、投资、金融行业，各种掌握关键领域的行政部门也极易利用职位权力进行权钱交易，就是医务人员与教师也有利用职权进行交易的事例。这说明，职位权力会轻易腐化领导者。对于领导者而言，这是一个权力的道德应用问题。

3.提升个人责任感

领导者通常都要对组织负责，而且一般要对所领导团队的成败负个人责任（Meindl，et al.，1984）。彼得·德鲁克（Peter F. Drucker）在《未来领袖》中就指出："领导是一种责任，不是阶级特权与钞票。"个人责任是一种社会约束，能够抵消权力的去抑制效应，在一定程度上有可能使领导者在行动前全面地考虑各种可能的后果。能够控制他人结果的人，如果知道他们将会对其行动的手段和后果负责，相比缺乏责任心的人，会更有可能考虑社会后果以及他人的利益（Learner & Tetlock，1999；Tetlock，1992）。因此，领导者要正确使用权力，防止权力的滥用，最基本的就是要提升个人责任感。

10.6.4 要正确进行权力教育

我们在对儿童与青少年进行权力教育的过程中存在着一些误区，如：灌输服从命令就是"懂事"，不服从命令就是"任性"等理念；在两个合作者之间唯一可能的关系，只能是一个人指挥，一个人服从的关系，并向他们展示"当官"与获得权力者会获得愉快与极大的利益，即所谓"为官就有一切""无官丧失一切"的观念。这些教育理念，或者是培养人们顺从、追随领导者的心态，只会做一个服从领袖的安分守己的老百姓。有些父母和学校从一开始就企图教育儿童、青少年要绝对服从，这种教育的结果必然会产生奴隶思想或相反的叛逆心理。另一种方式则容易导致青少年"我怎样才能居于一切人之上"的专横型理想人格。这两种人都不是民主政治所需要的。

正确的权力教育，其做法不是灌输主人对仆人的意识，而应是灌输平等合作的意识。

【案例分析】

私欲让我手中的权力发生变异

——上海电气（集团）原党委书记、董事长王成明忏悔录

背景资料：王成明，上海电气（集团）总公司原党委书记、董事长。王成明在担任上海广电（集团）有限公司总裁、上海电气（集团）董事长期间，利用职务上的便利，伙同他人共同贪污巨额公共财产，其行为构成贪污罪；为他人谋取利益，非法收受他人财物，其行为构成受贿罪。2007年12月20日，长春市中级人民法院以受贿罪、贪污罪，一审判处死刑，缓期两年执行，剥夺政治权利终身，并处没收个人全部财产。王成明不服一审判决，提出上诉。2008年2月28日，吉林省高级人民法院做出终审裁定，维持原判。

他们看中的就是我手中的权力

1998年底，我担任上海广电（集团）有限公司副总裁，当时还在江苏经商的张某就通过上海电气副总裁韩国璋与我认识。韩国璋向我介绍说，张某很年轻，在资本市场运作上很有办法。现在我终于明白，张某对手握大量国有资产权力的我早已觊觎已久。这么多年通过我做工作、帮忙，他在委托理财、电气改制、开办新诚公司在香港炒股等项目中赚了很多钱。出于感谢，张某利用我去香港等地出差、出国考察、逢年过节等机会送给我金条、港币等钱物，只要我张口向他借钱，他总是有求必应。开始我多少还有些顾虑，后来就习以为常了，久而久之，就身陷其中，不能自拔了。

我和张某不正当的经济往来如此，与严金宝（我的大学同学，原上海雅苑房地产开发有限公司董事长、上海闵华实业联合发展有限公司董事长，被判处无期徒刑，剥夺政治权利终身，并处没收个人全部财产）不正常的经济往来也

是这样。严金宝之所以对我好，送给我钱、物，包括三套房子，看中的同样是我手中的权力。

打开私欲的闸门便一发不可收

2001年，上海房地产开发形势一片大好，看到人家赚得盆满钵满，我想，再过几年就要退休了，总要为子女、为小团体谋点利益吧。于是我和找上门来的严金宝一拍即合，自己不好出面，就以儿子的名义成立了一家公司。地搞到了，钱怎么办？钱先叫广电公司垫上，等以后房子卖了再还给公司。有了这个想法以后，就开始操作，搞到后来就收不住了。为什么？房地产开发形势一天比一天好，房价涨得让人看不懂。

当时，房价越涨我越害怕，涨到最后倒霉的一定是我。如今，一想到这片列在自己名下用国有企业的钱开发的房地产，就会心惊肉跳。这完全是自己的私欲在作怪，想为自己留条后路，正好有这个条件，有这个机会，搞到最后就收不住了，收不住了就要受到法律制裁，以致走到今天这个地步。

不受监督的权力迟早要出问题

当市纪委的同志来宣布党纪政纪处分的时候，我回去饭都没吃，一个礼拜人都昏昏沉沉，组织没有了，单位也没有了，什么都没有了，大电气集团和我也不搭界了。尽管我知道肯定要受到开除党籍、开除公职的处分，这是最起码的，虽然早有这个思想准备，但是真的来宣布了，我心里面别提多难受啦，我找谁去呀，没人可以找了，我成了“孤儿”了。

我的代价太大了，我真是悔得一塌糊涂。作为国有公司的高级管理人员，我本应该把党和人民赋予的权力用来为国家、为人民创造更多的财富，由于我的权力很少受到监督，胆子越来越大，最后发展到肆无忌惮地为自己、为他人、为小团体谋取私利。无可辩驳的事实证明，不受监督的权力迟早是要出问题的。

2007年春节，我手握圆珠笔，泣不成声。新年第一天的清晨，我坐在地上用血和泪在茫茫悔海中求索，坦陈自己的罪行，诉说心中的忏悔，以达到使自己明白，同时教育别人的目的。

（资料来源　中国纪检监察报社.忏悔录[M].北京：中国方正出版社，2011）

案例思考题：结合王成明的腐败案例谈谈领导者应该如何正确使用手中的权力。

本章小结

权力是一种影响力，只存在于人与人的相互关系之中。权力的来源可分为权力的制度来源说与受影响者的接受来源说。权力的影响主要有四个方面：一是个体行为的主动性，二是人际互动的敏感性，三是社会行为的目的性，四是利益分配的功利性。

领导者权力的去抑制化现象主要表现为行动导向、丧失约束和客体化等问题。领导者在权力行使过程中要对上述各种去抑制化现象高度敏感，并在工作中加以识别和规避。

弗伦奇和雷文认为组织中的权力可以分为职位（合法性）权力和个人（人格）权力两大类，并根据职位权力和个人权力的综合提出了五种权力类型：奖励权力、威胁权力、合法性权力、参考权力和专业权力。

领导者影响力是由权力性影响力与非权力性影响力两部分组成的。权力性影响力的构成因素为传统因素、职位因素和资历因素。构成非权力性影响力的要素是：品格因素、能力因素、知识因素和感情因素。

领导者可采用不同的权力影响策略来影响被影响者。理性劝导、精神呼吁、咨询、合作等四种影响策略会获得高的领导效能。告知、讨好、交换、个人呼吁等四种影响策略会获得中等的领导效能。合法性、压力和联盟等三种影响策略只能获得低的领导效能。

中国的领导者应树立正确的权力观：正确对待自己的权力欲与权力需要，正确认识追求权力是手段还是目的，并正确使用权力，防止权力滥用，而其中最基本的就是领导者要提升个人责任感。

另外，我们要对儿童与青少年正确进行权力教育。正确的权力教育，其做法不是灌输主人对仆人的意识，而应是灌输平等合作的意识。

思考题

1. 概述权力的内涵、来源与基础。

2. 领导者应如何识别和规避去抑制化现象？

3. 举例说明职位与个人权力的五种类型。使用这些权力时应注意哪些要点？

4. 试述领导者应有怎样的权力观。如何认识“追求权力不是目的，而只是为民服务的手段”？

5. 如何进行正确的权力观教育防止教育误区？

第11章 领导者的德商修炼：品德力

——领导者反腐倡廉心理的自我调节与控制

任何腐败
都来自内部。

——[希]米南德[1]

重点内容

- 深刻理解领导者应有正确的动机，抑制腐败动机的产生
- 认识领导者应有正当的需要结构，抑制不正当的需求
- 掌握腐败领导者的心理特征及失衡心态
- 探讨如何培养清正廉洁的行为态度与抵制诱惑的意志力
- 了解领导者抵制腐败行为可以从培育优良的个体性格和健康的社会性格做起

领导者腐败是一种社会现象。其根源是多方面的，有制度上存在的缺陷，有思想政治工作上的薄弱，有惩治不力等。但也有一个方面的原因，是社会转型时期对领导者个体心理的冲击和影响，诱发了领导者的心理失衡，导致了产生腐败的动机，进而产生了腐败行为。

腐败行为的产生需要有三个条件：权力、腐败动机和腐败机会。腐败是腐败分子利用公权力进行权钱交易、以权谋私。但是，凡事都有外因与内因，即使有了权力与腐败机会，如果领导者能通过自我调节与控制削弱与终止腐败动机的产生，那么也就削弱与终止了腐败行为。由此可见，领导者在当前反腐倡

---

① 新喜剧诗人。

廉的宣传教育中如何加强自身心理的自我调节与控制，是一个重要环节。

下面我们从五个心理层面来阐述领导者应如何通过在心理上的自我调节与控制，使自身在反腐倡廉的实践中成为赢家。这五个层面是：

领导者要有正确的动机，抑制腐败动机；领导者要有较高层次的需要，抑制不正当的需要结构；领导者要防止因心态失衡而产生腐败心理；领导者要有清正廉洁的行为态度与意志力，以抵制诱惑；领导者要培育优良的个体性格与健康的社会性格。

11.1 领导者要有正确的动机

领导者的工作能否获得成绩，这在很大程度上取决于领导者能否发挥其积极性与主动性。而领导者的主动性与积极性是与其个人的动机力量成正比的。动机力量愈大，则主动性与积极性愈大；反之则愈小。

11.1.1 领导者的动机

领导者的一切活动都是由一定的动机所引起的，并指向于一定的目的。领导者的动机是领导行为的动力，是引起领导者活动的直接原因。换言之，领导者的动机就是直接推动领导者活动以达到一定目的的内部动力，因而是一种内部刺激与内部的驱动力。

领导者的动机对于领导行为具有明显的选择性与活动性作用。例如，具有某种动机的领导者，其行为总是指向于某一目的而回避另一方向，这就是领导行为的选择性。在正确方向的指引下，领导者的动机越强烈，则其行为越具有积极的社会意义；反之，方向不正确，如产生了腐败动机，则这种动机愈强烈，其行为给社会带来的就是愈大的消极作用，甚至是巨大的破坏作用。

总之，领导者的动机力量愈强，那么，在这种动机力量的支配下，其行为的活动性也愈强。这说明，动机对行为具有发动、加强、维持，甚至终止的作用。

11.1.2 领导者动机的可知性

领导者的动机虽然是一种内部刺激，他人无法直接看到，但领导者的动机是体现在领导行为之中的，为此，只要对领导者行为做系统的观察与分析，便可推断其动机。例如，我们可以根据领导者行为的强度与持久性，来推测其动机的强度。如果一个领导者在工作中精力旺盛，工作积极肯干，关心群众生活等，这说明，该领导者事业心、工作责任感强。此外，根据领导者的行为方向与行为内容，也可以推测领导者动机的社会意义是积极的还是消极的。如果一个领导者虽然也很积极地精力旺盛地工作，但是其目的是谋求私利，那么，这种领导者的动机的社会意义就是有害的、破坏性的。

当然，一个领导者的行为可能不是某一单纯的动机所引起的，而是同时由几种动机共同发生作用的结果。尽管这样，在众多的动机中总有一种动机起着主导作用。例如，一个工厂的厂长在工作的不同阶段就可能有不同的动机——建厂初期要抓组织纪律、劳动与生产制度，其主导动机是使一切工作走上轨道；建厂中期要抓产品与质量，其主要动机是使工厂的产品生产任务保质保量地完成，增加经济效益；建厂后期要主抓产品的更新换代，不断向市场提供新产品，其主要动机就是增强企业的竞争能力，使企业立于不败之地。尽管有以上众多的不同动机，但支配他的主导动机就是成就动机，即作为一厂之长想做出一番事业，使企业规模与品质都不断地得到提升。

11.1.3 领导者的动机系统

人的动机是由需要决定的，因而动机是与满足某些需要有关的活动的动力。领导者的动机是多种多样的，因而构成了一个动机系统。在领导者的动机系统中，起主导作用的是社会性动机，这些动机是受社会存在、社会生产方式制约的，所以就具有了社会历史性。

领导者动机系统的组成是分层次的，可分述如下：

1. 兴趣

兴趣是人的活动动机的重要内容与方面，是人的认识需要的情绪表现。作为一种动机，兴趣推动领导者对企事业单位的生产与（员工）生活、人际交往等各方面做深入的调查研究，并积极地寻找满足认识需要的途径与方法。在实际生活中，一个单位的领导者对周围发生的一切都极感兴趣，深入基层调查研究，从而搞清、解决与理顺单位的各项问题的症结所在。由此可见，兴趣是推动领导者经常从事深刻的认识活动的动力。也有这样一些领导者，他们对周围发生的一切都不感兴趣，既不想深入调查研究，又不想去解决问题，对于单位里的人与事一问三不知。显然，缺乏作为认识需要的兴趣动机的领导者，轻则是一个官僚主义者，重则是一个有害事业的保守主义者。

2. 意图

领导者的意图也是领导者行为的动机。这类动机能够在很长时间里维持领导者活动的积极性。领导意图表现出领导者对生存与发展条件的需要，而且，这种以意图表现出来的需要，是需要经过专门的组织活动才能得以实现和得到满足的。如果一个单位的领导者意图是试制一项新产品，那么，这种动机会一直维持着该领导者的活动积极性，同时他会通过一系列的专门的组织活动，如成立试制小组、调查研究、确立设计方案、准备条件、加工制作、进行性能试验和测试、鉴定等多项专门的准备活动，最后才能实现这一意图。

领导意图存在以下多种形式：

（1）企图。是指领导者不仅要明确意识到需要的条件，而且要意识到准备利用的手段。任何一个单位的领导者都不能仅有将生产抓上去的模模糊糊的意图，而是要能够想清楚达到这一目的的手段。

（2）理想。是指领导者在自己的心目中寻求与模仿作为典范的榜样的需要。在我国，任何单位的领导者的理想都应该是为国家与人民服务这一远大的目标。如果忘了这一崇高的理想，在实际工作中就会偏离正确的方向与轨道。当前，我国正在深化各项事业的改革，领导者要时时刻刻保持清醒的头脑，绝不能见利忘义，而是要坚守理想。理想就是领导者的人生奋斗目标，像是引路的灯塔，没有理想就没有坚定的方向，就没有有意义的生活。

（3）追求。是一种动机，也可以表现为某种需要，而且这种需要具有不可战胜的力量，在相当长的时间里始终不变地引导着人们的思想与行为方向。领导者应该时刻想到要把本单位的各项事业抓上去。为了追求这一目标，在一段很长的时间内，领导者要动员本单位的全体人员的思想与行为都趋向该目标。强烈的追求动机有助于领导者在前进的道路上排除一切困难。如果追求动机的力量很弱，那么在前进的道路上稍遇挫折就会出现失望、不满、懊丧的情绪。

3.信念

领导者的信念体现了领导者的世界观与人生观。这是领导者动机系统中的最高层次的社会动机。领导者按照由自己的世界观与人生观积淀而来的观点与原则，组成了最高层次的被意识到的需要系统，且以此来观察周围世界，并通过领导行为来影响周围世界。当然，以信念形式表现出来的需要的内容既包括周围的自然环境知识，也包括周围的社会环境知识，它们共同构造了领导者的世界观与人生观的有内在结构的观点体系的总组合。

现实生活中的大量事例告诉我们，一个好的领导者，若观察他的为官轨迹，会发现其信念动机一般都会是正确的；反之，一个变坏了的领导者，大都是在信念动机上发生了蜕变。坚强的信念使得领导者奋发向上，是他们战胜各种艰难险阻的动力。在中国共产党的奋斗历程中，“共产主义”信念激励了无数英雄为之奋斗，甚至流血牺牲。而“建设有中国特色的社会主义现代化强国”的信念，则激励领导者立志改革、大胆探索。

当然，领导者的信念主要是通过人生观、价值观表现出来的。人生观是对人生的基本看法和态度，它包括对人生的认识、人生的情感和人生的意义的理解。价值观就是对人生的价值和人生意义的看法，这是衡量人的价值和人生意义的一把尺子。正确的价值观认为人生的意义不在于享受和索取，而在于奉献。正确的世界观、人生观、价值观是每一位领导者的立身之本，没有正确的世界观、人生观、价值观，就会丧失正确的信念，就会堕落败坏、毁掉一生。

走向腐败的领导者所持的不正确的信念，是导致其腐败犯罪行为的思想基础和心理因素。此时，他们的信念往往变成了一种满足私欲的意念，比如，享乐主义、有权就有一切、个人利益至上等，这些总称为利己主义的信念，最终导致了不道德的犯罪行为。只有崇高的信念才会带来领导者的高尚行为。

由此可见，领导者的动机——兴趣、意图、信念，都是可以被领导者明确地意识到的，这说明领导者能清楚地了解自己需要的是什么，自己为什么去行动。

11.2 领导者要抑制腐败动机

任何腐败行为的产生都需要三个必要的条件：一是公共权力，二是腐败动机，三是腐败机会。所以，腐败的实质是为谋取个人私利而滥用公共权力。腐败行为是指公共权力的行使主体（公职人员或领导者）利用自己手中受托的公共权力谋取私利，从而侵犯公共利益，腐蚀、破坏现存社会关系的行为。滥用公共权力为个人或他人谋取私利，其本质特征始终是权力与金钱的交易。

1.腐败动机分析

公共权力是一种极度稀缺的社会资源，也是腐败的终极根源。权力愈集中，愈高发腐败行为。腐败动机是腐败行为的内心驱动力和精神刺激。腐败机会则强化了腐败动机，使腐败动机转化为腐败行为成为可能。

公共权力是一种物质条件，腐败机会是一种客观条件或称制度条件，腐败动机是一种主观的心理条件。显然，即使存在腐败的客观条件（腐败机会）以及可利用的物质条件（公共权力），但如果没有主观的腐败动机，则腐败行为也不会形成。

腐败动机是指发动和维持腐败分子进行贪污、受贿等腐败活动，并使其活动朝向一定目标的内部心理过程或行为动力。促使腐败动机形成的因素是腐败分子的不良需要产生的内部驱动力和适宜实施腐败行为的外部条件或刺激物产生的诱惑力的相互作用。

领导者要自觉地抵制自身产生的腐败动机，这就是说在主体实施腐败行为之前，就要设法抵制其腐败动机的形成及其作用力的发挥，使其没有或削弱其实施腐败行为的动力。

激发腐败动机的原动力是对利益的追逐。腐败动机的激发离不开外部的诱因条件，并具有明显的功利性。由此可见，腐败动机激发了腐败行为的实施，以达到满足腐败需要。腐败现象的本质实为以权谋私。

领导者的腐败动机具有多样性和交叉性的特点。有的是物质型的腐败动机，其中不乏受到物质利益如高层次的衣、食、住、行等方面享受的诱惑，也有的是受到满足生理享乐需要的诱惑，还有的是出于获得晋升、摆阔气而满足自身的精神需要的腐败动机。除此之外，也存在兼有物质型、生理型、精神型的混合型的腐败动机。

由此可见，领导者的腐败行为往往不是由一种动机推动的，在多数情况下推动人们行动的是几种动机的综合。当然，在这种动机系统中必然有占主导地位的动机，同时，领导者的腐败动机还具有实现的急迫性特点。具有腐败动机的领导者往往迫切地希望“捞现”“捞实”地来满足其心理与精神上的需求，即以物质上的即刻满足来填补其精神上的空洞。

腐败动机具有潜在的危害性。一旦有了现实的腐败行为，会对腐败动机产生反馈强化的作用。所以，有了一次腐败行为，腐败动机就会得到强化，从而就会延续产生腐败行为，以至于一发而不可收。

腐败动机也具有可良性转化的特点。当腐败领导者因腐败行为而产生紧张恐惧的情绪，意志发生动摇时，腐败动机此时有被放弃实施的可能。但此时，腐败领导者仍会心存侥幸，如果这样，则腐败行为非但不会停止，反而会加速实施。

2. 有效抵制腐败动机的方法

领导者要抵制腐败动机，可以从以下几方面做起：

第一，加强道德教育，预防腐败心理。道德是人们在长期共同生活中形成的共同的认知和处事标准。道德对个体具有价值导向和意志自律的作用，它依靠内心的信念、传统的力量和社会舆论的压力。不言而喻，道德建设重在教化和熏陶。道德教育首先要从道德认识开始，就是要树立起是非、好坏、善恶的道德行为准则及其社会意义的绝对标准，就是要有一个正确的是非观念。而作为领导者，更要有高水平的自我道德认识和高尚的道德理想。

第二，领导者要有正确的道德情感，其中包括责任感、义务感、事业感、自尊感、爱国主义与集体主义等。

第三，领导者要有道德理想与道德良心。道德具有导向作用和自律作用；一切腐败行为都起始于对道德的背离和践踏；而道德教化永远是一种深刻的内在的力量。通过道德教化，把外在价值准则内化为自身的价值需求与道德自律意识，能自觉抵制不良诱惑，抵御腐败动机的侵蚀。通过道德教育，明确“应该做什么”“不应该做什么”，从而形成及强化道德良心。

第四，要提高腐败成本，严惩、打击、削弱腐败分子的侥幸心理。对待腐败分子与腐败行为要做到严厉惩罚，使反腐工作具有必罚性与及时性，即能够做到及时处理、有腐必罚。要让有腐败行为的领导者从内心感到腐败成本太高无法承受，因而中止、削弱或放弃腐败行为。

凡有腐败行为的领导者都具有不合理的需要结构，因而，作为领导者，要合理调节和控制自己的需要水平，建立合理的需要结构。

11.3 领导者要有高层次的需要

11.3.1 领导者的需要

人的动机是由需要决定的。需要是人的积极性的基础和源泉。

领导者的领导动机同样是由领导者的需要所决定的。领导者也是人，因而他也有同普通人一样的需要，但是，领导者的角色同普通群众角色的差别又决定了领导者的需要应该与群众有所不同。

美国心理学家马斯洛认为，人的基本需要可以分为五个层次——生理、安全、社交（爱）、尊重与自我实现。作为一个领导者，只要了解普通群众的基本需要，满足群众的这些需要，就能激励群众的积极性。另一方面，领导者要正确对待自己的基本需要，竭力使自己的基本需要居于较高层次、达到较高水平。

以下是对人的基本需要的具体分析：

1.生理需要

列在基本生理需要一览表内的项目很多，如食、性、渴等。生理需要属于人的最低层次、最基本的需要，作为领导者绝不能将此作为自己追求的目标。

在现实生活中，有的领导者以权谋私、多吃多占、借公肥私，做出了一些危害自己和社会以致触犯刑律的事。只能说，这些人的需要还是处在“动物性”的本能需要阶段，是十分低级的。我们主张，任何人的正常的生理需要都必须得到满足也是应该得到满足的，领导者也不例外。但是，人之所以有别于动物，乃是因为在基本需要之外还有更高的需要，人的眼界与心胸应该放在那些更高的需要上。而作为领导者，就更应该去追求更高层次的需要，而不是被生理需要缠住。

2.安全需要

我们的建设目标是建立一个和平、安定、美好的社会——和谐社会。在这里，人们不希望看到任何形式的违背道德与违法犯罪现象，因为它们是和谐社会中的不安全因素，威胁人们的工作与生活。然而，现实生活中的不安全因素却是随处可见的，违背道德的事件不可胜数，违法犯罪案件日益增多，给社会和人们的生活都带来困扰。

作为领导者，应该成为下属安全需要的坚定维护者，而不是不安全因素的制造者。任何领导者，不论身处怎样的位置，都要时刻有这样的警醒才对，否则，就有可能成为组织中真正的最不安全因素的“元凶”。

3.社交（爱的）需要

领导者的爱的需要包括两个方面：给别人爱和接受别人的爱。实际上，不拘是领导者，任何一位有真正智慧和聪明的人都懂得，爱是相互的。一个真正给下属爱的领导，才能得到下属真正的爱。领导者如果对下属仅满足于就事论事、公事公办，缺乏感情投入与爱的因素，那么下属对领导也只能是组织上服从、感情上疏远。

4.尊重需要

领导者的尊重需要包括希望别人尊重自己，自己表现出非常自重和自尊。

一方面，领导者希望自己有实力、有成就、能胜任、有信心，以及能够独立和自由；另一方面，需要有名誉、有威望，受别人的赏识、关心、重视和高度评价。

领导者的自尊需要的满足，会使他有自信的感觉，觉得自己在这个世界上有价值、有实力、有能力、有用处，即价值感强。一旦尊重需要受到挫折，就会产生自卑感、软弱感、无能感，最终会导致失去基本的信心。其实，只要是人，在这一点上都有同样的感受，只是领导者的感受会更强烈一些。

在现实生活中，有些领导者比较重视上级组织与领导对自己的评价，而忽视下属对自己的评价，因而产生眼睛向上看而不向下看的心态，为了取得上级的赏识，不惜阿谀奉承、溜须拍马，而对下属却轻看忽视，这是极其错误的。

领导者应该以实际的成就去赢得别人对自己的钦佩，从而获得组织、社会、群众的高度评价。任何以虚假的成绩、不正当的手段所谋取的所谓高度评价，早晚会被揭穿，早晚会被唾弃，至终自取其辱。

所以，领导者要取得别人对自己的尊重，首先必须学会真正尊重别人——付出真诚与爱心，这是人心所向，理所当然。

5. 自我实现的需要

领导者的高层次需要应该是自我实现。

自我实现需要就是使人的潜能现实化的需要。领导者要千方百计地通过工作实践，将自己的潜能现实化。在领导者走上领导工作岗位之前，他仅仅具有领导能力的潜在能力，只有通过工作实践，他才能将这种领导潜能转化为真正的领导能力。在领导工作的岗位上，一个领导者要不断地向往与追求使自己成为一个比较完美的领导者。现代开拓型的干部都应该是有所追求、有着强烈自我实现需求的领导者。

11.3.2 腐败领导者的需要

人的需要总会表现出满足需要与不能满足需要的矛盾。满足需要是相对的，不能满足需要是绝对的。在满足与不满足的矛盾激化时，人如果不能克制自己的欲望，不断追求不能实现的需要，就会与周围环境，与其他人或集体、社会的利益发生矛盾，当这种矛盾尖锐化、不可调和，导致采取不正当手段解决矛盾时，就会出现腐败的违法犯罪行为。

享乐主义、拜金主义、极端个人主义、强烈的权力欲等构成了腐败领导者需要结构中的主要成分。现分述如下：

1. 享乐主义的物质需要占优势

我们并不反对生活中的享受，因为享受是在闲暇时间里通过对消费品的利用调剂和改善生活内容，从而获得更多的生活乐趣，唤起饱满的生活热忱，增强身心健康，从而增进想象力和创造力。但是，腐败领导者追求的是以“富”“阔”“奢”“华”为主要特征的享受，这种超越了现实客观条件的需要不可能通过正当合法的途径获得，因而必然会通过违法的腐败手段获取。腐败领导者最终需要的仍是钱财，因钱财是享乐的基础，对钱财的需要构成他们心理需求的原动力，从而驱使他们为获得更多的钱财而不停地实施腐败。有的腐败分子甚至这样讲：“每次看到钱，我心里还是很高兴，有一种愉悦感。”

2. 精神需要上强烈的虚荣心理

最后堕落腐败的领导者，在他们尚在岗位上时总有一种优越感（其实是极端的骄傲与自夸），认为自己什么都应比别人强，有高人一等的感觉。而他们的腐败行为，既是这种优越感的结果，也被这种优越感所激发。

3. 强烈的权力欲

腐败领导者还表现出强烈的权力欲。这主要表现为对权力的滥用。通过对权力的滥用，腐败领导者向其他人显示出自己手中握有权力的力量，从而达到其心理上的满足感。权力欲的另一种表现，是为获取权力而不择手段，获取权力后又将权力视为私有，独断专行，在其所在的单位、部门搞为所欲为的“一言堂”。

综上所述，腐败领导者的需要结构是低层次的，是一种低级的欲求，以满足自身的物质需要为主。

11.4 领导者要防止因心态失衡而产生腐败心理

11.4.1 腐败领导者的心理特征

凡腐败领导者都有大致相同的各种各样的心理表现，如文化生活消极化，物质生活奢侈化，社会交往庸俗化，家庭生活重利化等。在文化生活方面，表现出意志消沉、精神萎靡、不思进取；在物质生活方面，过分在意票子、车子、房子等；在社会交往方面，编织“关系网”，甚至成为黑社会的保护伞；在家庭生活方面，为家庭牟私利，潜心构筑自己的“安乐窝”。

凡腐败领导者还有一些相同的心理特征，如侥幸心理、失衡心理、从众心理、法不责众心理、投机心理、弄权心理、为子孙造福心理、享乐心理等等。腐败领导者都存在着不被发现的侥幸心理，认为自己的所作所为不会有事；面对分配差距的扩大化，腐败领导者常会出现心态上的失衡，希望以物欲的满足来补偿失衡的心态；腐败领导者还存在着法不责众的从众心理，认为大家都这样，没什么问题；腐败领导者也都存在着花很少的成本获得超值回报的投机心理；还有的腐败领导者存在着“有权不用，过期作废”的弄权心理；而有的即将退休的领导者为了“造福子孙后代”而腐败，这就是所说的“五九现象”（60岁前一年59岁时腐败犯罪）等等，其实却贻害子孙。

实际上，腐败心理的基础是具有唯一性的，这个唯一性就是“贪”——实质上是为一个“利”字。贪婪是形成腐败动机的基础。

领导者腐败心理的形成有一个渐进性的过程，同时也有一个可转化性。人性中的某些消极特点，如趋乐避苦可以成为腐败的条件，但能否形成腐败动机则受制于人的理性判断与得失权衡。如果对于腐败行为社会环境能够及时给予警戒、惩处，就可动摇腐败者的意志，实现良性转化，削弱或终止腐败。

所以，调节、控制主体的不良需求，力戒贪欲，是预防腐败心理形成的重要环节。

11.4.2 领导者心态失衡的产生及心理特征

通过对众多案例的研究我们发现，领导者走上违法犯罪的道路往往是心态失衡所导致的。

心理失衡会导致一种极端性的代偿行为。有的领导者自觉在经济、名誉、地位、权力、成就、机会等方面与别人相比差距很大，无论是在低层次需求还是高层次需求方面，都感到自己受到了亏损，于是在功利性的物质利益与驱动性的官本位思想方面都得到了强化。有的领导者在即将变动工作，权力影响即将被削弱或消失时易产生心态失衡。有的领导者取得了工作成绩之后，认为所得的“利”不足也会引起心态失衡。在这种情况下，领导者会产生用代偿解决矛盾的办法来达到心态的平衡，因而就产生了不正当的以“权”谋私的违法犯罪行为。这种腐败领导者是将“利”的不足视为心态失衡的起因，而将“利”的满足视为心态平衡的前提。

心态失衡的领导者的普遍心理状态是焦虑、紧张、心神不安、羡慕、攀比、自卑、不满、嫉妒等。这是一种个体欲求不能得到满足，因而内心不满与不平又无可奈何的消极心态。

心态失衡的领导者，其自制力、自我意识能力减弱，易情绪化、极端化，过高或过低估计自我，不能自尊、自信、自爱，易自暴自弃、自轻自毁。

可见，心态失衡会诱发个体畸形的物欲需求，使个体心理承受力降低，产生心理障碍。这是作为领导者应该极力避免的。

11.4.3 领导者要学会对自己的心态失衡进行调节与矫正

心态平衡是心理的理想状态，是指一定时期的心理结构保持相对稳定，对外来干扰能通过自我调节来排除，使心态保持或恢复到原始状态。当外来干扰超过心理承受力和心理自我调节能力以致心态不能恢复到原来的稳定状态时，就会出现心理失衡。

在调节与矫正心态失衡时要注意以下几点：

首先要把握道德取向与利益取向的价值标准。一切皆应以道德取向为首，这才是正确的方向。

其次要确保自己的期望切合实际。自我期望值要控制在合理的水平之内。

最后还要提高包容水平，学会“合理化”。其内涵就是要把握正确的比较方法和比较标准。

在这里，最重要的是要始终保持良好健康的心理状态。

11.5 领导者要培养自己清正廉洁的行为态度与意志力

11.5.1 领导者要树立清正廉洁的行为态度

态度是个体对待某类社会事物时的心理倾向。

要预防个体腐败现象的发生，就要着眼于预防个体形成腐败行为时的心理倾向，对已有的这种心理倾向加以有力的矫治，回归廉洁从政的良好心理倾向，这是非常重要的。

腐败分子大多存有冒险心理、侥幸心理，习惯于自圆其说地把腐败行为合理化，心安理得地实施犯罪。更有甚者，对罪责进行推脱，对后果进行否认，对性质进行歪曲，甚至对谴责进行反击。有的腐败堕落的领导者甚至说：“上司搞得，周围人搞得，我照样能搞得。”这种自我辩护、自圆其说的态度是极为有害的。为此，我们要通过沟通与参与，设法让有腐败倾向的领导者及时改变态度，主要是要提高领导者反腐倡廉的自我意识，重新确立态度中的认知成分，树立“领导者是公仆”的肯定评价，进而建立廉洁从政的情感体验，最后形成反腐倡廉的明确意向。

腐败领导者对于享乐的态度，对于金钱物质需求的态度，以及对于如何运用手中的权力的态度等，只有通过提高领导者的自我意识、自律水平，才能趋向清正廉洁的正确方向，才会有正确的行为态度，才能抵制各种腐败因素的诱惑，取得明显的抵制腐败的效果。

11.5.2 领导者要发挥自己的意志力抵制诱惑

意志是指自觉地确定目的，根据目的支配、调节行为，克服困难实现目的的心理过程。领导者要抵制各种诱惑需要发挥自己的意志力。意志的品质包括自觉性、果断性、坚韧性与自制力。人生最大的敌人就是自己。人的欲望是无限的，如果一个人缺乏高尚的情操，成为欲望的奴隶，那么他就将被欲望所埋葬、被自己所打倒。腐败领导者对金钱与权力的贪婪心理，最终使自己受到法律的制裁，使自己成为人民的罪人。

意志可以调节人的行动，既可以激发行动也可以抑制行动。

在以下五个行动环节中皆可以发挥意志的作用：动机斗争，确定行动的目的，选择达到目的的方式方法，做出实现意志行动的决定，实现所做出的决定。在是否实施腐败的腐败动机的确立过程中会存在激烈的动机斗争，这时领导者就要发挥自身意志的作用，坚决抵制腐败的诱惑。如果在这五个行动环节中充分发挥了领导者的自觉性、果断性、坚韧性、自制力等优良意志品质，那么，腐败行为就可以削弱甚至终止。

11.6 领导者要自觉培育优良的个体性格与健康的社会性格

11.6.1 培育优良的个体性格抵制腐败行为

性格是指一个人在个体生活过程中所形成的，对现实稳固的态度以及与之相适应的习惯了的行为方式。性格典型地表现了人的个性特征的社会性。在人的个性特征中性格具有核心的意义。性格中最核心的心理特征有大公无私、勤劳、勇敢、自私、懒惰、沉默、懦弱等。由此可见，对于性格是应该做出道德评价的，有的性格特征积极、优良，而有的性格特征则是消极、不良的。

一个人的观念体系里，如果个人利益至上，贪图享乐、爱慕虚荣、狂妄自大、无视社会规范，就会形成腐败心理，导致犯罪行为的产生。领导者要坚守性格中的自我控制系统，面对外界的各种诱惑，如果自我控制系统是健全的，就能守住清廉的门槛，使自己保持清正。反之，如果自我控制系统不健全，就守不住清廉的门槛，腐败就在所难免。

所以，我们要从日常的生活、工作、学习中自觉、有意识地培育优良的性格，这样才能抵制腐败行为的发生。

11.6.2 培育健康的社会性格抵制腐败行为

社会性格是一个社会中绝大多数成员所具有的基本性格结构。不同于社会中不同成员所具有的个体性格，社会性格是由社会经济结构塑造的，不同历史时期的社会经济结构塑造了不同时代的社会性格。在封建社会、资本主义社会以及社会主义计划经济与市场经济条件下，会产生相应的、完全不同的社会性格。健康的社会性格有稳定社会、发展经济的正向功能，病态的社会性格对社会进步、经济发展所起的作用则是负向的。例如，希特勒时代德国的社会性格是权力、服从、虐待狂式的，从而助长了法西斯主义。心理学家弗罗姆（E. Fromm）在其所提出的社会性格理论框架中，将社会性格分为健康社会性格（创发性倾向）与病态社会性格（非创发性倾向）两大类，又将病态社会性格细分为依附型（接受倾向）、攻击型（剥削倾向）、离群-自富型（储藏倾向）与雇佣型（市场倾向）四类。弗罗姆是在考察了资本主义社会中人的社会性格及其主要特征的结果后而得出这一结论的。

本书作者在弗罗姆理论的基础上提出了社会性格形成的连续带模式。[①]这一理论框架指出，存在着健康社会性格、病态社会性格以及亚健康（健康带菌者）社会性格三大类。这三类社会性格处于连续带模式的不同地域，相互之间存在着可逆变动。

健康社会性格，是指在一定的社会经济结构中，人们能够适应与推动社会发展的共同具有的稳定的基本性格结构。健康社会性格具有四项特征：前瞻性、发展性、促动性与主流性。

中国人的健康社会性格的心理特征由五个维度构成，分别为：进取心、道德感、家庭性、安定感与占有欲。

进取心的内涵包括：讲效率，有创造性，独立性强，有毅力，集体意识强，平等，不盲从，社会责任感强，有经济头脑，精明能干，奉献精神，忠诚信任，有信仰，自信，守信，适应性强，坦诚实在，追求自我发展，爱冒险，追求完美，朴实无华，有危机感，注重实际。

道德感的内涵包括：有道德感，求知进取，诚实，合群，情深义重。

---

① 上海市哲学社会科学九五重点课题——“市场经济条件下现代人社会性格形成的心理机制”成果。

家庭性的内涵包括：家庭观念强，重感情，追求稳定，自我保护意识强，爱幻想，怀旧，知足常乐。

安定感的内涵包括：服从，顺从，相信权威，爱面子，节俭，有安定感，刻板，缺乏灵活性，易感无助。

占有欲的内涵包括：追求金钱，追求享受，追求时尚，占有欲，喜欢指挥别人。

病态社会性格，是指在一定的社会经济结构中，人们共同具有的不适应与阻碍社会发展的稳定的基本性格结构。病态社会性格具有滞后性、阻碍性、消亡性三个特征。因健康与病态社会性格处于连续体的两个极端，故健康社会性格心理特征维度的对立面即为病态社会性格心理特征维度。病态社会性格的构成也是五个维度——进取心、道德感、家庭性、安定感、占有欲，但其内涵是负面性的，如低进取心、较低的道德感、低安定感、高占有欲与高家庭性等。造成病态社会性格的社会原因有两个方面：一方面来自原有计划经济的长期束缚，由于对计划、单位以及权力的长期依附，人们严重丧失了主体意识，逐步形成了依附性的病态社会性格（接受倾向）；另一方面，现代社会正在实行社会转型，在当前深刻的社会变革中，传统的道德规范已被废除，而新的道德规范尚未确立，人们面对物欲横流的社会现实，逐渐迷失了自我，找不到精神归宿，沦为金钱的奴仆，形成了攻击型的病态社会性格（剥削倾向）。

健康带菌者社会性格的理论假设是：就人群总体而言，只有少数个体处于健康或病态的社会性格状态，而多数个体则属于亚健康的社会性格状态。亚健康的社会性格是健康与病态社会性格因子的混合体。

健康带菌者社会性格，是指在一定的社会经济发展结构中，人们既有适应或推动社会发展的共同性格特征，也有不适应或阻碍社会发展的共同性格特征。健康带菌者社会性格的心理特征由八个因素组成：集体主义、独立性、依存性、忠信感、权威性、支配性、个人主义、安定感。这一社会性格心理特征维度构成中的一大特点是内涵的对立性、交叉性与包容性，如个人主义-集体主义、独立性-依存性、忠信感-权威性、支配性-安定感等共存。

上述健康与病态社会性格分别以“独立、求实”与“依附、势利”为标志。健康带菌者社会性格具体包括雇佣型与离群-自富型两个亚健康社会性格类型，因而也可分别以“独立、势利”与“依附、求实”为标志。我们的研究还表明，健康、健康带菌者及病态社会性格三者在社会人群中的分布呈常态性。

运用社会性格理论，可以对反腐倡廉中的某些现象做出理论解释，并给抵制腐败行为提供有益的启示。

事实上，腐败领导者的性格中有健康社会性格的一面，但在市场经济的大潮中，接受了消极的物欲诱惑，开始转变为具有健康带菌者的社会性格。进而，在更大的私欲的诱惑下，健康带菌者的社会性格进一步退化为病态社会性格者，于是出现了腐败行为。

在我国的社会经济转型期间，那些腐败领导者原本都带有健康带菌者的社会性格，但在一定的条件下都转化为了病态社会性格者，此类社会性格是腐败犯罪行为产生的个体原因。因此，我们要明确认识到，三类社会性格在一定条件下是会转化的，我们的任务就是要通过各种手段（教育、法律等）使领导者的社会性格向健康的方向发展，而防止其蜕化为病态社会性格，最终导致腐败。

【案例分析】

放松思想改造　滑向腐败深渊

——武汉理工大学原副校长李海婴忏悔录

背景资料：李海婴，湖北仙桃人。2000年5月至2006年4月，在担任武汉理工大学副校长期间，利用分管招生工作的便利条件，采取将学校违规收费不入账的手段贪污公款811.5万元；挪用学校违规收费440万元归个人使用进行营利活动；利用分管招生、基建和后勤工作之职务便利，为招生中介和私营业主等谋取利益，收受他人财物214.5万元人民币、4万元港币、2万美元。2008年8月被司法机关以贪污罪、挪用公款罪和受贿罪数罪并罚判处无期徒刑，剥夺政治权利终身。

我出生在一个革命家庭，祖父早年参加革命，是我党早期的党员，曾任中山舰舰长，是国民党反动派反共首案“中山舰事件”的主要当事人，大革命失败后参加广州起义，被捕牺牲，年仅31岁。从幼年开始，我就为有这样的祖父而骄傲、自豪，立誓以祖父为榜样，接过革命的旗帜，继承革命的事业，做革命的接班人。可我现在亲手撕掉了我的誓言，背叛了我的家庭，背叛了我的祖父，我睡在祖父的荣誉上，躺在先烈的光环下，一心谋私，贪得无厌，和祖父当年面对一边是屠刀，一边是高官厚禄而做出的从容抉择相比，我真是无颜自立、无地自容，我使祖父的英魂受到玷污，使子孙的心灵蒙受羞耻，我不仅是人民的罪人，也是家庭的罪人。

一个人思想行为的产生有着深刻的社会背景和多方面的原因，但是同处在一个社会环境下，为什么绝大多数党员领导干部身居要职、手握大权，在无数私利钱财的诱惑下却能洁身自好、不为所动，为人民站好岗、用好权、值好班，而我却不能做到呢？这应该也只能从主观上查找根源。

近年来，我们党开展了“三讲”教育活动和“保持共产党先进性”教育活动，对我来说这是两剂多么及时、多么对症的药方啊，但我自恃文化水平较高，理论知识丰富，以为不用学、不需学，每次学习，人到心不到，或者干脆人也不到。我没有珍惜、没有抓住，在这两场教育活动中开了小差、走了过场，总是借口业务事情忙、行政事务多，从来没有参加过一次完整的学习，没有记录过一次完整的笔记，没有撰写过一篇完整的心得，错过了这次良机，放弃了这次可能的自救。

放松学习的直接后果就是放松思想要求以及各方面的要求，不自觉地降低标准，将自己混同于一个普通人，工作热情逐渐下降，生活追求不断提高，讲奉献减少了、讲得失增多了，从追求理想转到追求金钱，从追求工作成就转到追求个人名利，接着必然导致的是放任思想的滑坡，对原来许多看不惯变得看得惯，原来不接受变得能够接受，人生观、价值观都在无形中蜕化。

记得刚开始接触一些企业家时，我还能安贫乐教，坚守贫不移志的信念，对灯红酒绿的生活不屑一顾，觉得俗气、反感，可慢慢地适应了、接受了，对那些一掷千金的派头开始惊讶，继而羡慕，再变得习惯。攀比、追求，结果引起了道德蜕变，心理失衡，心想凭能力、凭水平、凭职位我哪方面不如他们呢？为什么不能和他们比呢？认为他们给我送钱是应该的，是会做人，开始还推让一番，发展到后来是来者不拒、心安理得，理想、信念、宗旨全部抛在脑后。

放任思想滑坡的直接结果是自律能力的全面丧失，贪心膨胀、私欲横流，完全不能自制，我就是这样一步一步走到这种境地的。记得成为领导干部后第一次收到别人送礼是两瓶普通白酒，当时就一阵面红耳赤，有上交学校的打算，后由于面子关系，终于没有走出上交这一步。随后就有接受钱财的例子，从几百元开始，都说是两瓶酒钱、一顿饭钱，结果是“酒”越来越好，“饭”越来越贵，再下去就有了第一次1 000元、第一次1万元，直到20万元、30万元。从开始的面红耳赤到后来的心安理得，既是一个道德沦丧的过程，也是一个自律能力完全丧失的过程。每一次收钱，都给自己一个心理安慰——“下不为例”，结果下一次是更猖狂的豪取、更无忌的贪婪。就是踏着无数个“下不为例”的台阶，我才走到私心贪念恶性膨胀、一发不可收拾的地步，最后变得肆无忌惮，制度、法纪的桎梏全部被冲破，思想防线、道德防线、法纪防线相继失守，金钱成了唯一的追求，最后落到今天这个下场。

（资料来源　中国纪检监察报社.忏悔录[M].北京：中国方正出版社，2011）

案例思考题：请分析李海婴滑向腐败深渊的根源。

本章小结

领导者腐败是一种社会现象。如果领导者能通过自我调节与控制削弱与终止腐败动机的产生，那么也就削弱与终止了腐败行为。领导者应从以下五个方面进行自我调节与控制：

第一，领导者要有正确的动机，抑制腐败动机。首先，加强道德教育，预防腐败心理。其次，领导者要有正确的道德情感，其中包括责任感、义务感、事业感、自尊感、爱国主义与集体主义等。同时，领导者要有道德理想与道德良心。另外，要提高腐败成本，严惩、打击、削弱腐败分子的侥幸心理。

第二，领导者要有较高层次的需要，抑制不正当的需要结构。领导者的高层次需要应该是自我实现。而腐败领导者的需要结构是低层次的，是一种低级的欲求，以满足自身的物质需要为主。享乐主义、拜金主义、极端个人主义、强烈的权力欲等构成了腐败领导者需要结构中的主要成分。

第三，领导者要防止因心态失衡而产生腐败心理。心理失衡会导致一种极端性的代偿行为。领导者要学会对自己的心态失衡进行调节与矫正。首先要把握道德取向与利益取向的价值标准，其次要确保自己的期望切合实际，最后还要提高包容水平，学会“合理化”。在这里，最重要的是要始终保持良好健康的心理状态。

第四，领导者要有清正廉洁的行为态度与意志力，以抵制诱惑。

第五，领导者要培育优良的个体性格与健康的社会性格。

思考题

1. 试举具体案例说明产生腐败行为的条件——权力、腐败动机、腐败机会三者的关系。

2. 试述腐败领导者的心理特征与心态失衡的具体表现。应该如何调节与矫正？

3. 如何培育领导者优良的个体性格与健康的社会性格以抵制腐败行为的产生？

第12章 领导者的情商修炼：沟通力

做实际工作情商很重要。①

——习近平

重点内容

- 正确认识情绪的双面性
- 了解情商的重要性
- 运用情商技巧去提升沟通力，促进良性人际关系的建立，进而提升领导效能
- 掌握基本的高情商式沟通技巧（倾听和谈话）

12.1 情商概述

12.1.1 正确认识情绪

“情绪”一词来自拉丁语词根“行动”。心理学对情绪的定义是：个体对本身需要和客观事物之间关系的短暂而强烈的反应，是一种主观感受、生理反应、认知的互动，并表达出特定的行为。从这个定义我们知道：

（1）情绪是本身对外界的一种自然反应。情绪本身没有好坏对错，只是本身需要对客观事物的反应。

（2）情绪是感受与认知的一种内在互动。任何一种情绪的出现，都是自身

① 2014年5月14日视察天津人才市场时的讲话。

对需求得到满足或者没有得到满足时的一种生理反应，其背后，都对应着自身感受与主观认知的一种互动。

（3）情绪会转化为一种特定的行为。情绪是由外而内的感受、互动，然后又由内而外地表现、行动。也就是说，外界环境影响并产生情绪，而情绪又会通过特定的表情、语言以及动作表现出来。

因此，情绪的产生是一种自然的反应，本身没有好坏，我们不需要谈“情绪”变色，但是，不同的情绪所引发的行为则会带来不同的结果。领导者要敏锐地察觉员工的情绪变化，将情绪导向良好的行为。员工有情绪并不可怕，重要的是懂得如何去疏导和管理，以此形成积极的组织情绪。

情绪一般分为两种：正面（积极）情绪和负面（消极）情绪。积极情绪包括：开心、乐观、自信、欣赏、放松等。消极情绪包括：恐惧、焦虑、抑郁、嫉妒、敌意、生气、悲伤、后悔、厌恶反感、牢骚不满、愤怒、冤屈、偏执、紧张、过于兴奋与激动等。美国密歇根大学心理学家南迪·内森研究表明，人一生中平均有3/10的时间处于情绪不佳的状态。

负面情绪有很大的杀伤力。第一个杀伤对象就是身心健康。生理和心理学研究认为，应激状态可使人抵抗力降低，易患生理和心理方面的疾病。“一切顽固的忧愁和焦虑，可称为不良情绪，这种情绪强烈、长期存在，足以给疾病大开方便之门。”美国专家研究表明，因情绪紧张而患病者，占门诊病人的76%。近代国内外研究也证明，情绪在一些躯体疾病中起着重要作用。而人的疾病状态反过来也可引起情绪变化，两者互为因果。研究发现，长期压抑和不满的情绪，诸如抑郁、悲哀、恐惧、愤怒等，都容易诱发癌症。而其他常见的心血管疾病、消化性溃疡、糖尿病、哮喘、甲亢等都与长期的负面情绪有关。我国自古就有“喜伤心、怒伤肝、思伤脾、忧伤肺、恐伤肾”之说。诺贝尔医学奖获得者亚历克西斯·卡锐尔博士就曾说过：“不知道抗拒忧虑，商人都会短命而死。”约瑟夫·蒙塔格博士也在《神经性胃病》一书中说：“胃溃疡的产生，不是因为你吃了什么而导致的，而是因为你忧愁些什么。”

因此，负面情绪不是不能有，而是有了之后要及时释放出来，还要“释之有道”，即释放应以不给他人和社会（当然包括自己）造成伤害为原则。

拿破仑·希尔（Napoleon Hill，1883—1969，世界最早的现代成功学大师和励志书籍作家，曾经影响美国两任总统及千百万读者的成功学大师）说，人的身上有一个看不见的法宝，这个法宝的一边装着四个字：积极心态，它是获得财富、成功、幸福和健康的力量；另一边装着四个字：消极心态，它剥夺一切使生活有意义的东西。因此，负面情绪与其说是要释放，不如说是要选择。而选择权就在自己手里。每个人都要学会驾驭情绪，做情绪的主人，而不是被情绪绑架。

12.1.2 正确认识情商

"情商"一词，由美国耶鲁大学心理学家彼得·萨洛维（Peter Salovey）和新罕布什尔大学教授约翰·梅耶（John Mayer）于1990年最早提出。

德瑞克·曼和彼得·帕帕多吉安尼斯认为："情绪和社交技能（情商）就是一种准确评估、解读、管理和表达情绪并解决个人和人际间问题的能力。个体可以凭借这种能力达成对现实且充满意义的目标的追求。"哈佛大学心理学教授、著名心理学家、"情商之父"——丹尼尔·戈尔曼（Goleman，1995）在《情绪智力》一书中将情商定义为"觉察自己和他人的感受，进行自我激励，有效管理自己以及与他人关系中所产生的情绪的能力"。

戈尔曼指出：成功=20%的智商+80%的情商。一个人如果不具备情感能力，缺乏自我意识，不能处理悲伤情绪，没有同理心，不知道怎样跟人和谐相处，即使再聪明，也不会有大的发展。美国一知名研究机构调查发现，对领导者来说，情商的影响力是智商的9倍。戈尔曼还指出，情商运用能力的差异能使公司运营利润产生20%~30%的差异。这也是百事可乐、欧莱雅等世界500强企业内部研究得出的结论。

现代人越来越意识到情商的重要性。美国有句流行语：智商决定录用，情商决定提升。美国前总统乔治·布什曾说："只要你能调动情绪，就能调动一切。"

2014年5月14日，在视察天津人才市场时，习近平主席问村干部杨代显："情商重要还是智商重要?"杨说："都重要。"习主席说："做实际工作情商很重要，更多需要的是做群众工作和解决问题能力，也就是适应社会能力。老话说，万贯家财不如薄技在身，情商当然要与专业知识和技能结合。"

情商包括五个维度：（1）自我意识：有效的领导者首先要意识到自己的长处和不足；（2）自我约束：领导者要发挥带头示范作用，以身作则；（3）自我激励：领导者在面对挫折或成功时，依然需要不懈努力，继续进步；（4）感同身受（同理心）：领导者要学会换位思考，善于理解他人，而不是以自我为中心；（5）社交技巧：领导者要善于打造和领导团队，必然要求具备很高的社交技巧。情商与所有水平的工作绩效之间都存在正相关关系，与那些和社交活动密切相关的工作的相关度更高。

情商作为后天可以学习的技巧，在实际工作生活中有很多运用，最主要的应用就是人际沟通、团队建设、压力管理、员工激励等。

12.2 沟通力

情商的一大应用就是人际沟通。从积极心理学的角度来讲，情商就是要构建员工的心理资本（psychological capital appreciation，简称PCA）。心理资本由美国著名学者卢森斯（Luthans，2004）提出。卢森斯等人采用中国员工样本，将心理资本定义为个体在成长和发展中表现出来的一种积极心理状态，具体表现在自信心（自我效能）、乐观、希望、韧性四个方面。实际上，心理资本就是那些积极的心理素质，或是心理素质的某些积极取向，也就是现在比较流行的正能量。正能量传递的就是一份积极的心态，将不良情绪释放干净。

在马斯洛的五层次需求论里，除了第一层是生理需求，其他四层（安全、社交、尊重和自我实现）皆与心理需求相关。因此，领导者要善用情商技巧去传递正能量，塑造下属的正面情绪，构建下属的心理资本，满足下属的心理需求。人际沟通中几个基本的技巧都与此相关，比如倾听的主要目的之一就是要表达尊重，换位的主要目的之一就是表达理解，谈话的主要目的之一就是与员工“谈心（做员工思想工作）”，开头脑风暴会议时轻易不做评价或判断，主要目的之一就是避免下属产生负面情绪，中断创造过程，伤害上下级关系。

下面，我们将从情商的角度介绍领导者的聆听和谈话技巧。

12.2.1 领导者的聆听

领导者应该具有能说会听的能力，这也是现代领导者所必须具备的基本素质与领导技能。

1. 领导者聆听的意义

英语中的领导者（leader）一词可分解为：

L——listen=聆听

E——explain=说明

A——assist=帮助

D——discuss=谈心

E——evaluate=评价

R——respond=回答

这说明，聆听在领导职能中占有一定地位。

戴尔·卡内基在《打动人心》一书中提出，领导者不是用权力和金钱，而是从心理上去打动职工。书中自始至终贯彻了“会说一定还要会听”的观点。领导者想要积极地打动人心，那么，首先要学会热情地去聆听别人的意见。美国通用电气研究所在干部教育中大幅度地采用人与人之间的思想交流，其中就包括倡导领导者要善于倾听。

日本企业家松下幸之助把自己的经营艺术概括为“细心倾听他人意见”。聆听与雄辩的讲话、深刻的谈吐相比朴实无华，但领导者能从中受益。

聆听的意义可归结为以下几点：

（1）聆听能集中更多人的智慧，开阔眼界和思路。

（2）聆听下属讲话，能使对方感到领导者十分重视自己的意见，产生被承认的满足感，从而加深彼此的信任感，这是密切干群关系的重要手段。

（3）聆听下属对工作的看法和建议，能有效地激励下属的工作热情，增加其参与意识与进取意识。

（4）聆听能发现自己和下属在工作中存在的问题，及时纠正，同时也可及时了解下属的需要、期望、忧愁和不满，增进沟通。

2.领导者要学会主动倾听

主动倾听（active listening）的方式对改变下级的行为十分有效。同直接争辩、批评的方式不同，主动倾听这种方式对下级的自我印象不构成威胁，从而下级也不必自我辩解或否认错误，这使他们能现实地探索自己的行为，分析并得出结论，然后实现自我校正与自我改善。

为了取得主动倾听的有效结果，领导者要遵守以下步骤：

（1）听取所有意见。对一件事的陈述应由两部分组成：内容和感情。因为任何一位下属对内容的叙述都带有个人的感情和态度。内容和感情都很重要。领导者要能说出讲话者陈述的意思和持有的态度，聆听时，对于明显不妥之处也要听下去。

（2）揭示他人感情。领导者要让讲话者正视自己的感情，并让他明白，你同情他。事实上，当你专心致志地聆听时，对方就开始对你产生好的印象了，紧锁着的心扉也会逐渐向你打开。

（3）注意各种暗示。并不是一定要用语言才能互相交流，其他各种暗示，如面部表情、讲话态度、声音起伏等，这些都能传达信息。作为主动倾听的领导者，注意这些暗示是必不可少的，因为只有这样，才能完整地明白他人的意思。

（4）将主动权交给对方。聆听时要体恤对方的自尊心，留有余地地说："我相信你一定会理解我的意思，今天晚上希望你好好地考虑考虑。"这样，就把主动权交给了对方，等待员工本人自觉地改变态度。

3.领导者聆听效率提高的标准

聆听是领导者与下属交流的一种手段，为了提高聆听效率，领导者要有意识地锻炼自己的听话能力与听话技术。以下一些效果可以作为聆听效率是否提高的标准与指标：能解释谈话人的面部表情；能理解谈话人用词的意图；能理解"弦外之音"；能全面评估谈话内容，而不在乎他具体谈了些什么；能明确谈话人提出的假设；能把谈话人的观点和事实分开；能用自己的语言重述谈话人的想法；能注意到信息来源的可靠性、谈话人的真实想法、问题所在和谈话目的。

一旦领导者掌握了这些聆听技术后，就会发现听别人谈话是有趣而令人兴奋的事。从聆听中可以获得信息，因而"听力"差的领导者会使提供信息的下属感到扫兴，他们就不再向领导者提供可能影响工作的重要信息了。为此，领导者能否有效地聆听，将会影响一个单位或部门各方面的工作。

4.我国领导者主动聆听的意义与实施

广泛听取各方面的意见，是领导者贯彻群众路线的具体表现。组织人事部门采取主动倾听的途径，有利于考察、识别干部；宣传部门通过主动倾听，可以深入了解职工的心态。总之，我国各行各业的领导者都应该学会主动倾听这一技能。因为听别人讲话实际上是为自己提供大量信息，是改善工作、促进人际关系、改善领导者与群众关系的重要手段。

领导者在聆听时要注意以下方面，才能在聆听时锐化听的能力：主动听取每一个人的谈话，善于接受意见，不固执己见；除了讲一两句表示确信的话外，保持安静不打断别人的讲话；密切注意谈话人的用词；分析谈话人的态度；领悟谈话人的弦外之音；不要急于做出评价，谈话人阐述其思想和看法时，他的某些观点可能会发生明显的变化；不要有与谈话人争强斗胜的心理；要理解谈话人用词和术语所表达的意思，词的不同含义常导致对思想或立场的错误解释；避免主观片面，因为常有这种情况，很多领导者只听他要听的话；重复说过的话和数字，以及用笔记录一天的事件来增加记忆时间；注视谈话人的外表动作，根据他的身体动作和面部表情来判断他的表里是否如一，如果谈话显得做作、不协调，这里可能有虚假的成分。

12.2.2 领导者的谈话

谈话在领导者的工作中占据着重要的地位，它是领导者的一种主要工作形式，是一门科学性与艺术性很强的工作。为此，领导者能否正确、合理、充分地运用这一工作形式，是否掌握谈话技能与技巧，对于领导者的管理有效性是至关重要的。

1.领导者谈话的意义

（1）谈话是领导者口头形式的信息沟通

大量的信息是用口头表达的。

有一项调查研究表明，70%的被调查者说他们的上级在分派任务时有75%是口头进行的。此外，还观察到领导者比较喜欢用电话、会议等口头形式传达信息。口头形式的信息沟通可以在两个人会见时面对面地进行，也可以是领导者对广大听众讲话，它可以是正式的，也可以是非正式的，可以是预先计划好的，也可以是即兴的。

谈话，从本质上说是一种人与人之间的接触，是一种信息交流性的接触，对于领导者来说，谈话是一种工作信息的交换。通过与下属的谈话，领导者可以从工作人员中获取大量有关管理工作进行情况的信息。例如，各部门工作按指示执行的情况如何，群体中的心理气氛如何，工作中还存在什么问题，工作人员有哪些要求、建议与设想等等。另一方面，领导者也可以通过谈话向下属传递有关进一步进行管理工作的指示信息。例如，上级领导的指示如何，本单位领导的指示如何，解决各种问题的措施以及对工作人员的要求、建议和设想等等。通过这种对管理系统的信息交换就可以使领导者与管理系统保持必要的信息平衡。

口头形式的信息沟通的优点是：可以迅速交流，即时取得反馈信息，可以提问，可以澄清疑点，在面对面的交流中可以注意到感情因素。此外，下属和上级会谈可以使他们自觉地位重要。显然，无论是非正式的，还是事先计划好的谈话，对于了解和解决问题都是大有益处的。

（2）谈话是领导者与下属的感情交流

由于谈话是一种人与人之间的接触、交往形式，因而必然会带上人所特有的情感色彩。为此，谈话不但是信息的交流，还是情感的交流。我们都有这样的体会，有的领导在同你谈话时，仿佛有一种力量使你愿意把你所知道的一切向领导讲述。而有的领导者忽略了感情因素的存在，每当下属找他汇报工作或交谈什么时，他总是心不在焉地听着，手在忙着别的什么事，在你讲完话后，他却又问："你刚才说什么了？"由于领导注意力分散，下属在谈话中自尊感的精神需要得不到满足，在情绪上很快会反映出来，最终导致不愿把心里话告诉领导者，更有甚者，会使上下级之间产生一种排斥力与心理距离。

不重视谈话，对谈话是一种情感交流的认识不足的领导者，即便与下属有交谈，也是既得不到真实的信息，也得不到群众的信任感。

（3）谈话有助于领导者消除下属的偏见，增强信心

在单位中，任何人对他的上司和同事们都有一种偏见，并且受到习惯势力的固定观念的约束，不能充分发挥创造性。上级应通过同部下反复谈话，消除部下在和人相处时存在的偏见和固定不变的概念。

领导者在谈话中要让部下在实际成绩的基础上增强信心，不仅让下属对履行现有职务有信心，而且对处理新问题也有信心。通过增强下属的信心和让他们担任新职务，使之很快成长起来。

2.领导者谈话的作用

领导者谈话的作用归纳起来可以分为以下四方面：

（1）监督作用。领导者同工作人员谈话，获取管理工作进展的详细情况，其实质是一种经常性的监督形式，监督与管理了各部门的决策与决定的执行情况。

（2）参与作用。领导者在谈话中不是袖手旁观的"视察者"，而是身临其境的"参与者"。通过谈话，研究所发生的问题，了解各种细节，探讨和寻求解决问题的可能途径。

（3）指示作用。领导者通过谈话，收集了各种信息，经加工处理，做出必要的决定，并借谈话的机会，将决定传递出去。同时，也向工作人员传达上级的指示和领导者的意图。

（4）识人作用。通过谈话接触，领导者可以理解工作人员本身的各种心理品质，这对于选拔与培养干部甚为重要。因为，领导者从档案材料中只能得到

关于一个人的纯粹表面的统计性的材料，而谈话可以产生关于此人的性格等各方面的感性认识。基本上，根据人们回答问题的特点、回答的方式和其他细微的表现，就可以确定一个人性格的基本特点。

3.领导者谈话的形式与最佳时刻

（1）谈话的形式

①多种形式的口头交谈

口头交谈方式对领导者具有强烈的吸引力。在领导者的时间分配中，口头交谈的时间占据了很大的比重。交谈在经理人员五项工作的时间中占据了78%，而活动次数仅为67%。

有一项研究表明，电话及临时会晤所占的时间一般都是较简短的，平均分别为6分钟和12分钟。这两项活动合起来在领导者口头联系的时间里占了2/3。一般说来，当接触双方十分熟悉，不需要拘泥礼节，并且必须尽快说明情况或提出要求时，便可使用电话或临时会晤的方式。

②预先安排的会晤

预先安排的会晤占领导者工作时间的59%。这类活动的时间相当长，可以使领导者有机会与许多人员相会，并在机构以外的地方与人们会面。

预先安排的会晤主要进行三种活动：礼节性的见面、制定对策和谈判。预先安排的会晤是重要的交流信息工具。

总之，领导者对口头交谈表示了强烈的喜爱，他们似乎不喜欢使用信件。非正式的通信方法——打电话以及非预先安排的会晤是用来传递紧迫的信息以及非正式请求的。而预先安排的会晤则被用来正式传递信息和请求，以及传递涉及许多人，并且需要花费许多时间的事件，尤其是关乎礼节、制定对策和谈判的事件。

（2）谈话的最佳时刻

什么时刻同下属谈话最为有效呢？一般说来，在战略性时刻同下属谈话为最佳。

所谓战略性时刻一般是指：下属在期中总结时，下属完成了一项特别任务时，下属开始执行新计划时，下属向上级汇报工作成绩时……

在这些时刻，下属的精神很紧张，责任感也非常强，他对自己所做的事记得很清楚。这时进行这样的谈话，实际上是与对下属的工作进行评价相结合。通过谈话，一方面要指出下属为实现目标所做出的努力及业绩，同时也要指出其在实现工作目标的过程中所存在的问题和缺点。通过这种战略性时刻的谈话，给下属的工作做出评定，提出新的目标，并促使其为实现这一目标而努力，下属就容易因此而改正自身的缺点、发扬优点，从而取得意想不到的好的工作成果。

4.领导者谈话中的对等原则

谈话是人与人之间的心理活动的沟通，在谈话中要注意对等原则。这是指甲方（领导者）要充分地给予乙方（下属）机会，让对方说出要说的话以及所考虑的问题。同时，双方都要抓住机会发表自己的意见。前者称为谈话中的给予，后者称为谈话中的接受。对等的谈话中必须要有充分的给予和充分的接受。

下面三种情况就不是对等的谈话了：

（1）只接受不给予的谈话。这是指在谈话中领导让下属充分讲话，自己只是认真听取。乍看起来，这种形式给人以谈话很有成效的感觉，但是，从下属想要商谈问题的立场上看，他没有从领导那里得到任何启发与暗示。尽管领导很好地倾听，让下属有“受宠若惊”之感，但他自己任何意见也没得到，所以这不是一次理想的符合对等原则的谈话。

（2）不充分接受与给予的谈话。有些领导者不但不仔细地倾听下属的谈话，而且毫不考虑对方的理解与感情上的变化，总是以生硬的上级的口气，强调自己的想法与意见。下属因为职务上处于低位，表面上做出服从的姿态，但内心充满了反感与不满。这种谈话的后果是，非但问题解决不了，而且更加深了下级的不满情绪。更有甚者，下属再也不愿意去和这种领导商谈问题了。

（3）只给予不接受的谈话。有些领导喜欢采取首先把自己的想法和意见告诉下属的方式，他们认为这比倾听下属的谈话更为重要。这种谈话方式是领导者先把自己的意见向对方讲清，同时也听取别人的意见，但就其实质而言，这种谈话方式同上一种谈话方式是一样的。这种谈话有强加于人的味道，而由于领导者的意见发表在先，下属即使有什么不同意见也不敢提出来了。

理想的谈话方式应该是，领导者与下属充分地给予、充分地接受。这就是说，领导者要首先让对方充分发表意见，认真倾听思考，一面听一面做些辅助性引导工作，以使下属能完全表达自己的想法与感情。这些引导性话语如插话：反复以不明确的态度说：“嗯，是那样吗?”“的确……”或重复对方所讲的部分内容，如“老王是那样讲的吗?”等，也可以采用提问方式，重复对方表达的感情——“哦，你觉得这次人事调动不公正啊”等。

由于充分听取了下属的意见，领导就可以了解自己的想法能否被接受。在这种情况下，领导者的建设性意见也容易被下属所接受，下属也容易树立起要自己亲手解决问题的建设性态度。

5.领导者的谈话技巧

谈话是一门科学与艺术的结合，是领导工作中的一个重要方面，它需要领导者在长期的工作中，反复实践、细心琢磨、不断总结、认真对待，才能运用自如，达到高超的“艺术”境界。

领导者与各种类型的下属交谈，除了要有自己的谈话风格外，还应掌握以下十大技巧：

（1）善于激发下属讲话的愿望

谈话是领导者与下属的双边活动，下属若无讲话的愿望，就会使谈话陷入僵局，以致无法持续进行下去。为此，激发下属讲话的愿望是谈话得以顺利进行的第一步。

谈话不仅是信息交流的过程，也是情感的交往过程，由于领导者应具有细腻的情感和分寸感，在谈话时要注意谈话的态度、方式，乃至语音语调。同样一句话，以不同的音调说出来，其效果会大不相同。比如，“别说了”一句，若用强硬、快速的语音，就体现着恼怒的情感，带有命令的意思；而用低沉、软慢的语音来表达，则带有哀求、畏惧的情感色彩。两种情形的效果截然不同。在谈话中，领导者应想方设法地引导下属“暴露内心”的愿望，以便了解他们的真实想法。

为了激发下属讲话的愿望，领导者还可采用迂回技巧，在与对方谈话时不单刀直入，而是以关心他人身体状况、家庭、周围环境及社会有关趣闻作为谈话的切入点，然后再逐步转入正题。

（2）善于启发下属讲真情实话

谈话所要获取的信息应该是反映真情实况的，下属的任何弄虚作假、见风使舵、文过饰非、报喜不报忧的谈话都不仅无益于工作，反而会有害于工作。为此，领导者要从根本上消除一切专制、蛮横的领导作风，代之以坦率、诚恳的态度，在具体谈话中尽可能使下属了解领导者是对全面真实的信息感兴趣，而不喜欢奉承吹捧、弄虚作假。同时，领导者要让下属感到，领导者是对工作负责的人，而不是只为保住自己地位的人。在谈话中，下属能够反映真实情况，诉诸实言，这便是谈话的最大成功。反之，若下属隐瞒自己的意见，回避问题的实质，虚伪地随附领导的看法，那么这种信息交换是领导者管理工作出现危机的征兆。

（3）善于抓重要问题

时间对于领导者和下属都是宝贵的，交谈与接触的机会与时间都是有限的，为此，谈话必须抓住重点、扼要紧凑。一方面，领导者自己要以身作则，在一般的礼节性问候之后，便要迅速转入正题，阐明问题的实质。例如，是什么原因妨碍工作的进展，应该采取什么措施来消除，采取措施的后果会如何等。另一方面，要使下属养成抓重要问题的谈话习惯。例如，利用同领导者谈话的机会，交换业务信息，告知最重要的、急于解决的问题，而不要把时间耗费在琐碎事务甚至是空谈上。

在谈话中抓不住重要问题，无所不谈，其实质是抓不住信息的要害，或者是对信息实质不理解的表现。只有抓住了重要问题，才能提高谈话的效率。

（4）善于将谈话兴趣引向深入

领导者在听取谈话者反映的情况时，不要把兴趣仅仅停留在情况的简单“结果”上，而是要深入问题的实质进行研究，摸清有关问题的详情细节，对某些细微情况要表现出特别的兴趣。领导者应该对那些根子在上面，别人无力解决或无法消除的问题感兴趣。通过谈话，要让下属意识到，领导者对任何问题都会寻根问源，哪怕问题的根子就在领导身上。

此外，还可采用反复、指导、判断的技巧。对涉及的关键问题及其主要情节，领导者必须反复询问，以求水落石出。当话题偏离主题时，领导者则要注意使用“抛砖引玉”“引水归渠”的指导方法。

（5）善于掌握评论的分寸

在谈话过程中，特别是在听取下属讲述时，领导者不应该发表一些会损伤下属自尊心的评语，这样做往往会导致谈话的气氛紧张，并且在客观上迫使下属离开正在讲述的话题，转而进行证明自己是“无罪”的辩护。事实证明，急于对问题表态，在大多数情况下是不妥当的。领导者如果要对下属的谈话发表评论意见，最好放在谈话的最后。此外，在做结论性发言的时候，措辞要有分寸，表达要谨慎，最好采取劝告和建议的形式，以易于下属采纳接受。

（6）善于表达对谈话的热情与兴趣

由于谈话是双边活动，一方对另一方的言论予以及时的、积极的和适当的反馈，就能激发起谈论者更大的兴趣，使谈话更加津津有味，使谈话双方的关系更加融洽，谈话的内容也会更加深入。为此，领导者在听取下属的谈话时，应当注意自己的态度，尽可能地使下属感觉到领导者对他讲述的内容是饶有兴趣的，并且有继续听下去的迫切愿望。在谈话时，领导者要采取一切可能的手段，包括脸部表情、姿态、插语和感叹词等，以表达出自己对谈话的热情与兴趣。实际上，领导者微微地笑一笑、赞同地一点头、一个充满热情的“对”字等，都是对下属谈话兴致的有力鼓励。

此外，还可采用辅助、择要、追求等技巧，即在对方语言表达有困难时，应提供适当的话题加以辅助，免得谈话陷入僵局；当对方漫不经心地交谈时，要提供要点，引起对方的兴趣；当谈话涉及实质性问题，而对方又故意以“不知道”“没意见”等话来搪塞时，则可使用“激将法”来刺激对方，引起其谈话冲动。

（7）善于克制自己，避免冲动

下属在反映情况时，常常会忽然批评、抱怨某些事情，而这在客观上就是在指责领导。遇到这样的情形，领导者要保持清醒、冷静的头脑，不要一激动，自己也滔滔不绝地讲起来，甚至为自己辩解。要记住谈话中的一条原则：多听别人讲话。在此，领导者要时时提防谈话从客观问题向主观方面转化。如果领导者提出“谁有过错”这样一句反话，就往往会使谈话失去平静的气氛，从而陷入激动、争执之中。此外，领导者在谈话中要注意自己的态度，要让对方有说话的机会，要不断调整自己的谈话方式，切忌生搬硬套某种方式。

（8）善于对付谈话中的停顿及思维的突然停顿

下属在谈话中出现停顿，这可能有两种情况，需分别对待。

第一种停顿是故意的，是下属为检验一下领导对他讲话的反应、印象，引起领导做出评论而做的。这时领导有必要给予一般性插语，以鼓励其进一步讲述。

第二种停顿是思维的突然中断引起的，这是由于过分激动，或突然一个闪念，或意外干扰，使谈话突然中断，下属想不起下面应该继续讲些什么。在这种情况下，领导者最好采用“反响提问法”来引出原来讲话的内容。这一方法的实质是用问题的形式来重复下属刚才讲的话。例如，下属刚讲到“新的机器停止运行了……”时突然出现思维的停顿，谈话也就进行不下去了。在这种情况下，领导者应该问："那么，这意味着新的机器停止运行了？"事实证明，在这种情况下，任何其他的问题都会打断说话者的思路。如果在这种情况下，领导者追问"为什么""谁的过错"，就有可能妨碍下属原先要说出来的话："事情并不在于新机器的停止运行，而在于……"

（9）善于把谈话中的公事与私事区分开

在正式的业务性谈话中，下属常常会在提出公务问题的同时提出个人问题。在这种情况下，领导者应当很快地把个人问题同其他问题区分开来，并把前者置于次要地位。如果下属仍然坚持把他的个人问题同公务扯在一起，领导者应该要求下属对个人问题以最低的限度参与进谈话，并在公务谈话之前一直把它悬搁起来，不予解决。同时，在谈论这类问题时，领导者要慎重表态，向下属明确自己没有权利承担任何超出职务范围的责任。

（10）善于透过现象看本质

谈话时的初次印象是很重要的，正因为这样，某些人特别注意这一点，并具有"造成某种印象"的能力。为此，领导者应当冷静、善于辨别，持客观的、批判性的态度，要时刻警觉，要把对方做给别人看的那种印象，从真实情形中区分开来。

6.我国领导者的谈话

（1）我国领导者谈话的意义

经常与群众谈话，本来是我党干部的优良传统。

历史的经验表明，坚持与群众和各级干部的谈话制度，起到了很好的作用：

①收集到正确的信息，实行正确的决策。任何一位领导者决策的正确与否都与对问题的认识程度有关。但是，任何一位领导者的认识都会有局限性。与群众、与下级干部谈话，可以使领导者获得正确的信息，拓宽自己的思路，发现原先毫无所知的新信息，弄明白若明若暗的模糊信息，这样，就可以防止认知上的错误，做出正确决策。

②直接考察与识别干部。通过与下级干部本人的谈话，可以了解他们的思维能力、分析问题的能力，以减少用人方面的失误。通过谈话，肯定下属的成绩，指出他们的缺点，也有利于干部成长。

③增强群体的凝聚力，消除人际矛盾与冲突。人际矛盾与冲突产生的原因是多方面的。有的是认知不协调，有的是个性差异的冲突等。通过谈话交心，

有利于误会的解除和人际关系的和谐。

④搞好与下属的关系。领导者既要抓好工作，又要抓好人与人之间的关系，这样，才能建设和谐社会。通过谈话的形式，能够使下属感到领导者的关怀与组织的温暖，切实改善领导者与下属的关系。

（2）我国领导者的谈话类型

我国领导者与下属的谈话大致可以分为如下类型：

①指令式谈话。指令式谈话是指领导者用谈话的形式下达一级组织的既定指令。这种谈话多用于干部的任免谈话。真正的指令式谈话应该是对一级组织指令的下达，以及有关信息的即时反馈。

②征询式谈话。组织在做出某种决策之前或之后，拟提出几种方案供被谈话人选择，或为了对组织决定涉及人的意见表示尊重，往往采用这种谈话方式。

③答复式谈话。答复式谈话是指为了回答干部提出的问题，而同提问题的干部进行的谈话。这是接受干部来访必须采取的谈话方式。

④诱导式谈话。诱导式谈话是指对干部进行劝诱教导时所采取的谈话方式。这种方式多用在思想政治工作之中。领导者在谈话时要准确地发现被谈话者的思想问题，有针对性地进行诱导，这是此类谈话成功的前提。

⑤调查测试式谈话。调查测试式谈话是用口头提问的形式，直接了解干部情况的一种谈话方法。此种方法可用于对干部的文化水平、认识水平、分析问题能力等方面情况的了解与测评。调查与测试结果可用来考核干部，核实问题。

（3）我国领导者要掌握的个别交谈的技巧

成功的个别交谈能够交流思想、沟通感情、加深友谊、增强团结、促进工作、激励斗志、愉悦心灵。领导者更应该意识到个别交流的重要性。

领导者在进行个别交谈时，应该掌握以下技巧：

①要克服恐惧心理，如怕说话平淡有失身份，说重了又怕打断话题，说轻了怕被人瞧不起。

②听人讲话要集中精力，心领神会，切不可漫不经心，尽量不要打断他人的讲话。

③要关注谈话的进展，不要一问三不知或回答不一。

④要体谅、尊重对方。

⑤在谈话中尽量少用或不用“是”“不”“可能”一类的词，因为这些词不能给人启示或激励。

⑥转变话题时要注意“火候”。

⑦尽量防止失言，不要损伤他人的感情。

⑧掌握尺度，在谈话进行到恰到好处时果断结束，太早令人扫兴，太迟使人厌倦。

（4）我国领导者要善于进行交心谈话

交心谈话是个人与个人之间的对话形式。通过交心谈话，领导者能帮助下属解决令其烦恼的问题。交心谈话反映了人与人之间的相互信任，领导者以商量的口吻对下属的困境表示深切的关心，能使其稳定思想、重振旗鼓。交心谈话也是沟通上下级关系的有效手段。

交心谈话的步骤：

首先，领导者要意识到谈话的必要性。交心谈话之必要是由以下四个环节所引起的：问题、个人征兆、工作征兆和单位损失（见表12-1）。

表12-1 **交心谈话必要性的四个环节**

问题	个人征兆	工作征兆	单位损失
工作与家庭遇到困难或麻烦	情绪波动 工作注意力分散 工作中无精打采	不能准时上班 工作效率低下 工作中失误多,事故与差错多	使单位的成本提高 影响单位的效益 需要监督 员工可能辞职

其次，领导者要掌握时机。领导者要密切注意需要谈心者的微弱征兆，当一个下属的工作积极性因为工作或家庭等问题而受到挫伤时，交心谈话才能奏效。

例如，下属在态度、行为或工作状态发生以下变化时就需要谈心：

情绪变化——一反常态。

业绩下降——能力强的下属，没有明显的原因而工作成绩不尽如人意。

好争、易怒——平时极易共事的下属，却成为行为出格的人。

易出事故——平时小心翼翼的人，却出现一系列差错。

易于激动——平时沉着冷静的下属，突然对批评、建议等一触即怒。

惹是生非——下属故意破坏部门工作，干扰他人业务。

再次，决定采用何种谈心方法。领导者要区别两种谈心方法：非正式不定向谈心与正式定向谈心。

非正式不定向谈心，是随机发生和内容轻松随意的谈心，具有偶然性、个人性和随意性的特点，谈话的内容和形式由领导者和谈话对象的具体情形而定，比较容易轻松自如地进行。正式谈心，是由组织提议，并起主导作用的谈心。正式谈心具有限制范围和明确的谈话目的等优点，但缺乏一定的灵活性，也难以畅所欲言。

最后，谈心的时间不宜过长。领导者应该很好地掌握谈话的时间，切忌过长，否则会使人感到疲倦，也会打乱个人的时间安排，甚至浪费时间。

（5）与免（降）职干部的谈话

与因免（降）职而调动工作的干部谈话，这是组织人事部门的一项经常性的工作。由于被免（降）职的干部不免存有自卑而害怕别人嘲笑和指责的心态，所以谈话时要注意以下要点：

①要创造宽松和谐的谈话环境。谈话者在谈话时无论手势还是眼神，都应显示出诚意，语言要亲切，切忌装腔作势，列举的事实要正确，切忌道听途说。

②要多肯定成绩，给予鼓励。被免（降）职的干部常常内心压力很大，如果领导者在与他们的谈话中肯定其优点和成绩，能够从精神上使他们得到慰藉，这无疑会使双方的谈话气氛和谐起来。

③批评要中肯。对被免（降）职的干部的弱点、缺点、错误，领导者在谈话的过程中不应该回避，也不要简单地以“工作需要”“组织决定”来搪塞其去职原因，而是要从诚意、善意的角度出发进行严肃批评，这样有利于他们的改进和提高。

④要有耐心。如果一两次谈话不能解决问题，切不可简单粗暴、讽刺挖苦，更不能靠行政手段和组织措施去压服对方，而是应该耐心地以理服人。

【案例分析】 **向下沟通的正反案例**

谈话发生在王经理及其下属徐女士之间。

情境一：

徐：王经理，您早！能和我谈几分钟吗？

王：行，不过快一点儿，我马上有个会。

徐：噢，不会很长。是这样，我同手下一名员工之间发生了点儿问题。

王：又出问题了！说吧，什么问题？

徐：每次叫他做事，他总是对我说，他有更好的办法。

王：可能他并没有错，他毕竟是个蛮聪明的小伙子。

徐：哼，这工作我做了20年了。我知道该怎么做。

王：对，你知道，但你应多听听这个年轻人的，他对最先进的程序较熟悉。

徐：你知道，我们已经够忙的了，没有时间搞什么新花样，这些新花样可能根本就不起作用。

王：这我不同意。你年纪大了，不了解新生事物。你应该让这个年轻人试一试。

徐：如果我让他那样做，无疑会削弱我的权威，其他工人就不会再尊重我了。

王：你是怕丢面子。你不该为这种事担心。我要去开会了，再也不想听你讲这个问题。我把你提到这个位置上，因为我原以为你能把自己的问题处理好的。如果你连这件事也不能处理，当初我真该提拔别人。

情境二：

徐：早上好，王经理！如果您有时间的话，我们谈一谈好吗？

王：没问题，不过，45分的时候我有个会议，时间够吗？

徐：足够了，我只是在管理一位下属时碰到了点儿问题。

王：哦，这么说，你有些烦恼，是吗？

徐：是的，这是一名比较年轻的新员工。

王：那么问题出在哪里呢？

徐：每当我让他做一件事时，他总是说自己有一个更好的工作方式。

王：这样的确是让你感到有些恼火。

徐：是啊，我已经在这里工作20年了，我认为自己清楚自己的工作，也看不出自己为什么要改变以往的工作方式。

王：这么说，你觉得这名新员工的意见可能是没用的，而他却要求你改变现行的工作方式，是吗？

徐：不错，我知道我们的确需要改变一些事情，但我不想让别人认为我不知道如何做自己已经做了20多年的工作。

王：这么说，你认为有些事情的确需要改变，并不是怕一些事情改变后，自己会不适应这些新事物。

徐：事实上，这些年轻人上过大学，接受过良好的教育，他们一来就告诉我们说，我们必须要改变每一件事，这一点使我感到有些恼火。

王：你是说，这名新员工不太尊重你的工龄和经验，是吗？

徐：对，我也知道他的一些主意是相当不错，很可能会改进我们的工作方式，但他首先应该懂得如何去尊重人。

王：你的意思是说，他的一些主意很不错，但你也不认为自己做的每件事都是错的，这名员工应首先对你的工作加以肯定，对吗？

徐：我并不是希望得到别人的表扬，只是我们有了问题后，没有时间去解决。

王：这么说，你觉得你们部门中可以做一些改进，只是没有时间而已，是吗？

徐：我是这样认为的，或许稍后我可以安排一个部门会议，同大家共同讨论一下。

王：这倒是个办法。

徐：对，或许这样其他员工可以向这名员工说明为什么他的一些建议是行不通的。

王：你想让同事们帮助你对付这名棘手的员工，是吗？

徐：是的，或许大家会同意尝试一些改进，看一看成效。

王：这么说，你觉得可以通过会议解决许多问题，对吗？

徐：对，我们已经很长时间没在一起谈话了。

王：我认为这是个好主意，或许马上就可以这么做。

徐：这一周我就召开部门会议，非常感谢您，王经理。

王：不用谢，很高兴我能给你提供帮助。

案例思考题：请分析造成上述两种不同沟通效果的原因。

本章小结

情绪一般分为两种：正面情绪和负面情绪。负面情绪对身心健康等有很大的杀伤力。因此，负面情绪有了之后要以正确的方式及时释放出来。每个人都要学会驾驭情绪，做情绪的主人，而不是被情绪绑架。

“情商之父”丹尼尔·戈尔曼将情商定义为“觉察自己和他人的感受，进行自我激励，有效管理自己以及与他人关系中所产生的情绪的能力”。他指出：成功=20%的智商+80%的情商。

沟通力是情商的一个重要技巧。领导者应该具有能说会听的能力，这也是现代领导者所必须具备的基本素质与领导技能。

领导者想要积极地打动人心，首先要学会热情地去聆听别人的意见。领导者要学会主动倾听。广泛听取各方面的意见，是领导者贯彻群众路线的具体表现。

谈话在领导者的工作中占据着重要的地位，具有监督、参与、指示和识人四大作用。领导者谈话的形式主要有将主动权交给对方和预先安排的会晤。谈话的最佳时刻为战略性时刻。领导者在谈话中要注意对等原则，并注意运用各种谈话技巧，还要善于进行交心谈话。

思考题

1.试述负面情绪的负面作用和情商技巧的积极作用。

2.领导者怎样才能做到主动倾听？

3.试述领导者在谈话中应掌握的关键技巧。

4.举例说明，作为领导者应如何进行交心谈话。

第13章 领导者的体商修炼：抗压力

身体是
革命的本钱。

——毛泽东

重点内容

- 正确理解生理健康与心理健康的标准
- 了解健康长寿的一些最佳实践
- 正确认识压力，了解压力的本质和来源
- 掌握压力管理的步骤及常用策略

13.1 生理健康

13.1.1 生理健康

身体是革命的本钱。领导者需要有健康的身体来展现领导行为，实现领导效能。

体商（body quotient，简称BQ），即身体商数，是人对自身真实健康情况的自我认识的反映，是指一个人活动、运动、体力劳动的能力和质量的量化标准。体商最早由纽约大学防衰老专家迈克尔·罗伊森（Michael Roizen）教授和哥伦比亚大学心血管专家迈哈特·奥兹（Mehmet C.Oz）教授在2006年出版的《身体使用手册》一书中提出。体商不仅包括生理健康，还包括心理健康，特别是心理调适和压力管理的能力。“健康”一词，按照传统的观念和习惯的看法多限于生理健康，主要指躯体发育良好、生理功能正常，而较少考虑心理方面的健康。例如，《现代汉语小词典》（商务印书馆1980年版）对健康的解释为："（人体）生理机能正常，没有缺陷和疾病。"这样的理解显然是不全面、不完整的。

13.1.2 如皋长寿密码

健康长寿是每个人的追求。

国际自然医学会权威认证了世界六大长寿之乡：中国江苏如皋、广西巴马、新疆和田、巴基斯坦罕萨、外高加索地区及厄瓜多尔的比尔卡班巴。如皋百岁老人达303位（截至2015年1月14日，其中女性247位，占81.5%），且近年来每年递增（2002年如皋有百岁老人172人，2003年为195人，2004年为209人……）其总数位居全国县（市）之首，占比为2.16/万，远远超出联合国和中国确定的长寿之乡的主要指标（百岁老人占比分别为0.75/万和0.3/万）。此外，如皋市90岁以上的老人有4 000多人，80岁以上的老人有40 000多人。

世界上闻名的长寿之乡，包括广西巴马，不是在高寒地带，就是在偏僻的山区，而且经济相对落后。而地处江海平原的如皋，不仅是我国沿海地带唯一的长寿之乡，也是处于工业相对发达地区的长寿之乡，这在国际上绝无仅有，其研究价值不言而喻，已引起国内外新闻传媒以及相关研究机构的广泛关注。国际自然医学会更是将其认定为"富裕长寿之乡"。

作为土生土长的江苏如皋人，我想跟大家分享如皋人长寿的六大"密码"供读者们参考：遗传因素、环境因素、心态因素、劳动因素、习惯因素和家庭因素。

不可否认遗传因素和环境因素（比如如皋气温温和，舒适宜人，雨水充沛，湿度适中，空气清新，绿色满园，河汉纵横，水质优良，且富含对人体有益的微量元素硒、锶、锌、镁、锰等），但这不代表缺少这两个因素就不能长寿。后天因素和自身因素也非常重要。因此，这里我们侧重讲一下后面四个因素。

首先是劳动。如皋的百岁以上老人大多数都在农村生活，大多数吃过苦，大多数是体力劳动者，大多是文盲和半文盲，大多数一生无大病，大多数是带病延年（有各种小病，像我家邻居百岁老太就有高血压）。给我印象最深的就是老人们好像都闲不下来，不是在地里干活，就是在家里收拾。八九十岁干农活和家务是正常的事，百岁以上老人大部分也都在"动"：或从事力所能及的家务，或每天散步，或跟别人唠家常……这一点对于现代上班族以及领导者非常重要，因为这些人很多是脑力劳动者，下班后几乎就“不动”了。要动起来，干家务、散步、爬山、体育锻炼等都是不错的选择。

其次是心态。百岁以上老人大多数为女性（81.5%），而在全球范围内，女性的平均寿命都是比男性长的。其中一个很重要的原因就是女性比男性更善于释放负面情绪（哭、找人倾诉等），但男性很多时候“有泪不轻弹”，喜欢憋着，结果憋出毛病了。因为负面情绪憋是憋不住的（hold不住），长期积累不释放，会让一个人的身体由健康变成亚健康并最终导致不健康。因此，心态一定要积极乐观，要想得开。2014年初去世的邵逸夫先生，其享年107岁最重要的秘诀就是乐观。百岁老人中，绝大多数对生活、对周围环境的人与事、对自己的评价，总是体现一种与人为善的豁达胸怀。除因耳聋、反应迟钝等原因，有一部分老人很少用语言表达感情外，情绪低落者极少。调查显示，百岁老人性格开朗，对待人间是非能够放得下、想得开，淡泊人生、与世无争，经常保持坦荡豁达的精神境界。他们的性情较为温和，无论是家庭还是邻里关系都比较融洽。

第三个因素也非常重要，就是良好的生活习惯。其中最主要的就是生活规律以及粗茶淡饭。按时用餐，早睡早起，且睡眠质量高。但很多领导者工作忙、应酬多，生活很没有规律。专家指出，中国人肠胃等癌症患病比例高最重要的原因就是饮食不规律。以下是如皋人的一些饮食习惯：

（1）多素少荤。百岁老人饮食习惯以素为主，拒绝大鱼大肉、大吃大喝。如皋民谣说：“鱼生火，肉生痰，豆腐青菜保平安。”调查显示，百岁老人爱吃的蔬菜依次是青菜、韭菜和菠菜。

（2）多稀少干。饮食方式一般是一天一干两稀（广西巴马人则终身喝大米粥或玉米粥）。

（3）多粗少细。主食除大米、面粉外，还兼有玉米、麦类、薯类等杂粮，以及“三麦”（荞麦饼、大麦饭和元麦粉），这种粗细搭配的食物结构为如皋人准备了多样易于吸收的营养物质，如皋俗语说得好“糁儿粥米打底，吃了能活九十几”。

（4）多酒少烟。百岁老人大部分经常喝酒（喝的酒以黄酒或自家酿的糯米酒为主），很少有人吸烟。

（5）少吃多嚼。吃饭不能太饱，七八分饱即可，但吃的时候要多咀嚼。

（6）少放多鲜。不管是蔬菜还是荤菜，都讲究个“鲜”字，肉要新鲜的，鱼要活的，蔬菜要带露水的，豆角要当天摘的，豆腐要当天做的。不会放家里很多天（不过以前也没冰箱放）。

（7）少盐多醋。普遍吃得比较“淡（盐放得少）”。醋是必不可少的佐料。

（8）少茶多水。喝茶的少，喝白开水的多。其实，煮开的水是最好的饮料，比很多饮料都健康卫生。

（9）少油多煮。炒菜油放得较少，但菜通常会放在锅里煮比较长的时间。

（10）喜食野菜。当地有句俗谚：“如皋人，生的怪，有菜不吃吃野菜。”如皋人饭桌上经常有新鲜碧绿的野菜佐餐，包括香椿头、枸杞头、榆树头、嫩杨柳树叶、马齿苋、荠菜、伢儿拳头等等。

其他一些生活习惯还包括：

（1）午睡小觉。大部分百岁老人有睡午觉的习惯。短的只是打个盹儿，10分钟到半小时，最长也就1小时。

（2）热水泡脚。基本上每天晚上都泡脚洗脚。

（3）春捂秋冻。春天要多穿点衣服，注意保暖；而秋天则不会迫不及待地添衣，先熬熬冻。

（4）早晚梳头。

（5）不吃补药。很多小病都是土方治疗的。比如，感冒了生姜加红糖，热水冲服，盖厚被子睡一觉，出身汗基本就好了。现代医学和营养学很多都是在降低人体自身的免疫力，这对健康长寿其实是非常危险的。就像现在很多人感冒了就挂吊瓶，有的还服这液服那粉的，甚至没事的时候也在乱服用。

最后一个是家庭因素。百岁老人基本上都家庭和睦、子女孝顺。调查显示，百岁老人有94%都是与子女们生活在一起，四世同堂甚至五世同堂是如皋长寿文化的独特之处。如皋自古以来民风淳厚，敬老爱老成风。据明朝嘉靖三十九年（1569年）的《如皋县志·风俗》称，如皋人“其性驯柔，其俗质实。民畏法而耻罪，士读书而循理。征科易集，讼狱稀简。……冠、昏、丧、祭，习尚俗礼，多俭约之风”。畏法耻罪、读书循理、讼狱稀简、生活俭约，这是当时如皋淳朴民风的真实写照。1933年《江苏省志稿》中说：全省民风普查，如皋被定为“淳厚”。敬老爱老的风尚在如皋代代相传。“家有一老，如有一宝”，如同是如皋的乡规民约。子女不把老人看成是累赘，而当成家庭的荣耀，家有高寿长者，子女在社会上就受到人们的尊重，这为老人们的健康长寿提供了最佳的社会环境。

13.2 心理健康

13.2.1 心理健康的内涵与标准

心理健康是指个体具有正常的认知、情绪、意志过程和良好的社会生活状态。世界卫生组织（WHO）在其《组织法》中指出："心理健康是指这样一种健康状态，在这种状态下，每个人都能实现自己的能力，能够应付正常的生活压力，能够有效地从事工作，并能够对其社区做出贡献。"这就是现代有关健康的"生理—心理—社会"模式。1989年，世界卫生组织又在对健康的描述中增加了道德健康的内容。由此可见，健康是个体在生理、心理和社会三个层面上都能保持良好的状态。

心理健康的综合标准有以下五个方面：认知正常、情感协调、意志健全、个性完整和适应良好。认知正常是指对外界与自我认识正常。如果有认知变态、幻觉、妄想等心理就不健康。情感协调是指情绪稳定，或只有轻度焦虑，有幸福感的人会体验到自身的心理健康。意志健全是指要有耐压力与耐挫折的能力与毅力。意志健全的人还表现在有较强的目的性、果断性、坚韧性与主动性。个性完整是心理健康的重要内容，主要表现为要有责任感、活动性、外向性与独立性。适应良好是指对社会、人际环境都有很强的适应能力，这是心理健康的重要标志。

具体到一个人，心理健康的标准表现为以下几个方面：

（1）要有正确的自我意识和自知之明。对自己的需要、动机、情感、优缺点有客观的评价。

（2）要自尊自制。自己要有行为上的独立性和自主能力，能控制自己的心理与行为，有自己的行为标准，能抗拒干扰与诱惑。

（3）善于与人相处。人际关系良好，较少与人冲突。

（4）情绪正常。心情愉快乐观，心胸开阔。个体活动与社会要求处于良好和谐状态，能保持心理活动的平衡与稳定。

（5）行为适度。行为具有自觉性、目的性，受意识的支配。行为具有一致性、连贯性，心理与行为和谐统一。

（6）乐于工作。对于工作的意义和价值有正确的认识，愿意参加工作，并从工作中获得满足感、成就感。

对心理健康的认定一般是基于对心理健康异常程度的判断。心理健康异常按照严重程度可分为心理问题（心理不适）、心理亚健康、心理障碍或精神疾病三个基本状态。心理问题是指个体经常遇到的心理困扰或心态不佳，一般由个人或工作中的应激事件引起，比如婚姻危机、人际纠纷、就业、升职等问题。对于多数人而言，心理不适持续的时间不长，影响程度较轻，随着应激问题的解决，心理状态也会恢复平静。心理问题只是一种轻度的心理健康异常，不属于心理障碍或疾病。心理亚健康是介于健康或疾病之间的一种灰色状态。和生理亚健康一样，心理亚健康也是一种非健康、非疾病的心理状态，但它不属于精神疾病。处于心理亚健康的个体时常会感到焦虑烦躁、情绪低落、精神不振、身体乏力等，在行为上出现冷漠、自闭、逃避甚至攻击等不良反应。许多人的心理亚健康状态会持续很长时间，但绝大多数人都可以通过自身调节和心理干预来解决。在领导者人群中，心理亚健康的一种典型表现就是职业倦怠。心理障碍或精神疾病是具有临床诊断意义的、较严重的心理健康异常，一般伴随显著的认知、情感和行为的改变，伴有痛苦的情感体验或（和）心理、生理功能的损害。临床上的各种心理障碍或精神疾病都有明确的诊断标准和症状表现。

国内对心理健康的认识存在很多误区。现代心理学和精神医学认为：

（1）心理健康是一种持续的心理状态。不能因为存在短暂或一次性的心理不适就认为自己心理健康存在问题。

（2）心理健康并不仅仅是没有心理障碍或精神疾病，一些人长期处于亚健康状态，这也是心理不健康的表现。

（3）心理健康状态不是指心理或精神上的绝对完美，不是指马斯洛提出的那种自我实现的高峰体验。实际上，大部分个体在日常生活中处于一种平静、愉悦的心理状态，尽管偶尔也会遇到各种烦恼，也会存在暂时性的焦虑或一时性的情绪低落，但从总体上看心理还是健康的。

（4）最关键的一条，很多人误将心理问题或心理亚健康当作精神病来看待，这是不对的。

13.2.2 领导者的心理素质与心理健康

一般来说，心理素质指的是个体所表现出来的稳定的行为与心理特征，而心理健康是一种适应社会的良好的精神状态，是心理素质一个重要的关联要素。在领导干部的考核、选拔、培训中，领导者的心理健康经常被看作领导者具有良好心理素质的重要方面。

在领导责任和工作压力日趋加重的今天，心理健康对领导者的重要性已不容置疑。近年来，因心理健康状况恶化导致精神崩溃的个案常见报端，因心理亚健康致使工作倦怠和不能胜任岗位职责的情况时常发生。心理健康是领导者心理素质的重要基础和平台，对领导者的效能有着重要影响。

领导者是一个较为特殊的职业群体，承担着重要的社会责任和繁重的工作负担，精神上面临着种种挑战、冲突和诱惑，身体上得不到有效的调适和放松，长期承受精神上的压力和负担，其心理健康也必然受到一定程度的影响。如何科学认识和合理干预领导者的心理健康，是领导心理学研究需要特别关注的问题，也是领导实践特别需要加强的领域。

领导者的心理素质指的是对领导绩效具有积极促进作用的非能力的心理特征，主要包括情绪稳定性、坚韧性、果断性、认真性、正直性、自信心以及心理健康状况等因素。因此，领导者要提升心理素质，有效发挥领导效能，就必须确保生理和心理都健康。

下面我们侧重谈谈领导者的压力管理，帮助领导者提升抗压力。

13.3 抗压力

13.3.1 正确认识压力

1.应激及应激反应

应激（stress）是领导者在压力状态下常见且普遍的反应，包括生理和心理反应。压力其实是应激源（stressor）。面对压力时，由于个体主客观因素的不同，都要伴随不同的生理和心理反应，而很多时候这些反应更多是消极的或负面的，轻者紧张、焦虑、头痛，重者抑郁、绝望、失眠、免疫力丧失。长期承受压力可能会引起心理健康异常，会影响领导决策的理性与质量，继而影响领导效能。因此，领导者的压力管理至关重要。

紧张（strain）是指压力的累积效应。长期处于压力事件下的个体会偏离正常状态，导致个体行为异常，甚至导致生理病变、行为变化、绩效降低。例如，车辆行驶时产生的力量即压力会使桥墩面变形称为压力反应，压力使用积累使桥面受损出现紧张反应（出现裂缝），但是这些因素是否会形成压力源仍需由主体对压力源的认知评价来决定。压力反应包括表13-1所示的内容。

表13-1 **压力反应**

反应类别	具体表现
生理（短期）	头痛、头晕、眼睛疲劳、胃痛、气喘、便秘、心跳加快、胸痛、血压上升、血糖上升与血液凝结、肌肉紧绷，通常发生在头部、颈部、肩膀与背部等
生理（长期）	胆固醇升高、心血管疾病、高血压、心室肥大、皮肤干燥/起疹、淋巴腺炎、甲状腺异常、秃头、胃及十二指肠溃疡、狭心症以及心肌梗死等
心理	自卑、钻牛角尖、健忘、记忆力变差、思维迟钝、疲惫、僵化、混乱，缺乏创意、注意力不集中、心不在焉、无法专注、消极、对自己与自己的处境采取负面思考、认命、自责、判断力受影响、经常犹豫不决等
情绪	情绪不稳、容易紧张、生气、烦躁、没有耐心、忧郁、愁苦、意志消沉、消极、沮丧、厌倦、不满、容易产生失控感、认命、对自己失去信心、无奈、失望、自怜、气馁、心情低落、疲劳、感到心力枯竭、冷漠、冷淡、缺乏热情、有疏离感、内疚、抑郁、焦虑、无助、失败等
行为	兴趣缺失，记忆力衰退；经常睡不好，失眠或需要睡很久；为了舒解压力需要比平常依赖更多的酒、烟、咖啡，或挥霍粮食，暴饮暴食；很难放松、坐不住、生活习惯改变、性需求下降、家庭问题；工作不满意、逃避工作、工作绩效降低(迟到、缺勤、旷工、离职)；出现危险或攻击性行为、恐慌型行为、习得性无助、幻想、否定；做出错误的判断或过度专注、工作事故、企图自杀；人际交往行为：啰嗦、孤立、无耐性、发脾气（容易动怒）、避开人、骂人、猜忌、寂寞、与人疏离、利用人、少与人来往、与人关系紧张、容不下别人、令人难堪、同事关系紧张等

“压力管理之父”，加拿大生理学家汉斯·塞利（Hans Selye，1974）提出了著名的关于压力的定义，即“对施加于身体上的任何需求的非特异性的反应”。塞利认为，“压力是种认知，认为某种情况超出个人能力所能应付的范围”。通俗地讲，压力就是认为现有的状态跟期望的状态之间存在差距，而这个差距凭现有的能力又无法应对。

2. 应激机制与来源

塞利对人的应激状态进行了深入的研究。他认为人面对压力产生应激现象是个体对环境刺激的一种生物性防御性反应，并提出了著名的“一般性适应综合征（general adaptation syndrome，简称GAS）的概念，简单而精辟地揭示了生物体面对外界压力的应激过程。该过程包括警觉、抵抗和耗竭三个阶段。

警觉阶段：当人初步遇到压力源，身体会自行调动保护机制来应对压力，出现警觉性反应，由原来的放松状态上升为紧张状态。

抵抗阶段：如果压力长时间存在，机体的生理平衡将会被打破，造成体内资源过度消耗，亚健康状态出现，并伴随各种心理问题。如果压力消失，机体会恢复到警觉前期；如果压力持续存在或强度加大，则转入耗竭阶段。

耗竭阶段：此时个体无法再利用各种激素和能量，资源和能力消耗殆尽，有可能出现身心倦怠和崩溃，导致不同程度的心理和生理疾病，甚至失去生命。

压力本身并不可怕，但是对压力的过度感知和应激反应才是造成心理健康异常的主要原因。那为什么不同的人面对同样的压力源反应却有很大差异呢？心理学上对此有不同的研究，认为压力的感知和形成可能与多方面原因有关。

一种理论认为，压力是个体与环境不匹配的结果。也就是说，压力是个体因素和环境因素相互联系和作用的结果。在许多情况下，压力的产生是个体的知识、能力、个性及行为方式与组织的工作要求、组织文化的不匹配或不适应造成的。当这种不匹配发生时，个体的效能感有可能降低或减弱，压力也就随之产生。赫尔姆斯和瑞则提出了生活事件理论，认为当某种情境所需要的能量多于可用能量时，压力就会产生。

另一种理论认为，压力是缺乏自我控制和社会支持的结果。有部分研究者，（如欧沃亨勒（Overholer）等）提出了社会支持理论，主张压力是在社会支持不足以有效应对事件时产生的。还有研究者对工作要求（任务负荷及难度）、控制（专业能力和决策能力）和支持（来自组织的支持）之间的关系进行实验研究发现，高要求、低控制、低支持会降低领导者的工作激情和动机，使个体感受到更高的压力；同样是在高要求条件下，提高控制和支持水平，可以增强领导者学习和发展的动机，降低其对压力的感知程度。也就是说，高控制和高支持可以抵消高要求对身心健康的消极影响。

还有一种理论认为，压力是个体认知评价的结果。在许多情况下，领导者对所处环境或所承担任务有可能产生的威胁做出评价。首先对情境事件的重要或威胁程度做出评价，然后对可利用资源（自身能力和外界支持）的应对程度做出评价。经过两次评价之后，如果觉得自身难以应对这些外在威胁，就会产生对压力的感知。卡巴萨（Kobasa）等则提出了坚韧性理论，该理论认为，如果把潜在的压力事件视为“挑战”而非“威胁”，那么，带来的压力就会减轻，这种缓冲作用——在压力与疾病之间的缓冲作用，被称为“坚韧性”。

3.正确认识压力

生活中发生的重大事件，如离婚、亲人去世、工作变动等，会使人产生紧张和压力。事件越严重，数量（次数）越多，持续时间越长，影响就越大。生活事件有正性和负性之分，其影响是不同的。但正性事件同样需要付出努力去应付，也会造成压力。比如，结婚、孩子出生、买了新房子都是好事，但同样会给人带来压力。

压力分为三种类型：良性（或积极）压力（positive stress）、中性压力（neu-stress）和不良（消极）压力（distress）。积极压力指引起积极结果（如上升的成绩或个人成长）的压力。消极压力指导致消极后果（如下降的成绩）的压力。中性压力则无所谓有利或有害。盖洛普受《健康》杂志委托做过的一项民意测验，结果表明，工作压力、经济问题和家庭是排位前三的不良压力（各占71%、63%和44%，为被试对各个问题回答所占的百分比。Paulsen，1994）。

压力本身并不一定有害，认识这一点是非常重要的。事实上，许多研究人员已经得出结论：适度的压力能够提高绩效和有益健康。压力过低或过高会使人苦恼、忧虑，因为它们要么刺激不足，要么过度刺激。而理想水平的压力则具有挑战性，并使人产生向上的动力（积极的感觉和高度投入工作），而不是苦恼或忧虑。大庆油田有句格言，“井无压力不出油，人无压力轻飘飘”，说的就是这个道理。

客观来说，工作压力并不都是消极的。工作压力的心理反应有其积极的一面，表现为情绪的适度唤起、注意力的调整等，这些反应可以帮助人们有效地应对环境要求。要正确认识压力，必须记住以下几点：

（1）生命是一连串克服压力的过程。

（2）管理压力绝非为了逃避压力。

（3）压力是一种选择（你可以选择在压力下生活，也可以选择在非压力下生活；当然，你也可以选择将压力转换为动力）。

（4）压力不是别人给的，是你自己选择的！

（5）适度的压力可以让生活变得更加亮丽！

13.3.2 领导者的压力来源

压力来源主要分为两方面，一方面是来自组织与工作的压力（工作压力)，另一方面是来自个人的应激性生活事件（生活压力)。

1.工作压力

研究表明，领导者的压力主要来源于第一种，即工作压力。主要体现在以下几方面：

（1）角色模糊。它是指对任务目标缺乏明确认知，工作需求表现出不确定性。当任务目标和完成任务的途径以及对任务结果的认识变得不明确时，或者这些不确定性逐渐增加的时候，领导者就会出现沮丧、担心或者不安情绪，这些初步的负面应激会随着不确定性的延续和增强而逐渐转变为焦虑或抑郁，压力感就应运而生了。

（2）角色冲突。它是指领导者之间或领导者与下属之间的任务边界存在冲突，或者领导者面临不可兼顾的任务目标。领导者面对角色冲突时会产生一种茫然感和挫折感，对动机水平较高的领导者来说，这种压力感会带来相应的应激反应。这种不顺畅的心理反应会降低工作动机，甚至成为人际冲突的隐患。

（3）角色超载或欠载。角色超载（over load）指负荷超过个体的生理与心理特质的限定。它分两种情形：一种是量超载（quantitative over load)，即个体被要求的工作量超过了他所能完成的工作量；另一种是质超载（qualitative over load)，即主体缺少必要的技能去完成特定的工作。两种情况下都会产生压力。角色欠载（under load）同样也分量欠载及质欠载。量欠载如工作量太少而导致的无聊，质欠载如单调重复、缺少精神刺激等，所有这些都会变成工作压力源。领导者的量超载是一种较为普遍的现象，对其认识也不尽一致。的确，有研究发现真实的工作超载是会产生压力的。然而，也有调查研究并没有得出工作超载必然对领导者产生压力的结论。实际生活中我们也会发现，一些领导者面对工作超载却乐此不疲，好像他们天生就具备挑战超负荷工作的特质。此外，还有一些研究发现，一部分超载是领导者自找的，他们总是习惯于利用最短的时间做最多的事情。这些人有着习惯性的时间紧迫感，因此通常都处于高压力状态。

（4）角色期待。它包括定量的指标性考核和定性的下属对领导者的期望和需求。当领导者的可利用资源不足，或者自我效能感下降的时候，角色期待的压力就特别明显。如上级给领导者设定的一些高不可攀的任务目标给其带来的心理负担是客观存在的。此外，当领导者得到外界正向评价时，倾向于给自己确立更高的任务目标，这是领导者的一种自然的成就动机效应。但是，由于不具备相关能力，或者存在意想不到的其他困难而无法实现目标时，主体就很可能感受到压力。

（5）角色矛盾。它是指领导者工作责任与家庭责任间的矛盾。工作上的超负荷等可能使领导者无法兼顾家庭，因而造成了其工作与家庭之间的矛盾。

2.生活压力

过度的生活压力会对领导者的情绪造成不良影响，进而影响他们的工作积极性与工作效率。美国著名精神病学家赫姆斯（Helmes）根据对500多人的社会调查，列出了43件生活危机事件，并以生活变化单位（LCU）为指标对每一生活危机事件予以评分，编制了社会再适应性评定量表。其中，排在前三位的分别是配偶死亡（100）、离婚（78）和夫妻分居（65）。赫姆斯指出，如果一年内LCU不超过150分，来年一般健康无病；如果LCU在150~300分之间，来年患病的概率为50%；如果LCU超过300分，来年患病的概率达70%。调查表明，高LCU与心脏病猝死、心肌梗死、结核病、白血病、糖尿病等的关系明显。

生活压力源是指应激起源于领导者个人生活的因素。具体包括四个方面：

（1）重要人员的影响。它包括领导者家庭成员、师长、邻里或亲朋好友的期望与态度。

（2）个人生活事件的影响。它包括结婚、离婚，家庭成员的生产、死亡等个人生活经历中的突发事件、重大变化，这些事件足以扰乱主体的生理与心理稳定。

（3）生活方式的变化。它主要体现为现代生活的节奏加快，使人们产生不适事情，以及消费导向的迷惘感的压力、对生活质量的高期望值与实际生活之间的差异造成的失望感和压力等。

（4）经济收入压力。一方面，收入低的人会产生生活中入不敷出的压力；另一方面收入高的人则可能有请客、救助，甚至道德方面的压力。人们在收入上常常习惯于进行横向社会比较，容易产生不公平感，导致经济收入不公平的压力。

13.3.3 压力调适

领导者压力调适分为三个步骤：正确认识自己、制定干预策略及实施并且维护。

第一步是正确认识自己。领导者需要做以下五件事：设定预警机制、评估抗压能力、了解压力来源、明确弱势因素、剖析反应倾向。

（1）设定预警机制

设定预警机制，就是通过自己的症状表现判断自己是否承受压力。这些不良压力的反应症状包括情绪、认知、生理和行为。

不良压力情绪主要有八种：焦虑、抑郁、愤怒、恐惧、悲伤、挫折感、内疚和羞耻感。

认知症状包括：思维模糊不清、思维组织混乱、思维受阻、离奇古怪或支离破碎的思维、内心迷茫、健忘、注意力难以集中、听觉受到干扰、噩梦缠身等。

生理症状包括：颤抖或神经抽搐、便秘、心脏剧烈跳动、腹泻、背痛、心悸、食欲大增、性欲大降、普遍的疲倦或沉重感、嘴巴或喉咙发干、尿频、反胃、没胃口、头昏眼花、全身紧张、胸痛等。

对许多人而言，不良压力在行为上的症状最为显著。直接症状包括：一时兴起的冲动行为、演讲中吞吞吐吐或结巴、对他人施以言语攻击、讲话语速比平时快、磨牙、很难长时间从事某一活动、易受惊吓、不能静坐、显著的人际冲突、退缩不前、抨击某人或某事、易发脾气、哭泣等。间接症状包括：抽烟增多、对咖啡/茶/可乐/巧克力等的消费增加、喝酒增多、对有助睡眠或放松的非医嘱辅助工具的使用频率增多、降低紧张感的处方药使用量增加、为紧张导致的健康问题看医生、把睡眠/看电视等作为逃避方式、使用非法药品、非理性消费等。

不能单凭某一症状就判断自己正承受着不良压力，需要综合地对各种症状进行分析判断，不排除与不良压力无关，只是生理上的疾病而已。

（2）评估抗压能力

评估抗压能力，就是了解你的抗压临界点。因为无论是哪种类型的人，让你反应迅速、思维敏捷、产生兴奋感的体内变化只能持续到某一点。超过这一点之后，压力就由积极转为消极，这个点就是你的抗压临界点，它决定了你能够承受多少压力，以及达到怎样的程度之前压力所保持的是积极作用。

（3）了解压力来源

了解压力来源，就是确定你的压力是来源于工作还是生活。如果来源于生活，是哪类生活事件？如果来源于工作，是工作负荷还是与同事关系紧张？了解了这些才能对症下药。

（4）明确弱势因素

明确弱势因素，就是了解生活中的哪些事件会对你造成压力，哪些事件不会使你感到压力（即使会给别人带来很大的压力）。因为每个人的个性、阅历、遗传等因素不同，所以面对特定的压力形式时，都会表现出一定的弱势和敏感度。

（5）剖析反应倾向

剖析反应倾向，就是分析你在遇到压力的时候，哪种反应是有效的。是借助食物和烟酒发泄情绪呢，还是蒙头大睡；是向朋友倾吐心声，还是进行放松练习和冥想。

为了正确认识自己，领导者还可以选择建立压力管理日志。

第二步是制定干预策略。领导者压力的个人调适或干预策略可以分为两种类型：问题解决的方法与情绪调解的方法。采取何种策略取决于领导者的目标。

问题解决法是指直接改变压力源的方法，如换工作；情绪调节法则是指改变自己，使压力的意义产生变化，从而减轻或消除压力源影响的方法。问题解决法是一种直接的调适方法，而情绪调节法是一种间接的调适方法，二者各有优缺点，具体见表13-2。

表13-2 **直接与间接调适方法的利弊**

调适方法	有利的方面	不利的方面
问题解决法	1. 可以适宜地消除压力源 2. 可以消除你的压力情绪 3. 可以弥补未发现的损失 4. 可以提高自尊心 5. 可以提高控制感	1. 可能陷入事与愿违的忧虑 2. 可能错误地诊断问题 3. 可能增加行动不当带来的烦恼
情绪调节法	1. 可能降低自己的不良情绪反应 2. 可以维持增长的希望和勇气 3. 可以重新获得自尊	1. 防卫机制可能干扰适宜的行为 2. 可能变得情感麻木 3. 可能干扰后续行为 4. 可能维持对症状与原因之间的关系的无知

1. 问题解决法

问题解决法是一种通过直接排除应激物而消除应激影响的方法。从一般意义上来讲，它比以改变自己的看法来摆脱应急带来的困扰要有效得多。它能在采取适宜行动的基础上直接排除应激物，可以使应激引起的不良情绪最直接、最快速地得以消解，可以及时弥补我们也许还来不及发现的损失，可以提高自己的满意感和自尊心，使自己体会到解决问题的胜任感和控制感。

但要注意的是，在使用问题解决法时，必须考虑拟采取的行动的社会文化可行性（是否符合社会文化、习惯的要求）、道德可行性、法律可行性和现实条件可行性（能否办得到）等。

2.情绪调节法

情绪调节法是指个体在不改变应激物的情况下，通过改变自己的观念或行为反应来削弱或消除应激所带来的不利影响，在弱化应激情绪反应的基础上，个体可以继续维持自己的希望和勇气并重新恢复自尊。在应激物无法改变或没有必要改变的情况下，情绪调节法的效果是理想的。

但是，如果应激物有可能改变，而且不改变无法确定能否真正摆脱应激困扰，情绪调节法就显得无力了。在这种情况下，情绪调节法不但不能解决应激带来的消极后果，还可能带来新的应激因素。

情绪调节法也不完全都是情绪的，其中也有大量对情绪起转移作用和抑制作用的行为或行为方式，如紧张时扶扶眼镜、大量抽烟等，都是情绪调节中常用的方法。美国临床心理学家施瓦茨（Garry Schwartz，1977）把抽烟、酗酒、药物使用等调节方式称作“反调节因素”，长期使用这些反调节因素会不断干扰，甚至破坏大脑皮层的调节功能，因此，要有节制地使用。

干预时机也非常重要，越早干预越好。

这里，我们介绍干预的“可塑（EPEPAR）”模型（见图13-1。因EPE及PAR都是一种塑料，因此取名“可塑模型”。另外，将EPE及PAR分开，是因为第三个字母E代表“情绪”，很多人跟着情绪走，导致不当行为与结果。因此，必须在此设置路障，提醒人们三思而后行）。

压力开始于逐渐或突然打乱你的平衡的生活情境。不同的人对此情境会有不同的解释，即认知评估，于是就有了被感知或认知评估为有压力的生活情境，然后就会出现压力事件下的情绪反应（如恐惧）。这些情绪会导致生理上的唤起（短期如呼吸频率增加），相应地会表现出一系列行为（恰当的或不当的）。最终导致一些结果（积极的或消极的）。理解了从生活事件到感知，到情绪和生理唤起，再到行为和结果这一“路程”后，我们就可以进行干预了。干预就是要在此模型的不同地点亮红灯，并设置“路障”。由于这一模型有着连

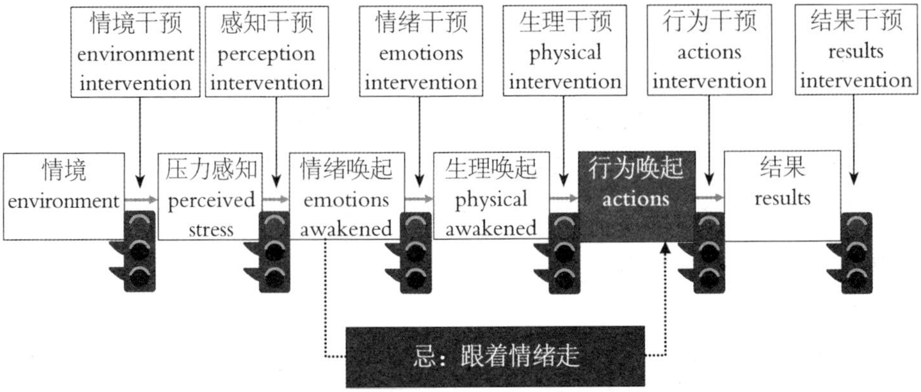

图13-1　干预的“可塑（EPE及PAR）”模型

续的步骤，每一步骤都取决于上一步骤的完全开展，因此对这一连续过程任意一环节的打断都会打断整个过程。例如，尽管一个需要你适应的生活事件出现了，但是在这一事件和下一阶段的中间，即在将事件感知为有压力之前，可以设立一个“路障”。这个路障可以是乐观思维。在感知阶段和情绪唤起阶段之间也可以设立路障。放松技术就是防止情绪反应导致长期生理唤起的非常好的方法。当生理唤起后，在生理唤起和行为唤起之间的路障必须要有适当的身体锻炼，使积累起来的压力得到消耗。记住，当生理唤起出现时，身体做好的准备是战或逃（fight or flight）反应（Walter Cannon，1932）。一些锻炼，如跑步，可以利用身体的这种状态而不是使生理唤起导致疾病或其他不良结果。同时要记住，对结果进行干预是最后没办法时才采取的措施，是为了防止结果恶化，给主体造成更大的损失。所以，越早干预越好。

表13-3建议了在不同阶段应采取的八种干预措施（策略）。不管在哪个阶段，首选都是问题解决法。解决不了，就选择情绪调节。但不管使用哪种干预措施，都别忘了寻求必要的社会支持。还有一点需要说明，下面的这些措施不一定非要在此阶段采取，也可以在其他阶段采取。而且很多措施是互相联系甚至交叉重叠的。对于你来说，最重要的就是找到最适合你的干预措施或干预措施组合。同时，一定不要讳疾忌医。如果结果非常严重或已经非常严重，且超出你的干预能力范畴，则一定不要忘记及时地去寻求专业医生的帮助。

（1）解决问题（solve problem）

解决问题就是要消除压力源，找出你的压力源。压力源可能是工作太忙。为什么太忙？可能是你没有管理好时间。那就需要在事情的轻重缓急确定、工

表13-3　　不同阶段的干预措施

阶段	情境出现	压力感知	情绪唤起	生理唤起	行为唤起	结果产生
措施	（1）问题解决					
	（2）积极思考	（3）放松	（4）ABCDEF	（5）锻炼	（6）强化	（7）补救
	（8）社会支持					

作计划等方面加以训练和改善；可能是你不善于说“不”，那就需要进行坦决（assertiveness）训练和改善。坦决是相对于侵犯（aggressiveness）和消极（passiveness）而言的。一般情况下，西方人会觉得中国人比较消极，有话不说，背后乱说。中国人会觉得西方人比较侵犯，说话直接，一点不给中国人面子。当然这是文化差异的结果。那么，什么是坦决呢？坦决就是以“我”开头，真实而客观地表达自己的观点、想法或感受，同时又不伤害其他人的权利及感情。简而言之，就是说出心里话，但不伤害对方。而消极就是不说出心里话，让对方伤害你。侵犯就是说出心里话，但伤害对方。美国从20世纪70年代开始就对小朋友进行坦决训练了，而中国的传统教育则是要求小朋友听话，在家听家长的话，在学校听老师的话，进了单位还要听领导的话，这样才是所谓的“好孩子”。那么，如何做到坦决呢？下面介绍一下简单的5E模型。

第一个E是情境描述（environment description）。为别人的行为或所处的情境画张图：“当你……。”

后面三个E是表达（expression）。首先表达感受（feelings），即将你刚才描述的别人的行为或所处的情境和你的感受联系起来，用“我”陈述：“我感到……”中间一个E是表达理解（understanding），即对别人的行为或所处的情境表达理解，用“我”陈述：“我理解……。”第三个E是表达建议（suggestions），即提出一个或几个有助于别人行为或情境改变的合理化建议，依然用“我”陈述：“我建议……。”

最后一个E是再次强调（emphasis），即强调你个人的权利，并说明如果对方行为或情境没有改变将怎样，或者如果改变没有达到令你满意的程度，你将怎样做，依然用“我”陈述：“我坚持……如果你不……我会……。”

比如，你的老板要求你从周一工作到周六，下面是5E模型的应用：

（情境描述）当我被要求一周工作六天时，（表达感受）我感到非常累并且是在被虐待。（表达理解）当然我知道我们部门人少事多，事情得按期按质做好，（表达建议）但我更愿意只从周一工作到周五。如果需要，我可以花费一些午饭时间去工作，如果有必要我还可以下班后再晚走一会儿，或者我也愿意把一些工作带回家做。（再次强调）我非常看重自己的周末休息权利。如果我周六还要工作的话，我会计划找另一份工作。

对很多中国人来说，最后一个E可能是最难的。但一定要记住，不要总是憋着，压抑自己的需求或权利老是消极应对是会出毛病的。因为憋是憋不住的。鲁迅说得好，一个人不在沉默中爆发，就在沉默中灭亡。长此以往，总会发泄。而发泄的途径可能是辞职，也可能是其他我们不愿意看到的一些行为或结果。因此，对于领导者而言，大部分领导者上头还有更大的领导，如何以坦决的方式向“大领导”表达自己的需求非常重要。

总之，问题解决策略就是要找到压力的根源（root cause），这样才能对症下药、标本兼治。否则，压力问题永远存在。

在应用问题解决策略时，我们要克服“受害者定式（victim mentality）”。所谓受害者定式，指的是把自己沦为受害者的一种心态。比如开会迟到，会解释说“路上交通堵塞”，而自己就是路上交通堵塞的“受害者”。其实为了避免路上交通堵塞，你原本可以提前半小时出门的。在企业里，我们会发现很多部门间相互抱怨，其实都是把自己沦为别人的“受害者”。比如，采购部会被抱怨“订单下这么久，东西还不来；好不容易东西来了，东西还不对”。销售部会被抱怨“又不懂技术，跑到客户那边就知道瞎承诺（over commit），这也能做，那也能做，给我们的全是不可能完成的订单（impossible mission）”。质量部会被抱怨“老在说NO。这也不行，那也不行。按照他们的要求去搞，肯定会延期”。生产部会抱怨设备部“设备坏了像求大爷一样，半天没反应”，而设备部也抱怨生产部“工人都像白痴。平时就知道瞎操作，坏了就知道报修，平时连基本的保养都不愿意做，也做不来”。市场部则抱怨“就知道闭门造车乱花钱，搞些不切实际的东西”。当然，抱怨最多的还是人力资源部门（HR，以前叫人事部），因为HR从来“不干人事”。英文里有句谚语：“如果你不是解决方案的一部分，你就是问题的一部分（If you are not part of the solutions, you are part of the problems!）。”问题总是客观存在的，我们需要正视问题、解决问题，而不是把自己沦为“受害者”。抱怨解决不了问题，只会增加彼此的对立情绪。你抱怨采购，采购可能也在抱怨你“一点不了解采购流程，全是紧急订单，缺啥了才想起来买，恨不得我们马上买到，不知道统筹计划，其实很多工作可以事先在系统里完成的”。所以，最应反省的是“我该做什么去改变”，而不是“别人该如何去改变”。正如肯尼迪总统在其宣誓就职的时候所讲的那句话：“一个人不要期待你的国家为你做什么，而是要看你能为国家做什么。”我们不要总是期待别人该怎么改变，能为你做什么，而应该多反省自己哪里需要改变，能为别人做什么，这样事情就会变得美好，彼此的关系也会更和谐。

（2）积极思考（positive thinking）

积极的思考有效吗？当然有效！只要你愿意去耕耘培植它，积极思考便能发挥奇效。但养成积极思考的习惯并不容易，它需要艰苦的工作和坚定的信仰。此语出自美国著名激励大师、积极思考之父诺曼·文森特·皮尔（Norman Vincent Peale）。

积极思考可以应用选择性觉察（selected perception），它决定了关注事物或人的积极一面还是消极一面。关注积极的方面会减轻压力。有选择地去关注那些对我们有利的因素，而不去强调困扰我们的又自觉无能为力的因素。面对压力事件，你可以把自己选择关注的积极方面列举出来。多关注自己的成功和优点，而不是失败和缺点。换个角度看问题，你会有不一样的体验。不要被自己的惯性思维所左右，永远只看到“还有半杯是空的”，而应看到“我已经有半杯水了”，甚至考虑下一步，我该如何搞到更多的水？

积极思考还可以应用自我对话（self-talk）的方式。自我对话就是自己和自己对话。通过自我对话，曼德拉度过了最黑暗的27年牢狱生活。有人问古希腊大学问家安提斯泰尼（Antisthenes，苏格拉底的弟子）：“你从哲学中获得了什么呢？”安提斯泰尼回答说“同自己谈话的能力”。研究表明，适当地进行自我对话，有助于我们改善情绪、调节心态、树立自信、实现自我释放和自我沟通。世界第一成功导师安东尼·罗宾斯（Anthony Robbins）曾说过，如果我们想要改变自己的人生，就必须谨慎选用字眼，务必使这些字眼能使你振奋、进取和乐观。你对潜在的压力源的反应，其本质是由你的想法而不是压力源本身决定的。压力源仅仅当它们被解释为威胁时才会产生不良压力，但压力源经常会被不必要地和不现实地解释成威胁，因此导致不必要的痛苦。

（3）放松（relaxation）

放松疗法是一种运用呼吸来消除压力所造成的负面影响的一种结构化方法。它是一种经过深思熟虑的控制技巧，与“战或逃压力反应”引起心率加速或呼吸加速的反应刚好相反，放松疗法会彻底改变这些身体上的反应。

放松技术有很多，比较常见的包括：

- 冥想（meditation）。
- 自生训练（autogenic training）。
- 渐进式放松法（progressive muscle relaxation，PMR）。
- 生物反馈（biofeedback）。
- 音乐（music）。
- 按摩（massage）等。

（4）ABCDEF模型（ABCDEF model）

ABCDEF模型具体可见图13–2的描述。

当生活中的压力事件（activating events）产生后，我们会产生信念（beliefs），并唤醒情绪（consequent emotions）。这时，一定不要跟着情绪走，因为它可能会导致不理性的行为和不期望的结果。要暂停，亮红灯，三思而后行：首先质疑信念（dispute your beliefs），再重组信念（effective beliefs），最后聚焦（focus）到正确的行为上。

信念一般由三部分组成：直觉、假设和价值观。而很多时候你的直觉未必正确，假设也可能是错的，更何况有些时候事情本身无对错之分，没有必要把自己的观点强加在别人身上，因此，一旦感知到情绪，我们要及时质疑信念，并加以重组（reprogramming），确保我们最终聚焦在正确的行为上。

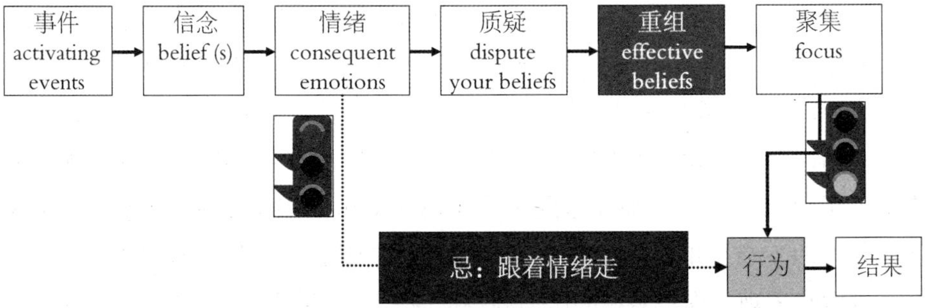

图13–2 情绪调节的ABCDEF模型

下面是一个使用ABCDEF模型的例子。

（A：识别引起你情绪反应的事件）老板突然叫我去她的办公室谈一谈 。

（B：识别导致你情绪反应的信念）肯定有什么不好的事。她从来不会无缘无故地叫我去她办公室。一定！一定有什么不好的事情要发生了！我做错了什么了吗？我怎么一点印象都没有啊！

（C：你对事件的情绪反应是什么？）我感到压力、紧张、担心、害怕、不知所措。

（D：你最初对事件的评价是否准确？如果不准确，为什么？）仅仅因为这种情况没有发生过，并不代表一定有什么不好的事情要发生。她叫我去她办公室谈话肯定有许多其他的原因。

（E：你会如何用一种新的角度来评价这个场景？）我只需要放下我的思想包袱，并且以最好的状态来应对这件事情。我应对每一件事都能尽善尽美，而且我和老板的关系非常好。她不会匆忙地下决定。凭什么她今天会异常呢？

（F：清楚应该如何更好地管理你的情绪来采取合适的行为方式）我要冷静一下，然后跳出我的思维怪圈重新评价现在的情况。我需要放松，整理我的思路，然后从更适当的情感角度来做决定。

ABCDEF模型可以在自我对话时使用，也可以单独使用。

（5）锻炼（exercising）

解压的一个最简单、划算和自然的方法就是加强体育锻炼，特别是对于经常坐在办公室里很少运动的领导者们。锻炼不仅有益生理健康，还有益于心理健康。对解压而言，最有效的运动类型是有氧锻炼（aerobic exercise），如跑步、游泳、骑自行车、跳绳、爬楼梯、有氧健身操等。而强化性锻炼（如举重）、伸展型锻炼（如瑜伽）等则是无氧锻炼（anaerobic exercise）。

领导者们要养成定期进行体育锻炼的好习惯，如果可能的话，最好一周锻炼三到四次，每次锻炼最少20分钟，心率在整个锻炼过程中为最大值的60%~90%（为方便估计，可用220减去你的年龄，再乘以60%或90%。美国运动医学会，1990）。但是要注意：必须选择适合自己的运动；高强度锻炼前最好做10~15分钟的热身；要坚持。

科学的锻炼离不开科学的睡眠和饮食。

睡眠是帮你抵抗压力的非常有效的健康缓冲器。其重要性在于它能使你的身心重获活力。睡眠不足（平均来说，成年人每天需要8小时的睡眠时间，青少年需要8.5~9.25小时的睡眠时间），就会出现以下症状：更容易恼怒、抑郁、焦虑、难以集中注意力和理解信息、犯错误和发生事故的概率不断增加、变得迟钝（反应速度变慢）、免疫系统功能衰退、恶性的体重增加等。美国国家睡眠基金会2000年的一项调查结果显示：43%的成年人觉得睡眠不足，且影响到他们的正常工作和生活，中国的领导人估计睡眠不足的程度更高。另一项报告指出，90%的偶发失眠是由压力诱发的（Chico Enterprise-Record，1985）。因此，我们不仅要关注睡眠的时间，还要关注睡眠的质量，避免偶发性失眠，特别是长期失眠。以下是关于良好睡眠的一些建议：

- 床是睡觉的地方，请不要在床上看书报杂志、抽烟或看电视，更不要在床上想事情。
- 每天尽量按时入睡、按时起床。
- 让你的睡眠环境尽可能安静、黑暗，没有干扰。
- 晚间避免饮用咖啡、酒或吸烟。软饮料（特别是可乐等）、茶、巧克力等也尽量避免。
- 养成良好的睡前习惯，比如睡前喝杯牛奶，或喝少量糖水，或看半小时书或电视。
- 白天适当运动或泡热水澡。
- 头天晚上早点把第二天要做的事情安排好。
- 用一些放松技巧来帮你入睡。
- 可以保持关于睡眠的积极的自我对话。
- 勿努力尝试入睡、不要在睡眠上花费太多心思。如果根本无法入睡，干脆下床，做点能让你镇静下来的事情，直到你有困意为止。

BMI（body mass index），即身体质量指数，简称体质指数，是用体重公斤数除以身高米数平方得出的数字，它是目前国际上常用的衡量人体胖瘦程度以及是否健康的一个标准。一般认为亚洲人理想的范围是18.5~22.9，低于18.5或高于22.9就说明你需要控制体重，改善身体质量，同时在饮食方面需要加以注意了。以下是关于饮食的一些建议：

- 膳食要均衡的，避免营养不足或营养过剩。
- 一日三餐要规律。
- 维生素B是很好的情绪调节剂，但是包括其在内的维生素不能乱服，关键是看你的身体需不需要。
- 控制压力的饮食包括：新鲜的水果和蔬菜、全麦面包或米饭、蛋白质含量丰富的食物（比如鱼、鸡、牛肉、豆类和豆制品、低脂乳制品等）、不饱和的单元脂肪（如橄榄油）等。
- 注意热量、脂肪、糖、盐以及胆固醇的摄入，尽量做到低热量、低糖、低脂肪（尤其是饱和脂肪）、低盐（每天少于6克）、低咖啡因和高纤维。

- 最好戒烟酒。
- 每天多喝水（每天6~8杯）。
- 不要制定长时间固定不变的饮食菜单，对自己的饮食应不断进行调整。
- 应对压力时，尽避免饮食不足、饮食过量、饮酒过量、吃糖或巧克力过量或摄入过量咖啡因。

（6）强化（strengthening）

强化可以是物质的（出去旅游）也可以是精神的（如表扬或鼓励），可以来自自己，也可以来自他人（如朋友、室友、同事等）。强化可以鼓励你继续自己改善后的良好健康的行为模式。

甚至可以采取与自己或他人签约的方式。合同使用“如果我……就……”原则的形式。比如，如果我坚持锻炼三个月，就给自己买个iWatch。

坚持做一件事是很难的，好的行为需要慢慢来“养成”。例如，你想要开始一个锻炼计划，开始时可以每周做一次20分钟的锻炼，慢慢地，可以将锻炼时间增至每周两次、每次30分钟，然后每周三次、每次30分钟……

（7）补救（reparation）

如果消极结果已经产生，我们就要看看有没有什么补救措施去减少损失。如果你对结果无能为力，不能施加任何影响，并且焦虑也只会对身体有百害而无一利时，最明智的做法就是让一切顺其自然，远离焦虑。学会放下，活在当下，就是这个道理。过去的都已经过去，毕竟你还要活下去，所以你没有必要跟自己过不去。过去都是“沉没成本”，不应该影响你当下健康的工作和生活方式。也许此时是给自己放个假休息一下最好的时机了，你可以选择和培养健康的娱乐方式，比如旅游、健身等。

（8）社会支持（social supporting）

拉扎鲁斯和弗克曼指出：“社会环境不仅仅是压力的一个重要来源，它同时也提供极其重要的资源，使个体能够而且必须利用这种资源来生存与发展。”他们还指出：“社会支持当前利益的基本假设是，在其他条件相同的情况下，如果人们在需要时能得到或相信他们能得到社会支持，他们就会有更好的精神和健康，且身心功能发挥得会更好。”（Lazarus & Folkman，1984）。社会支持是指能够给个体带来积极益处的人际关系。其对立面是孤立无援。人们需要相互支持，关心他人对彼此都有利。因此，我们需要走出个人的圈子，建立良好的人际关系，帮助他人。人们需要你，他们可能需要你的聆听，需要你的鼓励，需要你的关注，而你也会需要他们的帮助。

压力管理的最后一步就是实施并且维护。一旦确定了对你合适的干预策略，接下来就是把它付诸实施，并及时根据实施结果做适当调整。维护非常重要。压力管理就像所有事物一样，成了你必须坚持和遵守的习惯。如果没有持续的努力，你就可能在同时爆发的压力管理挑战前精疲力竭，也就不可能坚持到最后。就像锻炼身体、健康饮食等都不是一朝一夕的事，贵在坚持，否则将前功尽弃。

最后，给领导者一些压力管理的小提示：

①明确什么是你最重要的事情和你的价值观（包括把时间花在对你最重要的事情上；放弃那些诱人但对你不是最重要的事情）。

②为维持身体健康而做时间投资。

③做没有用但让自己心情愉快的事。

④给自己独处的时空。

⑤拥有良好的社会支持系统。

⑥培养健康的生活哲学，保持积极的态度。

⑦在生活与工作、学习之间保持平衡。

⑧学会放松自我。

【案例分析】

站着睡觉的Jack

Jack是ABC公司中国总部的一名会计主管，他富有经验，精通财务理论，英语流利，转眼间来公司工作已经五年了。五年中，他工作勤勤恳恳、一丝不苟，得到公司高层管理者的肯定和赞扬。新年伊始，他被提升为公司财务经理。自从被提升以后，他依旧保持着自己认真、勤奋、追求完美的风格。除了要做好自己以往的那份工作以外，他还要进行财务分析等管理工作；同时他对部下也是有求必应，甚至亲自出马替他们解决棘手问题。这样，Jack的担子更重，每天都是超负荷运转。久而久之，他深感力不从心。4月份，公司为他招聘了一位大学财税专业的应届毕业生小王，Jack曾试图将自己原来的那份儿工作移交给小王；由于小王刚刚毕业缺乏实际工作经验，专业英语也有待提高，难免在工作中出现这样那样的错误，Jack对他的这位新部下很是不放心。在他的心中始终有一个难以抹去的感觉："假如我做，效果会比小王更好；假如教他，又没时间，还不如自己做了。"基于这种考虑，每当遇到重要的任务他还是自己承担，只让小王做一些边缘性的工作。如此安排，他一天忙到晚，被他相对松闲的部下称为"站着睡觉的人"。按照公司惯例，每年3月份都有一次"业绩评估"活动，目的在于通过评估发现上年度工作中的不足，以便在下年改正。在评估中，Jack惊讶地发现，作为财务经理，他的工作绩效平平。Jack苦苦地思索，但始终令他困惑的是：为什么自己工作得如此辛苦，而评估结果却平平呢？愁……

发愁的还有自己的老婆Susan。Susan与自己结婚数年，和自己的母亲住在一起。婆媳两人没吵过一次嘴，并不是没有矛盾，而是因为Susan是一个胆小懦弱的人，即便有时婆婆的话让她很生气、很不满，当时也说不出应付的话来，可她事后心里特别别扭，堵得慌，恨自己太懦弱了。Susan从小就是一个没有主见的人，习惯了一切都听别人指挥，不知怎样表达自己的内心感受，特别在意别人的看法。可是近来，虽然Jack上班早出晚归，非常辛苦，可他一回到家里，Susan竟然还看他不顺眼，这也不对、那也不对，和他生气发火，弄得他也非常困惑烦乱。有时面对7岁的孩子，他也忍不住大发雷霆，把孩子吓得直哭。烦……

时间一长，自己的脾气也变得特别不好，烟抽得更凶了，在公司内开始变得动辄向下属发脾气。然而，更令Jack头痛的是，他的儿子现在变得很乖戾，有时候很怕陌生人，有时候又在学校跟同学打架；常常因为注意力无法集中、欠交作业等问题遭到老师的投诉。Jack对这点感到非常焦虑，他知道儿子是受自己的情绪影响才会变成这样的。恼……

案例思考题：分析Jack的压力来源和干预策略。

本章小结

身体是革命的本钱。体商不仅包括生理健康，还包括心理健康，特别是心理调适和压力管理的能力。

作者推荐世界长寿之乡如皋的长寿六大密码：遗传因

素、环境因素、心态因素、劳动因素、习惯因素和家庭因素。

心理健康的综合标准有以下五个方面：认知正常、情感协调、意志健全、个性完整和适应良好。

领导者的心理素质指的是对领导绩效具有积极促进作用的非能力的心理特征，主要包括情绪稳定性、坚韧性、果断性、认真性、正直性、自信心以及心理健康状况等因素。领导者要提升心理素质，有效发挥领导效能，就必须确保生理和心理都健康。

领导者要正确认识压力。压力来源主要分为两方面，一方面是来自组织与工作的压力（工作压力），另一方面是来自个人的应激性生活事件（生活压力）。

领导者压力调适分为三个步骤：正确认识自己、制定干预策略及实施并且维护。领导者压力的个人调适或干预策略可以分为两种类型：问题解决的方法与情绪调解的方法。

干预时机可应用“可塑（EPEPAR）”模型选择情境干预、感知干预、情绪干预、生理干预、行为干预或结果干预。越早干预越好。

在不同阶段可采取不同的干预措施（策略）。不管在哪个阶段，首选都是问题解决法。解决不了，那就选择情绪调节法，包括：乐观思维、放松、自我对话、睡眠、强化、补救等。不要忘记必要时寻求适当的社会支持。

思考题

1. 结合自身实际情况制订一份健康长寿行动方案。

2. 试述心理健康的标准。

3. 简要说明压力的来源和管理步骤。

4. 简要论述压力管理的常用策略。

第14章 领导者的智商修炼：分析力

仅仅具备出色的智力是不够的，
主要的问题是如何出色地使用它。

——[法]勒内·笛卡尔

重点内容

- 了解智力的七个能力
- 掌握解决问题的5D模型和工具（5D树），提升分析问题和解决问题的能力
- 应用5D模型解决实际工作或生活中的问题

14.1 智商概述

智商是智力商数（intelligence quotient，IQ）的简称，是通过一系列标准测试方法测量出的人在其年龄段的智力发展水平。智力也叫智能，是人们认识客观事物并运用知识解决实际问题的能力。

1905年，法国心理学家比奈和西蒙（Binet & Simon）制定出了第一个测量智力的量表——比奈-西蒙智力量表。

智力主要包括以下七个能力：

（1）观察力，指大脑对事物的观察能力。

（2）注意力，指人的心理活动指向和集中于某种事物的能力。

（3）记忆力，指识记、保持、再认识和重现客观事物所反映的内容和经验的能力。

（4）思维力，指通过多维立体的思考找出一类事物共同的、本质的属性和事物间内在、必然联系的方法的能力，属于理性认识。

（5）想象力，指人在已有形象的基础上，在头脑中创造出新形象的能力。

（6）分析力，指人对事物进行剖析、分辨、单独进行观察和研究的能力。

（7）应变力，指自然人或法人在外界事物发生改变时所做出的反应，可能是本能的，也可能是经过大量思考过程后所做出的决策。

以往，脑科专家们总认为智商是与生俱来的，根本不可能提升。但是现在的研究显示，人类的智商是可以改变的。

智商是影响领导效能的一个重要品质因素。下面我们侧重谈如何提升领导者的分析力。

14.2 分析力

14.2.1 分析力概述

分析力是指把一件事、一种现象、一个概念分成较简单的组成部分，找出这些部分的本质属性和彼此之间的关系，单独进行剖析、分辨、观察和研究的一种能力。它包括将问题系统地组织起来，对事物的各个方面和不同特征进行系统比较，认识到事物或问题在出现或发生时间上的先后次序，在面临多项选择的情况下，通过理性分析来判断每项选择的重要性和成功的可能性以决定取舍和执行的次序，以及对前因后果进行线性分析的能力等。分析能力是先天的，但在很大程度上取决于后天的训练。

分析力的关键点是将整体分解为部分，进行因果关系分析和重要性排序，最后做出方案判断和选择。

以下是某公司关于分析能力的五级行为描述：

一级：分解问题。将问题分解为各项独立的、互不联系的任务或活动，并罗列出来。

二级：简单因果。将问题分解为简单关联的若干部分，认识到简单直接的因果关系（单因单果），进行黑白分明的选择（支持或反对，接受或拒绝等）。

三级：多因多果。将问题或事物分解成相互关联的若干部分，认识到简单的多重因果关系（一因多果、多因一果的简单因果链）。

四级：全面判断。将问题或事物分解成相互关联且重要性不等的若干部分，认识到复杂的因果链。能够对某种原因或结果的可能性和重要性进行分析，衡量不同行动方法的价值。

五级：未雨绸缪。预测可能的障碍，并事先设想接下来解决问题的步骤。能事先想出几个解决问题的方案，在权衡轻重、利弊和可能性的基础上，对不同方案进行判断和选择。

14.2.2 解决问题的各种模型

解决问题的模型有很多，业界比较有名的包括：

通用电气公司等运用的六西格玛公司的DMAIC模型——定义（define），测量（measure），分析（analyze），改进（improve）和控制（control）。

福特等汽车行业运用的8D（8 disciplines）模型——D0：为8D过程做准备；D1：成立小组；D2：问题的描述；D3：确定临时纠正措施（ICA）的开发；D4：确定和验证根本原因和遗漏点；D5：确定和验证针对根本原因和遗漏点的永久性纠正措施（PCA）；D6：实施和确认PCA；D7：防止再发生；D8：承认小组及个人的贡献。

麦肯锡的七步成诗法——陈述问题、分解问题、消除非关键问题、制订详细工作计划、进行关键分析、综合结果并建立有结构的结论、整理出一套有力度的文件。

14.2.3 解决问题的5D模型

这里介绍作者研发的快速有效解决问题的5D模型（见图14-1），帮助领导者运用5D树（5D tree）这一工具快速有效地分析问题、做出判断并实施改善。

解决问题的5D模型即解决问题的五个“给力”：D1，发现力（discovering）；D2，诊断力（diagnosing）；D3，创造力（developing）；D4，决策力（deciding）；D5，执行力（doing）。这5D形成一个循环，而解决问题就是一个持续改善、形成螺旋式上升态势的过程。

五步所用的工具叫5D树，但每一步对应着不同的树名。D1发现力对应的是问题树（problem tree），D2诊断力对应的是原因树（cause tree，又名鱼骨图或石川薰图，fishbone diagram），D3对应的是方案树（solution tree，又名心智图或思维导图，mind mapping），D4对应的是决策树（decision tree），D5对应的是行动树（action tree）。在运用不同的树进行分析时，最好是召集与这个问题相关的人员一起来“头脑风暴”，毕竟群体智慧总是优于个体智慧的。

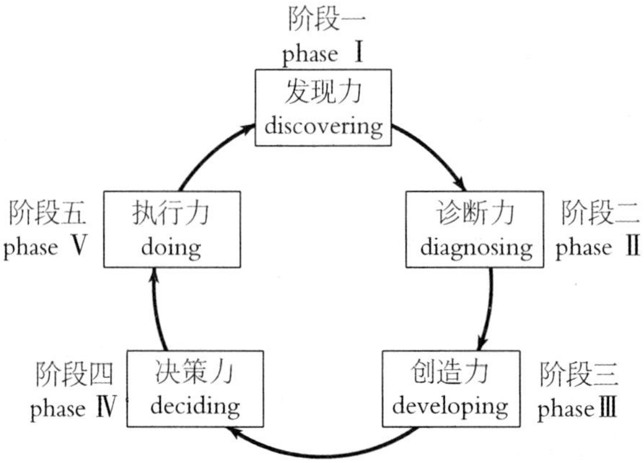

图14-1 解决问题的5D模型

第一步（D1）：发现力。发现力就是要定义问题是什么。要回答的关键问题是“什么（what）”。这一步的产出就是关于问题的清晰陈述。一个清晰的问题陈述必须具备以下特点：

• 一个主导问题或可靠性很高的假设。

• 具体，不笼统（不是问题的罗列或一种无可争议的主张）。

• 量化的数据陈述（所谓问题，其实就是现有的状态跟期望的状态之间存在的差距，而这个差距最好用量化的数据陈述）。

• 行动性强。

• 以决策者下一步所需的行动为重点。

为了很好地定义问题并做最终陈述，我们可以运用问题树工具。

问题树就是将问题的所有子问题分层罗列，从最高层开始，并逐步向下扩展。把一个已知问题当成树干，然后开始考虑这个问题和哪些相关问题或者子任务有关。每想到一点，就给这个问题（也就是树干）加一个“树枝”，并标明这个“树枝”代表什么问题。一个大的“树枝”上还可以有小的“树枝”，如此类推，找出问题的所有相关联项目。逻辑树的主要作用如下：

• 帮助理清思路，不进行重复和无关的思考。

• 帮助分解问题（能将问题细分为一些利于操作的部分；按轻重缓急确定各部分的优先顺序；明确地把责任落实到个人）。

• 保证解决问题的过程的完整性（将问题的各个部分解决好，即可解决整个问题；所分问题的各个部分各不相同，而且包括了各个方面，做到没有重复、没有遗漏)。

- 是所界定的问题与议题之间的纽带。
- 使项目小组共同了解解决问题的框架，在小组内建立一种共识。
- 协助重点使用组织框架及理论等。

第二步（D2）：诊断力。诊断力就是要找出问题发生的根本原因。要回答的关键问题是“为什么（why）”。这一步的产出就是几个主要的可控原因。

这一步我们可以运用原因树工具，针对前面陈述的问题分析原因。一般是从五个维度（主干有五个分叉）去找原因，即五个M：人（man）、机（machine）、料（material）、法（method）、环（more）。在问“为什么”时，要打破砂锅问到底，遵循5W的原则（针对第一层原因要连问五个为什么）。比如一家航空公司在解决飞机晚点问题时，机器方面的原因可能是机械故障。那为什么会发生机械故障呢？原因可能是飞机老化，也有可能是保养不到位或维修不及时。为什么维修不及时呢？原因可能是缺少配件，也可能是维修工技能不够。为什么技能不够呢？原因可能是缺少培训，也可能是新手太多。为什么缺少培训呢？原因可能是维修工作太忙，挤不出时间参加培训；海外培训太贵，公司经费有限……就这么探究下去（见图14-2）。

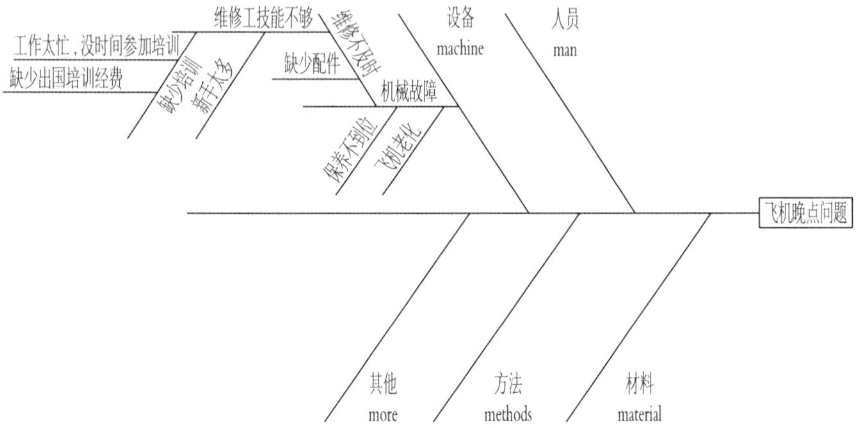

图 14-2　原因树示例（部分）

原因树画好后，我们还要进行修剪，因为我们不可能对所有原因都采取措施，而是要找出根本的原因（最重要的几个分枝），才能对症下药。

修剪原因树，我们要结合收集来的信息去验证这些是不是原因，并根据帕累托的二八定律确定出20%的主要原因，最后还要将这些主要原因中的不可控原因剔除出去（不排除全部是不可控的，这意味着这个问题无法解决）。

第三步（D3）：创造力。创造力就是针对上一步列出的几个主要的且可控的原因想出尽可能多的解决方案。要回答的问题是“如何（how）”。这一步的产出是尽可能多的有创意的解决方案，多多益善。

这一步我们可以运用方案树工具。画方案树时，几个主要分枝就是上一步确定的几个可控的主要原因的解决方案，并以此为节点向外不断拓展画出分枝，不停地问“如何”。最后一直到可操作层次，而不是停留在策略层次。如加强合作就是策略，必须以此为节点继续往外拓展画出分枝，一个分枝就是一个解决方案，比如，每月举行一次主题联谊会、高层互访等。

图14-3为方案树的例子。这里只列了一个主要分枝：假定我们的目标是要提高飞机正点率至90%，上一步我们确定了其中一个主要原因是维修工技能不够，因此，方案树的一个主要分枝就是要提升维修工的技能。

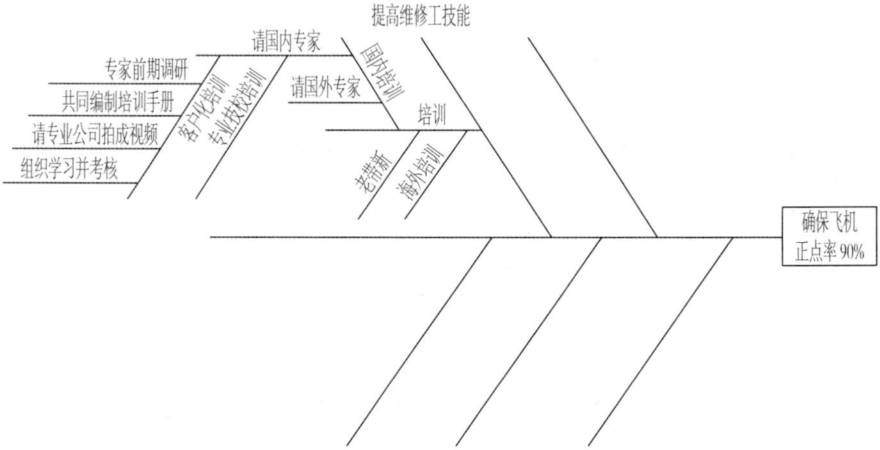

图14-3　方案树示例（部分）

这一步我们用的是右脑的创造性思维（人的左脑是控制逻辑性思维的）。因此，在运用方案树这一工具大家集思广益时，最重要的两个原则就是：轻易不做评价或判断（因为评价或判断用的是人的左脑，会中断右脑的创造性思维过程）以及数量优于质量，多多益善。评价或者判断放在下一步，另行举行头脑风暴会议。这期间大家如有新的主意、正好可以加进方案树里。

第四步（D4）：决策力。决策力就是从方案树产生的大量方案中选出可行的方案。这一步的产出就是可行方案。要回答的问题是“哪个（which）”。

这一步我们可以运用决策树工具。决策树起源于亨特（Hunt，1966）的概念学习系统（CLS）。顾名思义，决策树就像一棵树，是一种用来表示人们为了做出某个决策而进行的一系列判断过程的树形图。它利用数的结构将数据记录进行分类，数的一个节点就代表某个条件下的一个记录集，根据记录字段的不同取值建立数的分枝，在每个分支子集中重复建立下层节点和分枝，便可生成一棵决策树。决策树的运用步骤如下：

（1）绘制树状图，根据已知条件排列出各个方案和每一方案的各种自然状态。

（2）将各状态概率及损益值标于方案枝上。

（3）计算各个方案期望值并将其标于该方案对应的状态节点上。

（4）进行剪枝，比较各个方案的期望值，并标于方案枝上，将期望值小的（即劣等方案）剪掉所剩的最后方案为最佳方案。

我们以“囚徒困境”为例来看一下决策树怎么画。

美国普林斯顿大学数学家阿尔伯特·塔克（Albert Tucker）在1950年提出：两个嫌疑犯（A和B）联合犯事，私入民宅被警察抓住，隔离审讯；警方的政策是“坦白从宽，抗拒从严”，如果两人都坦白则各判8年；如果一人坦白另一人不坦白，坦白的放出去，不坦白的判10年；如果都不坦白不能判两人的偷窃罪，但可以私入民宅的罪名将两人各判入狱1年。表14-1给出了这个博弈的支付矩阵：

表14-1　**囚徒困境的支付矩阵**

A \ B	坦白	抵赖
坦白	8，8	0，10
抵赖	10，0	1，1

对于A而言，他有两个方案可以选择——坦白或抵赖。不管他选择哪个方案，B选择坦白与抵赖的概率是50%对50%。因此，A选择坦白的收益是：

$$8\times50\%+0\times50\%=4$$

即需要入狱4年。A选择抵赖的收益是：

$$10\times50\%+1\times50\%=5.5$$

即需要入狱5.5年。显然第一个方案收益更大，因此A会选择坦白。这也是为什么实际数据表明一般人都会选择坦白的原因（见图14-4）。

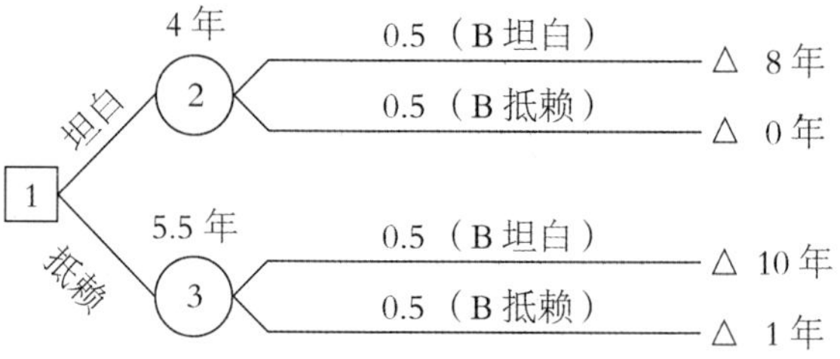

图14-4　囚徒困境决策树

决策树的另一个画法就是用权重取代概率。每一个分枝代表要实现的目标，并确定其百分比的权重。所有分枝的权重加起来正好是100%。

以某公司的供应商评选为例，如图14-5示，共有8个分枝（指标），名称及权重分别为：①总体情况（15%）；②生产制造（15%）；③研究开发（15%）；④物流交货（15%）；⑤质量管理（20%）；⑥原材料采购（5%）；⑦生态（5%）；⑧合作（10%）。这8项指标均采用100分制进行打分，再计算加权平均值（每项所得分数跟该项指标对应的权重相乘，最后把8项的分数相加），并根据总得分确定供应商的等级。如果最后得分为85~100分，则为A级供应商；70~84分，为B级供应商；55~69分，为C级供应商；54分以下，则不予考虑。公司规定：每一项得分均需要有足够的数据/资料支撑，并随打分结果一起提交；评分由战略采购经理、质量工程师、成本工程师、研发工程师组成的小组以研讨会的形式公开进行；对于不能明确做出评分决定的项（如：数据不足等），由小组讨论后确定，并做补充说明。有了这套评定方法，在进行供应商评级和筛选时，就可以按得分高低用数据说话，而不是凭个体感觉等做主观决策。

第五步（D5）：执行力。执行力就是将上一步决定的可行方案付诸执行。要回答的问题是“谁在何时做何事达到何效果（who will do what by when and how’s going）”。

这一步的工具叫行动树，它是非常有效的一个执行工具。所谓行动树，就是针对上一步确定的可行方案，制订切实可行的行动计划并付诸实施。一个方案就是一棵树。首先要做的就是把方案进行层层分解，一直分解到最后一层，个人要做的事（叫行动，action）才分解到位。接下来，再给每个行动确定责任人、完成时间、所需资源和完成标准。这时，就相当于出来一份行动计划清单。以F1赛车为例，法拉利当年为什么能创造进站检修4.1秒（指赛车从进站停止再到出站的时间间隔）的纪录，就是用了行动树。

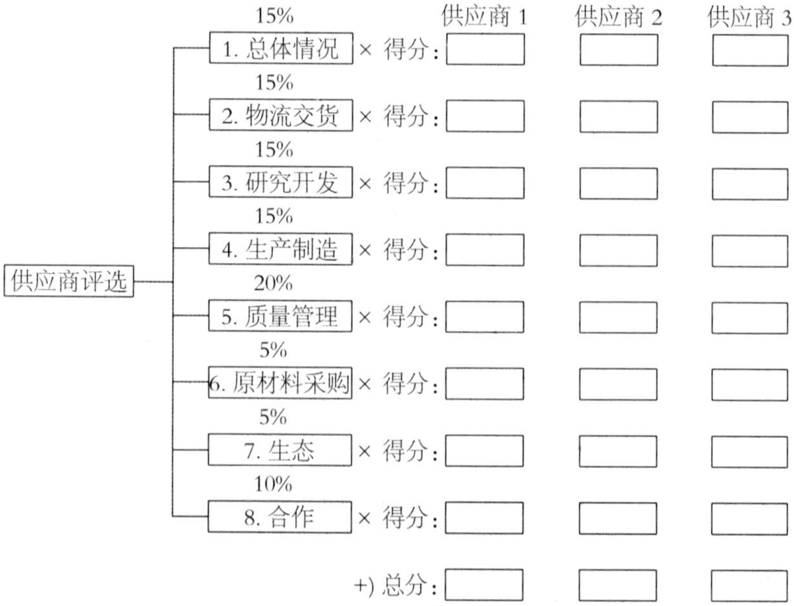

图14-5 供应商评选决策树

首先，进行第一层分解。进站需要做哪些事呢？换胎、加油、举STOP牌……到这里还没有结束，比如，换胎还要再往下分到第二层：换左前胎、换左后胎、换右前胎、换右后胎。到这里还没有结束，还需要继续往下分到第三层：每个轮胎4个动作：动作1是卸胎，动作2是取下旧胎，动作3是装上新胎，动作4是固定轮胎。到这里才叫分解完毕。这时我们就可以分工了。动作1和4张三做，动作2李四做，动作3王二做。如果我们只是笼统地吩咐张三、李四和王二去换左前胎，会出问题的，因为有可能3个人抢着去拿新轮胎。更不要说让12个人去换胎（每个轮胎3个人，4个胎共需要12个人），会更乱套的。因此，通过这样的层层分解，就可以让每个人各司其职，做到分工明确，进而提升工作效率与效果，又快又好！这就是行动树（图14-6）。最后一层的分枝就是具体的行动，并在每个行动枝上注明责任人、完成时间和标准、所需资源等即可。

有了行动计划，我们就可以把它付诸实施，并验证最终的效果是否达到预期目标。而问题的解决是一个持续改善的过程。我们需要不断地发现问题，改善问题，实现螺旋式上升式的绩效改善。

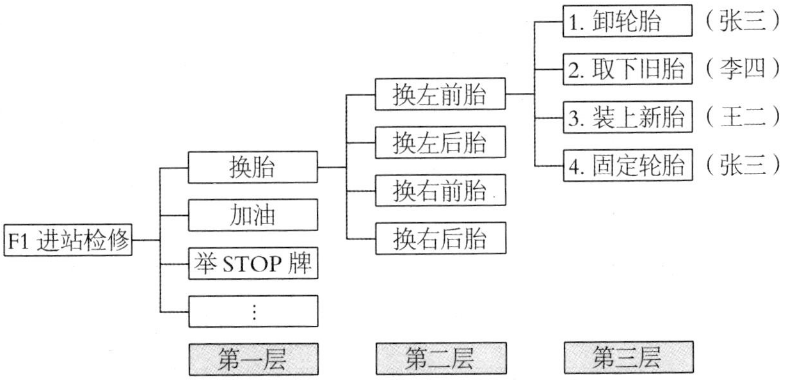

图14-6 F1进站检修行动树

【案例分析】 Best Foods公司

背景介绍

1991年6月，经过数月会议讨论、研究之后，Best Foods集团总裁Richard Smith终于做出决定，领导他的公司开拓国际市场。Best Foods集团是一家大型食品加工和销售集团，建于1880年。该公司的品牌已经走出本国，享誉欧洲，一些拳头产品因其质量高而走红国际市场。

但是，由于国内和欧洲市场的竞争越来越激烈，Best Foods从1991年7月开始寻找扩展市场的机会。经过数月的调查研究，董事会得出结论，中国市场的开发潜力最大，因为其规模大，人们的购买力不断增长，乐于在食品上花钱，而且初步的市场调查表明中国人喜爱Best Foods的产品。

为了在中国建立一家合资企业，Best Foods与多家中国食品企业进行了接触，大多数候选合作伙伴都因为财务状况不佳，市场份额太小而很快被排除。但是其中的新达食品集团（以下简称新达集团）实力相当雄厚，这家公司成立于20世纪80年代初期，在短短10年里，占有了中国东北相当大的市场份额。而且，公司管理层很有能力，乐于采纳新的管理方式，并且他们很希望与外商合资，因为公司急需资金、技术和先进的管理方式。1991年12月双方达成协议，建立合资企业，1992年6月，第一批外方管理人员抵达。

新达集团发展简史

新达集团在20世纪80年代是相当有名的乡镇企业，被认为是中国乡镇企业第一家，该公司所在的城市规模较小，只有50万人口。

集团董事长高先生眼光超前、聪明能干，是当地的头面人物。

新达集团的企业文化气氛非常浓厚，在短短的几年间，便从一家默默无闻的小企业发展成为中国东北最大、最成功的食品加工企业之一。绝大多数员工对公司的业绩引以为荣。1989年，这家企业就通过了ISO 9001质量认证，更令企业人心大振、士气高涨。公司为员工办了周报，甚至还出版了一本书，详述公司的历史和成就。

90年代初，新达集团的高层管理人员意识到，企业要得到更大的发展，必须开拓新的市场，寻求新的资金来源，提高产品质量，继续提高管理水平。董事会认为，此时如果与一家实力雄厚的外企合作，倒不失为一条保证企业光明前景的良策。于是当Best Foods公司于1991年之夏敲响新达集团的大门时，新达集团铺上红地毯来欢迎客人。Best Foods保证提供资金、新的生产设备、技术培训及向高层管理人员提供管理技术援助。

Best Foods集团发展简史

Best Foods集团100多年前成立，是美国最大的食品加工企业之一，其产品遍布全世界。ChewMe是其国内的名牌产品，占该国60%的意大利式香肠市场。此外，为使经营多样化，该企业购买了国内最大运输公司Worldwide-Hollandia的多数股份。

20世纪80年代中期，Best Foods经历了一场痛苦而必要的重组阶段。为此，该公司雇用了一家全球性企业管理咨询公司Mendelson Consulting（MC）。MC的咨询人员很快发觉Best Foods的问题与那些困扰许多欧洲和北美大公司的问题一样：管理机构臃肿，平均每5个员工就有一位主管或经理，每个部门仿佛是一个势力范围，其经理维护自己人员的利益和自己的权力，而且部门间的合作困难重重，令人痛苦，顾客意识非常淡薄。

MC最初的任务之一是改善公司内的合作和信息沟通，为此建立跨部门小组，负责处理具体的问题。公司同时实行全面质量管理的原则和做法，并通过了ISO9001的质量认证，经营导向逐渐从生产转向满足客户的需要。这一转变历时3年，但是非常值得。3年里，公司降低了不必要的成本支出，在销售额增加很小的情况下增加了利润。而且，公司管理层被打破，任何层次的员工都能直接参与制定决策和组织工作的过程。1990年，Best Foods因为其出色的公司管理获得国家工业部的奖章。

合作条件

合资协定于1991年12月最终签订了。根据协议，合资后的公司被命名为好吃食品有限公司。

以下为两个公司组建合资企业的协议的要点。

· Best Foods首期购买中方企业60%的股份。

· Best Foods投资一条新的、现代化食品加工生产线。

· Best Foods负责培训中方人员使用新的生产线，而且培训如何在营销、销售和管理中应用西方式管理方法。

· Best Foods在所有重大问题上有决策权。

· Best Foods可以解雇生产人员，但必须征得中方的同意。

· Best Foods提供建造外方人员居住场所的土地。

· Best Foods的董事长成为公司的第二决策人。

公司组织机构

合资公司现有员工2 000多人。除了几位外籍经理和技术专家外，公司保留了原来新达集团的员工。公司从中挑选了若干经理和技术人员。这些人大部分30来岁，也有一些40多岁或50出头的。他们在技术方面都很拿手。其中一部分是大学生。根据协议，合资公司同意为当地技术和管理人员提供培训，使他们能更好地使用进口设备。其中一部分培训将在Best Foods的国内工厂内进行，剩下的大部分员工来自公司所在地农村，文化程度不高。他们当中还有少量“征地工（原所征土地所有者，被招进公司作为对征地的补偿）”。同时，公司还从社会上公开招聘了一些员工，他们当中的大多数刚从大学或技校毕业，没有多少实际工作经验。

派往中方的外方人员

外方人员小组中，5人来自荷兰，一人来自香港，每个人有着不同程度的管理经验。

吉姆（Jim Jansen），总经理，53岁。他有30年的Best Foods工作经验。上司认为他对公司忠心耿耿，颇有决策能力。吉姆的国外工作的经验不多，仅在波兰工作过几个月。但是来中国之前，吉姆参加了持续一周的关于在中国进行企业管理的强化学习，全部的外方小组成员都参加了学习。他们学习了在中国做得成功和不成功的外企案例。吉姆不会说中文，此次其夫人陪同前来。

杨（Jan Bergold），技术总监，30岁。他是一个年轻聪明的技术员。他有工程学硕士学位，颇有解决技术难题的经验，因此很受上司赏识。他主动要求参加外方小组。这是他第一次到国外工作。他不会中文，单身。

鲁迪（Rudy Wiseman），市场总监，32岁。他在荷兰Best Foods市场部工作过8年，此次被派往中国是因为没有其他人愿意去。他没有国外工作经验，也不会汉语，此次把妻子和女儿留在荷兰。

乔治（George Lung），业务开发总监，32岁。来自香港，他是人才中介公司专门为Best Foods公司来华开拓业务所物色的人。人们认为，他能在中外方人员之间斡旋，消除双方的隔阂，促进交流与沟通。他有在中国工作的经历，曾在广州一家香港建筑公司工作过。乔治会说广东话、普通话和英语，未婚。

鲍尔（Paul Marker），销售总监，41岁。他有10多年的销售经验，没有国外工作的经验，妻子陪同前来。

米歇尔（Michael Stich），质量总监，33岁。他做过5年的质量经理，曾在荷兰领导重组了Best Foods集团质量部。上司认为他精明能干，但员工都怕他。他工作作风强硬，说一不二，未婚。

中方小组的主要成员

高士诚，董事长，60岁，新达集团创建者之一。他深受员工拥戴，被认为是一个目光远大的人，在他领导下新达由一名不见经传的小乡镇企业发展成为当地的大集团。新达的重大决策，没有一项不是在老高的领导下做出的。老高已婚，有一个女儿。

陶先生，食品加工厂厂长，55岁，迄今已在此岗位工作了10年。他是当地人，公司成立前当过农民。他认为有关生产工厂的一切重大决策必须由老高决定，不喜欢人们怀疑老高的权威。他相信合资协议对Best Foods是有好处的，但拿不准Best Foods是否是最适当的合作者。他已婚，有一个儿子。

赵芝梅，财务副总监，47岁，迄今已在此岗位工作了近20年。

胡学南，销售经理，50岁，在新达集团工作了10年。尽管起初他不懂什么是销售，但他学得很快，8年以来，公司的销售额每年都在增长，他对工作成果非常满意。老胡认为荷兰人将会给他的销售部带来急需的营销技能、经验和知识，他对新的合作伙伴持非常积极的态度。

李劲宵，储运部经理，54岁，新达集团公司元老之一。公司起初是用马车运送公司产品到城市和当地的乡村去，现在，该公司的20辆大卡车将产品运往整个辐射地区。老李不太理解为什么公司需要与外国人合伙，但是他相信董事长的判断。

公司由吉姆领导，向12个成员组成的董事会负责。董事会由吉姆（任总经理），公司几位总监及其他人员组成。向吉姆报告的有7个职能总监（副总监和厂长）。公司的组织机构如图14-7所示。

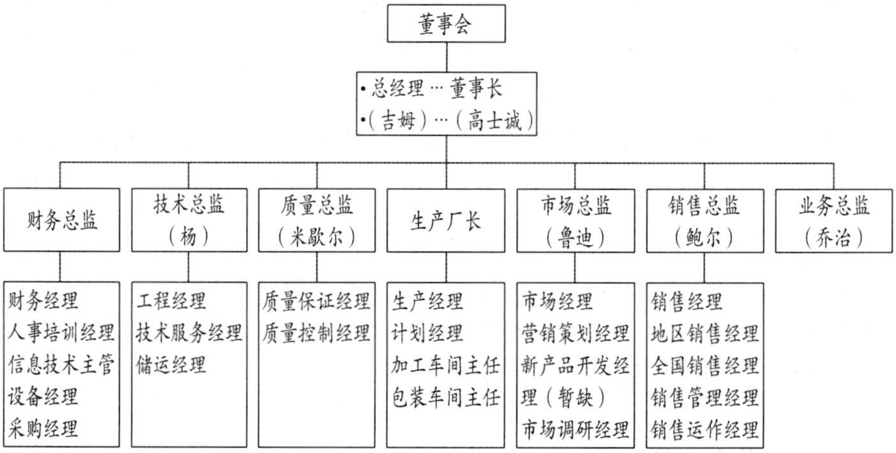

图14-7　Best　Foods公司组织机构图

中国的食品市场

中国的食品市场非常巨大，食品平均销售额1991年达到5 000亿元人民币，1995年已高达12 000亿元人民币（见图14-8）。此外，随着经济的不断增长，有购买能力的人每年增加2 000万。

但这个市场竞争激烈，几家中国台湾和日本的公司在为争夺有利可图的北京、上海、广州几个大市场与当地企业激烈竞争。在其他小地方，成千上万的小型企业为争夺顾客而斗智斗勇。1991年，占有加工食品市场最大份额的企业是一家中国公司——快吃集团，但它仅占整个市场的4%。其他重量级选手，特别是中国台湾的和日本人的企业则赔本，他们的生产厂都没有全部开工。

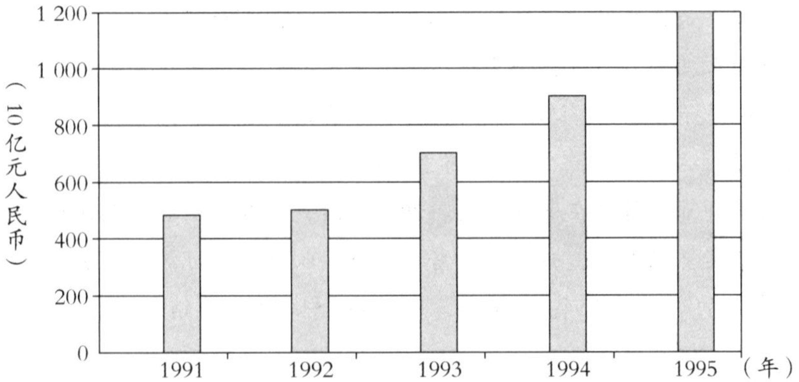

图14-8　中国食品的销售额

第一年的经营情况

1992年6月，外方人员陆续来到新西，开始住在当地一家星级旅馆里，那时他们的住房正在建造中。外国人居住的小区有6座房子，配有中央供暖系统、现代化厨房、卫星电视接收系统等。另外，还有一座房子专用于娱乐，内有健身房、羽毛球场地、小酒吧、桌球和一张乒乓球台，另外还有两间客房，是为来访者准备的。

在营运的前两个月里，每个人都尽自己最大的努力与别人和睦相处，培养一种积极的气氛，但逐渐地，合作者之间的关系出现了困难。

客户服务

尽管在东北已经建立了一个很好的客户网，但在外方人员看来，公司的客户服务尚有许多需要改进的地方，生产厂的员工与外部的客户没有任何接触，他们丝毫不关心那些客户。而且，绝大多数工人在一个以生产为导向的经济体制下长大，对于市场经济无甚概念，工人们只是重复日常的工作任务。他们听从主管和经理的指示，叫他们做什么就做什么，即使那些与客户有直接接触的人也难以理解优质客户服务的重要性，货物发送过程中的问题特别突出。对Best Foods而言，客户服务至关重要的一个方面就是确认产品已进入市场。鲁迪和杨的首要任务是与李劲宵见面，讨论一下送货程序。

公司过去是这样做的：送货卡车开进仓库区，由仓库工人负责装车，每部卡车配有两人，一名司机，一名搬运工。装车的时候，司机和搬运工就在仓库区的一间小屋子里等着。车装好后，司机和搬运工就会拿到一张货单，货单上写着该批货应运往何处，然后，他们就离去了。在客户的货场，搬运工按照货单上的数量卸货，司机在一旁等候。卸完车后，由客户检验、确认他已收到所需的货物，交货完成后，搬运工只需让客户签收一下即可。司机和搬运工不管收款，收款的工作由销售部负责，由在各个城镇中的销售人员从客户手中收取。

在很多情况下，交货数量达不到客户的需求，这时，搬运工就会告诉客户让他们打电话与工厂送货部联系。搬运工无权改变这种情况。客户时常抱怨产品、包装或价格上存在的问题。比方说，交来的货并不是客户所订的货。遇到这种情况，司机和搬运工对所交货物的质量、数量或品种不负任何责任。若客户有怨言，他可给工厂打电话。司机得到命令，在工厂确认订单有误之前绝不能将货物运回。

交货也常常因卡车故障而延迟。工厂有自己的卡车修理部，但修理工较少，他们报怨司机没有好好地爱护卡车。另一方面，司机也认为修理工都是些饭桶，不知道如何修理和保养卡车。更有甚者，司机认为一些日常的简单维护，如检查油量和轮胎气压也不是他们的分内工作。他们认为发给他们薪水仅仅是让他们开车，不包括修车。很多情况下，司机不向修理工反映卡车的小毛病，担心这会惹火他们。有时，司机和修理工也拳脚相加。有一次，一名技工用锤子打了司机，使得那位司机不得不住了医院。

中外双方的交流

开始，笔译和口译对工厂里的每一个人来说都是艰巨困难的事情。因为找不到一个能讲荷兰话的口译人员，专家们只好用英语与中方口译员交谈。在很多情况下，专家们带荷兰口音的英语很难让口译员听懂。口译员也很年轻，缺乏经验，他们经常误解荷兰经理们的话，但为了不失面子，也不说没听明白，而是力图弱化或曲解专家们的话以保住面子或者避免得罪中方人员。

汉译英也很棘手，中方口译员为适应外方老板经常偷换内容，译员也极少顾及是否正确可懂。有一个译员问题特别严重，他只是译了其中的部分内容，甚至不经荷兰经理的同意就代他回答问题。

尤其值得关注的是，中外双方都感到与对方交流相当困难，甚至有些中方经理觉得没有必要跟外方经理们进行沟通，因为他们从来听不进中方人员的意见。而外方经理们则觉得中方经理们普遍都不愿意把他们的真实想法公开表达出来。

企业组织的交流

为了解和沟通公司各部门的情况，吉姆每周都要召开公司董事会。通常，吉姆主持会议，他总是首先要求各部门汇报情况、谈存在的问题，然后他谈一谈公司计划、机构设想，最后再听一听大家的意见，以便决策。

每星期公司召开事务会后，各总监召集他所分管的部门经理开会，通报组织计划、决定，以及讨论公司和各部门的业务活动。这样的会议可以使各部门经理有机会正式与总监一起交流情况。

月报告是公司的另一种交流方式。各总监每月向总经理送一份月进度报告。根据送来的报告，总经理准备一份全公司的总报告送董事会成员及各总监(副总监)。在正式撰写这份书面报告的前一周，吉姆总要召集总监和各部门经理开会讨论一次。

公司的气氛是友好的，但同时也出现了一些新的形式。过去总监们的门是开着的，经理们可以随便到他们的办公室去。公司发展后，气氛变了，现在经理们觉得有必要时才去找总监，要见吉姆得事先预约。

十月的董事会

3日，第一天会议开始，吉姆谈了会议日程及两天的会议规定。与会者开始有点犹豫，后来开始参加讨论，谈自己的看法。

会上，差不多每一位总监都批评其他总监。一位总监说："我们各自为政，不干涉也不过问其他部门、其他人的事务，因为我们不信任或不同意其他人所做的，如果我过问别人的事，也得让他们干涉我的事，我并不想这么做。"

很明显，公司的工程部门与生产部门之间这种现象特别严重。双方最主要的问题就是关于设备的维修。生产部抱怨说设备经常得不到及时的维修，而工程部却抱怨说生产部连一点基本的日常维修都做不来。每位总监对他所分管的部门工作都感到自豪，都认为"只要大家像我们部门一样认真对待问题，我们公司就有前途了"。

会上另一个批评焦点是公司销售部，一位与会者回忆说："有许多地方我们可以利用，可是我们对市场情况很不了解，而我们的竞争对手却了解。我们对市场的了解越来越不行。公司销售额在下降，客户越来越少。大家对销售技能感到怀疑。我们都知道销售总监犯了一些严重错误，影响到我们的工程部门和生产部门。他应该多了解客户，了解他们的需求以便我们开发有竞争力的新产品。可是现在的情况是，产品我们还没有开发或生产出来，刚推到市场上的新产品也只不过是换了一下包装而已，可定价却太高。"

在谈到决策与非决策的问题时，几位总监抱怨说："有时星期一的公司事务会使人开得糊涂，不如不开。有时我们开8个小时会，会议结束我们还不知道做了些什么。有时吉姆在会上宣布一些具体计划和想法，会议结束后，我们想这下有具体政策了，就立即向中层经理传达。但过了几天，收到一份备忘录，说原来的政策改变了。这样的计划改变使公司雇员们很糊涂，也很恼火。对总监们来说也很难看，上星期才宣布的事，这星期又变了。"

"似乎公司没有一个人注意长远目标。"总监们和其他人都很担心，公司没有一个人考虑长远规划，包括吉姆也是这样。"有时我们考虑到长远计划可是很快又回到了短期目标。"

部门间的合作与交流

在新西的工厂工作了几个月后，吉姆发现Best Foods仍经受着20世纪80年代初期困扰公司的同样的问题。公司各部门就像一个个小公司，高度自治，部门经理权力很大，部门之间的合作极少。一个部门的员工只对本部门经理负责，不同其他部门的员工合作，除非经理让他们那么做。一旦问题出来了，他们就指责别的部门。例如，若某一月份生产部未能完成计划，它通常会指责采购部没有准备好足够的材料或维修部没有按时修好机器设备。

部门间的交流保持在最低水平。例如，有一天，仓管部接到一家供货商的电话，通知“好吃”用于生产最畅销的产品的一大批原料将晚到一周。仓储部一直没有将这一情况告知生产部。开始生产后，万事俱备，偏偏发现一种关键原料没有了，那一整天的生产全报销了，结果生产计划被迫推延了两周。

市场策略

外方小组碰到的首要问题是在营销问题上他们与一些中方经理的观点相左。在竞争激烈的中国食品加工市场上，哪一种策略是最适合中国现状的？在这个问题上存在着一些分歧。中方经理认为，在东北市场上集中销售他们自己的产品：“好吃”泡面最好。泡面销路很好，但利润很低。此外，这种产品市场竞争非常激烈，而且总是处于价格战的危险之中，从而毫无利润可言。胡先生持不同意见，他认为公司能够承受住价格战直到将竞争对手打垮。这种策略将给Best Foods一次夺取竞争对手的市场份额的机会，同时还可以提高价格。他们认为，在东北有一个牢固的市场基础之后再将产品推向其他市场会更有效。

另一方面，外国人却急欲推出他们自己的高回报产品，定位于较复杂多变的大连、北京和上海市场。荷兰人想在中国生产一种在荷兰已获得成功的产品——某牌薯条。他们认为，该薯条的单位回报较高，因此利润肯定较高。

在经营思想上也有本质的不同。中国人相信即使利润降低也要扩大市场份额，即薄利多销，而外国人似乎更愿意以牺牲市场份额来取得较高回报。

外方人员害怕打价格战，他们认为削价可能会使工厂处于不利地位，而使其他国有企业较易进入本地区，直至挤垮整个公司。而且，鲁迪、鲍尔和乔治不喜欢把促销费花在像泡面这种很低利润的产品上面。

中国人不知道公司如何能在公司还不为人知的其他地区立足。另外，他们认为在竞争极其激烈的大城市发展和推广新产品也是很不现实的主张。

1993年公司推出了一系列新产品，可市场的反应相当冷淡，同时原有产品的一些市场也逐渐失去了。员工，特别是中方人员对此反应极为强烈。一位中方经理指出："食品业是竞争非常激烈的行业。为了生存，我们当然必须总是走在人家前面。可我觉得外方放弃原有的市场，一味推出高价新产品的策略是错误的。外方应更多地了解中国国情及国内市场状况。"

市场竞争

外方人员很快就发现在合资之前Best Foods公司的管理人员没有有效地面对竞争。中国人的策略是退出竞争激烈的地区而转向边远但竞争不那么激烈的地区。结果是公司控制的市场距工厂很远，公司为将产品运往边远地区所支付的费用比取得的回报还要多。外方人员对这一状况颇为不安。

特别是，一家直接竞争对手开始在本地经营，报告显示该竞争对手提供的产品质量相仿，价格却更低廉。公司开始失去了一些市场，同时，部分员工也开始由于受到更高薪酬、上班地点以及相对工作压力较小等因素的吸引而流失到对手公司。

一年以后的情况

中方人员本想把合资企业经营作为公司为了进一步发展和增强竞争力迈出的新步子。不幸的是，在合资企业成立的那一年，公司的销售平平或说是在下降，而且公司也遇到了一些严重的财务及管理困难。

许多中方经理指责外方采用的策略和政策使工厂状况不断恶化。中方经理认为，外方人员所做的决定是武断的，没有征求中方人员的意见。外方经理掌握了决策权，他们报怨与中方人员在一起通过磋商做决定效率太低。中方人员则觉得他们得不到应有的重视，认为他们对市场的了解比外方人员好得多，然而在做重要决策时外方人员却不与他们磋商。

例如，外方人员决定采购新的食品加工生产线时，中方人员很恼火。所有的设备都由外方人员从Best Foods的经常供货商处购买。不幸的是，中方管理层事后发现，他们所付的价格比通常的价格高出30%。外方人员不与他们的合伙人磋商就同一个批发商谈了在北京地区和上海地区的独家销售业务。中方人员认为，这个批发商的实力不足以承担起其品牌在北京和上海这两个关键市场上的推广重任。

中方经理也怀疑，为什么Best Foods公司不派更有经验的经理来中国。许多中方高层经理感到很不舒服，让那些乳臭未干的年轻人来做有关公司未来命运的至关重要的决策。在合资企业成立一周年后不久召开的一次董事会上，吉姆先生因他的小组中的资历较浅的成员的所作所为而受到了批评。两个月后，市场总监鲁迪突然被召回了荷兰，现在尚未派人接替他。

在他们看来，外方人员和中方经理有很大不同。大多数外国人感到中国人缺乏管理现代化工厂所需的基本素质。他们认为，中国人应当向外国人学习，而不是干涉外国人对改变管理模式所做的努力。而实际上，大多数外国人对工厂的改变进程很不满意，希望中国人少一点对抗，更愿意采用西方管理方法。

财政状况

1993年公司计划销售额为2 500万美元，可是后来只好调整为2 200万美元。而到年底财务核算的时候，却发现公司亏损达1 700多万美元。吉姆等上层领导很担心公司的财务状况。中方对此亦有相当大的抱怨，认为这主要是由外方造成的，因为他们太看重所谓的长远利益，而忽视了眼前特别是中方的利益。

经人事部统计，公司生产部的加班费由上半年的2%猛增到下半年的15%，而实际预算为1%，人事培训部经理不得不与生产部经理谈话，要求生产部减少加班，以便降低成本。可生产部经理却抱怨说，很多员工也不想加班，有部分工序根本无休息日，这样操作员工疲劳度过大，且影响产品质量。但生产计划必须完成，只有加班。人事培训部经理只有找计划部经理问能否改变计划。计划部经理解释说上半年合同排产只占全年产量的1/3，下半年合同排产必须占全年产量的2/3。生产计划失调，下半年只有通过加班才能完成任务……人事培训部经理还没有找到解决方案。由于生产周期缩短，造成材料延误，进一步加剧了公司的加班问题，产生恶性循环，以致10月份的加班费升到16%。另外，高居不下的零部件报废率及产品返修率也造成了成本失控。

管理状况

高层管理中的最大问题之一是任务执行不利，无后续监督检查。中层经理和主管常被委以重任，但似乎没有多大成效。决议在管理会上做出，但并没有付诸实施。项目出来了，往往无人问津，很快就无人再记起了，就是重要事情的期限也经常被忽视。

每位有关人员都感到很奇怪，在会议上，高层经理说他们明白所要完成的任务及期望，但他们似乎对项目的执行及后续监控无能为力。此外，公司的士气似乎出现了普遍危机。工人们经常迟到，午餐休息时间也放长了许多，没有一点积极性。一些经理真的着急了，他们发现闲散的工人对他们所遇到的问题丝毫不采取措施。比如，维修工作已不能使生产线正常工作，资深经理经常讨论在工作压力面前员工缺乏创新以及不愿意承担责任等一系列问题。

公司为改善业绩做了一些努力，他们采用了曾在Best Foods集团应用过的业绩评估系统，公司每6个月按照全体雇员所做工作的不同标准进行一次考核。年终奖励和提薪全都取决于员工的考核分数。考核实行百分制。

第一次考核，员工的反应非常消极。他们不明白为什么自己与同事会得到不同的评分。很多人认为他们工作很勤奋努力，可是考核分都低于85分，失望是在所难免的了。他们认为这个考核系统不公平，经理可以给他们喜欢的人随便打高分。很多人对处于公司同一级别的人得到不同的薪金和奖励这一考核系统感到很不舒服。尽管如此，管理层仍决定继续使用这一系统，不进行任何修改。

公司现状

由于在许多问题上的分歧，中外双方的摩擦进一步加剧，暴露了相当多的问题。一般生产型企业职员辞职率平均为5%~7%，而该公司在1993年则经历了11%的比例。虽然上层领导相对比较稳定，但是工程师、技术员、销售员，特别是新进的大学生，来得快，走得也快。同时，许多部门经理发现手下的一些员工自由散漫，不大愿意解决工作中遇到的问题，车间设备维修保养工作做得也很不够，许多工人反对交叉培训，不愿意学习新的技术。高层管理人员觉得工人缺乏主动性，而且不愿意承担责任。而下面员工的一个普遍抱怨就是认为现在他们所得到的报酬比他们付出的要低得多。

总经理吉姆对他的专家组也甚为关切。乔治看起来不能与小组中其他人很好地共处，有传言说他准备伺机跳槽。鲍尔的妻子曾公开地抱怨在新西的生活，吉姆担心鲍尔会因此而不得不离开。吉姆也注意到小组中的其他成员对在中国工作以及对他们的中国伙伴越来越抱无所谓的态度。

聘请人力资源顾问

吉姆对公司在发展过程中出现的以及潜在的问题甚为担忧。他特别担心的是公司中中外双方人员的沟通、人员辞职比例、主要部门之间缺乏合作精神及组织内部士气低落等问题。总的来说，吉姆对公司高层领导及整个公司缺乏生机感到伤心。他觉得有必要采取相应的措施来改善这种局面，但他对管理、管理职能、组织体制中需要做哪些改革和调整心中无数。吉姆和高士诚商量了一下，决定请人力资源顾问出个主意。咨询顾问史密斯先生参观了工厂，与一些工人和主管人员面谈。

下面就是对面谈过的主管人员的简要介绍以及他们对公司的不同看法。

张明：市场部主管，27 岁，大学毕业。

小张在公司已经工作了 3 年，在第一年中，他的工作表现不错，但以后却越来越差，特别是公司转为合资以后。他的同事向经理反映说小张没能把分内工作做好。

小张觉得做得越多，出错越多，受主管和经理的指责也就越多。由于犯了错误以后经常受到中方经理和外方经理的批评，小张就不大愿意做分外之事，他说自己只想像车间里其他人一样，不想多做也不少做。小张同时也觉得公司内的透明度很低，合资以后，他从未见到过总经理，实际上，连总经理长得什么样也不知道，小张和他的同事都觉得外方人员并不真正关心中方员工，也不信任他们。他的外国老板鲁迪从未在部门中征求过他对项目的意见，而且他们从未一起吃过晚饭，甚至也从来没有出去喝过一杯啤酒。小张想要离开公司，因为在新西机会并不是很多。

刘军：维修部主管，39 岁。

刘先生是车间里来得最早走得最晚的人，14 年的工作经历使他成为了一名经验丰富的食品机械师。由于工作努力，他被提升为主管，然而让他不理解的是不管他如何努力，还是没有人把他看作一个主管。比如说，他不知道在没有上级批准的情况下，他可以做出怎样的决定。很多时候当人们希望他做决定的时候，他却不得不说他做不了主。唯一的办法就是全部都汇报给经理，让经理来做决定。刘先生希望能够承担更多的责任，然而他觉得上级并不愿意给他更多的权力，有时上级还直接指挥他的员工，因此下属也不把他当上级看。自己所能做的也就是多做些较难的技术维修工作，因为这些维修技能一般员工普遍较欠缺。另外，自己也做得辛苦些，给员工起个模范带头作用。

黄军：车间工人，45岁。

黄军1980年进入公司，是最老的员工之一。最近，主管发现他的工作质量大幅度滑坡，同事们也开始拒绝与他合作。他们说食品加工设备已经更新换代了，但他却不想提高工作技能，太落伍了，也有人说他把时间和精力都花在麻将上了。

咨询顾问发现，他认为自己老了，无法再接受新鲜事物，黄先生同时也认为工作再努力，工资也不会提，而打麻将，自己至少还有一线希望可以多赚点钱。

梁清：技术部经理，34岁。

梁女士在公司工作已经7年了，她学历背景很好，以优异成绩毕业于大连大学工程系，工作表现一贯良好而且很负责任。梁女士与荷兰籍的经理保持了良好的关系，她认为一般外籍经理总能产生一些不错的想法。

梁女士透露，她和员工之间却存在着一些问题。首先，她不是新西人，总被大家看作圈外人，而且她和外籍经理良好的关系却使有些人怀疑她，很多员工似乎不敢和她谈话，怕她把谈话内容汇报给外方经理。梁女士觉得这很不公平，她从未向任何人打过小报告，她只是希望和每个人都能和睦相处，共同努力使公司成功。

舒明学：送货部主管，40岁。

舒先生在公司已经工作了8年，他来自一个农民家庭，是公司里公认的最厉害的一位，公司里人人都怕他，包括外籍人员。他说话不多，而且不喜欢别人指导他如何工作。

他对咨询顾问说：经理的任务应该是监控员工。他同时抱怨说，公司内开会太多，大多数员工并不了解公司朝什么方向运行，和其他接受面谈的员工不同的是，老舒可以毫无顾忌地谈论他的外方同事。他认为这些人根本不知道如何在中国做生意，公司里如果没有这些人，情况会好得多。舒先生对公司的前途并不乐观。

苗果：项目经理，28岁，大学毕业。

苗先生进公司已经快3年了，在这段时间里，他始终积极性不高，主管叫做什么他能推则推，不能推则马马虎虎完成。不求上进，还经常迟到。

他对咨询顾问说：进公司3年来一直未做过较有意思的工作，整天做相同的简单重复的事，觉得没有什么机会学习新技能，因此也提不起劲来。没有人告诉他工作做得怎么样，只有在出错时才会有上级跑到你面前批评一通或扣奖金。另外，他的同学在另外一家公司已发展得很好了，最近正准备出国学习。他好像应该考虑另谋生路了。

最后，史密斯先生与所有的外籍人员进行面谈，以下是米歇尔的谈话内容：

米歇尔先生对公司没有很多积极的意见。在他看来，中方员工工作很努力，但缺乏主动性，通常对工作也不负责任。米歇尔说他不会在8小时之外再花时间和中方同事在一起，因为他觉得这是浪费时间，他到中国来是为了工作，他所感兴趣的只是结果，他对荷兰同事没什么要说的，他感到他们大多数都十分尽力，但成果却很少。很明显，米歇尔很沮丧，不知道这个合资企业是否能生存下去。

案例思考题： 假设你是一位咨询师，受雇来帮助公司进行改进，你将从哪些方面提出建议？

本章小结

智力是人们认识客观事物并运用知识解决实际问题的能力，主要包括以下7个能力：观察力、注意力、记忆力、思维力、想象力、分析力和应变力。现在的研究显示，人类的智商是可以改变的。

分析力是指把一件事情、一种现象、一个概念分成较简单的组成部分，找出这些部分的本质属性和彼此之间的关系单独进行剖析、分辨、观察和研究的一种能力。分析力的关键点是将整体分解为部分，然后进行因果关系分析和重要性排序，最后做出方案判断和选择。

解决问题的5D模型即解决问题的五个“给力”：发现力（discovering），诊断力（diagnosing），创造力（developing），决策力（deciding）和执行力（doing）。这5D形成一个循环。

解决问题所用的工具叫5D树，但每一步对应着不同的树名。发现力对应的是问题树（problem tree），诊断力对应的是原因树（cause tree，又名鱼骨图（fishbone diagram）或石川薰图），创造力对应的是方案树（solution tree，又名心智图或思维导图（mind mapping）），决策力对应的是决策树（decision tree），执行力对应的是行动树（action tree）。在运用不同的树进行分析时，最好是召集与这个问题相关的人员集思广益，寻求最佳途径。

思考题

1. 试述分析力的5D模型。

2. 举例说明5D树（问题树、原因树、方案树、决策树和行动树）的应用。

第15章 领导力开发与测评

> 管理在系统之内起作用，
> 领导力对整个系统起作用。
>
> ——[美]史蒂芬·柯维

重点内容

- 了解领导力开发的主要途径
- 掌握行动学习的六个要素和实施流程
- 熟悉领导力测评的意义和内容
- 掌握领导力测评的主要方法
- 了解评价中心的原理和测评方法

15.1 领导力开发概述

15.1.1 领导力定义

全球著名的人力资源管理咨询公司美世（Mercer，2006）在对全球17个行业223位大型企业的高管进行的领导力专项调研中发现，采取措施进行领导力培养的公司，业绩更好。翰威特公司（Hewitt Associates，2007）关于“顶尖公司的领导者”研究的一个主要结论就是，财务成功的公司都非常重视领导者培养。

“领导力（leadership）”已经成为管理界最热门的词汇，几乎没有一个企业不谈领导力，没有一个专家否认领导力的重要性，也不否认领导力是可以后天培养的。对领导力的定义之多丝毫不逊于对领导的定义。

彼得·德鲁克（Peter F. Drucker）认为，领导力就是："能将一个人的愿景提升到更高的目标，将一个人的业绩提高到更高的标准，使一个人能超越自我界限获得更大成就。"

海费茨（Ralph Heifetz）将领导力定义为行动、应变与发展："领导力就是能激发社会或组织的人们去解决难题，适应社会并促进社会发展的能力。"

约翰·麦克斯韦尔（John C. Maxwell）则认为领导力就是影响力！

正如沃伦·班尼斯（Warren Bennis）所言："领导力就像美，它难以定义，但当你看到时，你就知道。" "最具危险的观点就是把领导力看成是天生的，是遗传的。这是胡说！事实正好相反：领导力不是天生的，而是塑造出来的！"

其实，大家都是从不同的角度去定义领导力。但如从leadership的词根上讲，"lead" 是 "向前（to go forth）" "突破瓶颈（to cross a threshold）" 或 "蜕变（to transform）" 的意思。因此，leadership的本意是勇于向前、突破瓶颈、创造蜕变。由此可见，西方leadership的定义本体还是突破、提升和蜕变。因此，我们可以将领导力这样来定义：领导力就是指通过自我的不断修炼和不断提升，实现对他人的影响力，促使他人不断努力和成长，最终实现具有价值的结果。

15.1.2 领导力水平定义

那么，如何定义领导力水平的高低呢？众多研究都是以领导力情境特征为理论基础开展的，试图以发展性观点来看待各级领导力。

国际著名领导力和人际关系大师麦克斯韦尔（2011）认为，一切组织和个人的荣耀与衰落，皆源于领导力。他将领导力分为如表15-1所示的五个层次。

表15-1 **麦克斯韦尔的领导力五层次**

层次	定义
5. 巅峰（尊重）	人们追随你是因为你是谁及你所代表的东西
4. 立人（复制）	人们追随你是因为你对他们所付出的
3. 生产（成果）	人们追随你是因为你对组织所做出的贡献
2. 认同（关系）	人们追随你是因为他们愿意听你的
1. 职位（权力）	人们追随你是因为他们非听你的不可

美国著名管理学家、超级畅销书《基业长青》的作者吉姆·柯林斯（Jim Collins，2005）提出了五级经理人体系（见表15-2）。

表15-2 **柯林斯的五级经理人体系**

级别	定义
第5级：第5级领导者	将个人的谦逊品质和职业化的坚定意志相结合，建立持续的卓越业绩；将自身需要转移到建立卓越公司的远大目标
第4级：坚强有力的领导者	全身投入，执着，追求清晰可见、催人奋发的愿景，向更高业绩标准努力
第3级：富有实力的经理人	组织人力和资源，高效地朝既定目标前进
第2级：乐于奉献的团队成员	为实现集体目标贡献个人才智，与团队成员通力合作
第1级：能力突出的个人	用自己的智慧、知识、技能和良好的工作作风做出巨大贡献

洛德和霍尔（Lord & Hall，2005）则主张划分初级、中级和专家领导者。初级领导者想让自己看起来像领导者，关注如何彰显自己的独特性，与他人区别开来。他们在考虑集体问题上欠缺经验，并且独立于他人考虑自己的行动。中级领导者发展了更多具体情境的知识，他们从自我导向转变到将他人包括进来。随着领导者经验的积累，更深层的领导者身份就会显现出来。在专家级别，领导者不仅理解集体背景下的自我，也理解他人与集体的关系，并能够调整自己的行为，去适应环境和他人。专家领导者对自己有充分的理解，可以在各种情况下，与持各种不同观点的人一起有效工作。他们能塑造包容所有人的组织身份，并用这个共同的身份维持群体向同一个方向前进的承诺。

在《领导梯队：全面打造领导力驱动型公司》（The Leadership Pipeline：How to Build the Leadership Powered Company）中，拉姆·查兰等（Ram Charan，et al.，2010）描述了领导力的六个级别：从管理自己到管理他人（from managing self to managing others）、从管理他人到管理经理（from managing others to managing managers）、从管理经理到管理职能（from managing managers to functional manager）、从管理职能到管理业务（from functional manager to business manager）、从管理业务到管理集团（from business manager to group manager)、从管理集团到管理企业(from group manager to enterprise manager)。

15.2 领导力开发的途径

罗恩·泽克和苏珊·泽克(Ron Zemke & Susan Zemke, 1999)认为,领导力不是一个下午的时间就可以学会的,没有大量的、持续的关注和努力是无法掌握的。很大程度上这不是在一个中规中矩的研讨室中就可以掌握的技能。领导力的掌握,从根本意义上来说需要具有挑战性的个人磨砺。

领导力的培养方法可以归为如表15-3所示的五类。

表15-3 **领导力开发的主要方法**

类别	具体途径	
发展型关系	·导师 ·专业教练 ·管理者兼任教练	·同级学习伙伴 ·社会身份网络 ·实践团体*
发展型任务	·工作晋升 ·轮岗 ·增加工作职责	·临时任务 ·行动学习项目 ·工作外领导角色
反馈流程	·绩效评估 ·360度反馈	·评价中心
正式项目	·大学学习项目(MBA、EMBA等) ·技能培训	·集中反馈项目 ·个人成长项目
自我发展活动	·企业在线学习系统 ·阅读(书、文章、在线资料等) ·演讲和座谈会	·专业会议和贸易展览 ·政府会议等

*注:实践团体指有相似专长和工作职责的人聚在一起交流信息分享最佳实践,在遇到共同的挑战时互相学习和支持。

美国著名领导力发展专家沃伦·本尼斯教授(Bennis, 2000)对美国八大著名制造和制药企业进行调查后发现,行动学习(action learning)是这些企业最常用、最有效的领导力开发工具之一(见表15-4)。

表15-4 **不同领导力开发项目的影响**

领导力开发项目	影响力大小排序
行动学习(action learning)	1
跨职能轮岗(cross-functional rotations)	2
360度反馈(360-degree feedback)	3
接触高层管理者(exposure to senior executives)	4
外部教练辅导(external coaching)	5
国外轮岗(global rotations)	6
参与战略的制定与讨论(exposure to strategic agenda)	7
正式的内部导师指导(formal mentoring)	8
非正式的内部导师指导(informal mentoring)	9
企业内部案例学习(internal case studies)	10
在职EMBA (part-time EMBA)	11
快速晋升(accelerated promotion)	12
参加各类会议(conferences)	13

希克思和彼得森（Hicks & Peterson，1999）的研究发现，行动学习与导师制度、教练辅导、360度反馈等领导力开发方法相比，无论在洞察力、动机、技能发展、现实世界实践还是在责任制上其效度都是“强”。

15.3 行动学习

15.3.1 行动学习的起源

行动学习，简而言之，就是一组人共同解决真实的问题并从中学习的过程。

行动学习又称“干中学”，就是通过行动来学习，即通过让受训者参与一些实际工作项目，或解决一些实际问题，如领导企业扭亏为盈、参加业务拓展团队、参与项目攻关小组，或者在比自己高好几个等级的卓越领导者身边工作等，来发展他们的领导能力，从而协助组织对变化做出更有效的反应。马克沃德（Marquardt，1999）则将行动学习看作既是一个过程，也是一个专业发展的项目，行动学习需要组成小组，小组致力于解决实际问题，在解决问题的过程中，小组成员相互支持，同时从解决问题的过程中学习。为了满足日益复杂多变的社会环境的需要，行动学习试图通过提高团队的学习能力，产生团队的新的看待问题和解决问题的思路，利用团队的综合资源，解决所面临的问题。

行动学习是20世纪40年代由雷格·瑞文斯（Reg Revans）首次提出来的。瑞文斯原来是位物理学家，之后转行成为员工关系董事，当时面临的问题是威尔士和英格兰煤矿的生产力与士气。瑞文斯敏锐地感觉到，要解决问题，不是向外部顾问求助，而应该由煤矿工人自己来解决自己的工作问题（从自己的视角，提出自己的质疑），这才是一个好方法。事实果真如此！与相邻的煤矿相比，瑞文斯工作的煤矿在生产力方面要高出30%，而且士气也要高很多。他认识到，职位较低的人“分享他们一无所知的东西”，并愿意向别人询问“对你来说，这意味着什么”，最终会导致问题的突破性解决。行动学习就此诞生。

15.3.2 行动学习的意义

无论在企业界还是在学术界，大多数领导力开发项目既无效又昂贵，这是很多研究者的共识。造成传统领导力开发项目弱势的因素有许多，最显著的是：知识的传播者是教师而不是实践者；学习和行动被隔离开来；几乎没有学习能够转移到工作场所中；业务环境变化很快，从项目中获得的知识过于缓慢，而且不充分；在教育过程中缺乏思考。

行动学习与常规的领导力训练的区别是，其首要目标是在有一定风险的条件下适当地提问，而不是为已经被他人精确定义的问题寻找答案，后者不允许有模棱两可的答复，因为考官已经有了所有的标准答案（Revans，1982）。行动学习并没有与管理者的工作环境割裂，而是为整个组织进行领导力的开发。领导者学到了什么、是如何学习的，这两者并不是相互割裂的，一个人的学习方式必然会影响到他的学习收获（Dilworth，1998）。

行动学习的显著威力还在于它能够同时在个人层面（无论是个人的专业发展还是领导力开发）、团队层面和组织层面上实现学习和技能开发。因此，行动学习可以帮助个人改善生活状态；帮助团队更好地履行其职能；帮助组织利用知识，提升员工、领导者和小组的能力，更好地实现全公司的成功。

世界各地的许多组织都已经发现，行动学习是解决复杂问题和提出可持续策略活动的强有力的方法。《商业周刊》特别专刊（2005）宣称，行动学习对于经理人来说是一个关键的问题解决工具，是“领导力开发的最新和增长最迅速的组织工具”（Byrnes，2005）。全球绝大多数“高潜人才”领导力发展计划都包含了行动学习这一元素。在韩国，几乎每一个大公司都在应用行动学习。美国培训与发展协会（ASTD）在2008年所做的一项研究中也发现，63%的高层项目都使用了行动学习的方法来解决问题和开发领导力。行动学习也越来越被视为不仅是最好的，而且是唯一的解决大型、复杂问题的工具，是在变革的生死攸关阶段所使用的最关键的工具。

行动学习最吸引人之处是它独特的优势，即以最小的成本，在解决复杂问题的同时发展组织和个人的能力。

正是行动学习的这种内在的、自发地解决问题的本质，使得它成为帮助组织在解决关键而复杂问题的同时，提出突破性策略的强大工具，这一点也为很多研究者所认同。

行动学习通过解决真实、复杂的组织问题来发展协作、伙伴、分享、参与以及领导力。作为一种领导力发展策略，在提升绩效、能力等几乎所有的领导力技能方面都是独一无二的。

行动学习充分整合了管理学、教育学、心理学、社会学等不同学科的理论，使它能够达到问题解决、团队建设、组织学习、领导力开发、专业提升等多重目的。还可以帮助企业开发新产品和服务、节省成本、减少生产和交货时间、扩大客户群、提升服务和质量、改变组织文化。

微软的ExPo项目、波音的全球领导力项目（GLP）、惠普的全球领导力开发项目（GLDP）、通用电气的业务管理课程（BMC）项目、3M的领导力开发促进计划（ALDP）、丰田的面向21世纪的未来项目（FP21）等都是基于行动学习的领导力开发项目。

15.3.3 行动学习的要素

行动学习作为一个功能强大的工具，能够在解决问题的同时，成功地发展领导者、团队和组织；它也是一个过程，在其中，小组解决真实的问题，采取行动，并且从个人、团队和组织三个层面，在行动中学习和发展。

行动学习法项目时间长度各不相同，有的只需要一次会议。在多数情况下，时间持续一周或几个月。如果集中解决问题，行动学习团队可能需要一个星期连续开会。

行动学习有六个要素：问题、小组、质疑、行动、学习和教练。

当所有六个要素齐备，即既有学习又有行动时，行动学习的威力就达到了顶峰。但多数所谓的行动学习只有行动，没有确保把时间和精力用于学习的系统和结构，因此几乎没有学习发生。忽视或省略行动学习六个要素中的任何一个，学习就不会发生或者行动就无法产生。

第一个要素是问题。可以是项目、挑战、事件、任务或机遇。问题必须意义重大、急需解决但无现成的解决方案，并且小组有责任去解决。同时，它为小组成员提供学习、获取知识以及开发个人、团队及组织能力的机会。可以是一个也可以是几个问题。

第二个要素是小组。作为行动学习核心实体的小组，理想情况下由4～8人组成。成员背景和经验要多元化，使他们能从不同角度来思考问题，并鼓励和激发新观点。成员可能是自愿的，也可能是指定的，可能来自不同的职能或业务部门，甚至可能来自其他的组织或行业，如供应商及客户等。

第三个要素是质疑。行动学习流程强调富有洞察力的提问和反思性倾听过程。行动学习关注对陈述和观点的质疑与反思，强调正确的提问比正确的答案更为重要。因此，行动学习小组要意识到他们所知和所不知。提问能够促进小组对话，提升团队凝聚力，激发创造力和系统思维，并升华学习成果。领导技能通过提问和反思得以发展和实践。富有洞察力的提问能够让团队在直接跳到解决方案之前首先清楚地理解问题的本质。行动学习小组要明白，好的提问可能孕育着伟大的解决方案。

行动学习的基本规则是只针对提问进行陈述，要求人们从“首先要提问”的角度去思考，可以转换小组的动态，使得陈述和判断的本能冲动让位于倾听和反思。

没有学习就没有行动，没有行动也不会发生学习。瑞文斯等人断定，学习（learning）=结构化知识（programmed knowledge，指组织和团队成员积累的共享知识和经历）+提问（questioning）+批判性反思（reflection），即著名的学习公式：L=P+Q+R。这一关系被公认为整个学习流程的基础，也是行动学习的基石。

第四个要素是行动。行动学习小组切实地就所要解决的问题采取行动。小组成员必须有权自己采取行动，或者确保他们的建议得以实施。如果只是提供建议，小组就会失去能量、创造力和承诺。除非采取行动并且进行反思，否则就失去了行动学习的真正意义。行动强化了学习，因为它为反思的关键维度提供了基础和参照。行动学习中的行动开始于问题的重新定义和目标确定，之后才是确定策略和采取行动。

第五个要素是学习。行动学习小组要有对学习的承诺。除非进行了学习，否则不可能创造性地解决复杂的问题。尽管解决问题可以给组织带来即时的、短期的利益，但是每个小组成员及整个小组的长期学习收获，以及这些学习收获在整个组织内的系统应用给组织带来的利益更大、更长久、更全面。因此，比起解决当前问题所获得的战术优势，行动学习中的学习收获对于组织来说具有更大的战略价值。相应的，在解决问题的过程中，行动学习将重点放在学习以及团队和个人的开发上，因为团队越聪明，做出决策和采取行动的速度就越快，能力也就越强。

第六个要素是教练。行动学习教练帮助小组成员在两个方面进行反思：他们正在学习什么，以及他们是如何解决问题的。通过选择性地介入和富有洞察力的提问，教练帮助小组提升业绩和开发领导能力。教练帮助小组反思：他们如何倾听，如何重构问题，如何相互给予反馈，如何制订计划和开展工作，以及他们的信念和行动由哪些假设所塑造。学习教练也会帮助小组关注他们取得了什么成果，遇到了什么困难，正在运用的流程是什么，以及这些流程的影响是什么。小组成员可以轮流担任教练的角色，也可以指定某个人在小组存续期间一直担任教练。

行动学习的教练有权介入，以提高小组的绩效和学习效果。教练在介入时机的选择和时间运用上要保持谨慎和节约的原则。这两条基本规则确保了学习和质疑这两个要素的发生，对行动学习的成功非常关键。

15.3.4 行动学习的成功因素与步骤

J.金（J. Kim，2007）从程序的角度总结了行动学习成功的两大因素：小组级别程序和组织级别程序。

小组级别程序包括熟练的教练、小组成员的多样化、自我引导的小组程序、有效的小组陈述、小组程序回顾。

组织级别程序包括：确保方案得到执行、定向——就问题的重要性和一致性进行的交流、议题的选择、高层决策者的支持、平衡资源——组织内部的交流与协作。

在组织中引进、实施和持续运用行动学习包括十二个步骤，具体如下：

（1）获得并保持高层管理人员的支持。

（2）建立行动学习项目管理团队。

（3）安排对行动学习研讨会的介绍。

（4）选择和准备行动学习教练。

（5）确定参加行动学习小组的成员。

（6）选择行动学习的问题/项目。

（7）向小组成员介绍情况和确定行动学习项目。

（8）重新定义问题、提出高层次目标和制定策略。

（9）提出和展示行动策略。

（10）实施行动策略。

（11）评估、捕捉和转化个人、小组和组织的收获。

（12）使行动学习成为企业文化的组成部分。

15.3.5 中国企业的行动学习之路

目前，国内对于行动学习的认识还比较混乱，有的把开会研讨称为行动学习，有的把拓展训练称为行动学习，有的把头脑风暴称为行动学习，似乎行动学习是个“万金油”，无所不能、无所不包。中国企业要成功实施行动学习，必须走出以下误区：

（1）将行动学习工具化。国内企业的行动学习项目大多数仅仅是运用行动学习的引导技术组织大家在一起讨论。引导技术只是行动学习的一个重要工具，但不是其内涵。行动学习倡导的是问题导向、持续行动、验证与优化、质疑、反思与改变、团体探索、创新创造、学习型组织等内涵，需要创造性地与企业的领导力开发、关键组织问题的解决、企业变革与创新等有机结合才能生效。

（2）将行动学习单一化。中国目前多数的行动学习产品在设计上存在缺陷，割裂了行动学习与其他管理方法论之间的关系。它们往往通过单一的行动学习课程讲授、单一的行动学习导师培训、单一的行动学习项目，以及单一的行动学习研讨会等方式来实现。开展过程中，多数企业完全抛弃了其他管理工具与方法论，如领导力测评、管理咨询、教练、课程等，从而导致领导力开发与组织问题解决的成效大打折扣。

（3）将行动学习西式化。目前中国行动学习的基本模式多数从海外引进，缺乏本土创新，只是生搬硬套，忽视了中国和中国企业的实际情况。

（4）将行动学习表面化。无论是纵向还是横向，行动学习深度不足。在多数中国企业中，对于行动学习的重视还仅仅停留在人力资源部门，而公司高管对行动学习对于领导力的开发、企业战略转型与变革的深刻意义缺乏认识。因此，大部分企业仅仅是将行动学习看作一种创新的培训手段而已。因此，企业在设计行动学习项目时，往往缺乏与企业所面临的紧迫与实际问题的结合，无法触及企业深层次的战略、组织机制和文化的系统变革，导致了行动学习的实践效果不能充分发挥。在横向上，多数企业未建立自身的内部引导师培养体系，没有设计与实施行动学习项目的能力。因此，行动学习无法在企业中系统地推广，难以建立学习与发展的长效机制。此外，多数企业的行动学习过程缺乏管理机制保障，与企业绩效考核和人才晋升机制脱节，参与者缺乏改变动力，导致行动学习停留在策略研讨层面，而行动过程流于形式。

15.4 领导力测评概述

15.4.1 领导力测评的定义

领导力测评通常是指由公司、相关研究公司、领导力顾问公司、执行教练等一起执行的各种活动，是一个系统的过程，不能把这个过程等同于测评工具。诚然，在测评过程中，可以使用包括心理测评工具、业绩评估系统、360度反馈、自评工具等在内的各种工具，但它们只是工具。实践证明，领导力测评应是一个慎重、审慎的过程，通过这个过程可以收集来自于不同群体的关于被测评者或团队的数据，然后使用严格的技术对这些数据进行分析，再由资深专家对分析结果进行解释，最终用于提炼关于被测评者领导力及领导潜力的结论、创建可转化为行动的建议、帮助被测评者发挥自身最大的潜力。

亚当·奥提兹（Adam Ortiz）将领导力测评定义为"一个流程"，在这个流程中，为领导者的成功制定标准，然后对个人按照这些标准进行衡量，测量数据用于帮助领导者及经理人制订决策和计划，以提高个人及组织业绩。奥提兹还提到，简单地开展MBTI性格测试或360度反馈并不等同于领导者测评。他强调，测评官必须把行为事件访谈、个性及认知能力测试、模拟及访谈反馈等资源整合到一起，然后根据从这些资源中收集到的数据组合进行主题确认。奥提兹认为，在领导力测评流程中有一些内容是固定的，包括：确定在测评过程中需测量的内容、确保测评相关者了解测评目的、使用各种工具收集正确的信息（行为访谈、观察、测试等）、进行数据组合、分享结果、充分利用测评投资等。

这里，必须强调三点：

第一点，所说的测评是一个审慎、严谨的程序。在最佳方案与普通方案之间，最大的区别就是科学严谨性。测评相当于研究项目，在开展测评时必须具备高度的严谨性，才能为决策者提供可靠、有效的结果。结果缺少了严谨性，那么收集的数据可能不完整、不可靠，可能造成数据解释出现偏差或由于缺少信息无法进行，最终导致关于能力与开发的建议成为害人之果实。

第二点，为提高测评结果的客观性，不要忽视外部咨询公司及专家的使用。鲍尔（Joseph Bower）指出："即使是拥有优秀人才开发与遴选程序的公司也会犯一些错误，而咨询公司或顾问也许能够帮助公司避免这些错误。"咨询公司之所以能找到优秀的内行局外人，只是因为他们本身是局外人。鲍尔还说："咨询公司也许能够猎获到有潜力的领导者。此外，许多公司并不能确定自己选出来的内部候选人是否合适，因为他们并不知道外部候选人的条件如何。"

第三点，测评不只是遴选工具，更应是开发工具。因此，测评不应是一次性的遴选活动，公司应定期开展领导力测评。持续的测评对于保持公司需求与领导力之间的契合非常重要。如果不把测评当成是公司的例行项目，而只是在有空缺岗位之后才开展，那么测评的目的会很单一：测评只是为了把个体带入到或排除出某个机遇。而定期开展的测评则不同，它是一项协助公司对人才通道进行管理的开发工具。

15.4.2 领导力测评的关键

领导力测评的关键有以下三点：

第一，测评手段包括数据收集使用的方法和工具，应该是战略性的。

第二，必须寻找到符合资质的资深测评者进行数据的分析和解释工作，并就结果提出建议。必须指出，由于要考虑直接及间接经费，因此这里所说的测评一般只针对高层及高潜力领导者。公司之所以愿意付出这些成本，是因为公司领导意识到测评并不仅为制订接班人计划提供重要信息，还是一项会产生回报的投资。

为实现投资回报，第三个要素必不可少，那就是公司管理层的适当参与。这一条非常必要，因为正确测评的前提是对公司、行业及战略有深度理解。无疑在遴选测评领导者时，是否具备这些背景知识应该是标准之一，但即使是最资深的外来测评官对公司的了解也未必如公司领导者那般深刻，因此公司管理层的参与非常重要，优秀的外来测评官的参与可以提高测评程序的客观性。

15.4.3 领导力测评的意义

领导力测评的意义在于它发挥着以下四个作用：

（1）领导力测评作为遴选工具，为空缺领导职位寻找合适人选。

（2）领导力测评更应作为开发工具，用于确定被培训人（领导者或潜在领导者）的待改善领域。必须把测评看作一个有助于领导者培养能力的机会，如果只把测评程序当作找领导者缺点和毛病的工具，那将错过其最大的机会，其实这也是开展定期测评的公司测评项目成功率高的原因之一。因此，首先，测评应专注于发现并强化每位领导者的优势。其次，应该把关注点放在领导者提高岗位效力必须具备的1至3项能力。最后，测评应该对领导者可能进入的下一个职位进行调研，确认其与现职位之间可能存在的体验及行为上的差距，然后提出弥补差距的建议。

（3）在构建与部署高级管理团队时，也可以使用领导力测评。互补性意识越来越被人接受，对于有志于打造高绩效的顶层领导团队来说，这种意识非常重要。通过测评的开展，董事会及CEO可了解到如何通过成员互补来提高团队整体表现。此外，如发生人员流失问题，公司领导层会对团队丧失的特定能力有更清晰的了解，并且可以在剩下的成员内专门培养这些能力。当然，更重要的是，公司管理层事先对一些关键能力做好“备份”，可尽量减少因人员流失造成的损失与被动。

（4）领导力测评还可用作保留人才的工具。测评正在成为世界上某些顶级公司使用的最佳人才保留工具。

如果开展得好，领导力测评可以成为服务于公司和领导者的强大工具。公司对人才通道获得深层次认识，领导者也从详细的指导计划中受益。总之，领导力测评本身不是目的，而是帮助达成组织和员工目标的方法。

15.5 领导力测评的内容

15.5.1 领导力测评的内容

领导力测评的内容一般可分为以下四类：

第一类，任职资格类。包括学位、证书、工作经验、知识（一般知识与具体知识）、语言能力和技能（有效利用知识的能力）。这些是事实，答案明确，或者具备，或者不具备，如果具备，可根据数量或时间划定等级。这个范畴也包括职业能力。

第二类，领导素质类。这即我们在前面素质理论一章中提到的领导素质，如战略思考、决策、发展下属等。

第三类，个人特征类。包括个性特点（人格）、动机、价值观、个人风格及其他个人特征。

第四类，企业特征类。包括企业文化、价值观、核心素质等。许多领导者坚信个人和组织特征是公司领导者最重要的能力，但是这一类能力是最难用可信、有效的方法进行衡量的。

15.5.2 领导力测评的两大原则

领导力测评的两大原则就是讲求信度（reliability）和效度（validity）。只有被测评内容通过信度和效度的测试，测评才会产生预测价值。

信度是一种测验分数的可靠性或稳定性，包括测试-重测信度（test-retest reliability）和评分者间信度（inter-rater reliability）。测试-重测信度指同一组受试用同一测验施测两次后所得分数的一致性，或同一组受试经过一次测验后，用同一个等同形式的测验再测一次，两次得分的一致性。即测量基本组成要素的方法是稳定的，不因时间变化而变化，也就是说在不同时间进行的测评得到的结果应是相似的，测评结果只反映真正的变化。评分者间信度指在领导者测评过程中，测评团成员开展测评程序所得分数的一致性。好的测评结果不受测评者个人偏见的影响，不同测评者得出的测评结果应是相似的。影响信度的因素很多，主要包括应试者（动机、情绪、心理、注意力、应答态度等）与测验情况（测验场的光线、通风、声音、温度等）、评分的客观性、测验内容的长度、前后两次测验间隔时间的长短（一般而言，不宜超过6个月）等。

效度指一种能测量到的它企图测量的程度。如果一个测验真能确实地测量到它所欲测量的东西，这个测验就谓之为有效，或说这个测验效度高。一个效度高的领导力测评其结果可以有效预测业绩，也就是说测评结果显示可实现高业绩的被测评人经事实证明的确是高业绩者。大多数关于领导力、测评、领导力开发等的文献都基于一个普遍的信仰：未来行为的最佳预报员是过去行为。这也是基于行为事件访谈技术的结构化面试是领导力测评中唯一的信度和效度都高的方法。影响效度的因素也有很多，主要包括应试者的性质与背景（年龄、性别、职业、教育程度等）、测验用的材料（试题难度、数量等）、应试者的心理状态（动机、兴趣、情绪、身心健康情况等）、效标本身的可靠性、测验情况等。

因此，领导力测评最好建立标准化（standardization）和常模（norm）。标准化是指测验实施、情境、记分等方面的误差的控制。测验必须标准化才可以获得真实的测量结果。常模是指某一标准化样组在某一测验上的平均分数，其功用是给测验分数提供比较的标准。个人在测验中所得的分数并不具有任何意义，唯有将其与其他人的分数相比才有意义。

15.6 领导力测评的方法

15.6.1 常用测评方法

领导力测评的常用方法有定性法和定量法两种。两种方法既互相区别又互相联系，并都分别派生出许多适用于特定情境的具体方法。测评法的分类概况详见表15-5。

表15-5 **测评法分类表**

定性法	定量法		
	测定法	评定法	
		个体导向评定	群体比较导向评定
观察法 访谈法 实绩分析法等	知识测验 智力测验 情境模拟测验 群体讨论测验 气质测验 人格测验等	等级量表评定法 行为量表评定法 关键事件评定法等	等级排列法 对比比较法 强迫选择法等

1.定性法

定性法又称传统人事考察法。它是由一个主持人通过多层次、多渠道、多形式的手段收集信息，凭借自己的知识、才能、经验和直觉分析信息，并在此基础上对被评人的领导力水平做出全面综合判断的方法。收集信息的手段包括：与被考察者面谈、与若干个熟悉的被考察者面谈、举办各种形式的座谈会、分析被考察者的工作实绩等。

定性法的整个测评过程是以主持人为核心的，主持人获取信息、进行信息加工和输出呈现信息组成了领导力考察的全过程。主持人凭借自己的知识经验，在获取信息和分析信息的过程中不断进行归因分析。归因分析既带来了信息的筛选加工的主观性，也为主持人透过现象看本质，判断被考察者的社会实质提供了扎实基础。主持人最终呈现的信息，即文字描述式的"评语"通俗易懂、重点突出，可以概括出个体素质的基本情况。但因为语言表达的局限性，往往很难描述出人与人之间的细微差别。

2.定量法

定量法综合运用政治学、行为科学、社会学、统计科学等知识，通过对被评人有关素质的数据收集、整理、分析来判断个体状况以及他与总体的差异的方法。与定性法比较，定量法具有下面四个特点：

（1）定量法是以一种标准化的评定量表或测验手段为工具来获取个体有关素质的有效信息的方法，其信息呈现的数量化有利于体现个体与个体之间的细微差别。

（2）在定量法测评的实施过程中往往有多层次、多部门的人员参与主持和分析，包括外部的专家和专业机构。

（3）利用定量法获取的人员素质的信息是用数值的形式呈现的。

（4）设计制定定量法所运用的工具（评定量表、测验试卷等）需要耗费较多的人力、物力，成本较高。

定量测评法按其提取信息的方式不同可以分为测定法与评定法两种：

（1）测定法。是以一种测验手段为工具直接对被测个体进行特定素质测量的方法。其模式见图15-1。

该模式说明，测定个体素质的特定指标有两个：行为与行为结果。测定的实质就是在特定安排的条件下，用一种经严格设计的特殊形式来诱发人的特定行为，用数量指标客观地记录人的行为表现和客观效果，并通过个体之间的相互比较，以及通过个体与常模（一大群人的平均水平）的比较，以鉴定个体某种素质高低优劣的程度。其中，智力测验法、情境模拟法和群体讨论法等是常用的测定法。

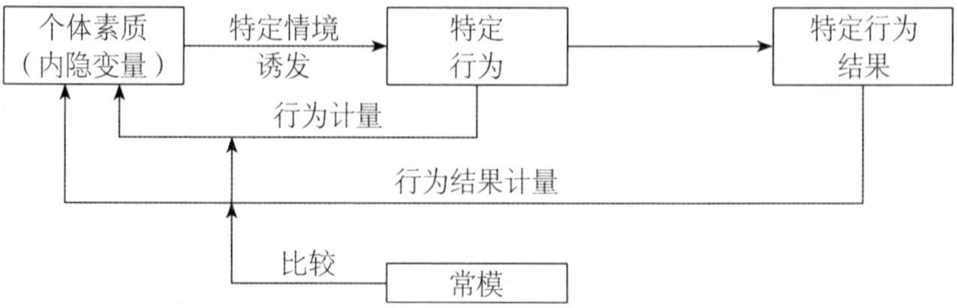

图15-1 测定法模式

（2）评定法。是请一定数量的熟悉被评对象的人员，根据日常的观察和了解，对被评对象的各项素质进行评判的方法。评定法的实质就是通过人体知觉的一致性与角色知觉的差异性进行个体素质分析。按照评定时着眼点的不同，可以把评定法分为个体导向评定法和群体比较导向评定法。

个体导向评定法着眼于个体。如等级评定量表法以标准化等级量表为工具，通过上、下、左、右不同层次的评定人的评价来分析被评个体的素质；行为量表评定法以行为描述式问卷为工具，通过抽样调查来进行评定；关键事件评定法则是通过追踪观察被评个体某一时期的行为表现，系统记录与其工作成败密切相关的关键行为，以此进行人员素质评定。这些方法有一个共同特点——它们都针对一个特定的评定对象，故称为个体导向评定法。

群体比较导向评定法着眼于群体内部人际间的相互比较。常用的方法有三个：等级排列法、对比比较法和强迫选择法。等级排列法是按最好到最差的次序排列的评定法；对比比较法是通过群体内部个体之间两两比较的途径进行等级排列的评定法；强迫选择法是按规定比率进行相互比较的评定法。

3.定性法与定量法的关系

定性法与定量法是从两种不同角度探察个体素质的基本方法。定性法侧重于获得有关个体素质的质的认识，做出好、差、强、弱等定性的结论。而好到什么程度，强到什么水平则比较模糊。定量法则侧重于每种素质的具体量化分析，用以解决判断个体素质的“大小（能力）、高低（水平）、多少（知识）”等数量比的问题。定性分析是定量分析的基础，定量分析是定性分析的深化和完善。因而，要公正、准确地考核领导者的素质水平，达到识人广、知人深的目标，就必须把定性法与定量法有机地结合起来。

15.6.2 心理测验量表

阿纳斯塔西（A. Anastasi）认为，“心理测验实质上是行为样组的客观的标准化的测验”。目前流行的心理测验量表很多。以测验目的来分，可分为智力测验、人格测验、特殊能力测验和诊断测验四大类；以测验方法来分，有问卷测验、操作测验和投射测验三种；以测验性质来分，可以概括为文字和非文字两大类；还有以测验组织方式来分，可以是个体的，也可以是团体的。

如何使用合适的心理测验量表，这是测验者需要考虑选择的。选择不当，不仅不能达到目的，浪费人力和时间，甚至可能产生不良的影响。所以，测验者一定要经过专门的训练。在美国，要经过有关学术部门的核准，不是随便什么人都能使用心理测验。同时，在选用心理测验时，一般有以下几个原则：一是根据测验目的来选用适当的测验量表；二是掌握测验量表的适用范围；三是选用标准化的测验量表；四是选用量表时还必须考虑其信度和效度。

15.6.3 面试/访谈

领导力测评中用得最广的方法之一就是面试/访谈（interview）。与领导者本人进行的访谈可以分为如表15-6中所示的几种类型。

访谈对象除了领导者本人，还可包括：

（1）高层访谈。与高层访谈的主要目的是更好地了解公司的背景、行业动态、公司战略及领导力要求。

（2）360度访谈。测评者常常采访被测评者的同级、上下级员工甚至外部的供应商或客户来更好地了解领导者的优势、待发展领域、具体成果及可以展示能力的行为等。除了提高测评正确率外，这些机密的、非属性化的访谈可以为领导者提供有价值的反馈信息。

访谈也可以采用问卷调查的方式。这些调查与360度反馈工具不同，因为测评者会对360度调查数据进行分析，并通过与其他测评资源收集到的信息整合，来形成对这位领导者与职位相关的整体看法。

调查对象还可以是外部的标杆企业。外部标杆分析是把被测评的领导者与某位外部同级别参照人员进行比较，目的是为领导者现任职位或未来可能承担的职位收集信息。通过外部标杆分析，公司可以了解与其他竞争者相比自己公司内关键领导者具有的优缺点，还可以了解关于竞争公司对被测评领导者的兴趣，这是很有价值的信息，根据这一信息，公司可以做出安排，设法留住明星领导者和高潜力领导者。

表15-6 **面试类型**

名称			定义
面试	按结构化程度分	结构化面试（structured interview）	面试者在面试前准备一份问题清单，并将问题的顺序排好，面试时就按此问题清单提问被试，同时记录下被试的回答
		半结构化面试（semi-structured interview）	面试内容有的做统一要求，有的则不做统一规定
		非结构化面试（unstructured interview）	面试者事先无须太多准备，没有固定格式，没有统一的评分标准，所提问题可以因人而异，往往提一些开放式的问题
	按测评目的分	压迫性面试（stress interview）	面试者通过对被试提出一系列粗鲁或敌意的问题，给被试意想不到的打击，而使其处于不愉快或尴尬的情境之中，而面试者则从中观察被试的反应如何
		鉴定性面试（appraisal interview）	面试者（主要是上级主管和同事）对被试的工作绩效进行评定
	按面试对象多少分	个体面试/一对一面试（individual/one-on-one interview）	一次只有一个被试者。当只有一个面试者时，为一对一面试
		复式及团体面试（group/panel interview）	被试与数名考官分别面谈，回答各种问题/将多名被试集中起来同时进行面试
	按面试内容设计侧重点分	行为事件面试（behavioral event interview，BEI）	进行行为面试时，将问题集中在被试过去的行为方面
		情境行为面试（situational behavior interview，SBI）	进行行为面试时，通过向被试提供一种情境，观察被试者在情境中的行为反应，主要关注被试者与未来行为相关的意向或倾向，而非过去的行为
		综合式面试（comprehensive structured interview，CSI）	具有前两种特点，且是结构化的，内容主要集中在与工作岗位有关的知识、技能、素质等方面

（3）同级员工小组访谈，又名小组评价法。指在领导者测评中通过和其同级员工进行小组讨论的方式收集信息。测评官向小组提出问题并推动讨论的进行，关于同一个问题的若干观点逐渐浮出水面，然后测评官找出不同或一致的观点并从中挖掘更深层次的意义。这个方法一般用于对个体领导者领导行为的描述，对同样或不同岗位未来表现的预测及对未来发展领域的探索。

15.6.4 评价中心

评价中心（assessment center）是建立在领导有效性行为理论基础上的一种选拔测评管理人员的方法。这一方法由美国电话电报公司首先提出。现在，在美国有上千个公司采用评价中心技术，其中数百个知名大公司，如IBM、通用电气、福特汽车、3M等，都建立了自己的评价中心。

1.评价中心的概念

评价中心是企业选拔管理人员的一项技术。在运用评价中心技术对管理人员进行评价时，有多个评价人员使用多种评价技术，如情境模拟、角色扮演等主客观人事评价方法，其目的是为企业选拔、提升、鉴别和培训领导者服务。

评价中心是目前比较全面、可靠、有效的人事评价工具，也是一种比较标准化的人事评价过程。

评价中心对个人的评价是在团体中进行的，评价人员与被评价人员的典型比例是1∶2，通常是3个评价人员6个被评价人员，或者6个评价人员12个被评价人员，被评价人员组成一个小组，便于评价人员有效地观察每个人的相互作用和影响。一般说来，评价中心需要花费两三天的时间，比其他的心理测验时间长，但是，评价中心得出的结论质量高，而且具有较高的信度和效度。

2.评价中心的原理与技术

评价中心强调对评价人员今后工作所需要的有关能力进行全面的观察和测量，同时观察和记录模拟情境中人的行为变化。

评价中心所遵循的原理是：

（1）评价应根据确实成功的管理行为特征进行。

（2）需采用多种评价技术。

（3）应使用不同类型的工作模拟技术。

（4）评价人员应当认识到并非常熟悉评价工作和具体工作环节，最好具有该工作的经验。

（5）评价人员应该在评价中心受过系统的训练。

（6）评价人员应观察与记录被评价人员的行为，并将资料在评价人员之间进行交流。

（7）评价人员须进行团体讨论，以统一制定观察与行为等级指标，并做出预测。

（8）评价过程需分阶段进行，观察、讨论，最后做出预测。

（9）评价人员是按某个非常清楚的、已定的客观标准进行评价，而不是在被评价人员之间进行比较。

（10）必须使每个评价人员都有机会观察和记录每个被评价人员的行为。

（11）必须做出管理成功与否的预测。

当然，在使用上述原理时，要注意防止由于评价人员判断上的局限性所产生的预测效度的降低。

如前所述，评价中心所使用的技术是多样性的。

这些评价技术包括访谈（面试）、各种纸笔测验、心理测验，以及情境模拟练习。

（1）访谈。评价中心一般都采用标准化的或结构化的面谈，其内容都是事先计划和安排好的，其中信度和效度皆高的访谈就是行为事件面试。

（2）纸笔测验。目前在评价中心中比较常用的纸笔测验是临界思维测验、当代事态测验、爱德华兹个人爱好一览表、吉尔福特-马丁玩童因素调查表、观点问卷、健康问卷、奥提兹的心理能力自我控制测验、生活态度调查、个人史问卷等。许多纸笔测验的结果是对被评价人员做出最后讨论决策时的参考资料。

（3）心理测验。包括智力测验、各种人格测量（如投射测验与主题统觉测验）、各种操作能力和能力倾向测验。这些都是由受过系统心理学训练的心理学家来担任主试。

（4）情境模拟练习。这是评价中心的最主要的技术，也是最为主观的技术之一。情境模拟练习包括公文处理练习、无领导小组讨论、角色扮演、游戏等。而情境模拟练习中常用的游戏有建筑练习、小溪练习、墙壁练习等。

表15-7列出了评价中心常用的一些技术（除面试）。企业应根据实际情况采用其中合适的技术进行组合，以确保测评的信度和效度。

表15-7 **评价中心常用技术一览表**

名称				定义
测试	专业知识或技能测试	口试或笔试（oral or written test）		对特定职位所要求的特定知识或技能进行口试或笔试
		工作体验（work sampling）		测试被试如何实际地执行其工作
		工作情境测试/（评价中心）	公文处理（in-basket exercises）	给被试一筐文件让其处理，测评者按既定的考评维度与标准进行考评
			无领导小组讨论（leaderless group discussions，LGD）	在不指定谁充任主持讨论组组长的前提下，介绍一种孤立情境，引导被试小组展开讨论。根据应聘者在讨论中的表现及所起作用，测评者沿既定测评维度予以评分
			角色模拟（role-play simulations）	要求被试扮演一个特定的孤立角色来处理日常的孤立事务，以此来观察被试的多种表现，了解其心理素质和潜在能力
			管理游戏或企业决策模拟竞赛（management games/decision making simulations）	被试每4至7人组成一个小组，组成一个“微型企业”，完成从原材料采购、生产到最终产品销售这样一个过程，测评者根据每人在此过程中的表现遵循既定考评维度进行评分
			访谈（business call）	让被试从事实际的电话访谈、接待来访者及拜访有关人士，测评者从中观察其心理素质、文化修养、待人接物、处理问题或应付困难、语言表达、驾驭谈话的能力，以及处理公事与私事的关系等各方面的能力，并对有关知识进行考核
			即席演讲（extemporaneous resentation）	主考官给应聘者出一个题目，让其稍做准备后按题目要求发言，以便了解其快速思维反应能力、理解能力、思维的创意性和发散性、语言的表达能力、言谈举止、风度气质等方面的心理素质
			案例分析（case analysis）	给被试提供一个或数个管理案例让其分析，并从其分析中判断其分析、决策、书面或口头表达等方面的能力
			行为事件面试（behavioral event interview，BEI）	根据既定的素质模型（competency model）从被试那里收集有关行为方面的信息，测评者根据既定的行为标准判断其胜任程度（能力高低）是否符合要求

续表

<table>
<tr><th colspan="4">名称</th><th>定义</th></tr>
<tr><td rowspan="10">测试</td><td rowspan="9">心理测试</td><td rowspan="5">能力测试</td><td>智商测试 (IQ)</td><td>测试被试的智商，如韦氏成人量表、瑞文测验等</td></tr>
<tr><td>情商测试 (EQ)</td><td>测试被试的情商，如EISA</td></tr>
<tr><td>特定认知能力或性向测试 (perceptual ability/aptitude)</td><td>测试被试所应聘工作方面的认知能力。性向相对特殊能力而言，分为学业性和职业性两类。职业性又分为综合性和特殊性两种。特殊性包括机械性向、文书性向、艺术性向、音乐性向等，如内贝特机械理解测验</td></tr>
<tr><td>创造力测试 (creativity)</td><td>测试被试的创造力，如加州大学发散性思维测验、托兰斯创造力测验、芝加哥大学创造力测验等</td></tr>
<tr><td>能力倾向成套测试 (ability aptitude combined)</td><td>同时测量人的各种能力，如基本心理能力测验（PMA）、美国劳工部一般能力倾向测验（GATB）、鉴别能力倾向测验（DAT）等</td></tr>
<tr><td colspan="2">个性测试 (personality)</td><td>测试被试的个性，一般采用求职者自述方式（另一种是投射方式），如16PF、MBTI等</td></tr>
<tr><td colspan="2">成就测试 (achievement aptitude)</td><td>针对特定领域为检测应试者对有关知识和技能的掌握程度而设计的测验</td></tr>
<tr><td colspan="2">职业兴趣测试(occupational interest)</td><td>测试被试的职业兴趣，如霍兰德职业兴趣测验</td></tr>
<tr><td colspan="2">笔迹测试 (writing mark)</td><td>通过笔迹来测试人的心理</td></tr>
<tr><td colspan="3">身体素质测试 (physical ability)</td><td>对被试进行健康检查及原动力测试和体质能力测试</td></tr>
</table>

3.评价中心的成绩与存在问题

评价中心第一次成功的使用者是英国陆军部选拔委员会和第二次世界大战中美国的战略服务局。美国电话电报公司是最早使用评价中心技术的工业组织。

美国不少应用评价中心的公司都认为用这一制度选择领导者效果良好。美国电话电报公司在建立这一制度之始，曾对几百名管理人员候选人进行测试，随后将结果密封，8年后就直接提升经理的人进行核对，有64%在预测之内。根据调查分析，对选拔经理的正确性做了这样的估计：凡采取任意提拔方式的，正确性仅为15%，经过经理部门提名的正确率为35%，采取经理部门推荐结合评价中心测验的正确率达76%。根据经济效益的统计，德国齐洛克斯（Zirox）公司测试一批销售经理总共花了34万美元，而增加的收益达490万美元。

事实证明，一个精心设计的评价中心确实是有效的，但是仍然存在一定的局限性，这主要表现为：支持评价中心研究的理论根据仍不完整，评价中心假设的评价技术、工作分析、评价过程与评价人员讨论都是处在一个典型的组织模式之中，而实际上不同的组织，其工作操作模式也是不同的；评价中心对诸如友好开朗、能说会道和锋芒毕露的人容易给出好评；评价的效度还有不足之处等。

尽管起始于20世纪50年代的这项技术已有60多年的研究历史，但还存在一些问题，还有待进一步深入研究的问题，包括：现代心理学理论的应用和扩充，如归因理论、目标理论、团体决策论、社会学习论的应用等；评价中心的效果研究，包括人事效果、反馈、培训等；评价中心在人力资源管理系统中的全面应用；确实制定评价者、被评价者、评价技术、评价维度、评价内容与结构方面的标准等等。

4.评价中心在我国领导者测评中的应用

我国在试用评价中心技术方面还很不成熟，如何结合我国的实际情况制定适合国情的评价内容与结构，以及评价的程度等等，这些都有待于进一步的研究与探索。

但是，评价中心作为一项人力资源管理技术，对我们的人力资源管理具有重要的借鉴作用。借鉴国外的先进技术，结合中国的实际情况，建立有中国特色的评价中心，对有效开展领导力测评和开发等工作意义重大。

（1）促进我国人力资源管理体制和方法的改革。运用评价中心技术后，就可以使我们的人力资源管理从经验型向科学型转变，减少在选拔干部方面的误差。更为重要的是，这将给我们整个的干部制度带来某种深刻的变革。这种变革集中体现在选拔干部的公开性和客观性以及机会的均等性方面，以利于一切唯德才是举，在测评标准面前人人平等。

（2）评价中心可以成为各种组织进行人力资源管理的有效的咨询机构。评价中心是一种高技术，需要专门的理论知识、受过培训的评价人员和一整套的测评设备和程序。在目前情况下，我国政府的各级组织和公司企业，还不具备独立设立的条件。因此，设立评价中心可以为这些组织提供有效方便的咨询和委托服务。这大大有助于企业提高人力资源管理的效能，也可以使评价中心技术逐步得到普及和推广。

（3）充分开发人力资源。评价中心的又一作用是对管理干部的早期鉴别。通过对较低层次的人员进行测评，可以帮助组织在一段相当长的时间里进行选拔合适干部的工作以及开展培训和发展工作。最低限度，可以帮助个人开展一系列轮流指定的作业和专门计划，以向他们传授基本而实用的知识和经验。开展早期鉴别是开发人力资源的重要手段，可以从中发现许多有潜力的后备人才，也可以通过适当的方式和个人的自我努力，加速人才成长过程。

（4）有助于干部的培训。评价中心的测试过程本身就相当于一次实战训练，而且这种训练具有明确的针对性，受测试者可以对需要担任的职位的工作内容和必要行为有所了解，使他们获得确实的必要发展经验。评价中心的测试内容本身，就是进行干部培训的良好教材，如测试的指标和行为标准、测试用的实际案例等。

（5）对干部进行个人“诊断”。用各种指标对每个岗位的独特需要进行正确的诊断，来判断参与者的优缺点。诊断的结果可以提供给组织，以便为其制定适合其特点的专门训练项目，这可以补救一般培训方法一刀切的缺陷，使不同的人，根据不同的需要，受到不同的培训，做到因材施教、事半功倍。

（6）努力接近和赶超世界先进水平。建立中国式的评价中心是一项开创性的工作，目前还仅仅处于起步阶段。但我们应该在吸收国外先进技术的同时，走出自己的路子。无论在理论研究上还是在实际运用上，都应该有所创新、有所发展，并能在不太长的时间里，形成我国独特的评价理论体系和运用体系。

5.AT&T的评价中心

美国电话电报公司（AT&T）是第一个运用评价中心技术的公司，下面具体描述一下它使用评价中心的一般过程和步骤。

第一步，选定样组和评价组。有6个被评价人员，通过评价确定他们能否提升为高级管理人员。其中4个是大学毕业生，录取其中1名；另2个不是大学毕业生，他们是作为非管理人员雇用过来的，但是已经从事4年以上的低层管理工作或中层管理工作。

3个评价人员都不是被评价人员的上级，其中2个是受过心理学家训练的贝尔电话公司的高级管理人员，1个是工业（临床）心理学家。他们3个人都受过专门的训练（人事管理、心理学等）。

第二步，确定成功管理者的特征。评价人员选择与被评价人员今后工作环境有关的情境，根据已有的文献和贝尔人事管理系统，确定一系列成功管理者的特征，这些特征在以后的一个阶段内是不大会改变的。这3位评价人员确定了25个成功管理的特征，包括管理功能（如组织、计划、决策）、人际关系（如交际技能、个人印象、敏感性）、一般能力（智力、适应能力、情感控制能力）、价值观和态度（如工作中心、社交中心、主动积极、独立性）等。

第三步，确定所采用的评价技术并实施。根据已确定的25个管理特征，评价人员选用了多种评价技术，它们是：长达2个小时的谈话，内容包括个人背景（年龄、婚姻状况、教育程度、工作经验、特殊成就等）、个人目标、社会价值观和兴趣等。此外，还有公文处理测验、无领导的小组讨论、罗特句子完成测验、主题统觉测验的六张卡片、自我描写测验、爱德华兹爱好量表、观点问卷、生活态度和个案史调查以及短小的自传。

其中，公文处理测验的内容包括备忘录、命令、函件等，这些都是被评价人员提升后可能遇到的日常公文。评价人员要求被评价人员在3个小时内处理完25件公文，并观察他们是如何处理的：是分轻重缓急、有条不紊地处理并授权下级，还是拘泥于细节、杂乱无章地处理。显然，不喜欢处理文件的被评价人员就不能在提升后的岗位上很好地工作，因而就不能获得提升。

在无领导的小组的试验中，被评价人员组成一个小组，他们现在都是一个公司的高级管理人员（假设的），评价人员要求他们在半年之内为公司增加利润，并且告诉他们关于公司和市场的情况，要求他们在2小时内提出一个切实可行的方案，观察每个人的领导能力。与此同时，评价人员在他们的讨论过程中要增加他们的紧张感和压力感。在讨论到一半时，以及在得出方案后分别再告诉他们关于价格、成本、材料、人员等的变化情况，要求他们重新讨论，得出适合新情况的方案。评价人员要系统观察在具有压力和紧张的状态下，被评价人员的领导能力与领导行为等。

此外，为了考察被评价人员的用人能力与说服能力，评价人员可以给5个中层管理人员分发材料，要求他们小组讨论提拔其中的一位管理人员。

谈话及心理测验主要是由一位工业心理学家实施的，其内容与其他的心理测量和谈话法没什么差异。

第四步，评价。评价要花费两天的时间，评价人员要仔细地观察和记录与被评价人员的谈话结果、心理测验和模拟练习的结果，每位评价人员在评价中分别负责记录两位被评价人员的结果，尤其是记录被评价人员说的或做的特殊事情。在评价过程中要注意，每个评价人员不是仅仅负责某一至两位被评价人员，而是要轮流地观察每个被评价人员。

在评价进行过程中，评价人员不要对被评价人员做过多的解释性说明，而是要按标准化的程序进行。每项测验完毕之后，评价人员立即要按25个成功管理的特征，独立地做出等级（共分五等），并评论其解决问题的水平等。

这五个等级是：

5分：显著地高于成功管理者所需要的定性和定量标准。

4分：有些高于成功管理者行为的定性和定量标准。

3分：符合成功管理者行为的定性和定量标准。

2分：有些低于成功管理者行为的定性和定量标准。

1分：显著地低于成功管理者行为的定性和定量标准。

0分：没有机会表明维度。

然后，评价人员逐一讨论每位被评人员的所有测量的结果，直到确定一个大家都同意的等级为止。每位评价人员首先宣读他对被评价人员的观察记录结果，另两位则根据此结果，确定某被评价人员的维度等级。之后，才开始讨论三位评价人员所做评价的等级。在这一讨论过程中，三位评价人员可以改变他最初做出的评定等级，直到取得一致同意的等级时为止。最后，可以根据评价的目的，做一些额外的讨论，如决策能力、组织能力如何等，并可以指出进一步发展的建议和方法，这些具体意见在评价结束后可以告诉被评人员。

每位评价人员宣读结果的内容包括：被评价人员在某测验练习中的地位和

作用，观察到的与25个成功管理者特征有关的行为以及初步的维度等级。宣读的程序是：谈话法的结果、无领导的小组讨论的结果、心理测验量表的结果、公文处理练习的结果。

最终，评价人员形成了一个最终的全面评价等级，并写出进一步发展的建议，以书面的形式交给贝尔电话公司的人力资源部门。评价的结果表现为，建议人力资源部门应该录用哪一位被评价人员。对于暂未被录用的被评价人员，评价人员则需做出大约再过几年之后，就可以同样被录用的预言，供人力资源部门参考，便于有针对性地训练和培养。对难以确定的被评价人员，就暂缓做出预测，以对被评价人员负责。

15.6.5 测评流程

领导力测评可以分为以下五步：测前准备、测评设计、测评实施、报告结果、测后跟进。

（1）测评前的准备

测评前期的准备工作主要目的是促进对每个重要岗位的重点成功因素、公司本身、公司文化、当前竞争环境及未来可预见困难的深层次理解。通过这个过程，逐渐寻找到各个岗位最适合人选之间具备的共性。比如，通用电气的近几任首席执行官杰克·韦尔奇、杰夫·伊梅尔特等的性格迥异、风格不一，但通用电气在挑选首席执行官接班人时，“从挡风玻璃向前看”，而不是“从后视镜看”，从而得以真正了解公司下一任CEO必须具备的素质，并成功挑选出合适的接班人。

总之，测评前准备工作的关键在于开发被测评人员对公司环境、公司背景及定位、未来职位、战略要求的了解。此外，必须确认在上述条件下成功要具备的关键领导能力和技术能力。测评前期准备阶段常常需要公司内部若干关键人员的参与来完成，包括CEO、人力资源或者具备具体知识的关键职能或业务部门的领导。

（2）测评设计

在这一步，选择使用哪种方法来收集测评数据很重要。公司需要在为取得丰富的数据而使用昂贵、耗时的方法与取得泛化的数据而使用现成的费用低廉、操作方便的方法之间进行权衡取舍。

在不同领导层次上测评的方法并不相同。一般情况下，在公司底层，测评者会使用心理计量测试、在线网络工具结合类似商业案例模拟等方法，这些方法往往比较简便，个性化不强，因此公司可以以相对低廉的成本完成覆盖面很广泛的测评过程。

不管采用哪种方法，都要确保测评结果达到预期的信度和效度。同时还要拟定出一系列测评过程的规则，包括各种必须遵守的规范和注意事项，以保证测评过程的正常进行。

（3）测评的实施

测评实施的一个很重要的工作就是评价者的选择和培训。

评价者的组成有三种方案：

①由实际管理者组成。他们有很多的工作知识和实际经验，对被评价人员的评价意见有着很高的可信度，他们的结论容易被他们的管理者同事们所接受。

②由外部专家如管理学家、心理学家等组成。外部评价者是一个很重要的资源。因为外部人士开展的测评过程往往很全面，也更加客观，因此外部驱动的测评过程，辅以详细的指导和计划，可以促进经理人之间的对话产生更大的意义，最终，双方都会发现关注发展机遇变得更加容易，每个人都从中受益。国外的研究表明，专家在观察、记录和表达的行为上较为出色，但在对特殊工作的行为意义的解释上受多种其他因素的制约而显得略有不足。

③内外混合，即由公司内部管理者和外部专家混合组成。其优点是可以使理论和经验结合起来。通常以管理者为主，即由两名管理者加上一名专家组成。

对选用的评价者还必须经过充分的培训。评价者的培训是为了应付各种评价类别、行为的观察和评分的程序，在每个作业中所观察到的行为的类型、作业中行为的评分标准，以及他们在评价者们的讨论中综合信息的过程。培训通常进行2～5天，最多是3个星期。在培训方案中加上参与者，使之成为一名有经验的预备角色。培训计划的内容包括：①对类别有一个清晰的定义；②观察和记录的技巧；③评价的标准；④评价报告的撰写；⑤评价的程序；⑥评价过程的有关规则。

培训结束后，对被培训者进行一次考核。凡合格者才能被聘为正式的评价人员。

培训完成后，即可进入实施阶段。在开始实施时，仅仅是试验性的，使各方面的工作得以组合，各个环节得以衔接，并从中发现问题，及时予以修正完善。在通过最初的两三次试验，使整个评价过程能正常运行后，即可正式运行。

即使正式开始测评，也还需要不断地通过反馈加以改进，同时积累必要的资料和数据，以及对这些资料进行深入研究，不断提高测评工具的信度和效度，为公司筹建评价中心或已有评价中心日后进行例行工作提供基础。

（4）报告结果

报告结果考量的关键是必须保证清楚地报告三方面的内容。第一，报告能清楚解释领导者的优缺点。好的报告会附有可证明领导者优缺点的具体实例。这样的反馈信息更可能转化为行动，因为它是针对领导者可以执行的具体内容。第二，报告能够提供适当的参照能力作为标杆，便于公司及领导者把个体领导者的能力与参照能力相比较。第三，结果报告应能够为测评程序之后的开发计划提供坚实的基础。

除了测评报告的形式与内容，必须在测评过程的一开始就确定谁来参与结果报告以及报告结果的方法。如果有些人看到了结果，而领导者却认为这些人不应该看到结果，或者结果被公开，以致在领导者自己获得结果之前有人从别处获得了结果，这些事情的发展可能会让领导者感到恐慌。

取决于测评项目的性质，测评者收集到的测评结果并不相同，它可能是对顶级管理团队能力的概述，也可能是非常深入的结果分析，又或者是介于两者之间的内容。结果报告包括标杆分析、人才定位（把被测评人作为一个团队来测评，分析团队中个体的优势、弱势、领导技巧、差距及潜能等），以及接班人内部候选人的风险测评。

（5）测后跟进

很可能参与到测评项目中的每个人都会被告知自己有发展潜力的领域。最佳测评方案从一开始即包括一个为被测评人设计的开发计划——公司商业行为（如工作轮岗或国际任务）或为员工提供的学习机会（如教育、培训或领导者指导），这个计划的重要性不能被低估，因为只是指出了领导者的欠缺，然后任由领导者自我完善并不是理想的做法。推动领导者对反馈信息进行消化，才是整个测评过程的最大意义所在。在确定之前的行动的进展并识别新出现的问题时，公司往往使用360度工具进行更新测评，这些更新测评价值重大，因为它有助于让相关人员看到一位有志于改变自己行为的领导者的进步。此外，更新测评还可以成为领导者继续行动的动力，激励他们对反馈信息采取行动，因为他们知道在未来会被再次测评。

切记，测评仅代表开始，而不是结束。如果测评过程缺少一个详细的计划来帮助个体改善相对薄弱的领域，那么测评毫无意义，甚至可以说是对被测评人及公司双方的欺骗。

15.7 领导力测评量表

领导力测评量表有很多，这里我们只选取其中的两个：情商测试和心理压力测试，供读者进行自测。

15.7.1 情商测评量表（EISA）

下面这份情商自测量表（emotional intelligence self assessment，简称EISA）由美国著名临床心理学家斯蒂文·J.斯坦因博士（Steven J. Stein，PhD）等研发。斯坦文博士是心理测评和情商方面的专家，曾先后为包括美国海陆空三军、五角大楼、联邦调查局等政府部门及联邦快递等在内的众多企业提供过咨询。他同时还是全球领先的测评出版公司MHS的首席执行官。与其他测评工具相比，EISA更加简单实用易操作（想了解更多关于EISA测评和MHS公司的信息，请浏览www.pfeiffer.com或www.mhs.com）。

指导语：

EISA自我测评问卷共有50道专为成年人设计的情商测评题目。请仔细阅读每一个句子，并且从以下五个水平中选择一个水平，来说明这些句子对你描述的确切性。

1=几乎不发生，不属实

2=较少发生，不太属实

3=有时发生，有点属实

4=经常发生，比较属实

5=总是发生，非常属实

把你的答案记在每道题目的左侧横线上。请仔细回答每一道题目，不要遗漏。

__1. 当面对困难时，我喜欢收集我能够收集的所有与之相关的信息。

__2. 控制自己的愤怒对我来说是一个问题。

__3. 我能根据他人对我的反应做出合适的回应。

__4. 对我来说微笑是困难的。

__5. 在大多数情况下，我对自己充满信心。

__6. 我习惯把事情夸大。

__7. 我相信我能完成我预设的目标。

__8. 在心烦意乱的时候，我经常失控。

__9. 在向具有非常重要意义的目标努力时，我经常感到紧张、焦虑。

__10. 我克服困难的方法是脚踏实地、逐步前行。

__11. 我能及时感知到我的情绪变化。

__12. 在过去几年中我收获甚微。

__13. 周围的事物容易让我走神。

__14. 当我尝试处理问题时，我会寻求一切可能的方法然后再做出最佳的决策。

__15. 我缺少耐心。

__16. 面临问题时，我做的第一件事就是停下来思考。

__17. 即使在心烦意乱的时候，我仍旧能意识到自己发生的事。

__18. 在我尝试解决问题前，我喜欢先了解问题全局。

__19. 我的冲动经常带来麻烦。

__20. 我比较坦决（assertive，能够在不伤害他人的前提下有效地表达自己真实的想法或者情感）。

__21. 我对别人的感受比较敏锐。

__22. 我擅长察觉别人的情绪。

__23. 我有很强的自尊。

__24. 在讨论中，别人总提醒我说话声音轻一点。

__25. 我清楚我自己的感受。

__26. 为自己争取权益对我来说很困难。

__27. 人们被我吸引。

__28. 我不能够表露自己的喜爱之情。

__29. 我缺乏自信。

__30. 即使在心烦意乱的时候，我仍能够致力于手头的工作。

__31. 我清楚我的感受。

__32. 我经常被想象和幻觉冲昏头脑。

__33. 我实在不知道我擅长什么。

__34. 我擅长理解别人的感受。

__35. 我脾气不好。

__36. 面对困境，我知道如何保持冷静。

__37. 我容易暴怒。

__38. 我与别人关系处得很好。

__39. 我的自我感觉不好。

__40. 在处理问题时，我尝试思考所有我能想到的解决途径。

__41. 在做决策时，我会考虑到所有相关的因素。

__42. 我难以从正确的角度看待事物。

__43. 我会误解他人的情绪。

__44. 我难以独自做出决定。

__45. 即使面对异常艰难的困境，我仍然能够保持镇定。

__46. 我能够控制我情绪的流露。

__47. 我对于了解我自己的感受感到困难。

__48. 我通过调节自己的情绪来提高我的决策力。

__49. 我很冲动。

__50. 我很难描述自己的情绪。

评分：

请把你刚才所做的自评分数填到下一页的表格中。将每一题的分数填入表格中每一行的白色格子内。每一个白色格子内都有“（ ）”或者“6-（ ）”，请将之前你自评的分数填入其中。

当你填完所有分数后，把每一纵列的分数相加，得到五个因素的部分和。再将两个部分和依次相加，得到五个因素的总分。

注意：

如果你填写的格子中是“6-（ ）”，则要进行相应的计算再相加。如“6-（2）”，相加算总和时，这一格子代表的分数是4分。

	感知力	调控力	判断力	驱动力	影响力
1			( )		
2		6-( )			
3	( )				
4					6-( )
5					( )
6				6-( )	
7				( )	
8		6-( )			
9				6-( )	
10			( )		
11	( )				
12				6-( )	
13				6-( )	
14			( )		
15		6-( )			
16			( )		
17	( )				
18			( )		
19				6-( )	
20					( )
21	( )				
22	( )				
23					( )
24		6-( )			
25	( )				
部分和					

	感知力	调控力	判断力	驱动力	影响力
26					6-( )
27					( )
28	6-( )				
29					6-( )
30		( )			
31	( )				
32				6-( )	
33					6-( )
34	( )				
35		6-( )			
36		( )			
37		6-( )			
38					( )
39					6-( )
40			( )		
41			( )		
42				6-( )	
43	6-( )				
44			6-( )		
45		( )			
46		( )			
47	6-( )				
48			( )		
49				6-( )	
50	6-( )				
部分和					

	感知力	调控力	判断力	驱动力	影响力
总分					

计算并且画出你的测评结果：

把你之前所计算出来每一个因素的总分对应填入下面的横线。然后通过除以每一个因素的题目个数得到其平均分（精确到小数点后面两位）。

感知力：________/12=
（总分）　　（平均分）

调控力：________/10=
（总分）　　（平均分）

判断力：________/ 9 =
（总分）　　（平均分）

驱动力：________/ 9 =
（总分）　　（平均分）

影响力：________/10=
（总分）　　（平均分）

把你每一个因素计算出来的平均分填写在下面图表中“自我评分”一栏。然后在图表中依据你的平均分对应画出你每一个因素的柱状条。

感知力	自我评分	
	一般标准	3.60
调控力	自我评分	
	一般标准	3.36
判断力	自我评分	
	一般标准	3.79
驱动力	自我评分	
	一般标准	3.16
影响力	自我评分	
	一般标准	3.20

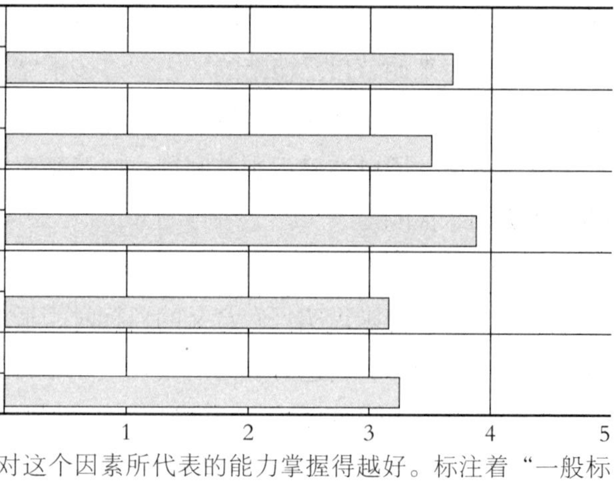

注：因素的分数越高，说明对这个因素所代表的能力掌握得越好。标注着“一般标准”的分数是代表普通人群的平均数，以供比较。

五个维度的解释：

（1）感知力

感知力是准确地识别、注意和理解自己与他人的情绪的能力。感知力是一种对情绪的意识、理解、关注的能力。其中的“情绪”包含了其他人、人与人之间关系以及环境的重要信息。这种情绪感知的能力，一方面体现于能够觉察到情绪变化的信号并准确识别情绪背后的信息，另一方面体现于能够在特定环境中运用这种感知能力。一个人越是能够准确读懂和理解自己与他人的情绪，那他就越是能够做出恰当的反应。

（2）调控力

调控力是有效地管理、控制和表达情绪的能力。这种技巧代表了一种为了更有效地工作而了解、评价和充分控制所需情绪的主观意愿和技能。管理情绪，包括能够迅速而准确地评估情绪，是情商中一个极为重要的组成部分。一个充分开发的情商可以被理解为是一种对自己情绪更准确的评估，这种准确的评估使得在面对他人时，我们能够更完善地加工和更准确地表达情绪。情绪加工的水平对于成功的人际互动是至关重要的。

（3）判断力

判断力是运用情绪管理变革和解决问题的能力。决策过程中需要关注相关环境、个体自身以及人与人之间的线索，并进行必要的信息加工。个体的心情，连同个体对线索处理的能力，将会给决策结果带来深远的影响。一个情商高的人能够清楚地意识到：利用情绪来促进对各种信息源的加工，对于决策来说是非常必要的。换而言之，应对变革和解决问题的能力实际上反映了一个人根据不同情境来调节自己情绪的能力。许多情绪，比如生气、恐惧、共鸣、开心和伤心，已经被证实对决策过程有一定的调节作用。由于这些情绪在日常生活中极为普遍，所以准确识别并利用这些情绪来推动决策流程，是一个高情商的个体必须掌握的。

（4）驱动力

驱动力是在追求现实且有意义的目标时，适当地调动情绪来提高完成目标的积极性的能力。具备这种能力的人在成功中体验到更多的快感，能够对自己的行为后果承担更大的责任，享受具有一定风险的活动，并且更喜欢得到反馈。这些以任务为导向并且做事胸有成竹的个体，状态会比较好，社会以及情绪的适应程度更高。动机与生活中的满意度、愉悦感和兴趣有关联。做事动机低更容易导致个体适应变化困难，也更容易出现工作耗竭。

（5）影响力

影响力是识别、管理和唤起自己和他人的情绪，以推动变革的能力。情绪在创造和维持人际关系中扮演着非常重要的角色。在通过对面部、身体姿势和言语信息的洞察来塑造他人的行为、想法和情绪时，个体自己的情绪成为重要的影响因素。唤起他人情绪的能力是在社交场合中最明显的情绪影响结果。你的权力、胜任力、可靠程度和亲和力取决于别人对你情绪信息的推测理解。别人所读到的情绪可能影响到目前他们与你的互动，同样也会影响到将来你们之间的关系。情绪表达的形式、频率和强度对社会交往的广度和深度有着巨大的影响，也对一个人的社会影响力起着不同的作用。情绪的表达在创造人际关系时扮演着重要的角色，一个人的情绪可能鼓舞他人达到更高的目标、影响他人的创造力并且加强合作。

15.7.2 心理压力测试量表（PSTR）

下面这份量表供读者测量自己目前正承受的压力程度。

说明：

适度的压力有助于提高学习效率，但过度的压力会危害人的健康，人们所承受的压力适当与否可以通过测试表来了解。用大约10分钟时间答题，不要在每一题上花太多时间考虑。回答完毕请把总分加起来，然后从分数解释表上找到你的总分所在位置，并认真阅读后面的解释。仔细考虑下列项目，看它究竟有多少适合你，然后将你对每一项目的评分，根据下面的发生频率表列出来。

频率：总是——4　经常——3　有时——2　很少——1　从未——0

项目：

___1. 我受背疼之苦
___2. 我的睡眠不足且睡不安稳
___3. 我有头疼病
___4. 我额部疼痛
___5. 若须等候，我会不安
___6. 我的后颈感到疼痛
___7. 我比多数人更神经紧张
___8. 我很难入睡
___9. 我的头感到紧或疼
___10. 我的胃有病
___11. 我对自己没有信心
___12. 我对自己说话
___13. 我忧虑财务问题
___14. 与人见面时我会窘怯
___15. 我怕发生可怕的事
___16. 白天我觉得累
___17. 下午我感到喉咙痛，但并非由于染上感冒
___18. 我心情不安，无法静坐
___19. 我感到非常口干
___20. 我心脏有病
___21. 我觉得自己不是很有用
___22. 我吸烟
___23. 我肚子不舒服
___24. 我觉得不快乐
___25. 我流汗

___26.我喝酒

___27.我很自觉

___28.我觉得自己像要四分五裂

___29.我的眼睛又酸又涩

___30.我的腿或脚抽筋

___31.我的心跳过速

___32.我怕结识人

___33.我手脚冰凉

___34.我便秘

___35.我未经医师指示使用各种药物

___36.我发现自己很容易哭

___37.我消化不良

___38.我咬指甲

___39.我耳中有嗡嗡声

___40.我小便频密

___41.我有胃溃疡

___42.我有皮肤方面的病

___43.我的咽喉很紧

___44.我有十二指肠溃疡病

___45.我担心我的工作

___46.我口腔溃烂

___47.我为琐事忧虑

___48.我呼吸浅促

___49.我觉得胸部紧迫

___50.我发现很难做决定

结果评价：

93分及以上：表示你确实正以极度强烈的压力反应伤害着你自己的健康，你需要专业心理治疗师给予一些忠告，他可以帮助你消减你对压力的知觉，并帮助你改善生活的品质。

82~92分：这个分数表示你正承受太多的压力，它正在损害你的健康，并令你的人际关系发生问题。你的行为会伤害自己，也会影响其他人。因此，对你来说，学会如何消减自己的压力反应是非常必要的。你可能必须花时间做练习，学习控制压力，也可以寻求专业的帮助。

71~81分：这个分数显示你的压力程度中等，可能正开始对健康不利。你可以仔细反省自己对压力如何做出反应，并学习在压力出现时控制自己的肌肉紧张状况，以消除生理反应。好老师对你有帮助，要不然就选择适合你的使肌肉松弛的录音带。

60~70分：这个分数指出你生活中的兴奋与压力也许是相当适中的。偶尔会有一段时间压力太大，但你也许有能力去享受压力，并且很快回到平衡状态，因此对你的健康不会造成威胁。做一些松弛训练仍是有益的。

49~59分：这个分数表示你能够控制你自己的压力反应，你是一个相当放松的人。也许你并没有将所遇到的各种压力解释为威胁，所以你很容易与人相处，可以毫无惧怕地承担工作，也没有失去信心。

38~48分：这个分数表示你对面对压力不为所动，甚至不把它们当一回事，好像并没有发生过一样。这对你的健康不会有什么负面影响，但你的生活缺乏适度的兴奋，因此趣味也就有限。

27~37分：这个分数表明你的生活可能是相当沉闷的，即使刺激或有趣的事情发生了，你也很少有反应。可能你必须参加更多的社会活动或娱乐活动，以增加你的压力激活反应。

16~26分：如果你的分数值落在这个范围内，也许意味着你在生活中所经历的压力经验不够，或是你没有正确地分析你自己。你最好更主动些，在工作、社交、娱乐等活动上多增加些刺激。做松弛训练对你没有什么用，但找一些辅导也许会有帮助。

如果你的分数在43~65之间，那么你的压力是适中的，不必寻求改变生活状态；如果你的分数低于43或高于65，那表示你可能需要调整生活状态。低分者需要更多的刺激，高分者需要减轻压力。

【案例分析】

领导力开发的最佳实践
——通用电气的韦尔奇领导力发展中心

一、概况

1. 发展历程

通用电气（GE）成立于1878年，创始人是著名的发明家爱迪生。GE是业界公认的领导力开发的“黄埔军校”“世界级的CEO摇篮（高峰时世界500强企业的CEO中有1/3左右来自GE）”。

GE是一家多元化的科技、媒体和金融服务公司，致力于在每个行业取得数一数二的地位。它拥有30多万名员工，2014年世界500强排名第27，全球市值排名第8位。现任董事长及首席执行官是杰夫·伊梅尔特（杰克·韦尔奇的继任）。

GE的全球领先和可持续发展，很大的功劳要归于其人才战略，归于GE韦尔奇领导力发展中心。

GE克劳顿培训中心（即大家熟知的“克劳顿村”）创立于1956年，是世界上第一家大公司的商学院，位于纽约州哈得逊河谷，是GE高级领导干部成长的摇篮，而《财富》杂志称之为“美国企业界的哈佛”。

20世纪50年代，克劳顿培训中心建立了第一个合作培训课程，为参加的团队领导者提供理论上的培训，目的是使每个人明白GE的业务是什么、业务怎样运行。

80年代，GE发展迅速，GE的领导力培训内容也朝多元化和丰富性方向发展，形成了领导力开发的序列项目，引入了行动学习法。

80年代中期，GE时任CEO韦尔奇认识到要改善领导力发展，需要建立一条有效的管道支持他的变革，于是对克劳顿村进行了大规模的改造。在所有部门削减成本的时候，GE投资4 500万美元改善了克劳顿村的设施，并且对克劳顿村的目标、内容和方式进行了彻底的改革。

在韦尔奇对克劳顿村进行改造的过程中，他对新一代GE领导者提出了五点要求：变革组织、开发全球的产品和服务战略、发展战略联盟、全球协调和整合以及全球化配置人员和开发人才。

可以看出，韦尔奇对新一代领导者的要求突出了“全球化”，这一新要求已经融入了克劳顿村的领导力开发的具体项目。GE领导力发展中心具有服务全球的功能，它在世界各地都聘有员工，将在克劳顿村所建立、推广的公司领导力发展系统（CLD）带到GE的全球网络中去。

公司领导力发展系统的课程设置通过经常性的需求调查，通过公司的高层战略会议等收集信息，来决定自己的方向。由于这些系统和课程都是建立在对GE的12个主要业务需要的基础上的，又常常与GE的变革项目紧密联结，因此得到了各层次领导者的支持。

90年代以后，特别是2000年以来，GE的领导力开发项目向全球更大的范围延伸，2003年在中国设立了教育培训中心。GE在编排课程的时候试图做到课程在所有国家保持一致性。

2001年9月，该培训中心被重新命名为约翰·韦尔奇领导力发展中心。

2002年，伊梅尔特在长达118页的年度报告中说，在其他公司纷纷削减培训预算时，GE增加了培训预算，并推出旨在培训新一代客户导向型领导者的商业领导者培训项目。现在，GE每年用于员工学习和培训的开销有10亿美元。

纵观克劳顿村60多年的发展历程，可以看出它始终得到了公司最高层的厚爱，同时也为最高层的战略实施发挥了巨大的推动作用，如表15-8所示。

表15-8 克劳顿村的发展历史

20世纪50年代 初创阶段	20世纪80年代 重生阶段	20世纪90年代 全球化推动阶段	21世纪 未来导向阶段
· GE培训中心成立，开始了为期13周的高级管理培训项目 · 开始编写管理蓝皮书	· 韦尔奇开始实施重大组织变革 · 形成核心领导力开发序列项目 · 开始引入行动学习法，研究GE真实的业务问题，学员进入真实生活实验室	· 克劳顿村形成三个新的发展目标（帮助公司全球化运作更加成熟、帮助开发技术和业务技能、帮助开发领导力）	· 中心被重新命名为约翰·韦尔奇领导力发展中心 · 建立中国教育培训中心（美国之外最大的培训中心） · 推出后MBA领导力开发项目，培养未来商业领导者

2.使命与宗旨

GE韦尔奇领导力发展中心有着明确的使命：创造、确定、传播公司的学识，以促进GE的发展，提高GE在全球的竞争能力。具体地说，就是为GE员工的成长与发展提供培训，向GE各业务部门传播最佳实践、公司的举措以及学习的经验，传播公司的文化与价值观。

二、运作模式

1.学院组织设置

GE克劳顿村独立于其他任何部门，直属于GE总裁。克劳顿村的院长由GE总裁直接任命，一般聘请著名大学的知名教授担任。

随着GE的业务不断向全球扩展，克劳顿村的企业领导人员管理培训项目已经在全球展开，目前在欧洲、亚洲和拉美都有管理培训机构，从而加强了对全球员工的培训与发展。

2.课程设置

克劳顿村的课程分三类：

第一类是专业知识类，如财务、人事管理、信息技术等，其目的是使GE

员工在某一技术领域更精专、更深入。

第二类是针对员工职业生涯某一发展阶段而设计的课程，如新经理发展课程、高级经理课程、高层管理人员发展课程等。这就是GE最有特色的领导力开发体系课程。

第三类是为推广全公司范围的举措而设置的课程，如六西格玛培训、变革加速进程等。

在这里，培训的主要理念是“讲究实战”。在每门课程中，学员都被要求以行动为导向，带着问题来参加学习，学完之后还要带着行动计划回去；另外，强调案例研究，强调传播GE的实际经验与最佳做法。在一些课程中，业务部门的领导者会拟出具体的项目让学员去做。在一定的情况下，还组织学员与业务部门一起针对实际问题开展研究与讨论。

3.讲师选拔

由于GE注重实战培训，因此，克劳顿村的讲师有一半来自企业内部，是GE的领导者，而且是那些最出色的领导者。其中教授领导力的讲师大部分为GE的领导者。外部讲师也都是具有丰富实践经验的大学教授（35%）或顾问（15%）。

所有这些讲师的课程都由学生来评估和反馈，再用这些反馈去改进讲师们的课程。GE每年都会对这些结果进行总结，选出最好的20%的讲师和最差的10%的讲师，对最差的10%的讲师直接解聘，并寻找更好的讲师来替代。

如果讲师是GE的领导者，因为他们大多数不是教授，没有专业的教学经验，因此领导力发展中心会帮助他们改善教学设计，帮助他们把课程和模块开发出来，让他们能够更好地传授经验，或者直接安排那些更加擅长教学的领导者。

另外，中心的讲师也会对中心的支持人员进行评估，评估他们的工作质量，看课程设计是否得当，是否与讲师协同工作等。

三、特色项目——领导力发展体系

GE克劳顿村最有特色的项目是领导力发展体系。

1.领导力开发的“双W”矩阵

20世纪80年代，GE处于全球化的快速发展阶段，也是领导力开发的关键阶段。其沿用至今的许多开发框架和方法论基础都是那个时候开发出来的，“双W”矩阵就是那个年代的成果，如表15-9所示。

表15-9 **领导力开发的“双W”矩阵**

	发展全球化的成熟度和精细化	发展技术或业务技能	发展领导能力
业务领导者			
职能领导者			
成熟的经理人			
新任的经理人			
职能部门贡献者			
新入职者			

矩阵左侧是开发对象（who），上侧是领导力开发的内容（what），这样就构成了所谓的“双W”矩阵。从开发内容看，对于每一层级的开发对象，GE都是从全球化相关能力、技术或业务技能及领导能力三个方面加以考虑，只不过对于职业发展不同阶段的人，其能力要求的等级和具体内容有所不同而已。依照这个矩阵，GE逐步推演出了分别五个阶段发展领导力的项目体系（如图15-2所示）。

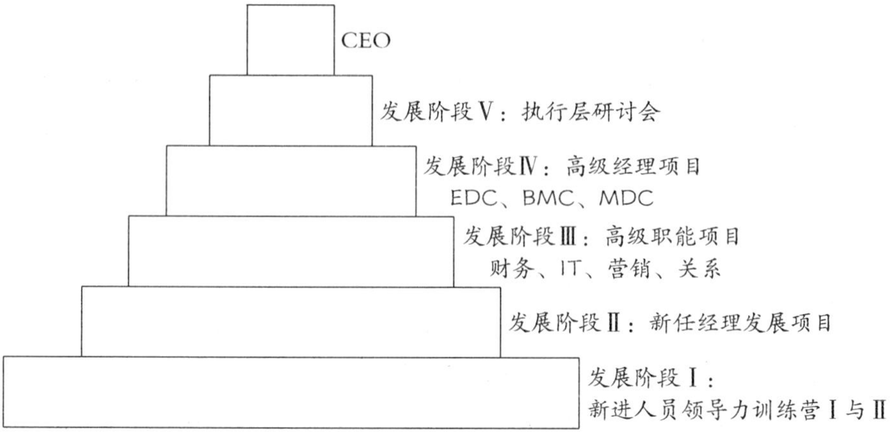

图15-2 五阶段领导力开发项目序列

GE极其庞大的人才培养体系将领导人的培养分为五个阶段：

第一阶段：新进人员领导力训练营（CELC Ⅰ and Ⅱ）

CELC（corporate entry leadership conference）Ⅰ and Ⅱ可以称为新进人员领导力训练营。每年大约有2 000名从校园招聘来的大学生进入GE，在入职的头3个月内他们要到克劳顿村学习全球竞争课程（讲授如何在全球市场赢得成功），学习GE赢的战略，学习GE主动求变的价值观。其间，每个人还要参加GE价值观的考试。新进人员每100人分为一个大组，由执行层人员、辅导员和人力资源高级经理教授及带领这些新来的人员。

第二阶段：新任经理发展项目（new manager development program）

每年有超过1 000名的新任经理来到克劳顿村学习如何在GE从事管理和领导工作。通过领导力调查，他们从自己的直接上司那里获得自己领导力状况的反馈，并以此为根据制订有针对性的领导力提升计划。这一阶段将学习新任经理人所需的人员管理软性技能，包括招募员工、评估部下绩效、开发和激励部属，还包括建设团队的技能等。

第三阶段：高级职能项目（senior functional program）

这个项目为高级职能经理所设。他们来参加数周自己所属职能领域的领导力发展课程，内容包括市场营销、财务、信息系统、人力资源、工程与制造等。

所有的培训计划都包括变革项目，有的变革项目还要求参训者的高级直线经理（参训者的上司或主要客户）在克劳顿村待上几天一起攻克项目难题。对职能领域现实的改变和领导力的提升是这个阶段培训计划不可缺少的内容。

第四阶段：高级经理项目（senior executive program）

这个阶段实际上分三次在5~8年的时间内完成，每次包括一个为期四周的高级经理人项目。这些项目整合了户外领导力挑战体验项目、顾问团队项目和CEO项目。其中的业务管理课程是采用行动学习法的一个典型项目，在下文将详细介绍这个项目的具体操作方法。

第五阶段：执行层研讨会（officer workshop）

执行层研讨会定期举行，参加人数为20~30人，就若干新的全公司范围内的问题进行数天的研讨。CEO经常会积极参加这个活动。

2.经典项目详解：业务管理课程（business management course，BMC）

业务管理课程是GE克劳顿村采用行动学习法后推出的经典培训项目，该项目的方法论影响了GE其他项目的运作方式，也影响了世界上其他企业大学在领导力开发过程中的操作方式。

该课程最初推出时，为期四周，对象是高潜力和高水平的中层管理人员，课程聚焦于“开发市场导向的业务战略”和“建设领导力和团队技能”两个方面。

BMC行动学习的核心是将一个真实的跨职能部门的业务问题与团队发展项目结合在一起。这已经不是业务游戏和模拟，问题的情境是真实的，学习成果用于参与者工作实际的转化率非常高。GE公司旨在将优秀的智力投入到解决公司真实业务问题方面。

（1）BMC行动学习模型

实施BMC项目，实际上有理论上的指导，这就是行动学习模型。如图15-3所示。

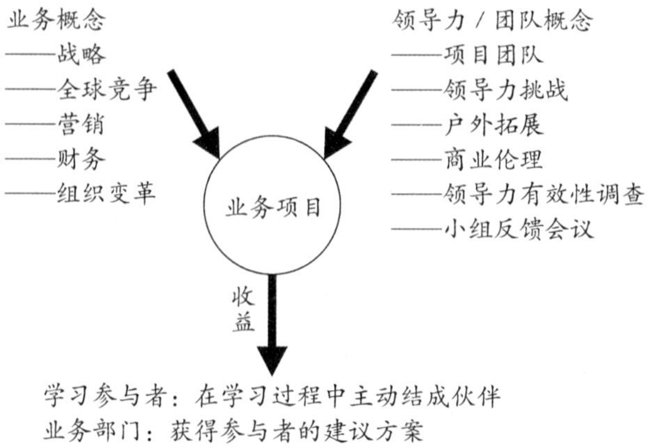

图15-3　BMC行动学习模型

行动学习首先是要了解理论和概念，然后利用理论和概念模型去解决实际存在的问题。这在BMC课程的四个目标上得到充分反映：目标1——促使参与者学习、应用业务概念和技能去解决GE存在的一些真实业务问题；目标2——为GE一些重要业务问题的解决提供帮助；目标3——帮助参与者发展领导高绩效跨部门团队所需要的领导技能和团队技能；目标4——帮助参与者应用新的业务和领导技能开发他们自己工作环境中的个人行动计划。

（2）BMC课程具体安排

经典的业务管理课程为期四周，围绕解决一个GE存在的真实业务问题而展开，形成一个建议方案，如表15-10所示。

表15-10 **BMC课程概览**

周次	星期一	星期二	星期三	星期四	星期五
第一周	领导力与团队建设	业务战略	全球竞争	财务分析	
第二周	领导力与团队建设	营销战略	领导力与组织变革	公司与个人伦理 业务项目导入	业务项目筹备
第三周	项目团队在业务现场开展项目				
第四周	准备建议方案陈述稿	向业务负责人陈述建议方案及获得反馈	团队反馈会议及回收领导力有效性调查问卷	制定项目前景及准备个人行动日程表	小组内分享个人行动日程表
6～8个月后	团队关于业务问题建议方案实施情况的反馈	个人行动计划执行情况后续研讨			

第一至二周，为行动学习打基础。首先，来自商学院的讲师提供一系列先进的理论和方法，范围包括战略营销、财务规划、竞争分析和组织变革等。

从第二周后半周开始，项目将集中于应用学到的新知识和发挥团队集体经验去处理GE真实的业务战略问题。参加者被分为6个组，每组5~6人，共有3个业务项目，每一个项目由2个组来完成，并且是独立完成。这样，一方面会出现2个组之间的竞赛，另一方面业务部门可以同时取得解决一个问题的2种不同的建议方案。克劳顿村的工作人员与业务部门的负责人一起选择参训者要完成的项目。GE营销咨询部（GE’s corporate marketing consulting services）会准备一系列资料，包括严谨定义的问题描述、问题定义和背景资料。用1~2天阅读完项目资料后，团队要制订项目计划、准备访谈提纲等。

第三周，到业务问题所在的业务部门的总部，花费一周时间开展调研和诊断。在这一周时间内，项目组成员可以访谈所有关键的管理者，包括业务负责人，可以自由查阅所有财务和营销数据，可以去现场与客户直接交谈。

第四周，项目组带着他们的发现和建议书草案重新回到克劳顿村，先由外部顾问评审他们的建议书草案，找出分析的差距。由于编制这些建议方案的目标是实施这些方案，因此，顾问会与项目组一起保证陈述的方案不会遇到任何可能的障碍。

第四周的周二，每个组有90分钟的时间陈述自己的建议方案，参加评审的有与该业务问题相关部门的高级经理和公司负责运营的高级副总裁。

数据显示，最后有半数的方案得到了实施。

（3）后MBA领导力培训项目

GE吸引了大批MBA的加盟，对于这些入职者，GE推出了一种针对MBA的领导力培训项目。这是一种高度结构化的项目，包括工作任务轮换和在GE集团完成快速全面的职业生涯体验等部分。

在这个项目中，MBA将接受范围极广的进阶式训练，将学习GE的价值观和获得成功的必要行为方式，总共有四种具体的培训项目。如表15–11所示。

表15–11　**GE后MBA领导力培训项目组合**

项目名称	针对对象
成熟商业领导力项目 experienced commercial leadership program (ECLP)	不分入职前的工作背景，主要针对未来工作在“以客户为导向”的销售和市场部门的MBA
HR领导力项目 human resources leadership program (HRLP)	主要针对未来在人力资源部门工作的MBA
风险管理领导力项目 risk management leadership program (RMLP)	针对具有金融、会计、商务背景和将在GE风险管理领域工作的MBA
再生能源领导力项目 renewable energy leadership program (RELP)	主要针对在GE风力能源领域寻求发展的MBA

后MBA领导力培训项目由伊梅尔特亲自发起和推动。这可能与他自己曾在哈佛大学商学院攻读MBA有关。推出这个项目是为了保证GE拥有庞大的有潜力的和受过良好教育及训练的商业领导者人才库。这些领导力开发项目为MBA提供了良好的事业基础，为全世界各地的优秀企业所认可。

（4）管理培训生项目

管理培训生项目是GE强大而出色的培训发展体系中一个重要的组成部分，是培养未来领导人的摇篮，它针对应届毕业生及具有2~3年工作经验的人员。管理培训生项目主要分为三类，即财务管理培训生项目（FMP）、信息管理领导力培训生项目（IMLP）和运营管理领导力培训生项目（OMLP）。其中FMP是GE历史最久、最具规模的培训项目之一，最早可追溯至1919年，在全球30多个国家和地区展开，将具备高素质和高潜力的个人培养成为兼具专业技术和战略思维的财务管理人才。

管理培训生项目在GE选人与育人、用人与留人几个方面都发挥了重要作用，在人才培养方面颇有独到之处，是许多公司学习如何培养人才的典范，大有借鉴意义。其重要做法是"工作轮岗+学中干，干中学"。

管理培训生项目实际上是一个针对早期职业生涯的培训计划。"工作轮岗"是该项目中的一大特色，培训生在培训期间要到各个不同的部门进行轮岗实习，毕业以后将会成为GE的财务、商业及信息管理的高级管理人员及领导人才。

轮岗实现了GE对培训生的职业生涯管理，促进了员工的职业发展，从而有效推动了员工职业生涯目标的实现。对于很多培训生来说，这是项目最吸引他们的地方，通过轮岗可以获得多于普通员工的学习机会。

如FMP项目的整个培训期为两年，其间培训生需要经历四次为期半年的轮岗，即在GE不同的业务集团中从事四种不同的财务工作，部分培训生还有出国轮岗机会。

"学中干，干中学"是另一项有效的培训措施。大部分管理培训生刚刚从大学校门走出来，到了GE等于又走进了企业大学的校门，参加管理培训生项目就像读一所新的大学，有非常完善的课程安排和考试制度，同期招收的一批培训生被叫作"一届"。

在FMP项目中，培训生们要学习财务专业实务并接受领导力的培养，他们要接受两年四个不同业务部门的工作轮训，在工作的同时，四个学期中每学期都会被安排一门财务专业课程，如基础会计、财务运营、财务控制、财务战略等。

第二个学期结束之前，培训生们必须要通过GE的绿带培训（green belt）课程考试。从第三个学期开始，增加一门领导力培训必修课——领导力基础培训课程（FOL），管理培训生从中学习领导力的基础知识和技巧。为了学好每一门课程，培训生们需要进行大量的在线或书本自学，每个学期有三次集中授课和三次考试，每次考试又分为笔试和演示两部分。期末平均分若低于80，属于"不合格"，将被留级或淘汰。

考试分数并不是衡量培训生们的唯一标准，GE更看重管理培训生在每个岗位上的工作表现。在工作中，培训生的直接上级主管会给他们很多锻炼机会，让他们承担一定的工作责任和压力。他们经常有机会参加一部分与高层领导的圆桌会议，从中受益匪浅。

在工作中学到的东西和积累的经验不仅会给培训生个人的发展带来很大价值，同时这种边学边干的培训模式也有利于加强大家之间的沟通和交流，有利于分享心得和互相学习。

为FMP讲授财务课程的老师绝大多数也是FMP项目的毕业生，他们已在GE各个部门担任高级财务负责人，“学长”们的参与本身对尚未毕业的培训生们就是一种鼓舞和激励。

（5）领导力开发的其他特色做法

GE在开发领导力方面，除了上述项目体系外，还有以下富有特色的做法：

①经理人年度开发计划 。在GE，每位经理人都有年度开发计划，这些计划的依据是未来一年的培训需求，因而，从时间维度上讲，这些开发计划是未来导向性的。从内容上看，这些开发计划以“领导力”为导向，内容包括职能技能训练和开发，也包括商务技能训练和开发，当然还包括领导技能训练和开发。

②教练与导师制 。在GE，采取激励教练（coaching）与导师制（mentorship）的形式进行培训。GE既鼓励正式的教练和导师辅导行为，也鼓励非正式的教练和导师辅导行为。在GE，所有的经理人都对辅导下属充满热情。一个新的经理人可以要求有一个导师，他可以在本地区也可以在全球范围内进行挑选。辅导对象与导师定期进行接触，他们可以从导师处得到宝贵的职业经验，也可以得到业务或日常工作方面的指导和建议。

③寻找有成长特质的后备领导人才 。GE不仅重视领导力开发，同时，他们在寻找高潜质领导人才方面也不遗余力。GE认为，有高成长特质的人才比已经有成就的人才更值得重视。GE对领导人才持非常开放的态度，有点英雄不问出处的味道。他们看重的不是一个人的知识丰富程度，不是他们已有的成就，他们看重的是一个人的成长特质（growth traits）。GE认为，一个有成长特征的人有以下四个特点：客户导向（being customer focused）；思路清晰（clear thinking）；有想象力（imagination）；有勇气（courage）。GE看重的这四点都属于一个人的内在特质，这些特质是比较难培养的，相对来说，知识和技能比

较容易培训。

④灵活的职业转换。GE在关注经理人培训和开发需求上是首屈一指的，具体的表现是GE能够给予这些经理人非常灵活的职业生涯发展机会。由于GE在100多个国家和地区运作业务，产业范围覆盖了商业、消费者金融、工业用品、医疗用品和娱乐业等，因此，一个员工不出GE就可以到不同地区和不同行业灵活转换自己的职业。这么多的机会在其他企业是无法得到的。这无疑增加了GE对优秀人才的吸引力，也给GE领导力开发中心进行既有深度又有广度的轮岗设计提供了可能。由于GE得天独厚的条件，大跨度的轮岗和安排富有挑战性的任务就成为GE领导力开发的一个特点。

⑤两年一次的管理者换岗工作。GE的理念是：一个成功的领导者应该可以完成更多的任务。只有通过了流水线的层层“加工”，才有可能去独立管理GE的一个部门甚至整个企业。用基础生产中的流水线加工方式培养具有超强领导力的领导者，正是GE的独家法宝。自韦尔奇时代开始，GE就倡导全体员工的工作延伸，即两年一次的换岗，通过不停地轮换岗位，以实现对全局业务的熟悉和对工作的把握。尽管伊梅尔特认为员工应该做行业专家，尽量减少变动，但管理人员的换岗制度却一直都未动摇。在GE，一个合格的领导者必须至少熟知三种业务的工作状况和市场、销售两个主要阵地。管理者通常会在GE的六个核心业务部门中（商务融资、基础设施、工业、医疗、NBC环球、消费者金融）选择三个外加以及两个职能部门进行轮岗工作。不断的轮岗使高潜质领导者脱颖而出，并促进领导者快速成长，轮岗制成为GE名副其实的领导人员“生产线”。

⑥接班人计划 。GE有一个传统，认定衡量一个领导者成功的标志，不仅在于他任期内创造了多少业绩，而且在于他能否选出一位优秀的接班人，保证GE公司的持续发展。通过考察GE历任领导者不难发现，他们的性格、处事方式、管理态度往往在相邻的两届上截然不同，但GE却“没有选错一次接班人”，究其原因，就是因为GE拥有优秀的、已经制度化的接班人计划。这种接班人计划保障了GE的领导者特质能够延续和继承。现在的GE，从总裁到中层管理者，每个重要岗位都必须实施“接班人计划”。候选接班人的确定机制灵活，名单实施动态管理，随着每年员工的绩效考核情况作适时更新。

由此可见，克劳顿村最大的特色就是领导力发展体系，这个体系影响了全世界企业管理者的培训体系。而公司最高层的重视则是克劳顿村之所以成功的首要因素。教育事实上已经深深植根于GE的企业文化之中了，而且已经成为GE企业文化的基本组成部分（苏珊·彼得斯，GE首席学习官，2010）。

四、成立中国“克劳顿村”

2003年，GE在上海建立了教育培训中心（China Learning Center），它成为除美国本土之外GE最大的培训中心，大家都称之为“中国克劳顿村”。

GE中国培训团队致力于满足GE在中国员工的培训、发展和教育需要，并应要求向中国和亚洲其他国家的员工提供中国“克劳顿村”的设施与资源。

中国“克劳顿村”的主要目标是：

· 保证新员工尽快融入GE，清楚了解GE文化并认识到诚信的重要性。

· 培养后备领导人才，以满足中国未来业务发展对领导人才的需要。

· 保证员工掌握高效完成本职工作所需的职业技能。

· 通过提供分享信息和最佳实践的适当机会，努力发展与客户和供应商的合作关系。

中国克劳顿村一直在为达到以上目标不懈努力。随着克劳顿村各领域标准化新课程的推出，中国克劳顿村积极加强了本地培训师的认证，很多课程可以同时用中、英文教授。除了公司总部的标准化教材，中国克劳顿村还为满足本地特殊需要开发或安排专门课程。

虽然很多课程都放在上海的培训中心，但中国克劳顿村的培训师常应各业务集团的要求到各地讲课或提供咨询。精明的中国克劳顿村人懂得，在有些情况下，一两个讲师旅行比很多学员旅行要经济得多，但中国克劳顿村的主人还是鼓励学员尽量到上海来上课，因为在这里他们可以体验到克劳顿村的氛围，并与来自其他业务集团的员工和领导们进行交流，而这在培训中是非常重要的。

中国克劳顿村由专业培训人员和行政支持人员组成。专业培训人员都具备教育和公司管理两方面的经验，很多还曾在中国以外的其他国家学习或工作过。支持团队始终以客户为中心，认真组织和协调培训课程，给学习者营造一个最理想的学习环境。

中国克劳顿村领导力开发系列课程的设置如表15-12所示。

表15-12　**中国克劳顿村领导力开发系列课程**

<table>
<tr><th>类别\级别</th><th>新任经理</th><th>成熟经理</th><th>高级经理</th></tr>
<tr><td>领导体验（leadership experiences）</td><td>· 领导力基础课程（foundations of leadership，FOL）
· 开始你的领导之旅（activating your leadership journey，ALJ）
· 个人领导策略（personal leadership strategies，PLS）
· 领导力开发课程（leadership development course，LDC）
· 管理在通用电气（managing at GE，MGE）</td><td>· 提升领导力表现课程（advanced manager course，AMC）
· 经理发展课程（manager development course，MDC）
· 资深经理挑战（experienced leaders challenge，ELC）
· 完美团队（intact teams）</td><td>· 业务管理课程（business management course，BMC）
· 领导力、创新和成长课程（leadership, innovation and growth，LIG）
· 高级管理人员培训课程（executive development course，EDC）
· 领导力探索（leadership explorations）</td></tr>
<tr><td rowspan="2">领导技能（leadership skills）</td><td colspan="3">课堂教学课程，共11门。包括：突破式领导（breakthrough leadership，BL）、变革加速进程（change acceleration process，CAP）、项目管理（project management at GE，PM）、群策群力（Work-Out™ at GE，WO）等</td></tr>
<tr><td colspan="3">在线学习课程。随选即用，员工可以通过自己的计算机每周7天、每天24小时学习这些在线课程，课程内容覆盖了从管理技能到项目管理技能的广泛议题。此外，还有大量视频材料、大量可供下载学习的材料等作为员工领导力学习的基础</td></tr>
</table>

其中，MDC、BMC和EDC这三门课程持续三周，是GE的品牌课程，从20世纪60年代就开始提供了。LIG课程为期一周，是2006年春季启动的项目，是GE首次推出的高层领导团队的培训项目。课程采用行动学习方式，要求团队为自己企业的增长制定三年发展战略。

五、GE的行动学习法

行动学习法是GE领导力培养的一个特色和优势。GE在20世纪80年代开始使用行动学习法。行动学习使得GE的员工能够在解决实际问题的过程中学习和应用新技能，例如，团队建设、冲突解决、问题解决、教练和引导等技能，并了解变革管理的方法和工具，以及沟通的方法。在过去的30多年中，GE公司通过行动学习使自己成为一个学习型组织，并取得了以下成果：

（1）无边界组织，员工更容易跨越边界和业务单元开展工作。

（2）快速决策和执行。

（3）将控制型领导风格降到一定的水平。

（4）员工参与度及士气提高。

（5）承担更多风险的管理意愿。

（6）削弱了“分析瘫痪”的文化。

（7）更加开放地对话，增进员工间的信任。

（8）减少层级负担的影响。

为了成功解决问题，GE为所有行动学习项目制定了下列准则：

（1）每个行动学习项目都需要有持续的、高层次的拥护者，否则，该项目就不能做。

（2）每个行动学习小组应该有一个真正的业务问题或机会，且其定义和范围被很好地确定下来。

（3）对于每个行动学习小组的最终结果和成功来说，质量规划的时间非常关键。

（4）通用电气的领导者和行动学习小组成员对行动学习必须有一个强有力的承诺。

（5）在整个行动学习持续期间，持续地跟踪工作至关重要。

（6）保持员工参与实施非常重要，而且必须建立一个检查点流程。

（7）领导者必须确保员工获得实施行动计划所需要的支持。

（8）必须确保不会与组织中其他正在进行的工作有所重复。

（9）发起人应该对行动学习小组提出的建议做出积极响应，除非他们的行为是非法的、不道德的、出格的，在这种情况下，发起人需要修正这项建议。

（10）在给行动学习小组布置任务之前，应该对什么可以改变、什么不可以改变有明确的界定（财务、人员数量、技术改进、客户等）。

（11）高层管理人员对于行动学习是如何运作的应该有一定的理解并适应。

案例思考题：谈谈对通用电气克劳顿村领导力开发实践的心得体会。

本章小结

领导力已经成为管理界最热门的词汇。众多研究都是以领导力情境特征为理论基础开展的，试图以发展性观点来看待各级领导力。研究表明，行动学习是企业常用、最有效的领导力开发工具之一。

行动学习，就是一组人共同解决真实的问题并从中学习的过程。其最吸引人之处是它独特的优势，即以最小的成本，在解决复杂问题的同时发展组织和个人的能力。

行动学习有六个要素：问题、小组、质疑、行动、学习和教练。当所有六个要素齐备，即既有学习又有行动时，行动学习的威力就达到了顶峰。

在组织中引进、实施和持续运用行动学习需按步骤进行。中国企业要成功实施行动学习，必须走出将行动学习工具化、单一化、西式化和表面化等误区。

领导力测评是一个系统的过程，不能把这个过程等同于测评工具。测评是一个审慎、严谨的过程。测评不只是遴选工具，更应是开发工具。

领导力测评的三个关键是：测评手段的战略性、测评人员的专业性和高层管理的参与性。两大原则是：讲求信度和效度。四类内容是：任职资格类、领导素质类、个人特征类和企业特征类。两大方法是：定性法和定量法。要公正、准确地考核领导者的素质水平，必须把定性法与定量法有机地结合起来使用。领导力测评中用得最广的方法就是面试或访谈。

评价中心是建立在领导有效性行为理论基础上的一种选拔管理人员的方法。在运用评价中心技术对管理人员进行评价时，有多个评价人员使用多种评价技术，如情境模拟、角色扮演等主客观人事评价方法。行为事件面试（BEI）是其中信度和效度都高的测评方法。领导者要借鉴国外的先进技术，结合中国的实际情况，建立有中国特色的评价中心。

领导力测评可以分为以下五步：测前准备；测评设计；测评实施；报告结果；测后跟进。测评仅是代表开始，而不是结束。如果测评过程缺少一个详细的计划来帮助个体改善相对薄弱的领域，那么测评毫无意义。

领导力测评量表有很多，领导者可以应用书中提供的两份测试（情商测试和心理压力测试）进行自测。

思考题

1. 简述常用的领导力开发途径。

2. 概述行动学习的六个要素。

3. 结合本公司实际情况，试述开展行动学习的步骤和成功要素。

4. 试述领导力测评的意义和内容。

5. 简述领导力测评的主要方法和注意事项。

6. 举例说明评价中心技术在领导力测评中的应用。

参考文献

［1］俞文钊．领导心理学[M].上海：上海人民出版社，1987.

［2］俞文钊．领导心理学导论[M].北京：人民教育出版社，1993.

［3］俞文钊．现代领导心理学[M].上海：上海教育出版社，2004.

［4］俞文钊．管理心理学[M].台北：五南书局，1994.

［5］俞文钊．管理心理学[M].3版，4版，5版．大连：东北财经大学出版社，2008，2012，2014.

［6］俞文钊，刘兆明．人力资源管理心理学的理论与实践[J].应用心理研究（中国台湾），2007（35）.

［7］迟毓凯．领导心理学[M].广州：暨南大学出版社，2012.

［8］赵世明．领导心理学[M].北京：开明出版社，2012.

［9］曾莉．情商15课：人生早晚都要补的课[M].北京：中信出版社，2012.

［10］韦尔索 E，等.CCL领导力开发手册[M].徐中，胡金枫，译.3版．北京：北京大学出版社，2014.

［11］马奎特 M，杨 R.行动学习应用：全球最佳实践精粹[M].王云，等，译．北京：机械工业出版社，2014.

［12］马奎特 M，等．行动学习：原理、技巧与案例[M].郝君帅，刘俊勇，译．北京：中国人民大学出版社，2013.

［13］马奎特 M.行动学习实务操作：设计、实施与评估[M].郝君帅，等，译.2版．北京：中国人民大学出版社，2013.

[14] 麦克斯韦尔J. 领导力的5个层次[M]. 任世杰，译. 北京：金城出版社，2012.

[15] 鲁森斯 F. 组织行为学[M]. 王垒，等，译.11版. 北京：人民邮电出版社，2009.

[16] 海瑞格尔 D，斯洛柯姆 J. 组织行为学[M]. 邱伟年，译.11版. 北京：北京大学出版社，2010.

[17] 温斯坦 B. 德商：比智商和情商更重要[M]. 陆麒羽，译. 北京：中国电影出版社，2013.

[18] 马利克 F. 管理成就生活[M]. 李亚，等，译. 北京：机械工业出版社，2013.

[19] 尤西姆 M. 领导者的备忘录[M]. 王昭力，译. 北京：中信出版社，2013.

[20] 沙因 E. 组织文化与领导力[M]. 马红宇，等，译. 北京：中国人民大学出版社，2011.

[21] 诺斯豪斯 P. 领导术——卓越领导者14项修炼[M]. 吴爱明，等，译. 北京：中国人民大学出版社，2014.

[22] 斯乔 J. 发现你的管理风格[M]. 戴烽，芮静怡，译. 北京：电子工业出版社，2014.

[23] 梅西克 D，克雷默 R. 领导心理学——新视野及其研究[M]. 柳恒超，等，译. 上海：复旦大学出版社，2010.

[24] 戈尔曼 D. 情商：为什么情商比智商更重要[M]. 杨春晓，译. 北京：中信出版社，2010.

[25] 戈尔曼 D. 情商2：影响你一生的社交商[M]. 魏平，等，译. 北京：中信出版社，2010.

[26] 戈尔曼 D. 情商3：影响你一生的工作情商[M]. 葛文婷，译. 北京：中信出版社，2013.

[27] 戈尔曼 D，等. 情商4：决定你人生高度的领导情商[M]. 任彦贺，等，译. 北京：中信出版社，2013.

[28] 亨利 S.领导者的15堂情商课：如何有效领导与激励员工[M].高采平，等，译.北京：电子工业出版社，2012.

[29] 莫尔登 D.内在领导力：成为有正能量的领导者[M].赵剑冰，等，译.3版.北京：北京大学出版社，2014.

[30] 谢弗尔 W.压力管理心理学[M].方双虎，等，译.4版.北京：中国人民大学出版社，2009.

[31] GREENBERG J S.全面压力管理[M].石林，译.9版.北京：高等教育出版社，2008.

[32] 阿达姆松 Y.解压全书：压力管理[M].方蕾，译.哈尔滨：黑龙江科学技术出版社，2011.

[33] 刘津.积极思考的奇迹[M].北京：中国发展出版社，2001.

[34] 罗素 B.权力论[M].靳建国，译.北京：东方出版社，1988.

[35] 尤克尔 G.组织领导学[M].陶文昭，译.5版.北京：中国人民大学出版社，2004.

[36] 诺斯豪斯 P.领导学：理论与实践[M].吴荣先，等，译.2版.南京：江苏教育出版社，2002.

[37] BASS B M. Bass & Stogdill's Handbook of Leadership：Theory, Research & Managerial Applications[M].New York：Free Press，1990.

[38] BASS B M，AVOLIO B J.Transformational Leadership：A Response to Critiques[M]//CHEMERS M M，AYMAN R.Leadership Theory and Research：Perspectives and Directions.San Diego：Academic Press，1993：49-80.

[39] BASS B M，AVOLIO B J. Improving Organizational Effectiveness through Transformational Leadership[M].Thousand Oaks：Sage Publications，1994.

[40] BLAKE R R，MOUTON J S. The Managerial Grid[M].Houston：Gulf Publishing，1964；BLAKE R R，MOUTON J S. The New Managerial Grid [M].Houston：Gulf Publishing，1978.

[41] BLANCHARD K H，ZIGARMI D，NELSON R B.Situational Leadership after 25 Years：A Retrospective[J].Journal of Leadership &

Organizational Studies，1993，1（1）：21−36.

［42］BRYMAN A.Charisma and Leadership in Organizations[M].London：Sage，1992.

［43］CIULLA J B.Ethics：The Heart of Leadership[M].Westport：Quorum Books，1998.

［44］FIEDLER F E.A Contingency Model of Leadership Effectiveness[M]//BERKOWITZ L. Advances in Experimental Social Psychology. New York：Academic Press，1964：149−190.

［45］FIEDLER F E. A Theory of Leadership Effectiveness[M]. New York：McGraw-Hill，1967.

［46］FIEDLER F E，CHEMERS M M. Improving Leadership Effectiveness：The Leader Match Concept[M]. 2nd ed. New York：Wiley，1984.

［47］GARDNER J W. On Leadership[M]. New York：The Free Press，1990.

［48］GINI A. Moral Leadership and Business Ethics[J].Journal of Leadership & Organizational Studies，1997，4（4）:64−81.

［49］GRAEFF C L. Evolution of Situational Leadership Theory：A Critical Review [J].Leadership Quarterly，1997，8（2）：153−170.

［50］GRAEN G B，UHL - BIEN M. Relationship - Based Approach to Leadership：Development of Leader - Member Exchange（LMX）Theory of Leadership over 25 Years：Applying a Multi - Level Multi - Domain Perspective[J]. Leadership Quarterly，1995，6（2）：219−247.

［51］HOUSE R J. A Path-goal Theory of Leader Effectiveness[J].Administrative Science Quarterly，1971，16（3）：321−339.

［52］LOWE K B，KROECK KG，SIVASUBRAMANIAM N. Effectiveness Correlates of Transformational and Transactional Leadership：A Meta - Analytic Review of the MLQ Literature[J]. Leadership Quarterly，1996，7（3）：385−425.

［53］SCHRIESHEIM C A，NEIDER L L. Path - Goal Leadership Theory：The Long and Winding Road[J]. Leadership Quarterly，1996，7（3）：317−321.

[54] TRACEY J B，HINKIN T R. Transformational Leadership or Effective Managerial Practices? [J]. Group & Organization Management：An International Journal，1998，23（3）：220–236.